政治文化研究译丛 ｜ 丛日云 卢春龙／主编 ｜

ROBERT D. PUTNAM

【美】罗伯特·D.帕特南／主编

流动中的民主政体

当代社会中社会资本的演变

Democracies in Flux

The Evolution of Social Capital in Contemporary Society

李 筠 王路遥 张会芸／译

社会科学文献出版社
SOCIAL SCIENCES ACADEMIC PRESS (CHINA)

本书根据 Oxford University Press, Inc. New York 2002 年版译出

总　序

丛日云　卢春龙

政治文化研究在政治学学科体系中占有重要地位，它是政治学中最有实践意义的重要分支学科之一，也是成果最丰富的研究领域之一。

当代政治文化研究的奠基人阿尔蒙德把政治文化理解为政治系统的心理取向，包括所有与政治相关的信念、价值和态度等。一个民族或一个社会的政治文化，就是"针对政治对象的取向模式在该民族成员中间的一种特殊分布"，是"内化于民众的认知、情感和评价中的政治系统"。当代政治文化研究领域最有影响的学者英格尔哈特把政治文化定义为"与一个群体或社会流行的政治信念（beliefs）、规范（norms）和价值相关的所有政治活动"。

政治文化是重要的政治现象，也是在寻找政治因果关系时必须考虑的重要解释变量。因而，在西方思想史和学术史上，对政治文化的研究源远流长。英格尔哈特在追溯现代政治文化研究的历史渊源时，曾列举一系列里程碑式的代表作品和成果，包括亚里士多德的《政治学》、孟德斯鸠的《论法的精神》、托克维尔的《论美国民主》、阿道尔诺的《威权人格》(*Authoritarian Personality*)、拉斯韦尔的《民主性格》(*Democratic Character*)、斯托弗的《共产主义、一致性与公民自由》(*Communism, Conformity & Civil Liberties: A Cross Section of the Nation Speaks Its Mind*)、罗基奇的《开放和封闭的精神——对信仰和人格系统性质的调查》(*The Open and Closed Mind: investigations into the nature of belief systems and personality systems*) 等。此外，一些学者还将马克斯·韦伯的《新教伦理与资本主义精神》列入其中。与当代科学化的以数据分析为基础的政治文化研究相比，这种研究在方法论上被视为"非科学的"，但也有其重要价值。在中国，自19世纪末起，学者们在讨论中西文化关系、反思中国传统文化和"国民性"时，也大量涉及政治文化的内容。

布林特教授曾区分和全面梳理了西方政治文化研究的三大谱系，即法国的社会学谱系、德国的文化哲学谱系以及美国的政治科学谱系。法国的社会学谱系开始于孟德斯鸠，经过卢梭、斯戴尔、贡斯当、基佐以及托克维尔的发展而成为一个重要流派。这一流派强调从社会宏观背景的差异去理解各国政治文化的差异，进而理解各国政治制度的差异。德国的文化哲学谱系开始于康德，经过赫尔德、洪堡、黑格尔、马克思和韦伯等人的发展而成为一个重要流派。这一流派强调解释学的传统，强调政治文化并不是对客观社会现实的抽象反映，而是一个国家历史、文化象征、图腾长期积累的产物，强调从解释学的角度去理解一个国家政治文化的历史由来。美国的政治科学谱系开始于阿尔蒙德与维巴的开创性研究，这一谱系主张通过实证的、科学的方式来研究政治文化，从而克服传统政治文化研究的弊端，他们在方法论上主张以对各国的政治心理和政治观念调查为基础，进而对各国的政治文化进行精确的科学测量。

当代政治文化研究以美国的政治科学谱系为主流。1956 年阿尔蒙德正式提出"政治文化"概念，1963 年他又与维巴合作出版了《公民文化——五个国家的政治态度和民主制》，此为当代科学的政治文化研究，亦即跨民族的抽样数据研究的开端。早期的政治文化研究取得了丰硕的成果，包括英格尔斯的《人的现代化》，派伊的《中国政治的精神》（*The Spirit of Chinese Politics*），斯里德曼的《人格与民主政治》（*Personality and Democratic Politics*），英格尔哈特的《寂静的革命：变化中的西方公众的价值与政治行为方式》（*The Silent Revolution*：*Changing Values and Political Styles among Western Publics*），本菲尔德的《落后社会的道德基础》（*The Moral Basis of a Backward Society*）等。

进入 20 世纪 70 年代，政治文化研究受到来自马克思主义等左翼思潮和理性选择理论的批评和挑战，许多学者批评它保守、静止、简单，存在文化偏见和文化决定主义倾向，低估社会结构和权力结构的作用，不具有解释力和预见性等。政治文化研究一度走向衰落，退居政治学的边缘。但是，从 80 年代起，政治文化研究经历了从"回归"到"复兴"进而走向繁荣的过程。英格尔哈特在 1988 年最早使用了"政治文化的复兴"这一概念，而后，H. J. 威尔达、阿尔蒙德和布林特等人也肯定了政治文化复兴的到来。复兴后的政治文化研究出现了前所未有的繁荣，一大批有影响、有重大原创性贡献的成果问世：英格尔哈特的《发达工业社会的文化转型》（*Culture Shift in Advanced Industrial Society*）、《现代化与后现代化：43 个国家的文化、经济与政治变迁》（*Modernization and Postmodernization*：*Cultural*，*Economic*，*and Political Change in* 43 *Societies*）、《现代化、文化变迁和民主：人类发展时序》（*Modernization*，*Cultural Change and Democracy*：*The Human Development Sequence*）（与维尔泽合著），英格尔斯的《国民性》（*National Character*：*A Psycho - Social Perspective*），尤斯拉纳的《信任的道德基础》（*The Moral Foundations of Trust*），帕特南的《流动中的民主政体——当代社会中社会资本的演变》(*Democracies in Flux*：*The Evolution of Social Capital in Contemporary Society*)、《独自打保龄：美国社区的衰落与复兴》、《使民主运转起来——现代意大利的公民传统》,布林特的《政治文化的谱系》(*A Genealogy of Political Culture*),狄百瑞的《亚洲价值与人权：儒家社群主义的视角》(*Asian Values and Human Rights*：*A Confucian Communitarian Perspective*),达尔蒙德的《发展中国家的政治文化与民主》(*Political Culture and Democracy in Developing Countries*)等。

政治文化研究关注政治系统的内在心理层面,强调政治文化是决定政治主体的行为准则和支配其政治活动的重要因素,因此,政治文化对于了解一个国家正式制度框架下的政治行为,理解历史上一个国家特殊的发展模式,都具有独特的不可替代的价值。政治文化研究还特别与政治发展和民主化研究有密切关系,它与经济发展、公民社会、国际环境、政治战略、政治精英等一起,构成解释一个国家政治发展和民主化进程与模式的重要的自主性变量。

政治文化研究在今天的中国更有一层特殊的意义。中国文明作为世界上独特的文明,也是规模最大的文化单元,经过长期的历史积淀,形成了独特的民族性格和政治文化。在当代社会政治转型时期,中国独特的政治文化在现代化潮流冲击下发生了何种变化?变化的方向是什么?它对于政治发展、政治民主化和现代公民文化建设会产生何种影响?这些都需要当代学者作出科学的调查和分析。只有对中国社会的文化心理、政治态度、价值观念的分布状况和变化趋势了然于胸,才能明确中国政治发展的目标和道路选择,才能积极有效地推动传统臣民文化向现代公民文化转型。但是,目前中国的政治文化研究仍然以学者的观察、粗糙的文献分析为主要手段,以对传统政治文化的阐释性研究为主要内容,这种研究虽然富于学理性和启发性,但是,没有科学的量化数据为基础,也缺少实际操作性,尚不足以为当前政治改革提供切实有效的支持。

为了推动我国的政治文化研究,需要借鉴西方的研究方法、理论和经验,也需要直接引进西方的一些研究成果。遗憾的是,虽然国内学界许多人都在谈论政治文化,但是,到目前为止,国内对西方政治文化的研究成果只有零星的译介,大量政治文化研究的经典之作对于国内学者来说还是陌生的。这是国内政治文化研究长期裹足不前的重要原因。

有鉴于此,我们编译了这套《政治文化研究译丛》,希望为国内学者的政治文化研究提供一些可资借鉴的学术资源。我们期待着,这套丛书的出版,能让更多的人了解和关注政治文化研究,推动中国的政治文化研究走向繁荣,贡献出一批与中国政治文化的重要地位和独特性相称的研究成果。

罗伯特·帕特南：
社会资本理论的主要倡导者

（序）

卢春龙

在过去三十年内，社会资本理论在西方学术界吸引了大批比较政治学者和民主理论家的注意，并进而成为政治发展领域里的一个热门话题。大多数学者指出，在一个民主社会或共同体内，社会资本的存在，会促进公民的政治参与行为，维持政治秩序和政治系统的稳定。正如罗伯特·帕特南（Robert D. Putnam）指出的，近来社会资本理论的崛起回答了一个自托克维尔（Alexis de Tocqueville）以来的经典政治学命题：一个民主政体的良性运转依赖于其公民对公共事务的积极参与。[1]

根据罗伯特·帕特南的研究，公民对正式社会组织（formal social organization）和非正式社会网络（informal social networks）的参与，会提高他们之间的信任（interpersonal trust）程度并培育互惠互利（reciprocity）的道德规范，从而增强他们采取集体行动的能力。通过这些社会组织和非正式社会网络，以及由此派生出来的道德规范（比如社会信任），同一共同体内的公民可以更有效率地组织集体行动来解决他们共同面临的公共问题，并对政府施加影响来保证这些问题的解决。因此，在一个民主社会或共同体内，充足的社会资本会产生很多正面效应：如促使公民关心公共事务、参与政治，最重要的是能维护民主政体的良性运转。

一 罗伯特·帕特南其人其作

罗伯特·帕特南于 1941 年出生于美国纽约州的罗切斯特，1970 年毕业于耶

---

〔1〕 Robert Putnam, Robert Leonardi and Raffaella Nanetti, *Making Democracy Work: Civic Traditions in Modern Italy*, Princeton: Princeton University Press, 1993.

鲁大学，获得博士学位。博士毕业之后，他任教于美国密歇根大学。1979 年进入哈佛大学肯尼迪政府学院任教至今，并在此期担任过院长，现在是公共政策马尔林讲座教授。

罗伯特·帕特南是当代西方著名政治学家，2001～2002 年担任过美国政治学学会会长，2001 年入选美国国家科学院院士，此外他还是英国科学院的研究员（fellow）。他一共出版了 14 本书，其中包括成名之作《使民主运转起来：现代意大利的公民传统》，[1] 最畅销的《独自打保龄：美国社区的衰落与复兴》，以及本书《流动中的民主政体：当代社会中社会资本的演变》。

2013 年，帕特南教授被奥巴马总统授予美国国家人文奖章（National Humanities Medal）。这是一项非常重要的荣誉，用以奖励一些成就突出的个人或社会团体，以表彰他们的工作加深了美国民众对于重要的人文资源的认识，拓宽了美国公民参与这些重要人文资源的渠道，或有助于保护和扩大美国公民对于这些重要人文资源的接触。

帕特南教授在接受这一奖项时说："我很高兴能够荣获这一重要的奖项，特别是作为一个社会科学家"，"大部分的功劳属于我的卓越的学生和研究团队，多年来，他们与我一起工作，重新主张社区（community）的力量"。

白宫新闻办公室的秘书发表声明说："帕特南深化了我们对于美国社区的认知。研究不同参与的模式如何导致分裂与团结，帕特南教授的写作和研究启发我们，改善制度以使得我们生活其中的社会更有价值，他的洞察激励我们成为更好的公民。"

《使民主运转起来：现代意大利的公民传统》是帕特南教授的成名之作。这部专著奠定了帕特南在西方学术界的权威地位，他因之被誉为与托克维尔齐名的学术大家，因为他与托克维尔一样强调社区居民对公共事务的积极参与。

帕特南在该书中对 1970 年意大利开始的一场打破长期的中央集权模式、将权力下放到全国 20 个地区政府的政治变革进行了长达 20 年的追踪调查，在此基础上，他运用统计分析、比较历史分析的方法回答了一个最为重要的民主理论问题："为什么有些民主政府获得了成功而有些却失败了？"虽然意大利 20 个地区政府同时开始民主化制度改革，但它们各自的制度绩效存在着明显的差距，而且，这种差距具有一定稳定性。具体说来就是，北方地区的民主制度绩效比南方地区高。那么是什么因素导致了这样一种民主制度的绩效差异呢？针对这个问

［1］ Robert Putnam, Robert Leonardi and Raffaella Nanetti, *Making Democracy Work: Civic Traditions in Modern Italy*, Princeton: Princeton University Press, 1993.

题，帕特南提出了自己的社会资本理论。社会资本的主要特征是公民的参与、政治平等、团结、信任、宽容和社团组织，他发现地区政府的绩效与该地区社会资本的丰富程度之间存在着不同寻常的吻合关系，社会资本的解释力比经济发展的解释力更强，一个地区的社会资本越丰富，地区政府的运转就越有效。

帕特南进而从比较历史分析的角度出发进行研究，他发现，在意大利北方，传统的封建人身依附关系减弱了；在意大利南方，它们却得到了加强。在意大利北方，重要的社会、政治甚至宗教上的信任和合作都是横向的（horizontal）；而在南方它们却是垂直的。合作、互助、公民承担义务，甚至包括信任都是北方的显著特点。相反，南方的主要特点则是等级制度、疏离与秩序。

最后，帕特南得出结论说，一个地区的社会资本越丰富，人们的公共精神就越发达，那么该地区的民主制度绩效就越高。反之，则相反。这样，社会资本理论就成功地解释了意大利南北地区在社会资本和制度绩效方面的差异。

《独自打保龄：美国社区的衰落与复兴》[1] 是帕特南教授最为畅销的一本书，也是受到美国社会极大关注的一本书。当时的克林顿总统为此专门邀请帕特南前往白宫会谈，美国最有影响的杂志《人物》对此也进行专门报道。帕特南认为，民主质量的好坏或民主制度的绩效，可以从公民参与社会组织的状况得到解释；如果某一个社会的民主运转出了问题，从根本上说，那一定是公民参与社会组织的状况发生了变化——例如，公民不太愿意参与社会团体的活动了，社区的公共生活便走向了衰落。帕特南通过对当代美国社会的深刻分析敏锐捕捉到，当初托克维尔所描述的美国社区公共生活正在逐渐衰落，那种喜好结社、喜欢过有组织的公民生活、关注公共话题、热心公益事业的美国人不见了；今天的美国人，似乎不再愿意把闲暇时间用在与邻居一起在咖啡馆聊天，一起走进俱乐部去从事集体活动，而是宁愿一个人在家看电视，或者独自去打保龄。于是，帕特南想到用"独自打保龄"这个词来形容和概括美国社会的这一深刻变化，并力求对这种变化的本质做出理论解释。在他看来，"独自打保龄"的现象意味着美国社会资本的流失，造成这种现象的原因可能是非常复杂的，帕特南对此并没有能够给出非常明确的解释。

社会资本的流失意味着什么呢？帕特南认为，社会资本的流失对美国民主的质量以及良性运转构成了重大挑战，美国公民开始变得不再关注公共事务，投票率持续下降，政治参与热情日益降低。由于缺少公民的关注以及参与，美

---

〔1〕 Robert Putnam, *Bowling Alone：Collapse and Revival of American Community*, New York：Simon & Schuster, 2000.

国民主的运行就缺少了来自民众的实质性监督。帕特南担心长此以往，托克维尔当初所强调的美国式民主就会日益退化，变成了徒有形式、缺失本质的形式民主。

在全书的最后，帕特南教授呼吁要重新振作美国社区的精神，向当初托克维尔所描述的美国社区公共生活回归，所以在这个意义上，帕特南教授被称为"新托克维尔主义者"。如何重新振作美国社区的精神呢？帕特南提供了一些现实的可行建议，这些建议得到了克林顿总统的高度认可。

二 本书的主要内容与观点

本书《流动中的民主政体：当代社会中社会资本的演变》[1]由帕特南主编，由牛津大学出版社 2004 年出版。在该书中，帕特南汇聚了一批顶级学者来研究世界上八个发达民主社会（澳大利亚、法国、德国、英国、日本、西班牙、瑞典和美国）中的社会资本状况。这本书充满了许多耐人寻味的启示。研究者们注意到，例如，人们参与工会、教会和政党的比率日益降低似乎是普遍存在的现象，一个令人不安的发现就是，因为这些形式的社会资本对那些受教育程度较低、不那么富裕的人尤其重要。事实上，研究人员发现，在一般情况下，更富裕的社会群体与工人阶级相比更有可能参加社会团体的活动。研究人员还发现，年轻一代更加不关心政治、不信任政治家和其他人、对公共事务玩世不恭并且不太愿意参加社会团体的活动。这些证据都表明，社会资本在八个发达民主社会之中日益下滑，这样的发现多多少少呼应了帕特南在《独自打保龄：美国社区的衰落与复兴》一书中的发现。对此发现，帕特南与其他研究人员表示了强烈的不安，因为社会资本——具体表现为团结、同情、信任和社会结社——既对我们社区与社会的健康非常重要，也对我们自身的心理健康非常重要。

关于社会资本的定义与测量，一直是一个充满争议的话题，不同的学者有着不同的主张，因为社会资本本身就是一个多维度的概念。帕特南与其他研究人员在该书中认为，社会资本主要由两部分组成：一是客观的社会网络和组织，二是一系列相对主观的道德规范和价值观念。客观的社会网络和组织包括正式的社会组织和非正式的社会网络，它们在成员自愿的基础上形成，尊重并代表成员的利益。成员根据自己的意愿可以选择自由参与或退出这些社会网络和组织。在这些社会网络和组织中，成员之间的关系是比较平等的横向（horizontal）

---

[1] Robert Putnam, ed., *Democracies in Flux：The Evolution of Social Capital in Contemporary Society*. New York：Oxford University Press, 2004.

关系而不是服从和命令的垂直（vertical）关系。主观的道德规范和价值观念主要包括社会成员的相互信任程度以及互惠互利的道德规范。根据帕特南与其他研究人员的观点，社会资本的客观和主观部分在分散的个人之间起到了"调节性的作用"，在自愿的基础上把社会个体凝聚起来，从而有利于解决个体所无法解决的社会公共问题。

在该书中，帕特南及其他研究人员还区分了两种形态的社会资本：桥联性社会资本（bridging social capital）和黏合性社会资本（bonding social capital）。桥联性社会资本，在客观维度上，主要由一些开放性的社会网络所组成，这些网络把具有不同经济、社会甚至政治背景的人联系起来。在主观维度上，桥联性社会资本主要包括人们之间的"无区别的"、普遍性的社会信任以及互惠互利的道德规范，这一社会信任不以彼此认识或有相同的背景为基础。

黏合性社会资本，在客观维度上，主要由一些排他性的社会网络所组成，这些网络由那些有着共同经济、政治或者人口特征的人所组成。因此，这些网络往往会把那些不拥有这些特征的人或群体排除在外。在主观维度上，黏合性社会资本主要包括那些"区别性的"、特殊性的人际信任，这一特殊性的人际信任以彼此认识或拥有相同的背景为基础。

在结论部分，帕特南忧心忡忡地总结道，社会资本的下滑是八个发达民主社会（澳大利亚、法国、德国、英国、日本、西班牙、瑞典和美国）的共同主题：到教堂做礼拜的人数大量下降、工会会员急剧减少。这一社会资本下滑带来的后果更令人不安：人们的公共精神开始减少，投票率日益下降，对政党内的事务日益不关心。更令人不安的是，帕特南总结说，由于代际的转换（generational replacement），年轻一代与年老一代相比，更加缺乏参与社会团体的热情，因而更加缺乏社会资本。还有一个令人不安的事实是，社会资本拥有数量的不平等似乎与阶级地位的不平等吻合了，富裕的中产阶层拥有更多的社会资本，而贫穷的工人阶级拥有更少的社会资本，而这种社会资本拥有数量的不平等只会进一步分裂社会，同时使得贫穷的下层阶级陷入困境之中。

三 帕特南社会资本理论的贡献与面临的挑战

帕特南及其带领的研究团队在过去几十年之中一直关注社会资本的研究，并因此获得"新托克维尔主义者"的称呼，成为政治学理论领域最受关注的理论之一。帕特南本人也获得美国社会与政治界的诸多荣誉，2013 年的美国国家人文奖章就是最好的例证。最近十年，每年在重要的英文学术期刊——入选社会科学引文索引（social sciences citation index）的学术期刊——上发表的关于社会资本的论文都有数百篇。由此可见，社会资本理论近些年来在理论界的流行程度。

当然，与赞誉相伴随的就是批评，在过去三十年里，对于帕特南的批评从来就没有间断过。这些批评主要集中在这样几个方面：第一，对于社会资本的测量是否有效度；第二，社会资本在美国的下滑是不是一个事实；第三，社会资本与民主运转之间到底是一种什么样的关系。

首先，正如笔者前面说过的，社会资本是一个多维度的概念，不同的学者在量化社会资本时会侧重社会资本的不同维度，帕特南在量化社会资本时，侧重社会成员对正式社会组织的参与。这一测量方法在方法论上强调以通过随机社会调查来衡量一个社会的社团参与程度，在调查中研究人员会设计一系列问题来衡量被调查者对社会团体和网络的参与程度，然后根据调查结果，研究人员通过样本中被调查者对社会团体和网络的参与程度去推论社会整体层次上的社团参与程度。

不过这一测量方法受到了福山（Fukuyama）的质疑。福山认为社会资本是一个整体性的概念，是一个社会的整体属性，无法分解，也无法通过个体层面的社团参与程度去进行推论。换而言之，帕特南的测量方法或多或少犯有方法论上的化约主义错误。福山主张对一个给定社会里的社会团体数目以及社会团体成员资格进行普查，在此普查的基础上，我们可以计算这个社会的总体社会资本存量状况。因此，一个社会的社会资本总量就等同于这个社会里所有社会团体成员资格的总和。不过，福山也承认这样的普查几乎是一件无法完成的任务。[1]

还有一部分学者主张要侧重于使用主观的道德规范和价值观念来衡量一个社会的社会资本情况。他们主要通过随机社会调查来衡量一个社会里的社会信任程度和道德规范水准。比如，由密歇根大学英格尔哈特教授主持的世界价值观调查用这样一个经典的问题——"一般来讲，你认为大多数人是能被信任的吗？"——来衡量各个社会的社会信任程度。[2] 布思和理查德进一步发展了这一问题，他们设计了以下三个子项目来衡量被访问者的社会信任：（1）一般来讲，大多数人是能被信任的，（2）大多数时候，人们只关心他们自己，而并不愿意帮助自己的邻居，以及（3）如果有机会的话，大多数人会利用你。被访问者被要求对这三个子项目做出判断，布思和理查德认为这三个项目合在一起能

---

[1] Francis Fukuyama, "Social Capital, Civil Society and Development", *Third World Quarterly*, Vol. 22, No. 1, 2001, pp. 7 – 20.

[2] Ronald Inglehart, *Modernization and Post-modernization: Cultural, Economic, and Political Change in 43 Societies*, Princeton: Princeton University Press, 1997.

够更好地捕捉被访问者的社会信任情绪。[1] 莱克和基费尔则使用社会信任加上公民合作的规范来衡量一个社会的社会资本分布情况。对于社会信任，他们使用了与英格尔哈特教授同样的问题——"一般来讲，你认为大多数人是能被信任的吗？"——来衡量被访问者的社会信任程度；对于公民合作的规范，他们使用了以下五个子项目：（1）申请自己不具备资格的政府福利，（2）逃避公共交通的费用，（3）如果可能，在报税时进行欺骗，（4）把捡到的钱据为己有，和（5）意外撞到了停着的车辆而不报告。如果被访问者对这五个子项目持否定态度，就被认为具备公民合作的规范。[2]

最后，一些学者怀疑帕特南所提及的横向社会团体是否适用于对转型社会和发展中国家的分析。帕特南区分了两种类型的社会团体：横向社会团体和垂直社会团体。横向社会团体有两个显著特征：首先它们是在自愿的基础上形成的，其次是其内部成员之间的关系是相对平等的横向关系；而垂直社会团体往往是在非自愿的基础上形成的，其内部关系往往呈现出等级结构特征。帕特南进一步认为，只有这些横向社会组织才会产生对社会有益的社会资本，而垂直社会团体只会危及社会资本的发展。而现实情况是，横向社会团体在发展中国家和转型社会中往往并不存在。因为在这些发展中国家，正式的社会团体往往由国家资助和主导，其内部关系往往呈现垂直特征。[3]

第二，有些学者对社会资本在美国下滑这一事实提出了质疑。帕克斯顿（Pamela Paxton）通过运用过去二十年里的调查数据，主要是美国全国民意研究中心的综合社会调查（General Social Survey）数据，对社会资本在美国社会里的变迁趋势进行了检验，发现帕特南所强调的美国社会里社会资本正在衰落这一事实并不成立。[4] 首先，在主观层面上，帕克斯顿发现在1975～1994年间美国公众对于其他人的社会信任确实是在下降，每年大概下降0.5%。然而，在另一方面，美国公众对于一般性的政府机构与制度的政治信任并没有任何变化。也就是说，在主观层面上，美国公众的信任水平并没有发生实质性的滑落。其次，在客观的社会组织层面上，美国公众参与社会团体的数目并没有发生任何变化，唯一的变化

〔1〕 John A. Booth and Patricia Bayer Richard, "Civil Society, Political Capital, and Democratization in Central America", *Journal of Politics*, Vol. 60, 1998, pp. 780－800.

〔2〕 Stephen Knack and Philip Keefer, "Does Social Capital Have an Economic Payoff? A Cross-Country Investigation", *The Quarterly Journal of Economics*, Vol. 112, No. 4, 1997, pp. 1251－1288.

〔3〕 Anirudh Krishna, *Active Social Capital: Tracing the Roots of Development and Democracy*, New York: Columbia University Press, 2002.

〔4〕 Pamela Paxton, "Is Social Capital Declining in the United States? A Multiple Indicator Assessment", *American Journal of Sociology*, Vol. 105, No. 1, 1999, pp. 88－127.

可能在于，美国公众与同一社区里的邻居相处时间确实缩短了，但是他们显然更加愿意与社区之外的朋友相处。也就是说，美国公众交朋友的方式可能发生变化了，他们更加愿意在社区之外寻找朋友，而不是仅仅在同一社区之内。

但是，这一变化对于社会资本的影响到底是好是坏？学者们有着不同的看法，帕特南显然认为美国公众这一交朋友方式的变化削弱了社会资本，因为这一变化削弱了同一社区内的凝聚力以及降低了人们进行社会交往的质量。但是，像帕克斯顿这样的学者则认为，美国公众这一交朋友方式的变化提升了社会资本，因为这一变化使得人们能够与更大范围的不同人群进行交往，从而能够产生更为深远的社会影响。

第三，社会资本与民主运转之间到底是一种什么样的关系？帕特南认为社会资本是一个内生性的自变量，是在社会的历史发展中自然形成的，一旦形成之后，就会对民主政体的良性运转产生独立的、显著的影响。用帕特南的话就是，一个地区的社会资本越丰富，人们的公共精神就越发达，那么该地区民主政府的绩效就越高。

但是，一些学者对此并不同意并提出了挑战。比如著名学者列维（Levi）就指出，政府［是］社会资本的来源……为数众多的社会民主理论主张，国家在减少人们彼此之间的充满风险的依存关系中具有重要作用。新经济学制度主义强调国家在制定和保护产权上发挥着重要作用，从而使得信任成为可能。政治经济学家和经济史学家最近的工作强调了政府机构在建立好斗群体之间的和平关系上发挥了重要作用。[1] 科里西拉（Krishna）则强调，结构主义驳回了社会资本的主张，声称"公民能力"［是］政治、国家建设和社会结构的副产品，社会资本不能够解释制度的表现，恰恰相反，制度是用来解释社会资本的。[2]

穆勒（Muller）与塞琳格森（Seligson）则认为民主制度产生信任："民主在一段时间的持续成功很可能造成公民文化水平的增长，因为高水平的主观政治能力、对政治体制的骄傲和人际信任是一种理性的回应，是对生活在一个稳定民主制度之下的经验的回应。"[3]

萨尔兹（Sides）通过实证研究发现，数据分析的结果支持社会资本与民主政体之间存在相互联系：社会信任水平的增长伴随着民主质量的增长，反之亦

---

[1] Margaret Levi, "Social and Unsocial Capital", *Politics and Society*, Vol. 24, 1996, pp. 50 – 51.

[2] Anirudh Krishna, *Active Social Capital: Tracing the Roots of Development and Democracy*, New York: Columbia University Press, 2002, p. 19.

[3] Edward N. Muller and Mitchell A. Seligson, "Civic Culture and Democracy: The Question of Causal Relationships", *American Political Science Review*, Vol. 88, No. 3, 1994, p. 635.

然。然而，内生性的理论主张看起来比文化理论的主张更有说服力，因为民主对社会信任的影响比社会信任对民主的影响要大得多。这些结论可以厘清民主的质量和社会信任之间的关系。萨尔兹提醒人们要注意公民生活更为广泛的政治背景的重要性。社会信任是经常从个人之间的互动中生长起来的，无论是在帕特南所强调的保龄球球馆内，还是如科尔曼（Coleman）所强调的在买方与卖方之间的反复谈判之中。然而，帕特南与科尔曼都太专注于微观层面，而这不应导致我们忽视宏观层面。政治体制的本质决定了公民以何种方式信任他们的同胞。[1]

总而言之，这些学者强调，社会资本并不是内生性的自变量，对于民主政体的发展水平并不能产生独立的影响。恰恰相反，这些学者认为，民主政体是一个内生性的自变量，对于社会资本的组成部分诸如社会信任、公民文化态度以及公民能力等会产生显著的、独立的影响。

尽管有着如此的怀疑，更多的学者对于帕特南的理论观点给予了支持与认可。为数众多的学者认为，社会资本会培育民主价值观念，进而会促进民主政体的良性运转。正如牛顿（Newton）所指出的，参与社会团体以及非正式网络会培育社会成员"信任、温和、妥协、互惠互利"的社会美德以及"民主讨论和组织"的技能，这些社会美德和技能会很自然地演变成相关的民主价值观念。[2] 更为重要的是，对正式社会团体以及非正式网络的参与设定了国家权力的界限，防止了国家权力的滥用。正如托克维尔在两百多年前所指出的，"一个社会团体，不管是政治性的、工业性的、商业性的甚至是文艺科学性的，……会捍卫公民的私有利益，防止国家权力（对私有利益）的侵占，保护公共的自由权利"。[3]

加布里埃尔·阿尔蒙德（Gabriel Almond）与西德尼·维巴（Sidney Verba）通过实证调研发现，积极参与社会网络会提高社会成员对政治事务的认知能力，会培育社会成员的政治效能感，并进而导致政治参与行为，这对民主政体的良性运转是大大有益的。[4] 皮亚托尼（Piattoni）在研究中则发现，积极参与社会

［1］ John Sides, "It Takes Two: The Reciprocal Relationship between Social Capital and Democracy", *Institute of Governmental Studies Working Papers* 1999 – 11, University of California, Berkeley, 1999, pp. 22 – 23.

［2］ Kenneth Newton, "Social Capital and Democracy", *American Behavioral Scientist*, Vol. 40, No. 5, 1997, pp. 575 – 586.

［3］ Alexis de Tocqueville, *Democracy in America*, ed., J. P. Mayer. Garden City, NY: Anchor Books, 1969, p. 697.

［4］ Gabriel Almond and Sidney Verba, *The Civic Culture: Political Attitudes and Democracy in Five Nations*, Princeton: Princeton University Press, 1963.

网络会让社会成员学习到政治自治的基本规则，从而提升社会成员监督民主政府治理的意识和能力。[1]

当一个社会或地区的社会成员广泛地参与到社会网络中时（正式以及非正式的），他们就会学习到合作的社会技能和规范，并且由于他们之间往往彼此信任，他们就能更有效地组织集体行动，来监督民主政府治理以及纠正民主政府滥用权力的行为，或纠正民主政府管理中的失效现象。因此，民主政府治理在社会资本相对丰富的社会或地区会变得更为有效以及公正。罗纳德·英格尔哈特（Ronald Inglehart）通过对世界上几十个国家的价值观念调查发现，作为社会资本重要组成部分的社会信任，对民主政体的维持与运转有着极为重要的影响。他总结指出，民主政体的维持与运转并不能仅仅通过制度变革或政治精英们的作用来实现，而必须依赖于社会信任和社会资本。[2]

诺贝尔经济学奖得主斯蒂格利茨教授更进一步从理论的高度指出，社会资本理论已经成为人类发展领域（经济发展与政治发展）研究的第三代"范式"。第一代"范式"强调实物资本在人类发展中的重要作用，第二代"范式"强调人力资本在人类发展中的重要作用。但是，第三代"范式"强调人们的交往、结社、彼此之间的信任以及互惠互利的道德规范无疑为一个经济繁荣、政治民主的社会奠定了坚厚的基石。[3]

总而言之，尽管面临着种种的质疑与挑战，帕特南所倡导的社会资本理论已经成为近三十年来政治学研究中最为重要的理论创新与发展之一，并获得了民主理论家们的广泛认可。对社会资本与民主政体之间的关系，尽管依然充满着争议，帕特南的理论为这一领域的进一步研究，已经打下一个良好的基础，呈现在各位读者面前的这本书《流动中的民主政体：当代社会中社会资本的演变》，就为全面了解社会资本与民主政体的运转提供了一个全面而丰富的图景。通过阅读此书，我们会意识到，要想更好地挖掘社会资本与民主政体之间的因果机制，就需要研究更多的案例、设计更有效度与信度的测量框架以及架构更有解释力的模型。

---

[1] Simona Piattoni, "Can Politics Create Community? Evidence from the Italian South", A Paper Presented at the 1998 Annual Meeting of the American Political Science Association, Boston, September 3–6, 1998.

[2] Ronald Inglehart, *Modernization and Post-modernization: Cultural, Economic, and Political Change in 43 Societies*, Princeton: Princeton University Press, 1997.

[3] Joseph E. Stiglitz, "Towards a New Paradigm for Development: Strategies, Policies, and Processes", Given as the 1998 Prebisch Lecture at United Nations Conference on Trade and Development, Geneva, October 19, 1998.

作者介绍

伊娃·考克斯（Eva Cox）是一名资深讲师，任教于悉尼科技大学的人文与社会科学系。目前，她主要的研究领域包括增强社会公民性的社会资本与社会伦理，其他涉猎的领域包括儿童保育、退休养老、税收、工作场所与社区等政策问题，以及利用研究作为变革工具。她参与了大量相关的课题，包括与 Body Shop（澳大利亚）合作，试点社会与伦理审计理念，并为社区组织完善社会审计指标。她是妇女选举游说团（Women's Electoral Lobby）最早的一批成员之一，并对女权主义作为创造更为公正的社会的一种手段颇感兴趣。她出版的著作有 1996 年的 *Leading Women*。

苏珊·富克斯（Susanne Fuchs）是德国柏林社会科学中心的一名研究员。她的博士论文是对格奥尔格·齐美尔和社会整合的研究。她在 *Berliner Debatte Initial*（1996）发表了 Niklas Luhmanns Aufklärung der Soziologie und andere Wege der Erleuchtung，与克劳斯·奥菲（Claus Offe）在 *Blätter für deutsche und internationale Politik*（1998）上共同发表了 Wie schöpferisch ist die Zerstörung?，与 Ronald Schettkat 在 Gøsta Esping-Anderson and Mario Regini 主编的 *Why Deregulate Labor Markets?*（2000）发表了 Germany，以及在 *Simmel Studies*（2001）中发表了 Tristesse banale。

彼得·A. 霍尔（Peter A. Hall）是哈佛大学政府学院教授，明达·德甘斯堡欧洲研究中心主任。他出版了 *Governing the Economy*（1986），*The Political Power of Economic Ideas*（1989）和与 D. Soskice 合作的 *Varieties of Capitalism*（2001），并在有关欧洲政治、政治经济和政策制定等方面硕果累累。

猪口孝（Takashi Inoguchi）是东京大学东洋文化研究所政治科学教授。他在麻省理工学院获得政治科学博士学位，现任教于东京上智大学，他还是世界各地多所大学的客座教授。从 1995 年至 1997 年，他曾担任联合国大学总部的联合国助理秘书长，相当于该大学的高级副校长。他出版的著作超过 35 部，并发表多篇英文和日文论文，包括 *The Changing Nature of Democracy*（1998），495

1

Democracy, Governance and Economic Performance: East and Southeast Asia (2000), *Citizens and the Environment* (1999), *Global Change* (2001), *American Democracy Promotion* (2000), 以及 *Japanese Foreign Policy Today* (2000)。他现任日本国际关系协会主席，同时还是《日本政治科学杂志》和《亚太国际关系》两本期刊的主编。他经常在大众媒体上发表有关日本和国际事务的评论，如 BBC、CNN 和《国际前驱论坛报》。

克劳斯·奥菲（Claus Offe）是柏林洪堡大学的政治科学教授。他在法兰克福、康斯坦茨、维也纳、比勒菲尔德、波士顿和伯克利也担任教职。奥菲的著作有 *Industry and Inequality* (1976), *Contradictions of the Welfare State* (1984), *Disorganized Capitalism* (1985) 和 *Modernity and the State: East, West* (1996)。

维克多·佩雷斯 - 迪亚兹（Víctor Pérez-Díaz）在哈佛大学获得博士学位，现在是马德里康普顿斯大学社会学教授和 ASP 研究中心（马德里）主任。他担任哈佛大学、麻省理工学院、加利福尼亚大学圣地亚哥分校、巴黎政治学院、社会研究新学院（the New School for Social Research）和纽约大学的客座教授，他的著作包括 *The Return of Civil Society* (1993) 和 *Spain at the Crossroads* (1999)。

罗伯特·D. 帕特南（Robert D. Putnam）是哈佛大学公共政策学院的皮特和伊莎贝尔·马金教授（Peter and Isabel Malkin Professor）。作为公民参与萨瓜罗研讨会（Saguaro Seminar on Civic Engagement）的创立者，他写作了《独自打保龄》一书，该书广受赞誉，如"掷地有声"（《华尔街日报》）、"成就卓越"（《洛杉矶时报》）和"高瞻远瞩……别具慧眼……朴实无华而往往幽默诙谐"（《经济学人》）。

博·罗斯坦（Bo Rothstein）是瑞典歌德堡大学政治科学的 August Röhss 教授。他于 1986 年获得隆德大学博士学位，1986～1995 年间担任乌普萨拉大学政府学院的助理教授，1992～1994 年为副教授。1994～1995 年，他曾任斯德哥尔摩的瑞典工作生活研究学院的劳动力市场政策教授，1994～1996 年任卑尔根大学的兼职教授。他是罗素·塞奇基金会、康奈尔大学、哈佛大学、伦敦政治经济学院和西雅图的华盛顿大学的访问学者。英文著作有 *The Social Democratic State: The Swedish Model and the Bureaucratic Problems of Social Reforms* (1996) 和 *Just Institutions Matter: The Moral and Political Logic of the Universal Welfare State* (1998)，论文有 Comparative Politics, Governance, European Journal of Political Research, Scandinavian Political Studies, Comparative Political Studies 和 Politics & Society。他还积极参与瑞典有关政治、福利国家和劳动力市场政策的公共讨论。

496

西达·斯考切波（Theda Skocpol）是哈佛大学政府与社会学的 Victor S. Thomas 教授，美国政治研究中心的主任。她发表或主编了数十篇文章和 16 本书，包括 *States and Social Revolutions：A Comparative Analysis of France，Russia，and China*（1979），该书赢得了两个重要的学术奖项；*Bringing the States Back in*（1985），*Protecting Soldiers* 和 *Mothers：The Political Origins of Social Policy in the United States*（1992），该书赢得了五个重要的学术奖项；以及 *Civic Engagement in American Democracy*（1999）。斯考切波是美国人文与科学院的成员之一，1996 年任社会科学史学会主席，2002 年被选为美国政治科学学会的主席并在 2003 年任职。目前，她的研究关注美国从 19 世纪至今的志愿社团和社会运动。

让－皮埃尔·沃尔姆斯（Jean-Pierre Worms）是组织社会学中心（Centre de Sociologie des Organisations）的教授和研究员。他的研究领域包括地方发展、地方政治系统和权力下放。他担任数个地方、地区、全国和欧洲的政治与顾问职务，还参与各种志愿组织不同层级的活动，借此推动地方发展以及地方与国家、私营部门和中间机构的合作。他发表了几部有关国家、政治公民社会及其代议制，社会凝聚的法国模式以及国际法对少数族群权利的保障的著作。

罗伯特·乌斯诺（Robert Wuthnow）是普林斯顿大学社会学第五十二届 Gerhard R. Andlinger 教授和区域研究中心主任。他著作颇丰，涵盖美国宗教、文化和公民社会，著作包括 *Loose Connections：Joining Together in America's Fragmented Communities*（1998），*After Heaven：Spirituality in America Since the 1950s*（1998）和 *Creative Spirituality：The Way of the Artist*（2001）。

目 录

3

导　论

罗伯特·帕特南　克里斯丁·高斯

从亚里士多德到托克维尔，政治与社会理论家们都强调政治文化和公民社会的重要性。近年来，人们对这些主题的兴趣再度勃兴，其部分原因是前共产主义国家中以市场为基础的民主制的艰难诞生，凸显了这些制度的文化和社会前提。讽刺的是，正值自由民主取得巨大胜利之际，在西欧、北美、东亚建立起来的民主政体中主要的社会制度却表现不佳，包括代议制政府的各种制度。[1] 至少在美国，有理由怀疑使民主有效运转的某些根本性社会和文化前提数十年来已经受到严重的侵蚀，这是一个逐步而广泛的公民疏离（civic disengagement）过程的结果。[2]

本书旨在提供基本的理论和经验知识去理解八个成熟民主国家的社会变迁：澳大利亚、法国、德国、英国、日本、西班牙、瑞典，还有美国。过去50年来公民社会的变化有什么样的特点？为什么会这样？本书讨论"社会资本"，即社会网络以及与之相关的互惠规范，勾画当代后工业社会中社会资本演化的轮廓。由于社会资本概念可能看起来显得新奇，或许还有点儿学究气，所以我们要在　4
这个术语身上花一些笔墨。

大约一个世纪以前，有一位年轻的进步党教育家和社会改革家贾德森·汉尼芬（L. Judson Hanifan），他在美国最好的几所大学受到良好的教育之后回到他的家乡西弗吉尼亚——阿巴拉契亚山区的一个贫穷的州，在农村学校系统工作。作为长老会成员、扶轮社社员和共和党人，汉尼芬并不激进，但他逐渐得出结论：他所工作的社区中严重的社会、经济、政治问题只能通过强化公民们相互团结的网络才能得到解决。他观察到，农村睦邻友好和公民参与的老习俗，

---

[1]　See Susan J. Pharr and Robert D. Putnam, eds., *Disaffected Democracies: What's Troubling the Trilateral Countries?* (Princeton: Princeton University Press, 2000).

[2]　See Robert D. Putnam, *Bowling Alone: Collapse and Revival of American Community* (New York: Simon and Schuster, 2000).

1

像辩论社团、协助共建谷仓的聚会、苹果树剪枝时的互助等，都已废弃失效。"渐渐地，这些老习俗几乎完全被抛弃了，人们的邻里关系没有原来和睦。社区的社会生活让位于家庭间的相互疏离及社区的死气沉沉。"[1]

　　1916 年，汉尼芬撰文强烈呼吁重视复兴社区参与（community involvement）的重要性，以维持民主和发展，他创造了术语"社会资本"（social capital）来解释原因。

　　在使用社会资本这个短语之时，我并不是用来指通常接受的资本这一术语，除了在比喻的意义上。我不是指地产、个人财产或者现金，而是指人们日常生活中易使这些有形之物更有价值的东西：即善意、伙伴关系、同情心、个人间以及作为社会基本单元的家庭间建立起来的相互交往……如果孤身一人，个人在社会中是难有作为的……如果个人与邻居接触，或家庭与他们的邻里接触，将会存在大量的社会资本，这些社会资本既可以用来满足个人的社会需要，也创造充足的社会潜能来促成共同体生活条件的实质性改善。

汉尼芬接着概述了社会资本的私人好处和公共好处。

　　作为一个整体的共同体会因其所有部分的合作而受益，当个人在诸多联合当中发现邻里间互助、同情及相互陪伴的众多优越之处……特定共同体的人们变得相互熟识，习惯了偶尔聚在一起娱乐、交往和享受，而后通过娴熟的引导，社会资本将朝着改善社区普遍福利的方向发展。[2]

---

〔1〕 L. J. Hanifan, *The Community Center* (Boston: Silver, Burdett, 1920), 9 – 10.

〔2〕 L. J. Hanifan, "The Rural School Community Center", *Annals of the American Academy of Political and Social Science*, 1916 (67): 130 – 38, quotation at 130. 有关其生平的信息，参见 John W. Kirk, *Progressive West Virginians: 1923* (Wheeling, WV: Wheeling Intelligencer, 1923), 107. 汉尼芬一直都是实用主义的改革者，他自觉地使用资本一词来鼓励精明的商人和经济学家要认识到社会资产的生产性价值。引入社会资本的思想后，他看到，"这一章中不用再次重复论述一些乡村地区严重缺乏社会资本。这里重要的问题是：这些情况应该如何得到改善？接下来叙述的是一个西弗吉尼亚乡村社区在短短一年内发展出了社会资本，然后将这种资本用于改善其娱乐、智识、道德和经济状况"。他的文章，包括一份给社区活动家们的实践操作性清单，原本是在 1913 年为西弗吉尼亚教师们准备的"一个在乡村校舍召开社区会议的指南"，随后收录进汉尼芬《社群中心》（*The Community Center*）一书中。我们十分感激布瑞得·克莱克（Brad Clarke）首先注意到"社会资本"这一个词的使用，以及安妮·李（Anne Lee）对于汉尼芬传记材料的回溯。

汉尼芬对社会资本的考虑实际上已经提前使用了后来关于这个概念解释的所有关键要素，但他发明的概念显然没有引起其他社会评论家的注意，进而消失得无影无踪。20 世纪余下的时间里，这个概念至少被独立地重新发明了六次。20 世纪 50 年代，加拿大社会学家约翰·西利（John Seeley）和他的同伴运用这个术语指出：对于一个积极进取的郊区居民，"俱乐部或协会的会员身份就像可兑现的证券（至少在心理学上是真实的），他可以用来变现、转让或者抵押。"20 世纪 60 年代城市学家简·雅各布斯（Jane Jacobs）使用这个术语来强调：在现代都市中非正式邻里关系的共同价值。20 世纪 70 年代经济学家格伦·卢瑞（Glenn C. Loury）用它来强调非洲裔美国人正是由于奴隶制度和种族隔离这一段不堪回首的历史而难以达成广泛的社会联系。20世纪 80 年代法国社会理论家皮埃尔·布迪厄（Pierre Bourdieu）将其定义为"现实的或潜在的持久网络资源的总和，它们多多少少由相互熟识和承认的制度化关系构成，或者说是一个团体中的成员资格"。1984 年德国经济学家埃克哈特·施利希特（Ekkehart Schlicht）用它来强调组织和道德秩序的经济价值。20 世纪 80 年代后期社会学家詹姆斯·科尔曼（James S. Coleman）最终将这个术语确定地置于这样一个思维议程：用它（就像汉尼芬原来所做的那样）来强调教育的社会背景。[1]

近年来，许多领域的学者开始探索社会资本存量不同的多重原因和多重结果，而相关成果也呈现指数增长的趋势。搜索国际社会科学文献会发现：有关社会资本的论文，1981 年之前有 20 篇，1991 到 1995 年有 109 篇，1996 年到

---

[1]　John R. Seeley, Alexander R. Sim, and Elizabeth W. Loosley, *Crestwood Heights*：*A Study of the Culture of Suburban Life*（New York：Basic Books, 1956），quotation at 296；Jane Jacobs, *The Death and Life of Great American Cities*（New York：Random House, 1961）；Glenn Loury, "A Dynamic Theory of Racial Income Differences", in P. A. Wallace and A. LeMund, eds., *Women, Minorities, and Employment Discrimination*（Lexington, MA：Lexington Books, 1977），153 – 188；Pierre Bourdieu, "Forms of Capital", in John G. Richardson, ed., *Handbook of Theory and Research for the Sociology of Education*（New York：Greenwood Press, 1983），241 – 258；Ekkehart Schlicht, "Cognitive Dissonance in Economics", in *Normengeleitetes Verhalten in den Sozialwissenschaften*（Berlin：Duncker and Humblot, 1984），61 – 81；James S. Coleman, "Social Capital in the Creation of Human Capital", *American Journal of Sociology* 94（1988）：S95 – S120；James S. Coleman, *Foundations of Social Theory*（Cambridge：Harvard University Press, 1990）. 除了科尔曼对卢瑞的作品简要致谢以外，我们找不到其他证据说明这些理论家中任何人知晓任何先前的使用。粗略回顾社会资本概念的历史，see Michael Woolcock, "Social Capital and Economic Development：Toward a Theoretical Synthesis and Policy Framework," *Theory and Society*, 1998（27）：151 – 208.

1999 年 3 月有 1003 篇。[1] 社会资本研究工作进展最令人瞩目的特点是发现社会资本这一概念很有用的学科范围不断扩大，这些学科，不仅仅限于它的发源地——社会学和政治科学，还有经济学、公共卫生、城市规划、犯罪学、建筑学和社会心理学等等。

尽管由于社会资本研究的步伐之快和范围之广，使得对它在社会、经济、医疗、心理、政治等领域的影响进行总体概括几乎是不可能的，但其研究范围之广令人印象深刻。从坦桑尼亚到斯里兰卡再到意大利，研究表明，某种环境下的经济发展受到社会资本充足存量的支持。对美国和英国的研究表明，社会网络——包括正式的和非正式的——减少了犯罪。从芬兰到日本，研究报告均鲜明指出了社会联系对于身体健康的巨大作用。意大利的地方政府和美国的州政府间的比较研究间接表明，公共行政的质量因各地社会资本的贡献度而不同。社会资本研究还被应用于分析南美安第斯山的厄瓜多尔、中世纪的英格兰和网络空间。与我们的项目特别相关的是，最近的社会资本研究，与经典政治理论家——从托克维尔到密尔——论述民主自身有赖于公民对共同体事务积极参与的主题相互呼应。[2]

---

[1] Ian Winter, "Major Themes and Debates in the Social Capital Literature: The Australian Connection", in Ian Winter, ed., *Social Capital and Public Policy in Australia* (Melbourne: Australian Institute of Family Studies, 2000), 17.

[2] Anita Blanchard and Tom Horan, "Virtual Communities and Social Capital", *Social Science Computer Review*, 17 (1998): 293 – 307; Anthony Bebbington and Thomas Perreault, "Social Capital, Development, and Access to Resources in Highland Ecuador", *Economic Geography*, 1999 (75): 395 – 418; Marjorie K. McIntosh, "The Diversity of Social Capital in English Communities, 1300 – 1640 (with a Glance at Modern Nigeria)", *Journal of Interdisciplinary History*, 29 (1999): 459 – 90; Deepa Narayan and Lant Pritchett, "Cents and Sociability: Household Income and Social Capital in Rural Tanzania", *Journal of Economic Development and Cultural Change*, 47 (1999): 871 – 897; John Helliwell and Robert D. Putnam, "Economic Growth and Social Capital in Italy", *Eastern Economic Journal*, 1995 (21): 295 – 307; Robert D. Putnam (with Robert Leonardi and Raffaella Nanetti), *Making Democracy Work: Civic Traditions in Modern Italy* (Princeton: Princeton University Press, 199); Elinor Ostrom, *Governing the Commons: The Evolution of Institutions for Collective Action* (New York: Cambridge University Press, 1990); R. J. Sampson and W. B. Groves, "Community Structure and Crime: Testing Social-Disorganization Theory", *American Journal of Sociology*, 1989 (94): 774 – 802; Robert J. Sampson, Stephen W. Raudenbush, and Felton Earls, "Crime: A Multilevel Study of Collective Efficacy", *Science*, 1997 (277): 918 – 24; James S. House, Karl R. Landis, and Debra Umberson, "Social Relationships and Health", *Science*, 1988 (241): 540 – 45; Lisa F. Berkman, "The Role of Social Relations in Health Promotion", *Psychosomatic Medicine*, 1995 (57): 245 – 254; Teresa E. Seeman, "Social Ties and Health: The Benefits of Social Integration", *Annals of Epidemiology*, 1996 (6): 442 – 51; and more generally, Partha Das-gupta and Ismail Serageldin, eds., *Social Capital: A Multifaceted Perspective* (Washington, D.C.: World Bank, 2000).

迈克尔·武考克（Michael Woolcock）和迪帕·纳拉扬（Deepa Narayan）有效地综合了诸多此类扩展性文献：

> 社会资本的基本观念是一个人的家庭、朋友、社团构成了重要的资产，它能在危机时被提出来，为了自身的原因而被享用，也能平衡物质收益。上述情况不仅适用于个人，而且适用于团体。那些拥有各种社会网络和公民团体资源的社区，在处理贫困和危机、解决争端以及利用新机会等方面都处于强势地位。[1]

简言之，越来越多的证据表明公民社会的特点影响着我们的民主、我们的共同体以及我们自己的健康。有充分的理由相信，公民社会的相关特点——社会资本的轮廓——在时空中经历了系统性的变迁。这两个宽泛的假设为本书提供了研究的起点，尽管它们在此都没有被系统地检验过。我们从这样一个假设入手：社会资本非常重要，而且我们追问在最近大约50年间经济发达的民主国家中，它的诸多特点是如何变化的。

社会资本理论的核心观点非常简单：社会网络非常重要。首先，社会网络对身处其中的人们很有价值。用微观经济学的话说，社会资本有私人的或"内在的"收益。这一概括最常见的例证是从劳动力市场的社会学研究中得出的。一个非常普遍的发现就是，我们之中的许多人——可能是大多数——找到工作是因为我们认识的人与我们掌握的知识一样多。一个人的社会联系范围对他或她的收入的影响，超过他通过教育所得到的学位证书，在这个意义上，有些经济社会学家甚至计算出一个人的"名片夹"或地址簿的现金价值。在上述意义上，作为个人生产力的因素之一，社会资本堪比人力资本。同样，大量文献专注于研究社会支持（social support）对身心健康的影响，而它们多数谈及的是社会联系的私人或内部效益。

相比之下，社会资本研究的另一个庞大的（仍然在增长的）文献分支指向其外部或"公共的"效用。其中一种效用是，人们普遍发现社会联系降低了邻里间的犯罪率，以至于没有参加到邻里活动中的人也从这种非正式社会资本的遏制性效果当中受益。在上述意义上，社会资本可能是一种公共物品。汉尼芬（他在经济学家们发明"公共物品"这一术语之前就写作了）准确地描述了社会资本的这

---

[1] Michael Woolcock and Deepa Narayan, "Social Capital: Implications for Development Theory, Research, and Policy", *The World Bank Observer*, 2000 (15): 225 – 249, quotation at 226.

个特点，他认为事实上西弗吉尼亚的立法者们应该资助社区中心，因为社会互动的益处不应该局限于那些通过时常出席晚会而直接投资社会资本的人身上。[1]

密集的社会互动网络似乎培育了强有力的普遍性互惠规范——"现在我会为你这样做并没有期望马上得到任何回报，是因为将来你（或者其他人）会以善意来回报我。"换言之，社会互动有助于解决集体行动的困境，鼓励人们——在他们可能以别的方式行动之时——以一种可信赖的方式行动。[2]当经济和政治行为嵌入密集的社会互动网络当中时，机会主义和徇私枉法带来的刺激就会减少。一个以普遍互惠为特征的社会比一个互不信任的社会更有效率，因为同样的理由，货币交易比以物易物更有效率。信任润滑了社会生活。如果我们不必立刻去平衡每一笔收支，我们就能取得多得多的收益。

因此，社会资本能够同时既是一种私人利益又是一种公共利益。在许多有关社会资本的例子当中，有些好处归了局外人，同时有些好处满足了投资者的直接利益。例如，地方的公民俱乐部动员本地力量建设一个操场或一所医院，同时他们给会员提供了朋友之谊和生意联系作为个人的报偿。

8   我们把社会网络和与之相关的互惠规范描绘为社会资本，是因为就像实物资本和人力资本（工具和训练）一样，社会资本创造出个人价值和集体价值，而且还因为我们能够对这个网络进行"投资"。但社会网络不仅仅等同于货物投资，因为后者通常只提供直接的消费价值。事实上，大量关于幸福感相关变量（"主观幸福感"已成为众所周知的行话）的国际研究表明，对于人的安康来说，社会资本可能确实比物质货品更加重要。数十项研究已经显示，使用社会资本比金融资本更能准确地预测人的幸福感。事实上，半个世纪来对世界各国生活满意度的相关性研究中，最普遍的一项发现是个人社会联系的广度和深度能最准确地预测幸福感。[3]

---

[1] Hanifan, *Community Center*.

[2] 社会资本和集体行动的逻辑联系本身是当前学术活动热议的话题。See, for example, Jacint Jordana, "Collec-tive Action Theory and the Analysis of Social Capital", in Jan W. van Deth, Marco Maraffi, Kenneth Newton, and Paul F. Whiteley, eds., *Social Capital and European Democracy* (New York: Routledge, 1999); and Elinor Ostrom and T. K. Ahn, "A Social Science Perspective on Social Capital: Social Capital and Collective Action", report prepared for the Enquete Commission of the German Bundestag, 2001.

[3] Michael Argyle, *The Psychology of Happiness* (London: Methuen, 1987); Ed Diener, "Subjective Well-Being", *Psychological Bulletin*, 1984 (95): 542 – 75; Ed Diener, "Assessing Subjective Well-Being", *Social Indicators Research*, 1994 (31): 103 –57; David G. Myers and Ed Diener, "Who Is Happy?" *Psychological Science*, 1995 (6): 10 –19; Ruut Veenhoven, "Developments in Satis-faction-Research", *Social Indicators Research*, 1996 (37): 1 –46, and works cited there.

20 世纪五六十年代，经济学领域出现了激烈的争论——这常被冠以“两个剑桥之间的争论”,[1] 因为它让英美的经济学家互掐——实物资本是否具有充分的同质性，而能全部被纳入同一个账簿当中。牙医的钻头、木匠的钻头和油井钻工的钻头都是实物资本的例子，但它们之间几乎不可能相换。社会资本也是如此——它形式多样且适用于各种不同环境，但这些各异的形式，只对特定目的是好的，而对其他目的来说并非如此。

你的大家庭就代表了一种社会资本形式，类似的还有你的主日学校班、你在通勤列车经常见到的人、你的大学同学、你所属的社区委员会、你作为成员参与的公民组织、你所参与的网络聊天群以及你在通讯录里记录的职业熟人关系网。相对于两个剑桥有关实物资本的争论而言，我们更加难以简单化地将所有不同形式的社会资本纳入一个单一且合理的组合当中，对一个特定社区而言如此，遑论国家。因此，本书各章节勾画了不同发达民主国家中社会资本变迁的框架，而不是试图简单地概括社会资本大体上是高还是低。

如果一节课够长，使我们能够从早期社会资本的争论讲起，那就要讲我们不能假定社会资本在不同地方始终都是一种好东西。尽管“社会资本”一词有其合理的使用范围，但我们必须谨慎考虑其潜在的弊端，甚至其良性形式所导致的社会所不欲之意外结果的可能性。社会资本会具有负面外部性并没有从根本上将之与其他资本形式区别开来。核电站体现实物资本的巨大投资，纵使核辐射的泄漏可能意味其社会净收益是负值。生物化学的人力资本可以用来发明救命药，也可以用来制造生化武器。

简言之，我们必须了解社会资本的目的和作用。例如，人们可能得益于他们所属的网络和规范——以此损害那些不属于它的人。社会资本可能在那些已经占据优势地位的人群中最为盛行，进而扩大他们与社会资本匮乏者之间的政治与经济不平等。因此，在谈及社会资本的不同表现以及社会资本随时间推移出现的变迁时，就值得提出这些难以解答的问题：谁获益了，而谁没有？特定的社会资本形式鼓励哪一种社会？社会资本越多就一定越好吗？

另外，一些社会资本形式有利于民主和社会健康，而其他的则是（或者可能是）破坏性的。本书提到的所有国家中，许多城市都组织起以街区为基础的公民团体，他们定期碰头以实现各种目的。一项研究在美国某些城市详细考察了这类团体，发现他们提高了政府对组织化街区的回应，也增进了公民对政府

9

––––––––––

[1]　“两个剑桥”指是英国的剑桥（大学）和美国的剑桥（哈佛大学）。——译者注

的尊重。[1] 另一方面，美国很多地区一直存在一种不同的公民团体：3K党，以及其暴力性较弱的远亲，例如抵制种族一体化的街区团体。凭借偏执行事和种族暴力的百年传统，3K党代表了一种颠覆自由民主信条与传统社会资本的形式。3K党有关"自卫"的共享性目的强化了其互信互惠的内在规范，由此3K党——以及它在其他国家的类似团体——也提醒我们，社会资本并不会自生自发地有利于民主治理。

由于社会资本形式差别巨大，社会资本理论家们高度重视对社会资本从不同类型和维度提出一种理论上能够自洽而同时又有实证数据支撑的划分。虽然我们距离这种权威划分还很远，但至少从学界的争论中得出四个重要的区分。这些区分彼此并不排斥。相反，它们象征着不同却互补的视角，借此可以理解和评价社会资本。

10　　　　**正式与非正式的社会资本**。一方面，一些社会资本形式，例如家长组织或工会就是正式组织起来的，具备固定职员、设定成员资格、收取会费以及定期会面等。另一方面，像临时篮球赛或者混迹于酒吧那样，这样的形式就是极其非正式的。然而，二者组成的网络都可能产生互惠，从中也可以获得私人利益和公共利益。早期对社会资本的研究因方法论上的便利而集中于正式结社，因而有必要在这里强调，结社仅仅构成了一种形式的社会资本。

非正式交际（比方说家庭宴会）可能比正式结社能更有效地实现一些重要目的。许多学者积极提出辨别和测量非正式社会资本的新方法，本书的个案研究常常涉及非正式社会联系。但是，对社会资本长期趋势的研究不可避免地要依靠过去留存的证据，因而国家个案研究被迫强调社会资本的正式（记录在案的）类型。

深度社会资本和浅度社会资本（***Thick versus thin social capital***）。一些社会资本形式紧密交织且千丝万缕，例如钢铁工人团体，他们每天在工厂里一同劳作，周六出去喝酒，周日去教堂。也有非常薄弱、几乎轻若游丝的社会资本，例如你在超市排队时偶然碰到的点头之交，或者甚至在电梯里不期而遇的另一个人。经验显示，即使这些非常偶然的社会联系形式也会带来某种形式的互惠；只是向一个陌生人点头会增加他或她在你突然遇难时伸出援手的可能。[2] 另一

---

〔1〕　Jeffrey M. Berry, Kent E. Portney, and Ken Thomson, *The Rebirth of Urban Democracy* (Washington, DC: Brookings Institution Press, 1993).

〔2〕　社会心理学家发现，如果隶属某团体的陌生人在走廊上与不知情的实验主体进行简单谈话，那么当该主体偶然听到这一团体遭遇危险时，他会比先前毫无接触的情况下更快地提供帮助。See Bibb Latané and John M. Darley, *The Unresponsive Bystander: Why Doesn't He Help?* (Englewood Cliffs, NJ: Prentice-Hall, 1970), 107 – 109.

方面，薄弱而单线的关系与你同直系家属的关系相差甚远，后者是深度社会网络的又一例证。

社会学家马克·格兰诺维特（Mark Granovetter）最先明确提出了"强联系"（strong ties）和"弱联系"（weak ties）之间关系非常紧密的区别。强联系根据接触频率和密切程度来加以界定。如果我所有的朋友彼此也是朋友，而我与他们相处的时间很多，那么我们就存在强联系。我与那些只略知一二且没有多少共同朋友的人之间仅有一种弱联系。格兰诺维特指出，在找工作时，弱联系比强联系更为重要。相比一个非常了解的人来说，你更有可能从一个不怎么了解的人那里得到一份工作，因为你的密友也可能认识你所认识的那些人，然而一次偶然的相识则可能给你带来未知的机会。弱联系也可能更有利于凝结社会，构建普遍性互惠的一般规范。强联系可能更有利于其他目的，例如社会动员和社会保障，但不妨插一句，社会科学才刚刚着手分析各种社会资本积极或消极的作用。

内向型社会资本与外向型社会资本（*Inward-looking versus outward-looking social capital*）。一些社会资本形式，不管出于选择还是出于必要，是向内看的，对外界漠不关心，倾向于促进自己成员的物质利益、社会利益或政治利益；然而其他社会资本形式则目光向外，关照公共物品。属于第一种的团体通常遵循阶级、性别或种族的类别来组织，并进一步保持或强化血缘或地缘关系，如伦敦绅士俱乐部、商会、当代劳工组织以及由新移民创办的非正式信用合作社。在第二种类别中，我们看到例如红十字会、美国民权运动和环保运动等慈善团体，这些团体于20世纪七八十年代出现在各发达民主国家当中。基于外向型团体能提供显著的公共和私人好处这一理由，人们很容易认为外向型或利他型组织比内向型团体在社交或道德上更为优越。我们看到了这种观点的吸引力，但也应当对此持怀疑主义态度。正因为社会资本难以量化，我们不能说清洁某市内操场的开放型青年服务集团在某种程度上要比一个让新移民社区繁荣发展的内向型信用合作社更能增加社会资本的存量。

桥联性社会资本与黏合性社会资本（*Bridging versus bonding social capital*）。内向—外向二分就是"桥联性—黏合性"二分的轴线，两者紧密相关但概念上有区别。桥联性社会资本把在重要方面上彼此相似的人聚在一起（种族、年龄、性别和社会阶级等），而黏合性社会资本则关涉将彼此相异的人聚在一起的社会网络。这是一个重要的区分，因为桥联性网络的外部效应可能是积极的，而黏合性网络（局限于特定社会地位）产生消极外部性的风险更大。这不是说黏合性团体必然就是坏的；的确，证据证明，我们大多数人是从黏合性而非桥联性社会关系中获得社会支持。[1]

但同样确实的是，由于缺乏其成员具有跨越本团体的忠诚及多元视角所构成的自然限制，联系紧密的同质性团体相当容易为了邪恶的目的而结成。换句话说，欠缺桥联性的黏合性就与波斯尼亚的情形相仿。阿舒托什·瓦尔什尼（Ashutosh Varshney）最近指出，在公民组织沟通了变化无常的宗教裂痕的印度社区里，印度教徒和穆斯林之间的暴力性显著减少。[2]

实际情况是，大多数团体将桥联性和黏合性结合起来，但形式各异：他们可能包括社会经济阶级不同但种族或宗教相同的人（许多兄弟组织就属于这种），或者他们会接纳不同种族，但大多或全部是同一性别的人（例如绗缝圈子和体育联盟）。

由于社会资本具有多种维度，而人们对一些维度本身有不同的理解，因此我们必须小心，不能仅仅使用社会资本多了或少了这样的字眼来建立有关其变化的问题框架。相反，我们要用定性的语句来描述变化。例如，在一个给定的国家中，人们会设想社会资本的存量变得更为正式而桥联性减少，或桥联性增加而密度缩减，或者密度增加而公共性减少，或者三种发展都存在。也就是说，一个国家可以同时看到民族性社会团体、"虹盟"（少数派联盟）与仇视政府的民兵团体的增长。

自 19 世纪开始成为独立学科以来，公民社会变迁理论一直都是社会学的核心。一个可能最占主流的观点认为，当社会现代化、工业化和城市化的程度不断提高时，社区联系却日益萎缩。工业化改变了生产关系，并给人们离乡进城的做法提供了动机。反过来，这些发展转移了团结一致与社会组织的旧有形式，却没有代之以（如理论所述）适应新环境的新社会资本形式。

在很多方面，认为现代化有害于社区的命题是传统社会学创建者们著述的核心命题——涂尔干（Durkheim）、滕尼斯（Tönnies）、韦伯（Weber）、齐美尔（Simmel）以及其他人。就像我们已经注意到的，汉尼芬（L. J. Hanifan）清楚地感觉到，在 19 世纪的最后几十年里西弗吉尼亚的社会资本已经因为受到侵蚀而削弱了。这一命题一点也不特别，因为就像社会学家巴里·韦尔曼（Barry

---

〔1〕 Nan Lin, Mary W. Woelfel, and Stephen C. Light, "The Buffering Effect of Social Support Subsequent to an Important Life Event", *Journal of Health and Social Behavior*, 1985（26）：247 – 263；Jeanne S. Hurlbert, Valerie A. Haines, and John J. Beggs, "Core Networks and Tie Activation：What Kinds of Routine Networks Allocate Resources in Nonroutine Situations", *American Sociological Review*, 2000（65）：598 –618.

〔2〕 Ashutosh Varshney, *Ethnic Conflict and Civic Life：Hindus and Muslims in India*（New Haven：Yale University Press, 2001）.

Wellman) 所观察到的:

> 从人类走出洞穴开始冒险起,似乎博学者就已经担心社会变迁对社区的影响……在 [过去] 两个世纪,许多顶尖的社会评论家就有效地以多种方式暗示伴随工业革命而来的大规模社会变迁可能会影响社区的结构和运作……这种有关大规模变迁后果的矛盾心理一直持续到 20 世纪。事实上,分析家们一直在问,社会到底有没有分崩离析。[1]

如社会学家帕梅拉·帕克斯顿 (Pamela Paxton) 最近注意到的:

> 事实上,社会学的产生可以说正是源于对工业化和现代性的出现带来了社区潜在衰落的关注。[2]

在 20 世纪的最后 25 年,学界普遍在批判所谓的现代化理论。我们也有理由去质疑这一理论,因为它没有说明各个国家中社会资本形式重要的连贯性和关键的变化。19、20 世纪,世界上的大部分地区经历了极为复杂的变迁,确实不应否认现代化理论在综合这些变迁方面进行了非常有限的尝试。但是现代化理论所回答的问题——社会关系如何受到工业化和城市化的影响?——是一个充满智力挑战而且无法回避的问题。

美国社会伟大的观察者托克维尔 (Alexis de Tocqueville) 首次进行了这项特殊的挑战:考察变迁中的社会民情和联系,而前提就是上述变迁与民主的运行息息相关。继其祖国法国发生了 1789 年大革命后,托克维尔于 19 世纪 30 年代著书立说,他观察到一个群体导向的贵族社会是如何逐渐让位给个人主义的民主社会。托克维尔提出,个人主义民主会采用两种不同的形式。第一种是原子化的专制主义形式,刚刚从领主在上、仆人在下的贵族制关系中解放出来的公民在政治上平等,却日益倾向于关注自身利益,因而会敞开大门让少数统治者攫取并集中权力。第二种可能的民主形式是自由的、分权的和参与的。如托克维尔在美国看到的,具有公共精神的民情和市民社会的制度发挥着制约民主平

〔1〕 Barry Wellman, "The Community Question Re-Evaluated", in Michael Peter Smith, ed. , *Power, Community, and the City* (New Brunswick, N. J.: Transaction, 1988), 81–107, quotation at 82–83.

〔2〕 Pamela Paxton, "Is Social Capital Declining in the United States? A Multiple Indictor Assessment," *American Journal of Sociology*, 1999 (105): 88–127, quotation at 88.

等产生的离心力的功能。[1] 尽管有这些深刻的见解，托克维尔却并没有提出深

14 入探讨公民社会的变迁如何导致或可能导致贵族国家向民主国家转型的理论。

后来，欧洲的社会学家在 19 世纪重新系统阐述了托克维尔的观点。亨利·梅因爵士（Sir Henry Main）区分了以身份为基础的传统社会和以契约为基础的现代社会。对费迪南德·滕尼斯（Ferdinand Tönnies）而言，根本的社会政治划分在于"共同体"（Gemeinschaft）和"社会"（Gesellschaft）的划分。艾米尔·涂尔干（Emile Durkheim）区分了机械团结和有机团结，前者中，社会相似人员被组织进紧密结合且各自孤立的集体之中，而后者则使社会具有这样的特点：对更大的实体来说，各色人等扮演不同的角色，每一个人都是无可或缺的。格奥尔格·齐美尔（Georg Simmel）比较了传统乡镇和现代大都市中的社会关系。

这些社会理论家每一个人都抓住了"现代化"这一社会根本转型的不同侧面。当然，他们每一个人也都过分简化了。例如，这些理论家对辨别不同形式的传统社会和现代社会做了一些尝试。同样，他们没有很好地区分变迁的不同维度：在职业、家庭关系、公民社会、统治制度或者某种联合所构成的世界中，社区传统形式的瓦解是给人以最强烈感受的吗？尽管这些观点还很模糊，但是这些理论家确实普遍认为社区联系的衰落在现代化的社会中不可避免，必须通过创设制度来填补空白。

很多人——政治领袖、社会哲学家和普通公民——都相信，20 与 21 世纪的世纪之交见证了自工业化以来前所未有的一场社会根本转型。这一转型的诸多维度相比其他维度得到了更多的关注和评论。例如，在很多发达民主国家中，社会科学家和其他人记录了民主制度运行的变迁，尤其是政党的式微，竞选日益以媒体和民调为中心，以及公众对政府的信心急剧下滑。经济结构及其运作也发生了变化，特别是在福利国家和收入分层的方面。尽管 90 年代后期是大多数西方民主国家的经济增长期，但这一增长伴随着许多国家的收入保障和社会计划受挫，而在一些国家中，富人与其他人之间的隔阂同时也在前所未有地扩大。

社会的其他领域也发生了改变。至少从 20 世纪 70 年代开始，西方民主国

15 家已经看到家庭结构的全面革新，由于离婚、晚婚和婚外生子的增加，有孩子的"传统"双亲家庭大幅减少。[2] 在天平的另一端，全球化正在迅速地整合世

---

〔1〕 See Alexis de Tocqueville, *Democracy in America*, Vol. 2, chapter IV.

〔2〕 Francis Fukuyama, *The Great Disruption: Human Nature and the Reconstitution of Social Order* (New York: Free Press, 1999).

界经济，给世界众多地区带来了新的繁荣，但同时损害了国家的自主性。大众文化甚至也经历了重要转变。受到冷战结束、全球市场开放以及电视普及的推动，西方商业主义东传，从洛杉矶和纽约到伦敦、布拉格、莫斯科和上海。这也掀开了大众文化同质化的序幕。

然而，人口大规模流动产生了等值的逆反作用。亚洲人和拉美人移民到美国和加拿大，北非人移民到法国，土耳其人和波斯尼亚人移民到德国，阿尔巴尼亚人和伊拉克人移民到意大利，韩国人和菲律宾人移民到日本，导致这些民主国家的人口和文化多样化，这一状况在未来仍可能加剧。在某些方面，现有民主国家种族异质性的不断提高（这一变化还常常伴随本土主义者的强烈抵制）是本书提及的社会中最为引人注目的共同点。

所有这些变化——政治、经济、社会和文化规范——导致公民社会产生了连锁反应。在某些情况下，这些转变促进了基层制度的发展和精神，而在其他情况下，公民社会受到损害；有些转变可能有利于社会信任与和谐，而其他的则可能反其道而行之；有些文化转变（例如移民的整合）可能被巧妙地用来保护甚至创造社会资本，然而其他的（例如家庭破裂）则证明实难被转化为社会资本建构的机会。换句话说，21世纪的一些转变与以社会资本为导向的政策干预相辅相成，而另一些则截然相反。同样，一些转变沿着不可逆转的进路飞速前进（例如电脑科技的发展），而其他的转变可能证明是周期性的（比如说许多西方民主国家不断扩大的收入差距）。

在牢记这些告诫的前提下，这一课题旨在描述社会资本及其在八个民主国家中的演变，并思考这一演变如何受到或免于遭受更广泛社会政治环境的影响。

是什么导致社会资本和公民参与的变化？传统解释与现代化理论密切相关，16它描述了一种始于工业革命并伴随着科技创新的路径。人口从紧密结合的农村地区向巨大的、缺乏个性的、原子化的大城市大规模流动可以被解读为社区总体衰落和社会资本总体下降。

这种解释清楚地抓住了西方国家从1750年到1950年社会变迁的重要共同特征。这给我们认识当代后工业社会变迁的努力提供了一些启发。另一方面，相关研究也说明，对这一理论的简单解读极大地低估了人类在长远意义上适应既有社会资本形式及创造新形式以应对新环境的能力。

但我们在这里给自己分派的任务并不是厘定社会资本变迁理论的另一条线索或另一个维度，来更加仔细地切合当前的状况。我们也不奢望找到变化中的社会资本存量背后的共同驱动力。确实，我们的研究提出了严肃的问题：上述任一研究目标是否会开花结果。本研究中的国家受到许多同样的社会和经济力量冲击，但社会资本的变迁极为不同。例如，有些国家的自发结社主义〔1〕在增长，而其他国家的在减少。这一悖论提醒我们比较分析有很多的优势。跨国案例研究有助于对某些"普适性的"传统因果关系理论进行排除，或至少提出疑问，进而有助于开阔我们的视野，观测到在不同场合奏效的多重因素产生相似结果的可能性。在本书中，我们的第一步以实证为立足点，辨析战后社会资本变迁方式的可能的范围，以及引起或维持这些变迁的不同因素。因为每个作者都注意到其本国案例的独特性，每个人都强调多少有些不同的因果关系进程，但共同的解释线索贯穿了不同章节。我们对一些驱动力进行思考并为之寻找支撑。

科技创新必然是其中之一。20 世纪下半叶，发明和创新的迅速传播是世纪初难以想象的。新技术用于娱乐（最明显的是电视）、交流（价格低廉且几乎覆盖全球的长途电话服务、传真机、电子邮件）以及获取信息（互联网）。这些新17 技术对社会资本产生了众多影响。一方面，它们无疑提高了我们跨越空间距离以维持社会网络的能力；另一方面，它们也促使一些人从公民和社会生活中退出。对于科技对社会资本构建的影响的复杂性，人们并不会感到吃惊。

影响国家社会资本储备的另一种力量是社会或政治的领头羊。领导很重要，因为领袖会创设社会资本得以产生和发展的制度。工会得以组织起来是因为一些有进取心的工人——或有进取心的团体——决定组织它们。公民团体得以形成是因为一些人通常从个人经历中认识到，公共政策需要改变。阅读小组得以形成是因为几个朋友认为扩大社交圈子乐趣多多。退一步来讲，除非他们所推销的商品——结社主义——既有需求而又供不应求，否则领头羊也不会获得成功。更有趣的问题并不是领袖是否会影响社会资本存量，而是什么影响了领袖的数量。

高于个人领袖并影响社会资本的是国家，这里说的包括政府机构及其所制定的政策。一些国家给志愿组织提供税收补贴，让它们更容易组建并吸引成员，而其他国家则极力阻碍这类结社。一些国家相对开放、分化和分权，提供一种有利于公民团体参与公共事务的政治结构。很多国家通过提供大量的公共教育，不仅鼓励了人力资本也鼓励了社会资本的形成，因为教育是公民参与的有力先导。还有一些国家直接将结社纳入公共政策的制定和实施当中，例如工会和企

〔1〕 "结社主义"（associationalism）又称为"结社民主"（associative democracy），指这样一个政治方案：福利和自由在志愿的或者民主自治的诸多社团管理之下的社会中能够双双得到充分的实现。托克维尔的《论美国的民主》通常被认为是其典型描述和思想源头。——译者注

业组织，从而加强其目的性和团结性。

国家鼓励或阻碍社会资本形成的多种方式仍未得到充分研究。值得信赖的政府——也就是说，一个国家的官员在回应公民需要时是诚实而有效的——是否会增加社会信任？特定的经济政策类型——比方说，那些旨在减轻收入不平等的政策——是否会有助于构建超越阶级界限的社会资本？国家教会的存在是否会影响特定政体中社会资本的类型或数量？这里提出了社会资本研究中众多大体上仍未得到探索的领域中的一些问题，然而在本书里也没有解决这些问题，每一个问题都用提及的案例进行说明。

另一个探讨不足的问题是，战争在何种程度上有助于社会资本。乍一看，认为一个以暴力、破坏和死亡界定的事件有为了公共目的而播撒下和平合作的种子的可能性似乎不合逻辑。但经过仔细考量，这种联系也没有那么令人吃惊。涂尔干、齐美尔和其他社会科学的创建者认识到，共同的危机产生共同的利益和共同的身份。战争引发的社会问题以及个人需求问题的解决，为政府力所不逮，政府难以提供足够的基础设施和额外资源解决这些问题。比如在美国内战期间，志愿组织和教会网络在西部前线把成千上万的孤儿安置到收养家庭。内战之后，战地护士组成美国红十字会，它的志愿者至今仍然在战时与和平时期救死扶伤。本书在对德国和（程度较轻的）日本所做的案例研究说明战争同样标志着一种对社会资本不甚友好的政府形式向另一种允许社会资本蓬勃发展的政府形式的转变。

最后，社会人口变化当然会影响一个国家社会资本的类型和存量。构建和维持社会资本要求时间与精力，在某些情况下还需要公民技能。个人选择或被迫将其资源用于别处——例如一项费力的工作——社会资本就可能受到损害。其他的情况还有，人口增加却没有机会学习公民品性，或者人口流动迅速或长途往返，均会阻碍社会联系。

本研究的作者都是社会理论家。其中一些将他们对具体国家社会资本的动力解释与社会资本应该如何构想的更广泛解释结合起来。因此，例如奥菲和福克斯在论文一开头就提到社会资本维度更广泛的类型学，而佩雷斯—迪亚斯则强调要区分"公民型"和"非公民型"的社会资本。在社会资本争论的这一阶段，似乎更富有成效的办法是鼓励这些无法调和的声音，而不是将这些理论错误地统为一体。毕竟，把我们团结起来的是一种共同关注，以此理解社会变迁的模式及其对我们民主的意义。

本书将阐明这些不同的因果要素。更重要的是，它将最先在发达的后工业国家中展现一幅社会资本的全景。作为全球经济的一部分，本书考察的国家受

18

到多种相同经济和社会力量的影响。同时，它们在历史经验、经济格局和民主结构的维度上彼此相异。另外，甚至当相似力量冲击所有国家时——商业电视、离婚革命、城市扩张、职业女性运动、互联网的发展，以及众多其他事物——改变的时机也各不相同，有些国家花了数十年的时间。所以，这些国家的社会资本特征在某些方面以某种方式趋同而在其他方面趋异，就不值得大惊小怪。

在本书中，我们寻求从八个不同的国家大致从"二战"结束到 20 世纪末这一段时间为这些问题提供详尽定性和定量证据。本书中的国家是从诸多后工业发达民主国家中取样而来的，涵盖西欧、北美和东亚。由于托克维尔笔下的美国在我们现在所谓的社会资本理论中具有独特的重要性，我们将两篇有关美国的论文纳入进来，一篇关注 20 世纪的最后几十年，更直接地与其他国家的案例研究进行比较，而另一篇则采用了更长的历史视角。

现在需要提醒读者，我们并没有给出任何简单的判断。确实，我们内部也没有完全统一意见，即什么概念最适合用来解答变迁的问题。一部集体著作必定缺少单一作者研究通常能够提供的简单明确性。另外，在这样一个领域，在重要的研究项目才刚刚起步的状况下，一拨富有创造力的学者能提供的多样化观点和视角就是一项甚为珍贵的资产。我们希望，读者能够从他或她运用到这项复杂但影响重大的主题上多样化方法中受益。

第一章

英国：政府的角色与社会资本的分配

彼得·A. 霍尔

近年来，社会科学中最引人注目的一个发现指出，在美国这一通常被认为是最为公民化的国家内，个人在以下几方面的倾向明显受到削弱，即参与共同体事务、彼此互信及定期交往。[1] 正如本书导言所提到的，这种人际关系的变化可能导致广泛的后果。本章的目的就是检视英国过去 50 年这类社交活动以及社会资本变迁的轨迹。根据被广泛认同的罗伯特·帕特南对社会资本的定义，笔者的焦点集中在社交网络和社会信任的规范两方面。前者包括正式和非正式两种，它使得个人与他人彼此间发生经常接触。后者则被理解为个人信任其公民同胞的普遍意愿。[2] 虽然测量这些问题有必要强调志愿社团的成员身

---

[1] Robert D. Putnam, "Bowling Alone: America's Declining Social Capital", *Journal of Democracy*, 1995 (6): 65 – 78, and "Tuning In, Tuning Out: The Strange Disappearance of Social Capital in America", *PS: Political Science and Politics*, 1995 (28): 664 – 683, 有一个观点与这一发现存在重要的细微差别，可参看本书罗伯特·乌斯诺的那一章。

[2] 在这章中，我关注的是帕特南在《独自打保龄》（*Bowling Alone*）、"Tuning In, Tuning Out" 和《使民主运转起来》（*Making Democracy Work*, Princeton: Princeton University Press, 1993）中定义的社会资本以及詹姆斯·科尔曼在《社会理论的基础》（Cambridge: Harvard University Press, 1990）的第 12 章中所说的社会资本。然而，需要注意这个术语可以被用来指涉此处未考察的社会团体的其他特征。参见（Cf,）Peter A. Hall, "The Political Economy of Europe in an Era of Interdependence", in Herbert Kitschelt et al., eds., *Continuity and Change in Contemporary Capitalism* (New York: Cambridge University Press, 1999), 以及 Pierre Bourdieu, "The Forms of Capital", in John G. Richardson, ed., *Handbook of Theory and Research for the Sociology of Education* (New York: Greenwood Press, 1983). 以这些术语来定义的话，社会信任一方面可以区别于制度中的普遍信任，另一方面又可以区别于信任的形式，这些形式指向具体的事务，并且易于受到管理那些事务的制度安排的影响。参见 Piotr Sztompka, "Trust and Emerging Democracy", *International Sociology*, 1996 (11, 1): 37 – 62; 以及 Richard Rose, "Social Capital: Definition, Measures, Implications", paper presented to a workshop of the World Bank, 1996。

份，但我也考虑其他社交形式的发展趋势，包括对慈善事业的参与和邻居或朋友的非正式往来。

英国的情况非常有趣。在过去 50 年，该国的社会资本整体似乎保持得相对强劲，但是在此期间，社会资本在各个社会团体之间的分配差距却有所扩大，这就使人们去关注一个分配维度的现象，它往往在很大程度上会被视为一种集体利益。虽然社会资本通常被视为公民社会的一个特征，是对治理具有重大影响的主要社会根基，但是英国的发展表明，因果关系的指向可能与此相反——政府能够影响一个国家的社会资本水平。

评估社会资本的下降主要是一个美国现象，还是一个影响发达民主国家的更广泛趋势之时，英国提供了一个实际的案例。这个国家长期拥有一些世界上最紧密的公民社团网络。正如一名历史学家所指出的，"没有一个国家能够自称拥有比英国更为乐善好施的过去（历史）"。[1] 公民团体在 19 世纪遍地开花，屈威廉（Trevelyan）将其描述为"工会（Trade Unions）、合作性利益社团（Cooperative and Benefit Societies）、联盟（Leagues）、董事会（Boards）、委员会（Commissions）和出于各种可能的慈善及文化目而组成的委员会的时代"，他还说在英国"甚至连不会说话的动物也有组织"。[2] 在 20 世纪 50 年代所研究的国家中，阿尔蒙德和维巴发现，与美国一样，英国仍然拥有最高程度的公民文化，这种文化以高水平的社会团体、信任和政治参与为特征，甚至那些诟病社会团体的人也把英国当作一个极端的案例。[3] 此外，英国和美国之间众多的文化和政治相似性提供了一个合适的领域，来检验针对社会资本水平的变化而提出来的一些解释。

我的分析将分三个步骤进行。在接下来的部分中，我将评估英国在最近几十年社会资本水平的总体趋势，尽可能围绕 1950 年后的时间段展开。然后，我将努力解释这些趋势，归纳一些社会资本变化背后成因的一般结论。最后，我将探讨英国民主政治的各个维度如何与社会资本水平发生联系，并将讨论这一案例对于理解社会资本的一些普遍意义。

---

〔1〕 Frank Prochaska, *The Voluntary Impulse* (London: Faber, 1988), 86.

〔2〕 George Macaulay Trevelyan, *History of England* (London: Longman, Green, 1898), 616 – 617; cf. Derek Fraser, *The Evolution of the British Welfare State* (London: Macmillan, 1973), and David Owen, *English Philanthropy* 1660 –1960 (Oxford: Oxford University Press, 1964).

〔3〕 Gabriel A. Almond and Sidney Verba, *The Civic Culture: Political Attitudes and Democracy in Five Nations* (Princeton: Princeton University Press, 1963); Mancur Olson, *The Rise and Decline of Nations* (New Haven: Yale University Press, 1982).

第一节 社会资本的变化趋势

正如这里所做的概念定义一样，社会资本主要取决于人们在相对平等的环境下彼此经常交往所达到的程度，由此建立起信任关系与互惠关系的程度。因此，它产生于正式或非正式的社交模式，并且应该从两个方面得到反映：一是人们对他人表现出来的一般信任水平；二是人们对社区志愿工作的奉献程度。　　23

一　志愿社团中的成员数量

社会资本这个定义的核心是志愿社团的成员数量。这些成员可能致力于各种各样的目的，从娱乐或社交的目的到宗教或政治的目的，但是它们都具有两个关键的特征：它们至少让成员与他人有一些面对面的互动（这是一个非常重要的因素，正是通过这种互动，才能够产生所谓普遍互惠的功能）。同时，它们让成员投身于共同的事业当中（从而培养集体行动的能力，这一能力对于民主国家具有长远的重要性）[1]因此，志愿社团成员数量的变化应当是提供社会资本趋势的最佳指标之一。图1-1显示所有我能获得长期数据的相关团体的整体成员数量水平，并分为不同的类型。图1-2中的指数表明了按团体类型汇总后的每一类团体成员数量的增长率。[2]

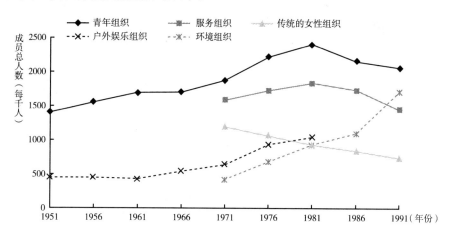

图1-1　各类团体全部成员数量的变化趋势（1951~1991）（以千为单位）

---

[1] Coleman, *Foundations of Social Theory*; Putnam, *Making Democracy Work*.

[2] 图1-1和图1-2汇集了51个不同团体的数据，它们中有许多是按照联盟的结构组织起来的，拥有地方分支机构。数据主要来源于不同时期公布的 *Social Trends*（London: HMSO）。

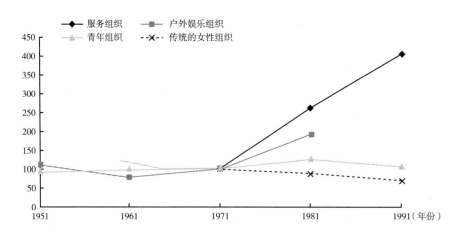

图 1 – 2　成员数量增长指数（1971 = 100）

资料来源：*Social Trends*（London：HMSO，不同年份）。

　　有几种模式尤为明显。首先，某些类型的团体中的成员有所增加，而其他类型的团体成员则有所减少。那些面向家庭主妇的传统妇女团体近年来下降最为明显，而环保组织的成员自 1971 年后翻了两番，成为最大的赢家[1]。在青年团体、体育俱乐部和服务与娱乐社团中，一些团体成员流失，另一些团体成员增加。其次，尽管一些团体出现了波动和下降，但是从长期看，次级社团的整体成员数量并没有任何实质性的减损。图 1 – 2 表明，除了传统的妇女社团之外，各类团体成员数量平均增长率普遍超过了人口的增长率。再次，尽管长期图式表明了适度的扩大，但在 20 世纪 80 年代仍出现了一些萎缩，尤其在青年团体和一些服务机构，如红十字会和圣约翰救伤队。工会成员数量在战后的大部分时间都保持增长，从 1951 年的 950 万人增加到 1980 年的 1290 万人，达到峰值，但它也在 1991 年减少到 960 万人。

　　总之，大多数类型的团体成员数量增长的平均水平似乎都至少足以与战后人口和教育成就的增长水平保持同步。此外，对那些已经存在一段时间的团体成员的数据追踪可能低估了英国社会团体归属的整体水平。一项关于志愿组织全国委员会（the National Council for Voluntary Organizations）编制的目录的调查

――――――――――

　　〔1〕　国民托管组织（National Trust）的成员数量被排除在这些数据之外，是因为环保类社团最不可能让成员进行集体性交往，不过它的成员数量也在以等额增加。

表明，在过去的 30 年，英国涌现了大批新的志愿社团。[1] 被委托调查 1976 年 24
志愿机构情况的沃尔芬登委员会（the Wolfenden Committee）发现，所考察的五 25
个地区一半以上的志愿社团是 1960 年以后创建的。更近的一项对 1992 年 1173
个全国性志愿组织的研究注意到，其中四分之一的组织在 1944 年前已经建立，
另外将近四分之一的组织是在 20 世纪 70 年代建立的，20 世纪 80 年代又建立了
四分之一。[2] 这一点也被纳普（Knapp）和萨克森 - 哈罗德（Saxon-Harrold）
所证实，他们注意到在 20 世纪 80 年代志愿组织的数目增加了 27%，反映了每
年有 3000 ~ 4000 个组织被创立。[3] 在一些情况下，它们是一些出于新近流行的
原因而成立的组织，如环保主义；在另一些情况下，它们则反映了合作活动的
增长，社会变迁使之变得越来越重要，比如学龄前幼儿游戏小组，它们目前在
英国已动员了超过 140 万名志愿者。[4]

可用的调查数据呈现了一幅非常相似的图景。表 1 - 1 的第一行显示了战
后四个时间点上能够代表英国选民的样本人群所具有的社团成员身份的平均
数。[5] 这些结果与综合数据惊人的一致。它们揭示出，成年人口中社团成员
身份的平均数在 1959 ~ 1990 年之间增长了 44%，其中 20 世纪 60 年代增速最
快，之后稍有下降。[6] 正如分处三个层次的受教育程度的那些人具有的社团
成员身份的数据所表明的，这一增长规模主要是国民整体教育水平提高的结

---

〔1〕 National Council for Voluntary Organisations, *The Voluntary Agencies Directory*（London：National Council for Voluntary Organisations, 1996）. Cf. National Council for Voluntary Organisations, *The NEST Directory of Environmental Networks*（London：National Council for Voluntary Organisations, 1993）.

〔2〕 S. Hatch, *Outside the State*（London：Croom Helm, 1980）；B. Knight, *Voluntary Work*（London：Home Office, 1993）.

〔3〕 Martin Knapp and S. Saxon-Harrold, "The British Voluntary Sector", Discussion Paper 645, Personal Social Services Unit, University of Kent, Canterbury, 1989.

〔4〕 Jeremy Kendall and Martin Knapp, "A Loose and Baggy Monster：Boundaries, Definitions and Typologies", in Justin Davis Smith et al. , eds. , *An Introduction to the Voluntary Sector*（London：Routledge, 1995）.

〔5〕 与帕特南的文章 "Tuning In, Tuning Out" 中的一样，表 1 - 1 中的单元格是在回答这样一个问题，即应答者归属于不同类型的社团的数量。关于这项研究所使用的四项调查中样本和问题的细节，参见 Almond and Verba, *The Civic Culture*；*Alan Marsh, Protest and Political Consciousness*（Lon-don：Sage, 1977）以及 Ronald Inglehart, *Culture Shift in Advanced Industrial Society*（Princeton：Princeton University Press, 1990）。

〔6〕 在 1959 年，属于某一种类型社团的受访者所占的百分比是 31%，而属于两种或两种以上的则是 17%。1973 年则相应是 29% 和 25%；到了 1990 年，则是 25% 和 27%。有可能的是，1973 年出现的上涨可能是调查方法造成的结果，因为这种方法给受访者提供的可能的社团类型极其广泛。

果。但重要的是，在任何一个特定层次的受教育程度上，社团成员身份数量都没有减少。

表1-1　社团成员身份的变化趋势

年份	1959	1973	1981	1990
总人数	0.73	1.15	0.87	1.12
性别				
男性	1.05	1.46	0.93	1.13
女性	0.43	0.90	0.81	1.11
教育水平				
初等教育	0.60	0.97	0.64	0.67
中等教育	0.88	1.48	0.76	1.04
高等教育	1.58	2.05	1.74	2.18
社会阶级				
中上层	1.13	2.24	1.57	2.15
非体力劳动者	0.82	1.36	0.89	1.34
熟练的技术工	0.70	1.02	0.63	0.79
低技术工人	0.53	1.02	0.57	0.65
年龄				
30 岁和小于 30 岁	0.63	1.14	0.71	0.90
超过 30 岁	0.75	1.16	0.98	1.19

注：单元格显示每组中每一个人具有的社团成员身份的平均数。

资料来源：1959，the Civic Culture Survey；1973，the Political Action Survey；1981 and 1990，the World Values Surveys。

　　我们可以从中得出的第一个概括性的结论是，20 世纪 80 年代和 90 年代英国社团成员身份数量的整体水平似乎至少与 1959 年的一样高，也许还略高。即使调查对象的教育水平保持不变，绝大多数英国大众在 1990 年加入社团的基本倾向与 20 世纪 50 年代大致保持一致。[1]

　　这些结果与近几十年来英国进行的大量国家和地方研究得到的证据是一致的。在一项目前依然是关于英国政治参与的权威研究中，帕里（Parry）和他的同事们发现，在 1984～1985 年之间，三分之二的人口至少属于一个正式的社

---

[1]　当 1959 年的调查结果用 1990 年的受教育程度分布情况来重新计算时，样本人群具有的社团成员身份的平均数是 0.94，依然低于 1990 年报告的 1.12。然而，因为给受访者提供的社团类型明细每年都会有点变化，所以就必须谨慎判断平均数微小差别所具有的重要意义。

团，36%的人口属于两个或者更多的社团，而其他人则估计每年有300万英国 26
人服务于社团委员会。[1] 毕晓普（Bishop）和霍杰特（Hoggett）的详细案例研
究发现，拥有85000人口的布里斯托尔郊区有300个平均成员数量达到90人的
团体。在人口为68000人的莱斯特地区，每周六早上都有3000名男性参加有组
织的足球比赛。奈特（Knight）关于十四个地区的志愿社会服务组织的调查发
现，3691个类似的组织服务于946000名民众，组织数量与当地居民的比率从苏
格兰小镇的1∶165到市内居民区的1∶361不等。[2]

二 慈善事业

对慈善事业的支持是社会资本的另一个重要维度。志愿者工作往往会促使
个体与他们的邻居发生直接接触，代表了公民参与的一种重要形式。因此，我
们在这里可能会找到一些关于英国社会资本情况的指标。

在英国，正式注册的慈善机构数量在1991年稳步上升到166503个，给慈 27
善机构的捐款数量也在上升，1993年达到大约50亿英镑或者人均10英
镑。[3] 更重要的是，很大一部分英国人每年都从事志愿工作，通常以向病人
和老年人提供社会服务或者向年轻人提供教育和娱乐为主。一项研究发现，
在1976年，17%的人从事过某种形式的志愿活动，其中9%的人基本上每周
一次。[4] 虽然对不同时段之间的可比性必须持谨慎的态度，但一些调查发现
20世纪80年代和90年代的数字甚至更高。1981年，综合住户统计调查（the
General Household Survey）报告表明，23%的被调查者在当年做了一些志愿工

〔1〕 Geraint Parry et al. , *Political Participation and Democracy in Britain* (Cambridge：Cambridge University Press 1992), 90；Perri 6 and J. Fieldgrass, *Snapshots of the Voluntary Sector* (London：National Council for Voluntary Organisations, 1992).

〔2〕 Jeff Bishop and Paul Hoggett, *Organizing Around Enthusiasms：Patterns of Mutual Aid in Leisure* (London：Comedia Publishing Group, 1986)；Knight, *Voluntary Work*。应该注意，这项研究排除了工会、体育俱乐部、职业组织和宗教组织。Cf. Katherine Gaskin and Justin David Smith, *A New Civic Europe? A Study of the Extent and Role of Volunteering* (London：Volunteer Centre, 1995)；Justin Davis Smith, "What We Know About Volunteering: Information from the Surveys," in Rodney Hedley and Justin Davis Smith, eds. , *Volunteering and Society* (London：National Council for Voluntary Organisations, 1992)；Mark Abrams et al. , *Values and Social Change in Britain* (London：Macmillan, 1985)；Hatch, *Outside the State*；Julia Field and Barry Hedges, *A National Survey of Volunteering* (London：Social and Community Planning Research, 1987)；Wolfenden Committee, *The Future of Voluntary Organisations* (London：Croom Helm, 1978).

〔3〕 Charities Aid Foundation, *Dimensions of the Voluntary Sector* (London：Charities Aid Foundation, 1994).

〔4〕 Wolfenden Committee, *The Future of Voluntary Organisations*, 35.

作。而且，戈达德（Goddard）发现，四分之一的人口在1992年做了一些志愿工作，其中15%的人一般每周参与两次甚至更多，由此英国每周的志愿工作时间大约为2000万小时。[1] 其他研究报告说，目前全体公民中有多达三分之一的人每年都会做些志愿工作。[2] 尽管这类工作多数是为慈善活动筹款，但是大约三分之一的志愿者还为委员会服务，大多数志愿工作属于与邻里间的面对面的接触。[3]

这些数字并不会让任何熟悉英国中小型城市的人感到吃惊，在这些城市里的主要街道上，通常会看到三四个慈善商店，它们由志愿者担任工作人员，为乐施会（牛津饥荒救济委员会，Oxfam）、巴纳道（Barnardo's）儿童慈善会或其他慈善机构销售物品。沃尔芬登委员会对三个城镇的一项深入研究发现，在每个城镇中都有相当数量的志愿组织（在一个拥有50000人口的镇上有82个组织和2000名活跃的志愿者；在一个拥有60000人口的镇上有112个组织和2500名活跃的志愿者；在一个拥有265000人口的镇上有239个组织和4000名活跃的志愿者）。[4] 总之，多数有关英国志愿部门的新近研究结论都表明它在日益扩展并充满活力。

三 非正式社交

当然，参与正式社团和志愿工作并不是社会资本的唯一来源。社会资本所依赖的面对面联系网络也可以建立在与他人在不太正式的场合下经常性互动的基础之上，如那些与朋友的交往、与邻居的交谈以及和他人进行的未经正式安排但经常性的活动。许多研究忽视了这类非正式社交，因为它们更难以测量，但仍然有评估它们在英国发展趋势的基础。

28　　　时间预算研究（Time budget studies）提供了非正式社交最重要的数据来源。表1-2描述了1961年、1974~1975年和1983~1984年个人每天在各类休闲活动上所花费的平均时间。这些人是从能够代表英国民众的样本人群中抽取出来的，并根据他们的就业状况进行了分类。就整个这一时期而言，由于工作时间的减少和节省劳力设备的大量推广，大多数人的闲暇时间大幅增加了。[5] 然而

---

[1] Eileen Goddard, *Voluntary Work* (London: HMSO, 1994).

[2] Gaskin and Davis Smith, *A New Civic Europe*, 29.

[3] Goddard, *Voluntary Work*.

[4] Wolfenden Committee, *The Future of Voluntary Organisations*, ch. 3.

[5] 在英国，每年的平均工作时间从1906年的2900个小时下降到了1946年的2440个小时，在1982年则下降到了2340个小时，到了1988年就剩下1800个小时了。*Demos Quarterly*, 1995 (5).

值得注意的是，多数群体选择在家庭以外而不是家里利用这些闲暇时间，扩大了他们的社交范围。尽管许多人花了更多的时间来看电视，而这取代的是以前被用来听广播的时间。

表1－2 时间利用的变化（平均分钟数/天）

与社会资本相关的一般时间利用

	在家的娱乐	在外面的娱乐	听收音机	看电视	运动	公共服务	社会俱乐部	酒吧	拜访朋友	全部
全职工作的男性										
1961	209	69	23	121	4(9)	6(15)	4(10)	4(16)	19(43)	37
1975	207	102	5	126	7(19)	4(12)	8(17)	14(39)	21(57)	54
1984	209	98	3	129	10(31)	3(13)	5(16)	13(41)	8(60)	39
全职工作的女性										
1961	173	61	16	93	2(6)	2(9)	1(4)	0(3)	24(55)	29
1975	183	82	3	103	1(6)	3(11)	6(13)	3(17)	27(69)	40
1984	188	90	2	102	2(17)	7(21)	2(6)	10(32)	21(75)	42
兼职工作的女性										
1961	207	72	21	98	1(11)	8(13)	1(2)	1(4)	30(35)	41
1975	221	99	4	112	2(6)	5(18)	3(9)	3(14)	33(69)	46
1984	222	89	2	121	5(17)	5(21)	2(9)	4(20)	26(75)	42
没有工作的女性										
1961	257	70	25	125	1(4)	5(13)	1(5)	0(2)	34(64)	41
1975	268	116	6	132	1(5)	5(16)	4(10)	3(14)	42(81)	55
1984	286	95	3	147	3(16)	6(17)	3(11)	4(21)	29(79)	45

注：括号中的数字代表的是参与这项活动的群体的百分比。1975 年的样本来自 1974～1975 年，1984 年的样本来自 1983～1984 年。

数据来源：根据 Jonathan Gershuny and Sally Jones 的结果进行调整，"The Changing Work/Leisure Balance in Britain，1961－1984"，in John Horne et al.，eds.，*Sport，Leisure and Social Relations*（London：Routledge and Kegan Paul，1985），9－50。

表 1－2 中右侧的数据显示了花费在家庭以外的各类活动的时间。这些活动可能有助于社会资本的形成。在这些活动上所花费的时间总量在 20 世纪 60 年代和 70 年代早期有大幅增长，接着在随后的十年中略有下降，不过 1984 年的数

29

量至少与 1961 年的一样高。一般而言，参与每一类活动的人口比例（在括号中标示）也在增加，有时大幅度增加。这些数据似乎与一些说法相矛盾，即战后的英国人以牺牲与家庭之外的人接触为代价，越来越"私密"或关注"家庭生活"。[1] 相反，即使是保守的解释也会认为过去的 40 年里，非正式社交有了一定的扩展。

在英国，酒吧一直是与非正式社交相关的最重要机构之一。大多数住宅区有几个这样的场所，几十年来光顾酒吧不仅是大多数人生活日程的一部分，而且还提供了与朋友和邻居谈天说地的机会。1953 年的一项全国性调查发现，三分之一的男性每周会不止一次去酒吧，另外有 16% 每周去一次，而女性分别只有 4% 和 11%。[2] 在 1957 年的一项全国性调查中，47% 的受访者在过去的一周光顾过酒吧。[3] 对非正式社交来说，这一媒介的命运如何呢？

不幸的是，关于人们使用酒吧的趋势，可用的数据十分有限。虽然在 20 世纪 70 年代有过小的复苏，但英国酒吧的数量自 1900 年大幅下降，从当时的 102189 家（或者每 10000 人有 31.69 家）下降到 1978 年的 66057 家（或者每 10000 人有 13.45 家）。然而，正如表 1 - 2 所显示，20 世纪 50 ~ 80 年代，无论是光顾酒吧的人数还是人们花在酒吧的时间似乎都增加了。粗略地说，这些数据表明，只有不到一半的男性在 20 世纪 80 年代平均每周花一个半小时来泡吧。此外，与 20 世纪 50 年代相比，现在的女性更可能去酒吧。

---

[1] Cf. Ferdynand Zweig, *The Worker in an Affluent Society* (London: Heinemann, 1961); John Goldthorpe et al., *The Affluent Worker: Political Attitudes and Behaviour* (Cambridge: Cambridge University Press, 1969), 107; Howard Newby et al., "From Class Structure to Class Action: British Working Class Politics in the 1980s", in B. Roberts et al., eds., *New Approaches to Economic Life* (Manchester: Manchester University Press, 1985); R. E. Pahl and C. D. Wallace, "Household Work Strategies in Economic Recession", in N. Redclift and E. Mingione, eds., *Beyond Employment* (Oxford: Blackwell, 1985); and R. E. Pahl and C. D. Wallace, "Neither Angels in Marble nor Rebels in Red: Privatization and Working-Class Consciousness", in David Rose, ed., *Social Stratification and Economic Change* (London: Hutchinson, 1988), 127 - 149. 不过应当注意的是，各个群体的人都把不断增加的非工作时间用于儿童保育当中。参见 Jonathan Gershuny and Sally Jones, "The Changing Work/Leisure Balance in Britain, 1961 - 1984", in John Horne et al., eds., *Sport Leisure and Social Relations* (London: Routledge and Kegan Paul, 1985), 9 - 50.

[2] T. Carter and J. S. Downham, *The Communication of Ideas: A Study of Contemporary Influences on Urban Life* (London: Chatto and Windus, 1954), 96.

[3] George H. Gallup, ed., *The Gallup International Public Opinion Polls: Great Britain 1937 - 1975*, Vol. 1 (New York: Random House, 1976), 415.

1986 年，47% 的女性说她们在上个月泡过吧，男性的相应比例为65%[1]。最低限度上说，酒吧似乎仍是非正式社交的一个重要媒介，至少对某些英国民众而言是这样[2]。

四　代际效应

虽然战后英国社会资本的整体水平似乎没有大幅下降，但是也有可能在年青一代中已经降低了。如果是这样，我们可以预测，当老一辈人将被年轻人替代时，社会资本的总体水平随着时间的推移会下降。对这一可能性，尤其必须严肃对待，因为帕特南通过将出生在 1910~1940 年之间的"长期保持公民参与的那一代人"（long civic generation）所表现出来的激进主义与1940 年以后出生的几代人中发现的较低水平的公民参与进行对比，他在美国明确发现了这一代际效应[3]。

想要把代际效应与生命周期效应以及时期效应区分开来是极其困难的[4]。我们可以从考察图 1-3 开始，这个图记录了英国不同年龄群体所具有的社团成员身份、教会成员身份以及社会信任的平均水平，而这些数据是从他们的被调查者在五个不同时间点上（1959 年、1973 年、1977 年、1981 年和1990 年）的回答中汇总出来的。图 1-3 表明，自世纪之交开始，后来的各个年龄群体参与志愿社团的意愿普遍提高，并在 1940~1944 年之间出生的那个年龄群体达到峰值，之后则下降了。乍一看，图表似乎表明战后出生的几代人比两次世界大战之间出生的人更少参与公民活动（civic endeavor），而且往后的每一代的参与都在逐渐减少[5]。

30

31

---

〔1〕　*Social Trends*, 1987.

〔2〕　应当注意的是，酒吧在工人阶级的非正式社交中似乎要比在中产阶级那里发挥着更为重要的作用。1953 年，34% 的工人阶级每周至少要去一次酒吧，相比而言中产阶级只有 21%（Carter and Downham, *The Communication of Ideas*）。而且必须牢记在心的是，酒吧中的社会交往水平可能是以这里没有测量的方式在发生变化。Cf. Mass-Observation, *The Pub and the People* [London：Hutchinson, 1987 (1943)], and Daniel E. Vasey, *The Pub and English Social Change* (New York：AMS Press, 1990).

〔3〕　Putnam, "Bowling Alone", "Tuning In, Tuning Out".

〔4〕　生命周期效应反映的是年轻人与老年人之间随着年龄增大逐渐消失的差异。代际效应指涉的是很少会随着时间的流逝而变化的不同年龄群体的人之间的差异。时期效应会影响到所有的不同时段出生的人，不过这种效应只是针对特定时期。

〔5〕　正如帕特南的文章"Tuning In, Tuning Out"中给出的一个类似图表一样，当大众的受教育水平保持不变时，两次世界大战之间出生的人相比于战后出生的那几代人的参与率更高，这加强了这一总体印象。

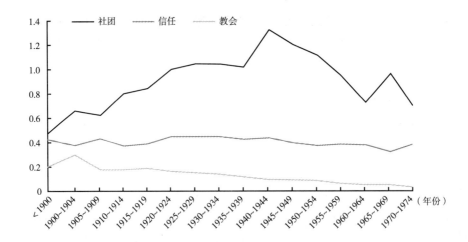

图 1 - 3　不同出生年份的社团成员数量、社会信任和教会成员数量的水平

　　说明：图中的曲线代表受访者所属社团的平均数量，数据显示他们经常出席教会，数据也显示社会信任水平在 35% 以上。相反，左边的标度可以被看作是成员的平均数量或者是百分比，其比例是从 0 到 1.40。

　　数据来源：Civic Culture Survey 1959, Political Action Survey 1973, Eurobarometer study 1977, World Values Surveys 1981 and 1990。

表 1 - 3　不同年龄的世代的社团成员平均数

年龄	两战之间的一代	40 年代的一代	50 年代的一代
20 ~ 25	0.64		0.87
25 ~ 30	0.62	1.05	1.00
30 ~ 35	0.94	1.17	1.00
35 ~ 40	1.07	1.22	1.33
40 ~ 45	1.27	1.22	
45 ~ 50	1.28	1.47	

　　注：两次世界大战之间那一代人指的是在 1919 ~ 1939 年之间出生的人，20 世纪 40 年代的那一代人指的是在 1940 ~ 1949 年之间出生的人，20 世纪 50 年代的那一代人指的是在 1950 ~ 1959 年出生的人。

　　数据来源：调查数据来自 the 1959 Civic Culture Survey, the 1973 Political Action Survey, the 1977 Eurobarometer study, and the 1981 and 1990 World Values Surveys。

　　然而进一步考察说明，图 1 - 3 给人的印象可能仅仅是数据的限制和强烈的生命周期效应造成的表象。正如许多研究已经证实的，随着年龄的增长，公民参与大幅提高，从一个人十几、二十几岁的相对较低水平攀升到四五十岁的最高水平。[1] 由于图 1 - 3 获得数据的最后一个时间点是 1990 年，那么在 1950 年后出生的人的团体参与只是取样于其十几岁、二十几岁和三十几岁，仍未达到通常是其团体参与最高水平的年龄。

因此，为了将生命周期效应从代际效应中分离出去，我从样本中选择了三个不同世代的群体——两次世界大战之间出生的人、20 世纪 40 年代出生的人和 20 世纪 50 年代出生的人，并考察每一个群体在不同年龄的团体参与。如表 1 - 3 中所描述，结果说明在任何给定的年龄，出生在 20 世纪 40 年代和 50 年代的人与那些出生在两次世界大战期间的人在相同年龄的时候愿意参与的社团数量至少一样多。总的来说，当人口教育水平保持不变时，情况也是如此。[2] 这些结果至少可以暂时让我得出结论：我们在英国没有看到与帕特南在美国发现的相同的代际效应；至少 20 世纪 40 年代和 50 年代出生的人与两次世界大战期间出生的同龄人体现出一样多的公民参与。 32

五　社会信任

当我们考虑社会信任的水平时，这被认为是人们信任其公民同胞的一般倾向，一幅略有不同的画面就会浮现出来。[3] 这里有两项关键的发展。首先，1959 ~ 1990 年间，社会信任的总体水平有所下降，1959 年有 56% 的被调查者说他们一般会信任他人，而到了 1990 年仅有 44% 的人这样说。几乎可以肯定的是，这里存在一定强度上的时期效应。其次，在一些群体中社会信任的削弱程度比其他群体显著得多。表 1 - 4 显示，在工人阶级中，社会信任的下降要大于中产阶级。但是最引人注目的是 1959 年出生的人和 1990 年出生的人之间的年龄 33 群体差异。在 1959 年，40 岁以下的人（61% 显示了社会信任）比 40 岁以上的人（52%）更加信任他人。到 1990 年时，我们发现了正好相反的情况：在 1990 年，虽然 40 岁以上的人有 47% 对他人表示了信任，但是 40 岁以下的人只有

---

[1] Putnam, "Tuning In, Tuning Out"; Parry et al., *Political Participation and Democracy in Britain*.

[2] 关于这一点的数据，参见 Peter A. Hall, "Social Capital in Britain", *British Journal of Political Science*, 1998（29）: 431。

[3] 1959 年，被用来评估社会信任的调查问题是："一些人认为，大多数人是可以被信任的。其他的人认为，你在与人们接触时，再小心都不过分。你怎么看？" 1981 年和 1990 年的问题是："一般而言，你是否会认为大多数人是可以被信任的或者在与人们接触时再小心都不过分？"尽管这是一个微不足道的测量，但是它在其他地方被广泛用来评估社会资本的水平，而且对这个问题的回答与对一些相关问题的问答密切相关，例如人们信任英国人到什么程度，他们重视朋友到什么程度，他们感到有多孤单，以及受访者是否认为人们愿意帮助他人、协同合作和关心彼此而不是利用彼此——这都是用来测量普遍社会联系的感受的。

40%，这一比例随着年龄群体的年轻化而稳步下降，在18～29岁这个年龄群体中，这一比例只有32%。

表1-4 社会信任的趋势

社会信任的比例

年份	1959	1981	1990
所有人	56	43	44
性别			
男性	56	45	46
女性	56	42	42
教育水平			
初等教育	50	37	42
中等教育	64	42	41
高等教育	79	60	62
社会阶级			
中上层	71	58	57
非体力劳动者	54	48	45
熟练的技术工	55	40	39
低技术工人	51	33	38
年龄			
≤30岁	56	41	37
>30岁	56	45	46

注：单元格表示的是每一组回答"一般而言，你可信任其他人"的比例，而非"你不能不多加小心"，排除了"不知道"、"看情况"和"其他"的回答。

数据来源：1959, Civic Culture Survey；1981 and 1990, World Values Surveys。

表现社会信任的人口比例的下降并不纯粹是代际的。它表现在所有的年龄群体中，包括那些在两次世界大战期间出生的人们，他们在1959年有61%表示信任他人，而现在只有46%。然而，低社会信任水平时期的成长经历会在更年轻的几代人身上留下印记[1]鉴于社会资本的其他指标没有表现出类似的降低，社会信任的减弱是一种异常的情况，后面我会回过头讨论这个问题。而现在我要转向另一个问题：解释为什么英国社会资本的所有其他指标都保持合理的高水平。

---

[1] Cf. David O. Sears and Nicholas A. Valentino, "Politics Matters：Political Events as Catalysts for Preadult Socialization", *American Political Science Review*, 1997 (91, 1)：45-65.

第二节　解释社会资本的水平

一　一般因果理论

根据这里考察过的大多数测量，英国的社会资本并没有下降到帕特南在美国所发现的那种程度。英美情况的差异对于我们理解可能影响社会资本水平的原因具有重要的意义。首先，它为帕特南所提出的大量论证提供了支持。[1] 工业化民主国家具有的一些共同趋势可能被认为会削弱社会资本，而在英国的情况中看起来并不那么显著。这些趋势具体包括：福利国家的扩张、郊区化、妇女更多地成为劳动力以及以更高的离婚率和更多的单亲家庭为标志的家庭结构变化。战后英国经历了上述变迁，但社会资本水平并没有出现相应的下降。[2]

英国的情况还提出了有关电视对社会资本之影响的问题。[3] 虽然事实上，英国公民平均每天看电视的时间超过两个半小时，但他们仍然尽力维持了与20世纪50年代末的人相当的社交水平和社区参与水平，而且伴随电视成长起来的几代人与他们的前辈相比，其社区参与水平并没有显著的降低。这表明看电视对于社会资本并不是完全有害的。从一定程度上说，它看起来仅仅是取代了一项流行于两次世界大战期间的类似活动，即收听广播（见表1-2）。

尽管如此，如果没有电视，我们很难想象家庭之外的社会交往水平将不会变得更高。以下发现为此至少提供了弱意义上的支持，即工人阶级在社区协会中并不怎么活跃，但是他们看电视的时间却比中产阶级多出三分之一。[4] 此外，电视的主要影响可能在20世纪50年代末就已经出现，而这个时间正是这里所使用的大部分数据的基准点。1955年，英国有450万台电视，而到了50年

〔1〕　Cf. Putnam, "Tuning In, Tuning Out".

〔2〕　社会支出占国内生产总值的份额从1951年的14%上升到1980年的21% [Peter Flora, ed., *Growth to Limits*: *The West European Welfare States Since World War II* (Berlin: de Gruyter, 1986)]。女性在劳动力中的百分比从1951年的33%和1971年的35%上升到1994年的44% [Department of Employment, *Labour Statistics* (London: HMSO, 1995)]。单亲家庭的比例从1971年的8%升到1994年的23%，独居人群的比例从1973年的9%上升到1994年15% [Central Statistical Office, *Living in Britain* (London: HMSO, 1994)]。被批准离婚的人数从1951年的30500上升到1971年的110700和1993年的165018 [Central Statistical Office, *Annual Abstract of Statistics* (London: HMSO, 1979, 1996)]。

〔3〕　Putnam, "Tuning In, Tuning Out". Cf. Pippa Norris, "Does Television Erode Social Capital? A Reply to Putnam", *PS*: *Political Science and Politics*, 1996 (29, 3): 474-80.

〔4〕　Nicholas Abercrombie and Alan Warde, *Contemporary British Society* (Oxford: Polity, 1994), 421.

34

代末则变成了 1000 万台（或者说每 1000 名居民中有 211 台）。德比（Derby）是一个典型的英国小镇，早在 1953 年，29% 的人就拥有电视。20 世纪 50 年代，对工人阶级生活的详细研究也提供了一些证据，这些证据表明收看电视已经减少了人们本可用来与他人交往的时间。[1] 因此，可以获取的英国数据不能说是与"电视的普及会降低社区中社会交往的水平"这一论点相矛盾。相反，它仅仅表明收看电视并不一定会完全破坏这种参与。

二 解释社区参与回弹

英国案例的结果给我们提出了一个很难解释的问题。尽管通过社团成员身份、慈善事业和非正式社交测量的社区参与水平似乎在美国不断降低，但在英国仍然保持回弹态势。这该如何解释呢？我们从英国的案例中可以得出什么社会资本背后更为普遍的成因呢？

如前文所述，相对容易排除一些可能的解释性因素。电视在英国出现并不比美国晚太多，第一次传输电视节目是在 1939 年，到 20 世纪 50 年代中期，许多民众已经看上了电视。两个国家在女性劳动力参与率、工作时间和家庭结构的变化上基本相似，而且在很大程度上与个人社区参与的水平并不相关。[2] 到底是什么让英国的社区参与在战后产生了这种稳定性，甚至有所增长？

35

对该案例进行仔细考察之后发现有三个因素的地位最为重要。它们是：①以中学教育和中学之后教育大规模扩张为标志的教育系统的激进转变；②由经济和政治发展所推动的英国社会阶层结构的整体变化，它改变了民众的职业和生活状况的分布；③众多英国特色的鼓励和维持志愿社区参与的政府行动形式。虽然在没有进行比较研究的情况下——这超出了本研究的范围——我无法准确构建它们的相对重要性，但仍有充分的理由相信，三个因素都对维持英国的社会资本至关重要。

三 教育革命

有一点是公认的，即每增加一年教育就会提高个体参与社区事务的倾

---

[1] Carter and Downham, *The Communication of Ideas*; Zweig, *The Worker in an Affluent Society*, 116 – 117, 208 – 209.

[2] Cf. Gershuny and Jones, "The Changing Work/Leisure Balance"; Gaskin and Davis Smith, *A New Civic Europe*?

向，不论是表现为参加某个社团还是为社区提供义务工作。[1] 此外，随着一个人受教育水平的不断提高，教育年限每增加一年，它对社区参与倾向的影响也相应在加强。在 1959 年和 1990 年，如果一个人接受了中学之后的教育的话，那么就意味着这个人参与社区事务的可能性几乎是仅仅接受过中学教育的人的两倍。当人们的受教育程度越高时，他们对社区事务的参与就越多。

在这一背景下，英国教育系统在 20 世纪 50 年代到 90 年代发生的急剧变革就具有十分重要的意义。虽然面对一些阻力，这一变革仍然在很大程度上维持了英国社团参与的水平。在别处已经详细描述过这些教育改革。从本质上讲，到了 20 世纪 80 年代，它们已经改变了英国的教育系统，从 20 世纪 50 年代那种根据阶层和性别严重分离开来，并聚焦在小学和中学教育而极少提供中学之后教育的教育系统转变成为大多数人提供中学教育，以及为更多家庭背景更为广泛的人提供中学之后教育的教育系统。[2] 虽然大多数工业化国家也采取了类似的做法，但在这一时期，英国变化的程度比其他许多国家要大得多。在过去的 30 年，英国摆脱了根据阶级背景高度阶层化，并提供远远少于美国所提供的平均学校教育年限的教育系统，现今的教育系统正在向美国靠拢。[3]

36

这一教育改革进程促进了社会资本水平三个具有重大意义的发展。首先，它极大地增加了接受中学或中学之后教育的人数。其次，它大大提高了女性受教育水平的程度。再次，它彻底改变了接受过中学之后教育的人群的阶级成分。表 1-5 全面展现了这些影响，它通过 1959 年和 1990 年选民的代表样本之间的差异表现出来。[4] 在这 30 年里，接受过中学教育的英国公民比例增加了近一倍，接受过一些中学之后教育的公民比例从 3% 上升到 14%。到 1990 年，接受过中学之后教育的女性比例与男性相同，而在 1959 年两者的比例是 1∶4。虽然

---

[1] Parry et al., *Political Participation and Democracy in Britain*, ch. 4; Sidney Verba, Kay Schlotzman, and Henry Brady, *Voice and Equality: Civic Volunteerism in American Politics* (Cambridge: Harvard University Press, 1995); Putnam, "Tuning In, Tuning Out"; Davis Smith, "What We Know about Volunteering?" 76.

[2] 参见 A. H. Halsey, *British Social Trends Since* 1900 (London: MacMillan, 1988), chs. 6 and 7.

[3] 正如一个分析人员所作的著名观察，在 20 世纪 60 年代早期的英国，工人阶级中的年轻人更有可能把青春耗在精神病院而不是去上大学 [R. D. Laing, *The Politics of Experience* (London: Penguin, 1965)]。

[4] 从这些样本得到的数据与那些总体数据十分相似。例如，1985 年接受中学之后教育的全日制学生的数量（600000）是 1955 的 5 倍 [Michael Ball et al., *The Transformation of Britain* (London: Fontana, 1989), 293]。

阶层差异仍十分明显，但是出生在工人阶级家庭而接受中学或中学之后教育的人数有了明显的增长。[1]

表 1-5　各类群体间受教育水平的变化（1959～1990 年）

接受教育达到的最高水平	全部		男性		女性		中产阶级		工人阶级	
	1959 年	1990 年	1959 年	1990 年	1959 年	1990 年	1959 年	1990 年	1959 年	1990 年
初等	63	24	58	25	68	22	39	13	74	32
中等	34	62	38	61	31	64	53	60	26	64
高等	3	14	4	14	1	14	8	27	0	4
总数	934	1470	448	683	446	87	286	645	648	825

注：单元格表示的是处于每个受教育水平上的群体所占的比例。
数据来源：1959 Civil Culture Survey and 1990 World Values Survey。

教育系统的这些变化通过两个路径影响了英国社会资本的水平。第一个路径是以更高教育水平人数的增加为基础的聚合效应。这增加了社区参与，因为那些已经获得更高教育水平的人群进行公民参与的倾向更强烈。自 20 世纪 50 年代以来，这一影响使得社区参与水平比没有进行教育改革时预期的水平要高出 25%。[2] 而第二个路径是通过使接受高等教育的人群多样化，使得教育改革也提高了高等教育年限每增加一年对受教育者所产生的平均影响力。在 20 世纪 50 年代，高等教育主要限于上层中产阶级的男孩，这使得他们的社区参与水平提高了大约 76%——一个不可小觑的数字。[3] 高等教育本可以为这个已经占据优势地位的群体的社区参与助一臂之力，但这种倾向受到他们在这一方面被众多其他既有社交要素所左右这一事实的限制。当高等教育体系得以扩大来囊括更多阶层背景更多样化的人时，其中很多人并没有得益于这些额外的社交因素，而接受中学之后教育对社区参与倾向的平均影响急剧增加。20 世纪 90 年代，接

〔1〕 应该注意的是，尽管工人阶级中接受中学或中学之后教育的绝对人数增加了，但是这些变化并没有消除在获得高等教育上的阶层不平等。Cf. A. H. Halsey et al., *Origins and Destinations* (Oxford: Clarendon Press, 1980)。

〔2〕 这个数字是通过将 1959 年选取的样本人群所具有社团成员身份的实际平均数与 1990 年的样本人群的受教育程度分布状况进行比较后得出的，后者要置换为 1959 年的数据中的相应部分。除了做注的这个地方外，在这一部分，社区参与是通过社团成员身份数量的平均值来测量的。

〔3〕 这也就是说，在 1959 年接受过一些中学之后教育的受访者所具有的社团成员身份平均数要比接受过中学教育的受访者所具有的高出 76%。在 1990 年，相应的数字是 110%。参见表 1-1。

受高等教育让社区参与增加了 110%。简而言之，不仅更多的英国公民在今天从中学之后的教育中获益，而且高等教育对社区参与的平均影响也比 20 世纪 50 年代有了显著的提高。

　　这场教育革命的重要性在女性身上体现得尤其明显。英国的数据最引人注目的特征之一是，1959～1990 年男性的社区参与只是略有增加（大约 7%），而女性的社区参与则翻了一倍多（增加了 127%），接近于男性的比例。英国的社会资本得以维持主要是依靠妇女日益增加的社区参与。这一效应可能是由以下三种长期发展中任何一种所造成的：女性越来越多地接受高等教育；女性越来越多地成为劳动力；女性的态度和社会处境发生了更加普遍的变化，这部分地是受到女权运动的影响。我们不能在整体上低估后两者的重要性。但数据表明，更多接受高等教育的机会是迄今为止最重要的原因。[1] 到 1990 年，14% 的女性接受过中学之后的教育，相比之下，1959 年仅仅为 1%。此外，尽管与 20 世纪 50 年代的女性相比，20 世纪 90 年代接受过小学或中学教育的女性在社区参与方面并没有明显增多，但接受过中学之后教育的女性在社区参与方面却是 1950 年的 2.5 倍。在英国，女性接受高等教育机会的增加似乎对社会资本水平有着重要的影响。

38

四　阶层结构变化的影响

　　社会阶层必然是所有关于战后英国社会变化分析的一个重要维度。一方面，阶层区分早就在英国的社会意识和集体生活方面发挥了至关重要的作用。[2] 另一方面，在过去的 50 年里，英国的阶层结构发生了剧烈的变化，至少其中的一些对社会资本可能有着广泛的影响。[3] 社会阶层问题与这一分析的关联极其紧

---

[1] 表 1-1 表明，到 1973 年，女性社团成员数量的增加大多已经显示出来，也就是说，这一变化在女性劳动力参与率明显上升之前就已经出现了；表 1-2 表明，有工作或没工作的女性在有益于社会资本的公民义务和其他活动上的参与率以及花费的时间上大体上一样多。这两项观察的结果说明，尽管女性的劳动力参与率提高并不会降低社会资本水平，但是它也不会明显地提高社会资本水平。

[2] Anthony Heath et al., *Understanding Political Change：The British Voter*, 1964 - 1987 (Oxford：Pergamon, 1991)；Geoffrey Marshall et al., *Social Class in Modern Britain* (London：Hutchinson, 1988)；R. Pahl, *Divisions of Labour* (Oxford：Blackwell, 1984)；Martin Bulmer, ed., *Working Class Images of Society* (London：Routledge and Kegan Paul, 1975)；Samuel Beer, *Modern British Politics* (London：Faber, 1968).

[3] John H. Goldthorpe, *Social Mobility and Class Structure in Modern Britain*, 1st ed. (Oxford：Clarendon Press, 1980)；Samuel Beer, *Britain Against Itself* (New York：Norton, 1982)；Joel Krieger, *British Politics in the Global Age* (Oxford：Polity, 1999).

密，因为阶层情况不同的人在如何与社区发生联系方面差异巨大。虽然其中一些问题可以通过教育水平进行解释，但它们都有着更广泛的社会根源。[1] 我们在正式的和非正式的社交模式中都发现了这些差异。

一般而言，中产阶级的团体归属是工人阶级的两倍（见表 1-1），同时他们的积极性也可能是众多团体的 2 倍。戈德索普（Goldthorpe）发现，处在阶层结构顶层的那些人中有 52% 在社团中担任职务，而处在底层的两个阶层则只有 19%。[2] 专业人士参与志愿活动的可能性也是体力劳动者的 3 倍。[3] 此外，虽然社交俱乐部和工会支配了工人阶级成员所属的社团，但是中产阶级中那些人则与更为广泛的社团建立了联系。中产阶级更可能在频繁地加入新的社团，在有生之年使成员身份不断增加，而工人阶级中那些人加入的社团较少，但会在很长的时间内参与其中。[4]

工人阶级的非正式社交模式通常包括亲属和有密切联系的朋友圈子。从总体上说，他们的友谊由来已久，通常是同窗好友。相比之下，中产阶级的社交网络往往更广泛和更多样化。他们可能经常在工作场所之外与同事见面，次数是在工作场合见面次数的两倍；他们交友广泛，而这些朋友之间通常关联不大。也许令人惊讶的是，中产阶级中对邻居知根知底的人数也可能是工人阶级的两倍，完全没有社会支持的人就更少了。最后，中产阶级似乎更不愿意将他们与朋友的来往局限在一个特定的活动领域，而更喜欢投身于多种的活动之中。[5]

总之，尽管在每一个阶层内部都有着明显的差异，而且近来的研究似乎也与之前认为工人阶级成员严重缺乏社会联系的旧论断相矛盾，但是两大社会阶

39

---

〔1〕 当控制教育这一因素时，从工人阶级向中产阶级转移使得一个人所属社团的平均数量增加了大概 50%，而从最低阶层到最高阶层的转移使得这种社团身份的数量增加了将近 150%。

〔2〕 John H. Goldthorpe, *Social Mobility and Class Structure in Modern Britain*, 2nd ed. （Oxford：Clarendon Press, 1987）.

〔3〕 Davis Smith, "What We Know about Volunteering", 76; Peter Lynn and Justin Davis Smith, *The 1991 National Survey of Voluntary Activity in the UK* （London：The Volunteer Centre, 1992）.

〔4〕 John H. Goldthorpe, *Social Mobility and Class Structure*, 1st ed. , ch. 7.

〔5〕 Ann Oakley and Lynda Rajan, "Social Class and Social Support：The Same or Different?" *Sociology*, 25, 1 （1991）：31 - 59; Martin Bulmer, *Neighbours：The Work of Philip Abrams* （Cambridge：Cambridge University Press, 1986）; John H. Goldthorpe, *Social Mobility and Class Structure*, 2nd ed. , ch. 7; Graham Allan, "Class Variation in Friendship Patterns", *British Journal of Sociology*, 1990 （41）：389 - 92; M. Stacey et al. , *Power, Persistence and Change* （London：Routledge and Kegan Paul, 1975）; Goldthorpe et al. , *The Affluent Worker in the Class Structure* （Cambridge：Cambridge University Press, 1969）.

层所体现的社交模式确实大不相同。[1] 这些不同大多与社会资本有关。

　　至少在英国，社会资本的水平似乎主要是由中产阶级来维持的。正是这一阶层的成员才可能去发展多样化的朋友网络，并动员他们参与新的活动，也正是中产阶级最为积极地参与各种各样的正式社团，为促进实现新近出现的目标而加入新的社团。这些形式比工人阶级的社交模式更加契合于社会资本如何运作的经典理念。此外，这些差异似乎是随着时间的推移不断扩大。表 1 - 1 表明，虽然工人阶级所属的团体的平均数量在过去 30 年里大体保持不变，但是中产阶级所属团体的数量增加了近 60%。

　　这些观察尤其重要，因为自 1950 年以后，英国中产阶级自身的规模急剧扩大。尽管有个别向上或向下的流动，但我们仍依常例认为阶层结构是相对固定的东西。然而，近来的研究表明，英国的阶层结构自"二战"以后发生了深刻的变化。这一转变是由旧制造业基地的衰落、新兴公共部门的就业扩张以及服务业的兴起所推动的。因此，许多蓝领或者体力劳动工作已经消失，专业性的和白领的职位却在快速增长，这些职位为任职者提供与中产阶级相关的物质性福利待遇和工作环境。戈德索普将这一重大变化描述为日益重要的"服务阶层"的扩张。尽管就如何精确划分阶层界限还存在一些争论，但在涉及量级的顺序上仍有普遍的共识。例如，英国选举研究的样本表明，工人阶级在成年人中的比例从 1964 年的 51% 下降到 1987 年的 36%；相反，与"工薪阶层"相关的专业性或管理性职业中的人所占的比例则从 19% 变成了 29%，其他非体力劳动职业中的人所占的比例从 14% 上升到 20%。[2] 简而言之，随着战后几十年白领职位数量的增加，大量出生在工人阶级家庭的人转而获得中产阶级的职业。

　　如果向上流动的人仍然维持工人阶级的社交模式，那么这种阶层结构的转变对英国社会资本的水平影响不大，至少也要等到几代人之后才会显现出来。　40 如果那些在阶层结构中往上爬的人会因为这一流动在社会上变得更为孤立的话，那么它会对社会资本水平造成真正有害的后果。但是有确凿的证据证明，向上流动接纳了他们所进入的阶层的社交模式。进入中产阶级的新成员与出生在这一阶层的人们有着数量大致相同的团体归属和朋友。[3] 的确，正如预期的那

〔1〕　Ian Procter, "The Privatisation of Working Class Life: A Dissenting View", *British Journal of Sociology*, 1990 (41, 2): 157 - 80; Pahl and Wallace, "Neither Angels in Marble nor Rebels in Red".

〔2〕　Geoffrey Evans, "The Decline of Class Divisions in Britain? Class and Ideological Preferences in the 1960s and 1980s", *British Journal of Sociology*, 1993 (44, 3): 449 - 471; Heath et al., *Understanding Political Change*.

〔3〕　Jonh H. Goldthorpe, *Social Mobility and Class Structure*, 1st ed., 194, 204, and *passim*.

样，与那些出生在中产阶级的人相比，他们在社交上稍微少一些依靠亲属关系，而更可能依靠志愿社团的成员关系。正如戈德索普所表明的，战后英国阶层结构的巨大转变很有可能促进了这些结果。如果仅仅是少数人向上流动，他们可能会发现自己在社会上被孤立了。但是由于在近几十年来，数以十万计的人经历了这种向上的流动，那么他们中任何一人都可能感受到的社会孤立感反而减少了。

总之，通过增加阶层结构中中产阶级职位的数量，并把更多的人安排到这些职位，这些职位往往与更为广泛的社区参与相联系，战后英国在社会经济结构上所经历的巨大变迁可能有助于保持社会资本的水平。

五 政府政策的影响

尽管第三个因素的影响更加难以量化，但它似乎也对英国社会资本保持高水平做出了重要的贡献。我在这里指的是政府多种特定政策的出台。自20世纪初以来，英国政府在培育志愿机构方面做了很大的努力，特别是用它来提供社会服务，以至于达到在跨国比较方面也令人震惊的程度。[1] 历届政府都为实现这一目标投入了大量的资源。

人们通常理所当然地认为，由福利国家支持的公共社会福利的发展取代了旨在帮助穷人或残疾人的志愿活动。确实，许多英国早期的改革家们要求政府提供社会福利，其目的正是为了使工人阶级摆脱对上层阶级实施的家长式慈善的依赖。[2] 然而，改革家们输掉了这场战争——从一开始，英国政府许多社会项目的目的就在于保持志愿活动的实质性作用。在很大程度上，这些项目让当地的志愿者与专业人士一道提供社会服务。与这一鲜明做法相一致，其他的许多政策在多年来也鼓励了志愿机构。

尽管1905～1914年的自由党政府的重大社会改革在当时被很多人认为预示着独具19世纪特色的互助社团和狂热慈善活动的终结，但是，劳合·乔治在1914年的预算却给致力于照顾待产孕妇、照看儿童、家务互助以及帮助盲人等方面工作的志愿性团体提供补助金。[3] 如一位分析家所观察到的，"在

---

〔1〕 关于一项认为其他国家的政府活动可能对社会资本也很重要的论证，参见 Sidney Tarrow, "Making Social Science Work Across Space and Time: A Critical Reflection on Robert Putnam's, *Making Democracy Work*", *American Political Science Review*, 1996 (90, 2): 389 – 97.

〔2〕 R. H. S. Crossman, "The Role of the Volunteer in the Modern Social Services", in A. H. Halsey, ed., *Traditions in Social Policy* (Oxford: Blackwell, 1976); Maria Brenton, *The Voluntary Sector in British Social Services* (London: Longman, 1985), 20 – 21.

〔3〕 Brenton, *The Voluntary Sector*, 17.

两次世界大战期间，国家和志愿机构之间日益表现出相互依赖的特点"[1]。1929 年，利物浦当局为慈善社团提供了 13% 的收入；1932 年，伦敦郡议会（London County Council）采取措施以发展与志愿团体更密切的工作关系。到 1934 年，英国正式登记在册的慈善机构收入有 37% 完全来自国家，通常是采取为它们所提供的社区服务支付报酬的形式。麦克亚当可以为一种正在兴起的以志愿社团与政府当局之间的积极合作为特点的"新慈善事业"而欢呼了[2]。

战后工党政府激进的社会改革强化了这些模式。1944 年的《残疾人（就业）法案》、1946 年的《国民健康服务法案》、1948 年的《国家援助法案》和 1948 年的《儿童法案》全部对志愿者提供社会服务做出了规定。当时卫生部的一份通报指出，"很显然，利用可以提供满意服务的志愿团体并且使它们的工作配合政府自身的服务，乃是当地政府的优势"[3]。首相克莱门特·艾德礼宣称："我们应该始终与范围广泛的公共服务并肩合作，使国民生活变得人性化的志愿服务让公共服务从一般变得具体。"在两份著名的报告确立了英国社会政策的标准之后，威廉·贝弗里奇提出了第三个报告，这个报告大为赞赏志愿活动的作用，并且敦促对它予以支持[4]。

这一立场得到了继任的保守党政府的赞同。1956 年扬哈斯本委员会（the Younghusband Committee）发现，志愿活动是"保健和福利服务必不可少的部分"，所有地方议会中有超过四分之三利用志愿团体为盲人、老年人和未婚妈妈提供服务[5]。从 1660 年到 1960 年，英国慈善事业的综合性的历史显示，20 世纪的国家干预"促进而不是阻碍志愿工作的传统"[6]。

此外，20 世纪 60 年代和 70 年代见证了公共项目在利用志愿活动方面更加快速的增长，特别是在济贫、市区重建和儿童保育方面，在这些领域它们与许多新的志愿社团紧密联系，如收容所与儿童贫困行动小组[7]。1972 年的《地方　42

[1] Justin Davis Smith, "The Voluntary Tradition: Philanthropy and Self-Help in Britain, 1500 – 1945", in Davis Smith et al., eds., *An Introduction to the Voluntary Sector*, 25.

[2] Elizabeth Macadam, *The New Philanthropy* (London: Allen and Unwin, 1934).

[3] Brenton, *The Voluntary Sector*, 18.

[4] Asa Briggs and A. Macartney, *Toynbee Hall: The First Hundred Years* (London: Routledge and Kegan Paul, 1984), 35 – 36; Davis-Smith, "The Voluntary Tradition", 28; William Beveridge, *Voluntary Action: A Report on Methods of Social Advance* (London: Allen and Unwin, 1948).

[5] Brenton, *The Voluntary Sector*, 26.

[6] Owen, *English Philanthropy*, 597.

[7] Davis-Smith, "The Voluntary Tradition", 1; Brenton, *The Voluntary Sector*.

政府法案》授权当地政府从当地税率中抽取多达 2 便士去资助志愿团体，同年还看到在内政部建立了志愿者中心和志愿服务单位，用以协调和加强志愿者在提供社会服务中的作用。[1]

尽管实施多元化的目标，但是 1979 ~ 1997 年的保守党政府却通过鼓励地方政府将范围甚广的服务外包给非营利性团体以缩小国家部门的规模，这种做法强化了这一趋势。在上任后不久，首相玛格丽特·撒切尔宣布："我相信志愿运动是我们全部社会福利供应的核心。" 1976 ~ 1987 年间，志愿部门来自收费和资助的收入几乎翻了一番。[2]

1994 ~ 1995 年，英国志愿社团收入的 12.5%（6 亿 8700 万英镑）来自地方政府，而中央政府则提供了另外的 4 亿 5 千万英镑（不包括住房基金），其中大部分流向了在社区护理、家庭福利、教育和娱乐等领域提供社会服务的团体。[3] 尽管很多受到资助的团体既雇用专业工作人员也雇用志愿者，但政府的资助显然没有削弱它们的志愿性质。利特（Leat）、特斯特（Tester）和尤奈尔（Unell）发现，与那些受到较少资助的社团相比，得到大量公共资金的当地志愿社团任用更多的志愿者。此外，在调查了三个城镇中志愿团体起源后，哈奇（Hatch）发现，与其他任何资源相比，政府官员为志愿社团的创建提供了更大的推动力。[4]

简而言之，英国政府一直在努力确保志愿活动蓬勃发展，让志愿者与专业人士一起提供社会服务。与这一做法相伴随的，是对动员地方志愿活动的社团的庞大公共开支，包括服务的补助和费用。所有的迹象都表明，英国的这些政策在维持能够提高社会资本水平的社团上做出了重要贡献。

---

[1] Brenton, *The Voluntary Sector*, 38 – 45; Nicholas Deakin, "The Perils of Partnership: The Voluntary Sector and the State, 1945 – 1992", in Davis Smith et al., eds., *An Introduction to the Voluntary Sector*.

[2] Hedley and Davis Smith, eds., *Volunteering and Society*; Brian D. Jacobs, "Charities and Community Development in Britain", in Alan Ware, ed., *Charities and Government* (Manchester: Manchester University Press, 1989), 82 – 112; Knapp and Saxon-Harrold, "The British Voluntary Sector"; Ralph Kramer, "Change and Continuity in British Voluntary Organisa-tions, 1976 – 1988", *Voluntas*, 1992 (1, 2): 33 – 60.

[3] R. Pinker, "Social Policy and Social Care: Division of Responsibility", in A. Yoder et al., eds., *Support Networks in a Caring Community* (Dordrecht: Martinus Nijhoff, 1985), 106; Kramer, "Change and Continuity", 38; Margaret Bolton et al., *Shifting the Balance: The Changing Face of Local Authority Funding* (London: National Council for Voluntary Organisations, 1994), 2.

[4] D. Leat et al., *A Price Worth Paying? A Study of the Effects of Governmental Grant Aid to Voluntary Organisations* (London: Policy Studies Institute, 1986); Hatch, Outside the State.

六 解释社会信任的变化

体现社会资本在战后下降的一个测量指标是人们对他人表现出来的普遍信任水平降低。我们可以预期，基于人们态度的变量比那些反映在行为上的变量 43 波动更大，但是这里也有一个与乌斯诺（Wuthnow）在美国发现的趋势类似的长期趋势（参见本书中他的那一章）。1950~1980 年间，社会信任似乎在所有群体中都有所下降，并且在年轻人中达到了相当低的水平。这该如何解释呢？

我们可以从两个似乎是元凶的因素开始考虑：①城市化，因为大城市地区的居民会接触更多的犯罪，并与他们的邻居可能不太熟悉；②"撒切尔效应"，因为 20 世纪 80 年代的保守党政府刻意推行一种新的"个人主义"以取代"集体主义"精神，据说直到 20 世纪 80 年代集体主义精神在英国社会都占据主导地位。[1]

然而，经过仔细检视之后，这两个因素都被证明不是一种充分的解释。在此项研究所使用的数据中，正如人们所预料的，城市地区越大，那里的居民对除了上层中产阶级之外的大多数人的社会信任水平越低。但是在英国，居住在城市地区的人口比例在 1951 年达到峰值，在这之后，这个比例实际上略有下降。[2] 在战后时期，英国并没有成为一个城市化程度更高的社会。那么，城市化导致社会信任水平降低似乎是不太可能的。

如表 1-4 所示，数据也没有给撒切尔效应的假设以太多的支持，因为社会信任水平从 1981 年到 1990 年大致保持稳定。体现潜在的撒切尔效应的是由 30 岁及更年轻的个人组成的群体，他们的社会信任水平在 20 世纪 80 年代大幅下降。保守党任期延长的迹象可能尤其让年轻人感到厌恶，进而导致社会信任水平较低，这一迹象至少可以从以下事实中得到一些支持，即与其他所有群体相比，在 1997 年的选举中，他们投票给工党的比例大幅提高。[3] 但是，撒切尔效应最终只能解释这种下降中有限的一部分：即使在年轻人当中，社会信任水平在 1959~1981 年之间下降的幅度要远远大于它在 1981~1990 年之间下降的幅度，当时撒切尔夫人依然在任。

还有其他什么因素可能与之相关呢？彻底解决这个问题所需要的研究远远

〔1〕 Cf. Beer, *Britain Against Itself*; Peter Riddell, *The Thatcher Decade* (London: Martin Robertson, 1990).

〔2〕 Bruce Wood, "Urbanisation and Local Government", in A. H. Halsey, ed., *British Social Trends Since 1900* (London: MacMillan, 1988), 322–356.

〔3〕 投票后民意调查表明，在 18~29 岁的选民中，有 57% 的人支持工党，而在全体选民中，这个比例只有 44%（*The Sunday Times*, May 14, 1997, 16）。

超出了本文的范围[1] 不过，此次研究所收集的数据支持三个概括性命题，它们可能会被用于指导进一步的探索。

首先，通过强化与他人的相对劣势感以及将其排挤出提供社会融合的网络，一个人物质地位的变动可能会降低他社会信任的水平。这类物质变动主要包括离婚、向较大城市的迁移或失业；而且在本文考察的所有的调查研究中，这些经历都与在个人层面上较低水平的社会信任有关[2] 乌斯诺找到相类似的证据证明这些因素的确会影响社会信任[3]

因此，经济活动的变化可能造成了战后时期社会信任总体水平的某些变化。这里有一个鲜明的对比：1959 年时，56% 的民众表现出对他人的信任，而且较为年轻的群体比他们的长辈明显更愿意信任他人；但在 20 世纪 80 年代，只有 44% 的民众表现出这一信任，而且年轻人成为全部人群中信任感最低的群体。在这两个时期中，经济状况和对这些状况的看法有很大的不同。1959 年，定量配给刚刚结束，经济蓬勃发展，失业率可以忽略不计。哈罗德·麦克米伦（Harold MacMillan）刚刚获得连任，其竞选口号是："生活从未如此美好！"也许最能说明问题的是，在 1959 年，只有 5% 的民众认为他们的个人物质状况在未来一年可能会恶化，而且年轻人甚至比老年人更为乐观。18～24 岁的群体专注于物质的繁荣，并且过分地认同中产阶级。这个群体有超过三分之二的人相信，他们在未来的两三年里境遇会更好，而他们的长辈们却只有三分之一的人这样想。[4]

相比之下，1981 年和 1990 年的失业率接近 10%，25 岁以下群体的失业率几乎是这一比例的 2 倍。在这两年里，大部分民众认为经济或者他们个人的物质状况在未来一年可能会恶化，年轻人经济自信感尤其差。[5] 一个人对财务状

---

[1] 关于最近一些有启发性的分析，参见 Claus Offe, "How Can We Trust Our Fellow Citizens?" in Mark Warren, ed. , *Democracy and Trust* (New York: Cambridge University Press, 1999), 42 – 87; Eric Uslaner, "Democracy and Social Capital", in *Warren, Democracy and Trust*, 121 – 150; and Perri 6 et al. , *Handle with Care: Public Trust in Personal Information Handling by Major Organizations* (London: Demos, 1998) 。

[2] 这些关系出现在具有统计学意义的卡方检验系数和控制了年龄、教育水平和社会阶层的概率单位分析中。

[3] 也可参见 Offe, "How Can We Trust Our Fellow Citizens?"

[4] Mark Abrams and Richard Rose, *Must Labour Lose?* (Harmondsworth: Penguin, 1960); David Butler and Richard Rose, *The British General Election of 1959* (London: MacMillan, 1960).

[5] *Gallup Political Index*, No. 249 (May 1981), Tables 2 and 7; David Sanders, "Why the Conservative Part Won—Again", in Anthony King et al. , *Britain at the Polls 1992* (Chatham, NJ: Chatham House, 1993), 178.

况的满意度与个人层面上的社会信任水平密切相关。至少有一些证据表明，失业率的上升和对经济看法的转变可能加剧了社会信任的下降。

其次，这种因素与社会整合（social integration）的特性有关，它们也可能影响英国的社会信任水平。我使用"社会整合"这一术语来指称人们与他人交往的方式，特别是他们如何理解自身在社会中的角色。[1] 这一理解与个体对他人的期望密切相关，而且有充分的证据表明，此理解在战后的英国发生了变动。因此，社会整合特性上的变化可能降低了社会信任的水平。[2]

我所说的社会整合的变动是那些通常与英国由集体主义社会向更为个人主义的社会转变的运动有关的变动。它们植根于我已经描述过的与社会价值变动相关的社会结构变化。20 世纪 50 年代，英国社会仍然是依阶层高度分化的。社会阶层和以阶层为基础的运动为社会关系提供了主要的参照点。工人阶级中的许多成员对权威人物和有较高阶层地位的人都毕恭毕敬。另一些则归属于社会连带式的工人阶级社群，尤其是像工会运动和工党这样以阶层为基础的团体，这些人寻求一种集体机制来改善其社会状况。[3]

然而，在 20 世纪 60 年代和 70 年代，社会态度发生了很大的变动。反对传统权威来源的"浪漫主义反叛"（romantic revolt）降低了普通民众的顺从，这一反叛与后物质主价值观的兴起相关。[4] 按阶层进行的投票逐渐变得不那么常见。[5] 甚至那些支持传统上以阶层为基础的团体的人之所以还这样做，似乎是为了工具性的目的而不是出于阶层团结的感情。[6] 在更为广泛的维度上，社会关系更少地以阶层来划分，而更多地以个人成就为导向。

在许多方面，这次运动是解放性的。阶层出身不再对社会目标产生如此深

---

[1]　Cf. W. Runciman, *Relative Deprivation and Social Justice* (Harmondsworth：Penguin, 1966).

[2]　尽管查德·罗斯（Richard Rose）可能不同意我的构想，但我还是要感谢他，因为他使我坚持从这一维度来思考这个问题。

[3]　很多文献发展了这些主题。一些重要的例子，参见 Eric Nordlinger, *The Working Class Tories* (London：MacGibbon and Kee, 1967)；David Lockwood, *The Blackcoated Worker* (London：Allen and Unwin, 1958)；Samuel H. Beer, *British Politics in the Collectivist Age* (London：Faber, 1969)；and Runciman, *Relative Deprivation and Social Justice*。

[4]　参见 Beer, *Britain Against Itself*.

[5]　参见 Bo Saarlvik and Ivor Crewe, *Decade of Dealignment* (Cambridge：Cambridge University Press, 1983)；James Alt, "Dealignment and the Dynamics of Partisanship in Britain", in Russell J. Dalton, Steven Flanagan, and Paul Beck, eds., *Electoral Change in Advanced Industrial Democracies* (Princeton：Princeton University Press, 1984)；and Pippa Norris, *Electoral Change since 1945* (Oxford：Blackwell, 1997)。

[6]　Cf. John Goldthorpe et al., *The Affluent Worker in the Class Structure* (Cambridge：Cambridge University Press, 1969)。

远的影响。作为一个整体的社会分层变得更少。但是，传统社会秩序的转型也有一些不尽如人意的后果。它使得许多人的社会地位不再稳固，与他人的关系也不再可靠。在这种情况下，它与工人阶级团体的衰落以及工人阶级社区团结程度的削弱密切关联在一起。强调个人成就的不断增强可能锐化了人们的一种感觉，即机会主义是一种普遍的社会特征，并且是社会进步的重要组成部分。如果综合起来考虑的话，这些趋势会导致社会信任的总体水平有所下降。

如果没有更好的时间序列上的数据，我们就很难证明这一论点。但是，有一些证据表明，英国民众的价值观已经从强调集体团结转向了更多地强调个人机会主义。让我们根据能够标以"利他主义"与"利己主义"的维度来区分价值观体系。我在这样一种程度上使用这些术语，即在面对个人利益与集体利益之间的权衡时，个体认为优先考虑自身利益在道德上是正当的。处于这一谱系46 一侧的人认为该行为对个体有利但对集体有害，因而它是错误的。而处于另一侧的人则倾向于赞成这样的行为。后者或许也更加可能认可道德的相对主义而非道德的绝对主义。

我关注价值观体系这一维度，是因为它与个体的社会信任水平有逻辑联系。根据推测，那些认为一部分损害他人的行为可以被证明为正当的人更可能实施这样的行为并预期别人对他也如此。因此，他们应该会更少地信任他人。而这也恰恰是我们在个人层次的数据中发现的：持有利己主义价值体系的人所拥有的社会信任水平明显较低。[1]

这种价值观上的变动是否在英国大规模地发生了呢？虽然我们没有数据来追踪整个战后时期的价值观，但是我们可以利用年龄群体之间的差异来了解是否发生了变动。一般而言，一个人基本的价值观往往在他年轻的时候就形成了，并且随着年龄的增长得以保持。因此值得注意的是，那些在1981年或1990年生活在英国而不足30岁的人——也就是那些在一个更倾向于个人主义的社会中成长的人——不仅比其长辈更不信任他人，而且比那些在之前更倾向于集体主义时代已经成熟的人更赞成利己主义价值观。表1-6提供了一些有趣的证据。

---

〔1〕 这里使用的（以及在表1-6中指出的）指标是根据以下标准从一份更长的备选名单中挑选出来的：所有的指标都必须是：（1）普通人自己有机会去做的行为；（2）可以合理预期该行为至少会间接导致他人在物质而非身体上的伤害；（3）不涉及于性行为或者严重犯罪的行为。就这一点来说，它们与那些相对正常的行为有关，在这些行为中，个人会面临自我利益与他人利益之间的冲突，这接近于哈丁（Harding）和他的同事所描述的关于自我利益的道德判断。注意：当对包括年龄在内的因素进行控制时，这些指标与社会信任之间这种联系仍然很强。Cf. S. Harding et al., *Contrasting Values in Western Europe* (Basingstoke: MacMillan, 1986)。

表 1-6 道德相对主义和利己主义态度在不同年龄群体中的发生率

单位：%

在每个群体中说行为从来都不是正当的所占的百分比	≤30 岁	>30 岁
无权利者申请政府福利	55	78
坐公共汽车时逃票	40	68
骗税	40	60
购买赃物	49	80
拾金昧之	30	59
损坏停泊车辆而不报	35	62
撒谎	26	49
乱扔垃圾	41	69
认同道德相对主义所占的百分比	78	58

注：单元格表示的是当被问及指定的行为是否正当时回答"决不"的人所占的百分比。道德相对主义是通过以下方式测量出来的，即是赞同这一说法"关于什么是善什么是恶从来就不存在绝对清晰的准绳。什么是善什么是恶完全由当时的环境而定"，还是同意相反的说法"关于什么是善什么是恶存在绝对清晰的准绳。不管在任何情境下，它们总是可以适用于所有人"。

资料来源：数据同时回应 the World Values Survey in 1981 and 1990。

47

当然，表 1-6 中所显示的一些价值观上的变化可能是由生命周期效应引起的：我们可以预期年轻人更不尊重社会规范。但是有几种考虑表明，这些数据并不仅仅反映了年轻人造成的影响，而且反映了可能会持续下去的价值观的长期转变。[1] 首先，年轻人不是简单地认可一系列的反社会行为，他们也更支持道德相对主义。因为道德相对主义通常并不是一种与年轻人相关的立场，这些年轻人的理想主义在许多历史时刻都与比他们的长辈更为绝对的道德观念联系在一起，因而年轻人现在表现出更强烈的道德相对主义可能反映了这一方向上更为广泛的社会变动。其次，在 1981~1990 年期间，所有年龄段的人将一些反社会行为说成是正当的意愿有所增强。尽管这一变动很小，因为从长期价值观变化的角度来看，十年只是一个短暂的时期，但是这一数据能够表明更为重要的长期趋势。最后，全部民众在一个可用来与前几十年相比较的指标上都有一个重大变动，即问一个人将自己发现的钱据为己有是否正当，这一变动与朝向

---

〔1〕 Cf. Sears and Valentino, "Politics Matters"; Stephen E. Bennett, "Why Young Americans Hate Politics and What We Should Do about It", *PS*: *Political Science and Politics*, 1997：47 – 53; Helen Wilkinson and Geoff Mulgan, *Freedom's Children*: *Work*, *Relationships and Politics for* 18 – 34 – *Year* – *Olds in Britain Today* (London：Demos, 1995).

更为个人主义价值观的变动相一致。[1]

简而言之，有一些迹象表明，那些致使英国社会整合特性发生转变的发展可能导致了社会价值观上对社会信任不利的变化。政治科学家罗纳德·英格尔哈特使我们注意到了价值观变迁的重要性，尤其是年轻人的价值观变化。[2] 但是，他期待后物质主义价值观的兴起，他希望这些价值观能够给社会带来一定的乐观态度。很有可能，那些在20世纪70年代和80年代的英国成长起来的人表现出另一套价值观，从社会整合的角度来看，这些价值观远没有什么吸引力。[3] 这是一个值得进一步研究的主题。

最后，英国社会信任的下降可能是由人们所属社团特性的变化引起的。当然，在此项研究的发现中，最反常的一个方面是：看到当社会信任水平似乎有所下降时，次级社团的成员数量仍然很多。这一发现使得帕特南及其他学者关于次级社团的出现与高水平的社会信任之间存在紧密联系的假定备受质疑。然而，可能的情况是，社团生活的特性已经发生翻天覆地的变化，以至于次级社团的成员数量不再那样促进信任。在这里，有两种相关的变化类型。人们所属的社团可能使他们更少参与那种能够建立社会资本的面对面来往。[4] 此外，为了那些主要满足其成员需要的利益，致力于公共利益的社团可能会减少，而且后者也不能缔造出培养社会信任的共同体团结感。[5]

一些证据表明了这些命题的潜在重要性。尽管离婚、失业和向大城市的迁移都会抑制社会信任水平，但是与那些仅属于一个社团或没有参加任何社团的人相比，属于两个或更多社团的人的信任水平下降程度要小得多。在这里，因果关系的方向并不确定——那些具有更多信任感的人可能仅仅是参加了更多的社团。但也有可能的是，那些属于一个以上社团的人们凭借其成员身份获得更多的面对面的来往，而这可能有助于维持他们的社会信任。如果是这样的话，英国社会信任的下降可能与这样一种变化有关，即尽管社团成员数量的整体水平仍然很高，但是很多人却离开了那些能够提供与他人经常接触的社团，而加入了不能提供这些接触的社团。

在英国，至少有一些致力于公共利益的社团成员数量显著下降。例如，在

〔1〕 David Halpern, "Changes in Moral Concepts and Values: Can Values Explain Crime?" paper presented to the Causes of Crime Symposium, 1996.

〔2〕 Cf. Inglehart, *Culture Shift in Advanced Industrial Society*, and his many other works.

〔3〕 当然也有一些证据表明，后物质主义价值观在英国并不像一些其他国家那样显著。Cf. Marsh, *Protest and Political Consciousness*。

〔4〕 Cf. Putnam, *Making Democracy Work*.

〔5〕 参见本书克劳斯·奥菲和苏珊·富克斯的那章。

20 世纪 60 年代初期，10% 的选民属于一个政党，而到了 20 世纪 80 年代末期则几乎不到5%。[1] 1980 年，只有22% 的民众宣称自己是教会的成员，而1980 年是28%（原文如此）。去教堂的频次的下降更加明显。[2] 20 世纪 70 年代，虽然工会的成员数量仍然十分庞大，但在 80 年代期间也下降了大概25 个百分点，而且有一些迹象表明，成员与他们工会的联系越来越带有工具性。[3] 英国公民参与的特性可能已经发生变动，从无论以何种方式组建都是致力于公共利益的特性，转向主要为了个人的工具性目的的特性。不过，也有一些反例，最为明显的是环保运动的显著增长，它们大部分都致力于广泛的公共利益。

英国社团特性的变动与社会信任水平的下降是否有关并不是这里可以解决 49 的问题。但是，我提出这个问题是想表明，在英国社团成员数量明显平稳的表面下，那些最终将影响公民参与质量的变化可能正在浮现。

第三节　英国的社会资本与政治

在检验一些与社会资本理论相关的政治命题时，英国也是一个很好的案例。因为在那里社会资本水平具有弹性，所以大部分的理论都预测，英国的政治参与水平应该也保持高位。[4]

一　总体政治参与

一般来说，证实这一预测的数据与政治参与（political participation）和政治关注（political attentiveness）有关，前者既包括选举式和非选举式政治参与，后者根据人们对政治表现出来的兴趣以及他们谈论政治的频率进行测量。图 1 - 4 50 显示，选举投票率自 20 世纪 50 年代中期以来大致保持稳定——约四分之三的英国选民仍然参与投票——而且在投票之外进行某种形式的政治参与的英国公民数量也在急剧上升。这一增长主要反映了签署请愿书的人数在增加，但是在 1974～1990 年之间，参与合法示威游行、联合抵制或非正式罢工的公民比例也

〔1〕　Ivor Crewe, Anthony Fox, and Neil Day, *The British Electorate*, 1963 –92 (Cambridge: Cambridge University Press, 1995), 122; David Butler and Gareth Butler, *British Political Facts*, 1900 – 1994 (London: MacMillan, 1994), 518.

〔2〕　Peter Brierly, "Religion", in A. H. Halsey, ed., *British Social Trends since* 1900 (London: Macmillan, 1988), ch. 13.

〔3〕　Butler and Butler, *British Political Facts*, 370; Goldthorpe et al., *The Affluent Worker in the Class Structure*, chs. 5 and 6.

〔4〕　Putnam, "Bowling Alone", "Tuning In, Tuning Out".

增加了 1 倍，几乎达到了总人口的 15%。[1] 采用范围稍微窄一些的测量，帕里和莫伊斯尔（Parry and Moyser）发现在 1984～1985 年间，24% 的成年人活跃于投票之外的政治活动。[2]

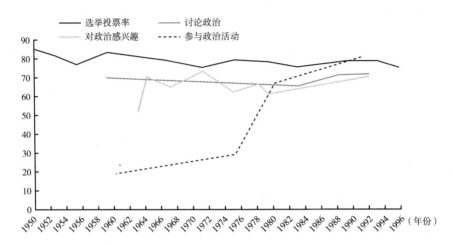

图 1-4　1950～1997 年在英国的政治兴趣与政治活动

同样的，战后英国的政治关注也没有下降多少。1990 年，从来不与他人讨论政治的成年人比例并不比 1959 年的比例（30%）高，而且在 1970～1990 年间，经常和朋友讨论政治的人数比例大致稳定在 15%～19%。[3] 对政治表现出一定兴趣的人口比例在 20 世纪 60 年代稳步增长，在 20 世纪 70 年代略有下降，而到 20 世纪 80 年代再次上升，到 1990 年达到了 69%，而在 1963 年却只有53%。[4] 这些数字反映了与一个健康民主社会一致的政治兴趣与积极性水平。

有相当多的证据表明，政治参与和政治关注的这种水平来自英国社会高水平的社团活动、志愿工作和非正式社交关系。在 1981 年和 1990 年的两次世界价值观调查中，在个人层面上，对政治问题的关注和对政治活动的参与同个人所

〔1〕　Richard Topf, "Political Change and Political Culture in Britain, 1959 – 1987", in John R. Gibbons, ed., *Contemporary Political Culture* (London: Sage, 1989), 88.

〔2〕　Geraint Parry and George Moyser, "A Map of Political Participation in Britain", *Government and Opposition* 1990, 25 (2): 147 – 69.

〔3〕　Max Kaase and Kenneth Newton, *Beliefs in Government* (Oxford: Oxford University Press, 1995), 47.

〔4〕　Crewe, Fox, and Day, *The British Electorate*, 153.

属社团数量之间存在的相关性具有统计显著性[1] 马比洛（Mabileau）和他的同事们证实了这一点，并且证实了政治参与和非正式社交之间具有很强的相关性，而杰拉德（Gerard）则发现，参与志愿活动的积极性和政治积极性之间具有类似的关系。[2]

然而，当我们转向通常与民主活力相关的政治行为的其他两个维度时，情况则更为复杂。这些维度是指政治效能感（political efficacy）和政治信任感（political trust），前者指的是公民对自身影响政治结果的能力的感知，后者被理解为公民对他们的政治领导人或政治机构所具有的信赖程度。到了 20 世纪 90年代，英国政治效能感和政治信任感跌到了较低的水平。只有不到半数的选民对议会或行政机构表示信任，而几乎不到一半的选民对法律体系表示信任[3]在最近几十年里，对政治家的怀疑已经达到了很高的程度。在 1974 年和 1986年，约三分之二的选民认为，政治家只是对他们的选票而不是他们的意见感兴趣，一旦当选后往往很快就会与选民失去联络，而且人们不能相信他们会将国家的需要置于所属政党的利益之上。[4]

关于这些数字的含义存在争论。一些人认为，在 20 世纪 50 ~ 70 年代，英国政治信任和政治效能感大幅下降，而另一些人则坚持认为，两者始终处于低水平并一直保持稳定。[5] 不幸的是，随着时间的流逝，只有很少可比较的指标能

51

---

〔1〕 控制社会阶层因素后，这一相关关系就表现出统计显著性（p < 0.05），即社团成员身份与对政治的重视、对政治的兴趣、讨论政治的频率和投票以外的政治积极性之间的关系。

〔2〕 Albert Mabileau et al., *Local Participation in Britain and France* (Cambridge: Cambridge University Press, 1989), 211; David Gerard, "Values and Voluntary Work", in Mark Abrams, et al., *Values and Social Change in Britain* (London: Macmillan, 1985), 216; cf. Parry et al., *Political Participation and Democracy in Britain*.

〔3〕 在 1981 年和 1990 年，对议会、公务人员和法律系统表现出"许多"或"相当多"信任的受访者的百分比分别是 41%、42% 和 55%。Cf. William L. Miller et al., *Political Culture in Contemporary Britain* (Oxford: Clarendon Press, 1996), 47 – 51.

〔4〕 同意这些说法的人的百分比在 1986 年分别是 70%、66% 和 57%，在 1974 年则是 67%、67% 和 60%。Cf. Anthony Heath and Richard Topf, "Educational Expansion and Political Change in Britain, 1964 – 1983", *European Journal of Political Research*, 1987 (14): 554; Topf, "Political Change and Political Culture in Britain, 1959 – 87", 56; Marsh, *Protest and Political Consciousness*.

〔5〕 Cf. Marsh, *Protest and Political Consciousness*; Dennis Kavanagh, "Political Culture in Great Britain: The Decline of the Civic Culture", in Gabriel Almond and Sidney Verba, eds., *The Civic Culture Revisited* (Boston: Little, Brown, 1980); Anthony Heath and Richard Topf, "Political Culture", in Roger Jowell et al., eds., *British Social Attitudes: The* 1987 *Report* (London: Gower, 1987), 51 – 70; Topf, "Political Change and Political Culture in Britain".

够加以利用，因此，在根据这些可用的指标中做出推断时，我们必须小心谨慎[1]。表1-7收集了可以利用的测量指标。它表明，从1959年到20世纪80年代，表现出不信任感或无效能感的选民比例在每个指标上都增长了约10个百分点。

表1-7　英国选民在政治信任感和政治效能感上的变化

同意下述判断所占的百分比（%）	1959年	1974年	1986年
人们喜欢我对政府的作为不发表意见	58	61	71
政治和政府是如此的复杂以至于人们不可能明白它是怎样运行的	58	74	69
如果议会通过了不正义的法律,我不能对它做任何事情	34		46*

＊于1990年进行的测量。

资料来源：Richard Topf, "Political Change and Political Culture in Britain, 1959 - 1987", in John R. Gibbons, ed., *Contemporary Political Culture* (London：Sage, 1989), 56, and World Values Survey 1990。

怎样解释这种政治信任感的降低呢？由于社交水平保持相对稳定，所以从社会资本理论的视角来看，这种下降令人费解。但是，英国数据具有启示性的意义。首先，它们表明纯粹的社团成员身份数量似乎并没有维持政治信任的水平。从总体水平来看，政治信任下降了，但社团成员身份数量却保持稳定。在调查的数据中，尽管正式社团的成员身份表明，它与个人的政治积极性和政治关注在统计学意义上具有显著的联系，而它与其政治信任水平的相关性并不是很强。[2]

52　　　但是，政治信任与社会信任密切相关。在总体层面上，自从1959年以来两者同步下降，而在个体层面上，两者具有很强的相关性。不愿意相信别人与不愿意相信公职人员之间存在高度联系，这一点并不应该使我们感到惊讶。因果关系的链条仍然难以捉摸。不断下降的社会信任可能削弱政治信任，反之亦然，又或者说，可能是一组共同的因素削弱了它们。[3]

尽管社会资本理论经常假定两者具有密切的联系，但是这些发现表明，次级社团的成员身份与社会信任感之间可能仅仅存在松散的联系。至少它们证实，

---

〔1〕　有人对阿尔蒙德和维巴（Almond and Verba）在《公民文化》中对英国人相对积极的描述做出了批评。批评者指出，在他们所做的调查中有83%的受访者认为"所有候选人的演讲听起来都头头是道，但是谁都说不准他们当选之后会怎么做"；Heath and Topf, "Political Culture", 54.

〔2〕　在这里，政治信任是通过受访者对议会、公务人员和法律系统的信任程度来测量的。

〔3〕　关于政治信任的变动可能会削弱社会信任的一些迹象，参见本书罗伯特·乌斯诺的文章。

积极的社团生活不会带来社会对政治的不信任。即使在社交模式保持稳定的时候，政治信任（也）可能会因为很多因素发生波动，包括政府的绩效。[1]

对于民主政治来说，这种松散的联系包含了一些利好消息。它暗示社会信任和政治信任的稳步增长并不必然意味着人们会集体放弃政治参与。[2] 在英国，尽管对政治家和政治机构的信任水平较低，但政治参与的水平仍然很高。而且在个体层面上，政治信任与政治参与并不具有密切的联系。事实上，近年来一些流行的政治参与新形式似乎助长了不信任感。1981 年和 1990 年的世界价值观调查分析都表明，那些积极参与致力于环境保护主义、核能或女权主义等新型社会运动的人比那些不积极参与这些运动的人的政治信任度更低。新型的社会运动能够将人们对现有领导人和机构的不满情绪引导成为有效的政治参与。

总之，相对于 20 世纪 50 年代，20 世纪 90 年代的人对英国政体的信任度更低，但这并没有使英国的政治生活变得困难重重。相反，可能是由于能够利用庞大的社团网络，许多人已经将他们的不满转变成建设性的——如果说得谨慎点的话——政治参与。斯旺皮（Swampy）是 20 世纪 90 年代环保人士中反主流文化的英雄，他的公共形象与哈罗德·麦克米伦的非常不一样，但他为年轻人提供了一个同样有影响力的政治参与典范。

二　分布问题

然而，这一研究所呈现的英国政体形象并不总是十分乐观。尽管英国的社会资本和政治参与的总体水平仍然很高，但是它们在人口中的分布极不均衡。在大多数情况下，政治积极性以及保持这种积极性的社团仍然是中产阶级现象，并且是中年人独有的领域。社会资本的总体数据构建起一幅社会政治体制的图景，由社团网络和积极参与的公民均衡交织而成。但是更为精确的图像是一个国家被分成了两类公民群体：有一类社会关系紧密，拥有富裕的生活和高水平的公民参与，而另一类则无论是社交网络、社团生活还是政治参与都十分有限。

几十年来，这种划分在一定程度上一直存在。然而，最令人烦恼的是具有良好社会联系的公民群体与社会联系有限的公民群体在社会资本水平和公民参

53

〔1〕　Cf. Kenneth Newton, "Social Capital and Democracy", *American Behavioral Scientist*, 1997（40）：571-586.

〔2〕　几年前，阿尔蒙德和维巴在《公民文化》中指出，一定程度的政治怀疑有利于民主，尽管高水平的社会与政治不信任可能会削弱政治参与或者鼓励参与反体制的政党和团体。Cf. Seymour Martin Lipset, *Political Man*：*The Social Bases of Politics*, 2nd ed.（Garden City, NY：Doubleday, 1981）.

与之间的矛盾，这种矛盾并没有像社会整合理论可能预期的那样随着时间淡化。相反，自20世纪50年代以来，这些差异一直在扩大。面临被公民社会边缘化的两个群体是工人阶级和年轻人。在1959年，工人阶级中平均每个人所属的社团数量是中产阶级的三分之二。到1990年，份额已不足二分之一。在1959年，30岁以下的英国人平均每个人所属的社团数量是其长辈的84%。到1990年，份额只有75%。正如表1–4所表明的，社会信任水平的重要差异与这些划分并行不悖。

获取社会资本的差异反映在工人阶级和年轻人较低水平的政治参与上。到1990年，中产阶级参与投票之外的政治活动的人数大概是工人阶级的2倍，而且他们的政治关注度显然更高。年轻人的数字甚至更为惊人。在1959年，30岁以下的人只有27%表示，他们从来不谈论政治（接近所有受访者的平均值）。到1990年，42%的受访者表示，他们从来不谈论政治（超过全国平均水平10个百分点）。从1974年到1993年，15～34岁之间长期读报的群体下降了25%，而总体人口中只下降了5%。[1]

这两个群体受关注是有原因的，也许对年轻人的关注会少一些。随着年龄的增长，他们可能变得更积极地参与政治，而且一些年轻人所依赖的社交模式可能如此的不正式，就连研究都无法察觉到它们的存在。首要的危险是他们当前表现出来的不信任和与政治疏离会被证明是一个随着时间的推移仍然持续存在的代际现象。

但是，工人阶级的发展轨迹看起来相当糟糕。关于社交模式的现有证据表明，至少从社会资本的角度来看，工人阶级中许多人所依赖的非正式交友网络并没有构成取代社团成员身份的一条新路。工人阶级的成员往往朋友更少，其中每个人都与某一个特定的活动相联系，而不是与可满足多种目的的广泛交往的网络相关联。

此外，工人阶级独特的友谊模式和社团纽带从长期趋势看是十分脆弱的。他们的朋友和团体成员关系往往严重依赖当地的社区。因此，经济结构调整所要求的向另一个地方迁移会极大地削弱他们的社会资本。这里使用的所有调查表明，虽然流动到一个大的城市地区并不会降低中产阶级的社会信任水平，但是会降低工人阶级的社会信任水平。同样，工人阶级过分依赖从工会和工人俱乐部所获取的团体联系，所以近来工会成员数量的下降已经使工人阶级的社团生活付出了沉重的代价。由于与传统产业相关的社会连带式共同体（solidaristic

---

〔1〕 Bob Tyrell, "Time in Our Lives: Facts and Analysis on the 90s", *Demos Quarterly*, 1995 (5): 24.

communities）的衰弱，工人俱乐部和曾经对那些共同体十分重要的其他社会网络正在消失。

从这些观察中进行推断必须要小心，因为很容易根据几个现成的工人阶级生活写照就进行过度概括。很多人可能拥有比这种概括更为充分的资源。但是，在中产阶级所具有的社团成员身份数量大幅增加的时期，工人阶级的却保持不变，这一事实意味着，当面对当前的社会趋势时，英国的普通劳动人民现有的社会资本可能异常脆弱。[1]

结 论

对于社会资本的分析者而言，英国是一个有趣的案例。它提供了一个经济发达的民主国家的例子，至少在大部分的指标上，社会资本的水平在近几十年都没有明显下降。这就提出了一个需要解释的问题，对此我已经通过强调教育革命、社会结构转型以及尤其具有英国特色的政府运作形式的重要性予以回应。但是，从这个案例中，我们也可以获得一些用以理解社会资本的那些具有普遍价值的观察。

首先，英国的经验往往证实了许多在有关社会资本的文献中已经被提出的 55 命题。它表明，以积极的社团生活形式保留的社会资本与维持高水平的政治参与之间存在联系。它（还）使人们对以这几方面为基础来解释社会资本的弱化产生怀疑，即福利国家的发展、女性劳动力参与率的上升、离婚率的增长或者英国像别的地方一样所体现的其他显著的长期趋势。

与此同时，这一案例对当前文献中存在的突出争论提出了质疑。虽然证据还不是十分确凿，但是它表明大量观看电视节目并不总是会强烈地削弱社会资本。它表明，社交模式和社会信任的态度——这两种现象通常被看作是与社会资本相互交织的维度——可能仅仅是松散地结合在一起。的确，在英国似乎有两种不同的变量格局：社会信任往往与政治信任共同变化，而社交模式往往与政治参与共同变化。这里有迹象表明，社会信任和政治信任可能对团体联系以外的一系列因素产生回应，而且在不削弱团体网络或政治参与的情况下，它们也可能会下降到中等程度。

最后，这一案例产生了可以被用来在新的方向上探究社会资本的（新）命

---

〔1〕 此外，工薪阶层的扩大使得许多人从工人阶级变成了中产阶级，而且这一扩大受到目前已经停止的公共部门扩张的极大推动。Cf. Goldthorpe, *Social Mobility and Class Structure*, 1st ed. , 1980。

题。到目前为止，已有文献已经强调了社会资本的水平如何影响政府的运作。[1] 但是，英国的经验表明因果链条在沿着其他的方向运行。似乎政府对社会资本水平有着重要的影响。历届政府在教育和社会服务供给领域的政策似乎是维持英国社会资本水平的核心。我们需要更加仔细地研究不同类型的政策如何构建或削弱了不同类型的社会网络，以及从更加一般的意义上研究政府对社会资本的产生或衰退所造成的影响。

英国的经验也强调了社会资本的分布范围。"社会资本"这一术语使我们关注这些方面，其中社会网络提供了有利于全社会的集体资源。这些好处明显是存在的。但是社会资本不仅仅是一种公共产品。它也可能是一种"俱乐部产品"，即一种对处于其构成网络中的参与者最为有利的产品。因此，它在民众中的分布成为一个突出的问题。

56 尽管所有人都可能从英国在战后有能力保持高水平的社会资本中获益，但是一些人似乎比其他人得到的多得多。甚至在 20 世纪 50 年代，工人阶级和中产阶级在可用的社会资本上就存在差异，而且从那之后，这些差异好像一直在扩大而没有缩小。由于社会资本是一种重要的资源，因此这也是长期趋势加大了那些在英国阶层结构中处于不同地位的人可用资源差异的另外一个方面。此外，由于社会资本特性存在以阶层为基础的差异，因此这些差异在未来几年内可能会扩大。英国的案例提醒我们，我们不应该只关注社会资本总体水平的变化，还应该关注它在民众中的分布方式。在这方面，正如社会社团的其他进程，通过同样的发展趋势，一些人可能被社团招入"进来"而另一些人可能被排除"出去"。

在英国，社会信任水平下降而次级社团的成员数量依然强劲，这一发现提出了一些耐人寻味的问题。它提请人们注意这样一个可能性，英国团体的特性可能已经发生变化。成员关系的维系可能不再需要像以前那样频繁地面对面来往，以公众利益为导向的团体可能已经被那些主要向其成员提供服务为导向的团体所替代。这些趋势可能对英国的民主质量具有重要的意义。但是，我们还没有足够的理论或经验基础对此进行判断。

就准确认识不同类型的社会团体是如何有助于政治体系的功能而言，我们特别需要一种更加完善的理念。就像其热爱共和的先辈们一样，当前社会资本的概念唤起一种强烈的参与式民主理想，其中紧密的私人纽带给个人提供了参与集体行动的能力。但是在一个新的媒体时代，某些民主运作的有效方式可能

---

〔1〕 Cf. Putnam, *Making Democracy Work*; Tarrow, "Making Social Science Work".

并不像传统观念所主张的那样，要求公民之间进行频繁的面对面来往。改善环境问题或关心老年人的团体并没有使其成员在彼此间有很多的直接接触，但这些团体仍然是确保政府一直回应公民的有效媒介。充斥着民意调查的民主可能并不需要有着庞大成员基础的政党。但是个人交往网络对于个体实现多种目的仍然是重要的，包括在地方一级的集体行动，全国性媒体和政府当局可能在地方上不会以其他方式牵扯进来。

　　总之，这一研究已经能够回答一些关于英国社会资本发展轨迹的问题，它（也）提出了其他需要关注的问题。从表面上看，英国似乎已经有了相当丰富的社会资本存量，但是我们才刚刚开始认识到在过去的 50 年所看到的集体生活结构微妙变化的全面影响。 57

第二章

美国：沟通特权群体与边缘化群体？ [*]

罗伯特·乌斯诺

　　根据流行的说法，美国的社会资本自20世纪50年代以来呈现出逐步下降的趋势。在"二战"中赢得了胜利，继而遏制了苏联扩张，兴建了有助于儿童教育、教堂礼拜、社区参与的郊外住宅区，美国人渐渐滋生出自满，而这种自满威胁到他们那些具有历史性意义的民主自由的固有根基。到了60年代末，公民精神已转变为自利倾向：除了少数人（因）抗议种族主义和反对越南战争而暂时成为社会活跃分子外，这一代成年人绝少考虑除电视、自身及个人雄心之外的事情。由此看来，社会资本的下降主要是中产阶级的事情，而并非经历"二战"的老一辈人的典型特征，通过"二战"的洗礼，那些坚定的士兵们学会了国家高于一切。社会资本的下降是缘于郊区的扩展，传统"男主外"家庭模式的衰微以及电视娱乐的过度。然而，这主要还是一个道德问题，大量的美国中产阶级不愿关上电视，不愿紧紧牵起孩子的手，不愿注册成为基督教青年会、青年商会、美国妇女选民联盟、家长—教师协会（PTA）、社区足球队、地方卫理公会或任何其他组织的成员，而这些组织本应能引导

60　他们走出卧室，转而与朋友、邻居进行更具活力的交往。[1]

---

[*]　在此我要感谢道格·米尔斯（Doug Mills）及约翰·埃文斯（John Evans），他们为本文的定量数据分析提供了技术支持；感谢盖洛普公司、独立机构及普林斯顿社会科学资料中心的工作人员们，正是因为他们的辛苦工作使得众多数据可以信手拈来；感谢对本研究大力支持的娜塔莉·瑟尔（Natalie Searl）；感谢不吝赐教的各位友人与同事，特别是克劳德·费舍尔（Claude Fischer）、迈克尔·穆迪（Michael Moody）、爱德华·昆（Edward Queen）、布莱德·威尔克斯（Brad Wilcox）、布莱恩·斯丁兰（Brian Steensland）、安吉拉·赛（Angela Tsay）以及萨拉·乌斯诺（Sara Wuthnow）；感谢普林斯顿宗教文化研讨会及公民社会读书小组的成员；感谢罗伯特·帕特南（Robert D. Putnam）；同时感谢伯特尔斯曼（Bertelsmann）项目的其他同仁。

[1]　在罗伯特·帕特南的《独自打保龄：二十世纪末的美国民主》一书中，美国社会资本下降的流行观点已得到有理有据的说明，参见 Robert D. Putnam, *Bowling Alone: The Collapse and Revival of American Community*, New York: Simon and Schuster, 2000. 本章内容得益于帕特南的这本著作，并非是对其观点的批驳，仅可被认为是部分纠正。

我认为这些流行说法仅部分正确。虽然社会资本的许多重要形式确实衰落了，但与朋友和邻居联系的新方式——包括参与志愿活动和加盟小型团体——层出不穷。而且社会资本下降的负面影响虽已波及公民参与的传统形式，如志愿协会会员数量、投票行为及对选举政治的参与等，但是这种下降却主要集中于中产阶级中那些在社会和经济领域被边缘化的群体，而非该阶级中那些更具特权的群体。在我看来，不同的下降比率以及几乎所有形式的社会资本（无论新旧）都明显倒向特权人士而非边缘化者的事实提出了一个重要的规范性问题：促进特权群体与边缘化群体的沟通能否比现有状况更好地提升美国的社会资本呢？

第一节 关于社会资本的争论

19 世纪 30 年代，托克维尔对美国民主的分析鞭辟入里，自其往后，一般认为美国社会幸福的根本基础依赖于志愿协会、中介团体及近来才广为人知的社会资本。[1] 然而，最近几年有越来越多的理由断定社会资本正在下降，而且因为这种下降，美国民主本身可能也岌岌可危。

推测社会资本下降的理由之一在于各类社会观察家——不论是公共人士还是高校教师——都指出了近年来公民参与度不断下降的可能性。例如，一位评论员总结近来的争论时指出，在 20 世纪 60 年代看到，"因为电视与空调的普及，街区、道路及走廊文化转入室内。技术与市场经济使得选择趋向多元化，进而使邻里纽带不断松弛。对所有规则与权威都敌意重重的文化革命……产生超级个人主义以及对'权利'和'选择'的狭隘代际崇拜"。[2]

最近，洛杉矶红衣主教罗杰·马奥尼（Cardinal Roger Mahony）做出了相似的论断，他写道，"家庭破裂、虐待儿童、无端暴行、私生率的上升、穷人苦难

----

〔1〕 Alexis de Tocqueville, *Democracy in America*, 2 Vols. ［New York：Vintage, 1945（1835）］；关于协调性团体，（参见）Peter L. Berger and Richard Neuhaus, *To Empower People*（Washington, D. C.：American Enterprise Institute, 1977）；关于社会资本，（参见）James S. Coleman, *Foundations of Social Theory*（Cambridge, M. A.：Harvard University Press, 1990），ch. 12。本章早期草稿的几位读者对社会资本的概念持保留意见——尤其是如何才能识别出可视为社会资本的规范与网络并与其他相区分，同时亦对把人类行为的理性选择视角作为社会资本的理论背景持怀疑态度。我接受上述保留意见。但是，读者阅读该章时可以不用担心上述问题，该章被设定在近来备受热议的公民参与的背景之下。

〔2〕 John Leo, "When Stability Was All the Rage", *U. S. News and World Report*, October 30, 1995, 27.

61 与绝望的增长，尤其是每年 150 万的堕胎率，以及越来越多的人利用安乐死这种手段将光明正大地谋杀老年人和其他看不顺眼的人的行径合法化"，都可以作为美国公民社会濒临崩溃的确凿证据。[1]

一位评论家在评论该主题的某本学术著作时总结道，"重建对民主及同胞信心的需要从未如此迫切，而这种信心也从未表现得如此低迷"。[2] 事实上，另一位作家以几乎同样的措辞声称，"90 年代，构成我们政治与社会基础的问题在于，在过去的 25 年里，美国人生活中的道德、社交与文化不断被腐蚀。安全的街道、牢固的家庭、保障性就业以及亲人间、邻里间、商人间、同事间的持久关系本可造就有序生活，但这些却逐渐消失于无形。这体现出社区联系的松散化——其中包括了当下称作公民社会的很多内容。这种松散化并不是婴儿潮那代中年人怀旧性的虚构。这是事实"。[3]

除了上述公共领袖的言论外，民意调查表明大部分美国民众同样相信公民精神正在式微，同样认为公民社会正处于被自利与贪婪蚕食的危险境地。举例而言，一项 1987 年进行的全国性调查显示，婴儿潮时期出生的人（年龄在 18~44 岁间）只有 21% 认为他们这一代在"作为有责任心的公民，能积极帮助社区中的他人"方面表现更为出色，而 53% 的人认为他们的父辈在这方面做得更好；相比之下，53% 的人认为他们这一代"对政治更愤世嫉俗"（相较而言，认为父辈更愤世嫉俗的仅有 29%）；同样不出所料，77% 的人认为，因为"社区活动的参与锐减"，整个国家日益衰落。[4] 与之相似，1992 年的一项美国劳工调查表明，76% 的受访者认为"社区解体"是一个"严重"的或"非常严重"的社会问题。甚至有更多受访者（81%）认为"自私"在美国是一个严重的问题，而几乎所有人（91%）都将这个问题与"家庭瓦解"相提并论。[5]

需认真对待美国社会资本下降这一争论的另一理由在于，表明这种下降确实正在出现的证据已被整理出来。审查各种证据后，罗伯特·帕特南得出结论：

---

〔1〕 Roger Mahony, "Faithful for Life: A Moral Reflection", *Los Angeles Times*, September 28, 1995, B9.

〔2〕 David McCabe, "Review of Democracy on Trial", *Commonweal*, February 10, 1995, 18。埃尔斯坦自己认为美国的民主并"不稳定"，而其当下的典型特征就是"不信任的文化"，参见 Jean Bethke Elshtain, *Democracy on Trial* (New York: Basic Books, 1995), ch. 1.

〔3〕 Alan Ehrenhalt, "No Conservatives Need Apply", *New York Times*, November 19, 1995, 15.

〔4〕 参见由盖洛普公司组织的滚石调查（1987.9）；相关结果可通过 Lexis-Nexis 数据库登录"民情在线"（Public Opinion Online）查询。

〔5〕 Robert Wuthnow, *God and Mammon in America* (New York: Free Press, 1994), 173.

传统次级组织（如兄弟会和民族团体）的成员数在过去二三十年已下降了25%～50%；与朋友、邻居的社交以及花费在组织生活上的时间的下降幅度至少大致相同；公共信任水平、投票率以及政治活动与教堂礼拜的参与率也是如此。[1]

　　虽然有理由怀疑美国的社会资本正在下降，但同样有理由对这样的断言保持谨慎。其一，公民社会的衰落并不仅仅是一个实证的问题，它还具有政治和意识形态的弦外之音。正如上述引用表明，公共官员、宗教领袖、记者们并不仅仅道出了对于美国走向的一种担忧，而且他们以此为基础提出关于如何更好地建设社会的诉求。就像那场关于家庭瓦解及宗教衰落的大讨论一样，公众对于社会资本下降的认知可能深受上述言论的影响，我们必须对事实上曾经存在过事事趋善的黄金时代的假定保持警惕。[2]

　　其二，经验证据本身与这些证据呈现出来的美国社会图景远不一致，是需对社会资本下降的断言保持谨慎的另一理由。正如本章随后的部分将揭示的那样，体现变化的具体实例有时难以评估，因为在比较调研时存在如设计差异及问题措辞不同的困境；而且这些调查很少能处理超过二十年的趋势研究。因为一些社会资本的研究已表明它具有长时段的稳定性，所以我们必须避免仅从覆盖短短几十年的证据出发做出轻率的推断。[3]

　　除了上述考虑，理论上的关切构筑同样要求尽可能谨慎客观地去研究社会资本问题。就社会资本的一些测量而言，美国处于或者接近发达工业民主国家的最顶层。正因如此，在确定美国能否在不引发严重负面后果的情况下承受（社会资本）某种程度的下降这一问题上（无论这种下降原则上多么为人所不欲）需要加以留心。例如，在利用1981年休闲发展中心（Leisure Development

62

---

〔1〕 此处以及本章，我将会从罗伯特·帕特南的《独自打保龄：二十世纪末的美国民主》引用良多。在1994年8月瑞典乌普萨拉大学举办主题为"民主的胜利与危机"的诺贝尔专题报告会上，帕特南做了这一报告；1995年3月拟出文字草稿，并于当年第六期的《民主杂志》（65～78页）上发表，发表版本略有不同，题目也稍改为《独自打保龄：下降的美国社会资本》。1995年9月帕特南在美国政治科学协会的伊契尔·卜论坛上发表演讲，名为《和谐，失谐：美国社会资本的奇怪消亡》。帕特南先生将上述两篇文章慷慨地提供给了我。

〔2〕 该点与以下著作所述相似：Arlene Skolnick, Embattled Paradise: *The American Family in an Age of Uncertainty* (New York: Basic Books, 1991); Stephanie Coontz, *The Way We Never Were: American Families and the Nostalgia Trap* (New York: Basic Books, 1992); 关于宗教亦可参见 Andrew M. Greeley, *Unsecular Man: The Persistence of Religion* (New York: Schocken, 1985).

〔3〕 Robert Putnam, *Making Democracy Work: Civic Traditions in Modern Italy* (Princeton: Princeton University Press, 1993). 在我看来，这本书至少指出在约8个世纪的时间内意大利各地区社会资本水平间的差距存在一种持续性。

Center）所做的跨国调研中，政治科学家联邦德国的尼·维巴和他的同事认为，美国在志愿协会的会员数、为志愿协会工作的人数、宗教组织的成员数以及为宗教组织工作的人数这四项占总体人口的比例上位居十二个发达工业国家之首。举例而言，与英国、联邦德国相比，美国在"志愿协会会员数"上占据绝对优势（美国为76%，英国、联邦德国分别为52%、50%），在"为志愿协会工作的人数"上同样遥遥领先（美国为34%，英国、联邦德国分别为21%、20%）。[1] 1990～1991年的世界价值观调查对协会会员数及信任的统计同样表明，美国在这些指标上接近最顶端。[2]

63　　这些对比很有意思，原因就在于社会资本与民主的文献仍未确定一个绝对阈值使得人们得以断言，（社会资本）何时恰好足够或何时过低而可能危及民主。简言之，美国可能一直在社会资本上投资过剩，现在仅仅是调整到与其他工业化民主国家相当的水平。[3]

　　在回到经验性数据前，我们必须同样批判性地看待社会资本概念所表达的内容。从最广义方面讲，要了解社会资本的清单里包括了哪些详细的内容实在让人无从下手，因为几乎所有社交网络关系及社会规范体系均可视为社会资本。[4] 然而，同任何广义概念一样，社会资本的观念在一个特定的知识传统中产生，它的意义也被嵌入这一传统的几个关键点所限定。在美国，社会资本一直被视为社区内部的特殊关系类型，这种关系可以为社区内的人所用，以巩固他们的社区、调动解决社会问题所需资源，并在更广的政治领域中发出自己的声音。简·雅各布斯对城市中公园、人行道、街坊聚会之功用的讨论以及格伦·卢瑞对非洲裔美国人社区中家族及教会的论断都是

〔1〕 Sidney Verba, Kay Lehman Scholzman, and Henry E. Brady, *Voice and Equality: Civic Voluntarism in American Politics* (Cambridge, M. A.: Harvard University Press, 1995), 80.

〔2〕 Putnam, "Bowling Alone", Figure 14；亦可参见本书其他章节中出现的世界价值观调查数据。

〔3〕 虽然美国在公民参与的各类测量（指标）上都名列前茅，但是从本书各章节可得出一个重要结论，即美国并不像托克维尔所描述的那样特殊；尽管美国政治传统与政治结构独具特色，但其他发达工业社会尤其是西欧国家同样设法将志愿社团活动的参与维持在相对高水平上（可参见博·罗斯坦所撰章节）。

〔4〕 举例而言，可以断言许多社区的居民共享的规范之一就是自利式的个人主义，而这一规范帮助社区解决集体问题（鼓励人们对自身负责，尊重邻里隐私），但是社会资本理论家似乎不情愿承认他们所想的就是这种规范；同样，松散式社会网络能够将相隔遥远的人们通过偶尔联系交织起来，但这些社会资本理论家对此信心不足，而认为紧密式社会联系则能铸造持久且深厚的感情。进一步的讨论参见拙作 *Loose Connections: Civic Involvement in America's Fragmented Communities* (Cambridge, M. A.: Harvard University Press, 1998).

成形的例证[1] 詹姆斯·科尔曼的社会资本理论尤其关注社会交际的理性选择理论：正是通过社会交际，合作关系和信任才可能会出现[2]

社会资本的四个一般范畴就出自这些文献：协会、信任、公民参与以及志愿活动。例如，不同于局限在核心家庭的社会关系，亦不同于严格限定在董事会会议室或政府办公室之内的社会关系，在彼得·伯杰（Peter Berger）和理查德·纽豪斯（Richard Neuhaus）看来，上述类型的社会资本充当了"中介结构"，它将个人联系进一种既不依赖于血缘关系也不依赖于经济动机的自愿性联结之中；它还锻造人际关系，而这些人际关系被其成员用来发展社区、解决自身的某些社会问题，并动员其成员在民主过程中以集体行动者的身份出现[3]反过来讲，四个范畴中的任意一个都存在多重属性，每个属性又都值得作为特定社会中社会资本总体存量的相关方面而加以考虑[4]

一　社团

如家长—教师协会、共济会、老兵会以及射击俱乐部等协会具有重大意义，这部分因为它们的存在有强烈的象征性价值。例如，关于首都政治集会的报道往往强调代表组织的数量，即使其中一些组织实际上连会员都没有，而另一些 64 组织会众数千，仅仅因为庞大的团体数量就会造成一种特定事由广受支持的表象。同样，即使各个组织良莠不齐，但所有利益相关方（协会）都要有"一席

---

[1] Jane Jacobs, *The Death and Life of Great American Cities* (New York：Random House, 1961); Glenn Loury, "A Dynamic Theory of Racial Income Differences", in Phyllis A. Wallace and Annette LaMond, eds., *Women, Minorities, and Employment Discrimination* (Lexington, MA：Lexington Books, 1977), ch. 8; and Glenn Loury, "Why Should We Care about Group Inequality?" *Social Philosophy and Policy*, 1987 (5)：843–867.

[2] Coleman, *Foundations of Social Theory*, 300–321.

[3] 参见 Berger and Neuhaus, *To Empower People*; Elshtain, *Democracy on Trial*, 5。后者对于公民社会的定义可谓包含上述大多数观点："社区与协会的很多形式都在描画着民主文化的图景，从家庭到教会，从邻里到商会，从自助运动到志愿性的帮贫扶弱"。在美国，社会资本一般被定义为参与正式组织，不太关注于社会网络，因而社会资本的用法稍稍区别于皮尔·布迪厄的观点，参见 Pierre Bourdieu, "The Forms of Capital", in John G. Richardson, ed., *Handbook of Theory and Research for the Sociology of Education* (New York：Greenwood, 1986), 241–258。但是布迪厄对于资本分层的强调在当今背景下同样十分重要。

[4] 但我并不是说这些为了操作方便而界定的社会资本就足以理解公民社会或民主。例证可参见 Adam B. Seligman, *The Idea of Civil Society* (New York：Free Press, 1992); Jean L. Cohen and Andrew Arato, *Civil Society and Political Theory* (Cambridge, MA：MIT Press, 1992); and John A. Hall, "Genealogies of Civility", paper presented at the annual meeting of the American Socio-logical Association, New York, 1996.

之地"的要求也不时塑造着社区的民主过程。[1] 正因如此，一些协会可能仅仅是一纸证明，但它们因象征性目的以及创设时耗费了集体性精力这一事实而变得至关重要。更为关键的是，会员数量也非常重要，因为数量越大，象征意义就越强，投入到活动中去的有效人均时间就越多，财源也越充足，同时意味着有一班固定人马，等等。除此之外，成员的积极性不容忽视，因为一般而言，实际的参与能带动人与人之间的交际，产生信任感，进而使共同追求特定目标成为可能。其他重要的因素包括社团关注公共善而非仅仅追求自己成员利益的程度；社团内塑造与培训社交技巧及民主程序的程度；社团嵌入地理单位（如居民区）的程度——这些单位使得超出社团外的纽带的建立成为可能，并与相关政治辖区相一致；社团成员与其他社团相互联系，并为不同人群的交流铺路架桥的程度。

二 信任

信任被认为是健康民主国家的一个基本元素，因为民主制依赖于人们愿意将自己的命运交予"人民"之手。区分出对制度的信任和对个人的信任颇有助益。[2] 前者时常被更恰当地描述为对制度的信心，它指出这样一个事实——当代生活的大部分并不依赖于非正式的人际交往，而依赖于规范与社会结构，在规范与社会结构之内那些具体的交往才得以巩固。在某种程度上，轻松采购食品是因为联邦政府对食品和药品的监管得力，如果人们对联邦政府或法院的信心降低，食品采购可能会成为难事。反过来，对个人的信任即根据个人对别人的怀疑是特定的还是普遍的就能辨别出来。在一个家庭、居民区或者小型熟人社区内部，一个人可能会认为大多数人都值得信赖，因为对特定个人的深层了65 解已经在长期交往中建立起来（他知道哪位邻居值得信赖，自己处于什么样的

---

[1] 普林斯顿大学社会学院的米歇尔·伍迪关于加利福尼亚水资源管理问题的论文对各方"俱占一席之地"的象征意义与实践意义做出了考察。关于为了某种象征性原因而形成组织结构的观点在下属文章中被详尽阐述：John W. Meyer and Brian Rowan, "Institutionalized Organizations: Formal Structure and Myth and Ceremony", *American Journal of Sociology*, 1977 (83): 340 - 63; see also Paul J. DiMaggio and Walter W. Powell, "Introduction", in Walter W. Power and Paul J. DiMaggio, eds. , *The New Institutionalism in Organizational Analysis* (Chicago: University of Chicago Press, 1991), 1 - 39.

[2] Adam B. Seligman, *The Problem of Trust* (Princeton: Princeton University Press, 1997); 我感谢亚当·塞林格曼能将其著作的手稿在出版前借阅给我，同时感谢他与我关于信任的几场谈话。另外使我颇为受益的是 Francis Fukuyama, *Trust: The Social Virtues and the Creation of Prosperity* (New York: Free Press, 1995), 但我认为该书未能彻底区分不同类型的信任，也未能彻底区分信任与社会资本的其他方面。

情况之中）。[1] 从更普遍的角度而言，当缺乏这种知根知底时，信任更可能是在某种对人性的原生性或哲学性认知下产生的一种功能。[2] 这种信任可能会因为个人从主日学校所学的原罪观念或者从普通学校所学的人类进步观念而趋向更低或更高；它也可能因为儿童时期家庭关系的和谐与否而上下波动。较之过分乐观、盲目且普适性的信任，稳健且条件性的信任与大多数民主理论更相一致，前者可能鼓励对极权主义领袖的信仰，却无法确保有效的权力制约平衡。

三 公民参与

当涉及直接推进政治过程的活动时，公民参与无疑是最富成效的（因此将它们与协会参与区分开来，后者可能通过非政治手段改善社区）。在美国，一般认为公民参与包括多样化的活动，既涵盖投票行为，也涉及更为活跃更为明智的政治参与类型，如向政治组织或竞选活动捐款、联系政府官员、参与政党或竞选工作、参加政治集会、抗议以及游行。[3] 而指导这些活动的政治组织层级（如联邦、州、地方）的不同也强化了多样化的程度。如层级不同，这些组织关注选举政治的程度会有所差异；对其他政府功能（如各政府部门的工作或者法律体系的运用）的重视程度也高低不一；甚至它们明示（如将候选人评判表在教堂张贴）或默示（如在教堂祷告中发表对政治事件的评论）地表达政治观点的程度各不相同。

四 志愿活动

最后，志愿活动与协会工作（即很多志愿活动是为协会而做）及公民参与（存在为政治集会做志愿服务的可能）存在重合之处。但在美国，志愿活动在概念上和经验上都具备独特地位，因为无偿行动一般并非为了严格意义上的政治目的（这部分因为一些非营利组织禁止从事这样的活动），而往往是旨在帮助需

〔1〕 该观点与所谓"深度认同"颇为类似，后者由查尔斯·泰勒（Charles Taylor）提出，参见 Charles Taylor, "What Is Human Agency?" in Charles Taylor, *Human Agency and Language* (Cambridge：Cambridge University Press, 1985).

〔2〕 关于美国人构建信任内涵的复杂方式的定性访谈证据，参见 Robert Wuthnow, "The Role of Trust in Civic Renewal", in Robert K. Fullinwider, ed., *Civil Society, Democracy, and Civic Renewal* (New York：Rowman & Littlefield, 1999), 209 - 230；关于信任的社会关联参见 Eric M. Uslaner, "Faith, Hope, and Charity：Social Capital, Trust, and Collective Action", Department of Government and Politics, University of Maryland, 1996 以及 Andrew Kohut, *Trust and Citizen Engagement in Metropolitan Philadelphia：A Case Study* (Washington, D. C.：The Pew Research Center for the People and the Press, 1997).

〔3〕 特别参见 Sidney Verba and Norman Nie, *Participation in America：Political Democracy and Social Equality* (New York：Harper and Row, 1972)；and Verba, Scholzman, and Brady, *Voice and Equality*, ch. 3.

66 要之人。[1] 普遍认为志愿活动能促进民主，个中原因与单纯为了参与某些社团异曲同工（如了解政治事件或者学习领导技巧）。但同时志愿活动也被认为是通过非政府方式解决社会问题，进而促进社区内部自给自足，遏制对政府过度依赖的一种活动——过度依赖政府可能助长极权主义政权或者科层官僚制的崛起，而这两者对公众需要不会有任何反应。就真正关心急迫的社会问题还是仅关心自身家庭及朋友的利益而言，志愿活动各有不同。就参与人数总量、参与时间及参与形式——以社团还是以个人为单位——而言，志愿活动又多种多样。此外，通常认为慈善捐赠与志愿服务紧密相关，因为这些资金被各类组织用以解决社会问题、聘请专业人士、支付员工薪水，当然员工多是为动员志愿者而被聘任的。

现在我们已介绍完社会资本的四种主要类型，接下来我们将检验事实上社会资本是否在下降。

第二节 社会资本在下降吗？

一 协会

在美国，协会数量近年来稳步上升，这一趋势可能反映了一种长期增长的势头。正如《协会百科全书》中编写的那样，各类全国性非营利协会的数量从 1980 年的 14726 个上升到 1994 年的 22510 个（这一数据的最近更新年份是 1994 年）。其中大多数为贸易商务类的非营利协会（近几年从 3118 个上升到 3768 个）。关注公共事务的协会增长尤为迅速（从 1068 个到 2169 个），如健康与医学协会从 1413 个激增至 2331 个。相比之下，工会和以希腊字母命名的美国大学生联谊会（Greek letter societies)[2] 几乎没有增长。[3]

---

〔1〕 Brian O'Connell, *America's Voluntary Spirit* (New York: Foundation Center, 1983); Jon Van Til, *Mapping the Third Sector: Voluntarism in a Changing Social Economy* (New York: Foundation Center, 1986); and Paul G. Schervish, Virginia A. Hodgkinson, and Margaret Gates, eds., *Care and Community in Modern Society* (San Francisco: Jossey-Bass, 1995).

〔2〕 Greek letter societies 是美国以希腊字母命名的一系列社团的总称，创建原则一般包括学术性、服务性、责任性、包容性、兄弟或姊妹情谊和领导力，这种群体是 150 多年来达特茅斯当地居民和社会生活的重要部分。现有 31 个组织，包括 3 个男女混合社团、17 个兄弟会和 11 个姊妹会。——译者注

〔3〕 U. S. Bureau of the Census, *Statistical Abstract of the United States*: 1992, 115th ed. (Washington, D. C.: U. S. Government Printing Office, 1995), 793. 上述所列的 16 项类别中，协会数量在 1994 年高于 1980 年；然而，在 1994 年，有 8 个类别的数量却稍低于 1990 年，这一事实也许可以表明社会资本的某种下降。

　　尽管协会的净数量持续增长，但在最近几十年间，以前的几类大型协会的会员数却不断下降。就非农劳动力的比例而言，工会会员数从 1953 年 33% 的高点降至 1975 年的 29%，继而下滑至 1992 年 16% 的新低，之后在这一低水平上保持稳定。[1] 家长—教师协会的会员从 1960 年每百位学生中 33 位的比例降至 1976 年每百位学生仅 15 位，继而下滑至 1982 年 13 位的新低，1992 年仅稍许回升至 16 位。[2] 尽管全国人口在增长，其他许多协会的会员数量却日益减少。举例而言，帕　67 特南记录了下述全国性组织会员数的下降：埃尔克斯慈善互助会、童子军、圣地兄弟会、联邦妇女俱乐部、狮子会（Lions）、青年商会、妇女选民联盟。[3] 此外，在这些可获取数据的组织中，会员人数在 60 年代普遍上升，而在 80 年代几乎全部下降了。[4]

　　当然，透过特定组织的会员数仅能窥见美国协会参与总貌的一角而已。因此之故，引入全国性调查的数据颇有助益，因为其中设置了关于各种类型的团体成员的问题。这些调查虽然仅给出了过去二十年间的参照数据，却为评估纵跨该时期的趋势提供了一种相当系统的方式。[5]

　　关于团体成员最详尽的数据来自芝加哥大学全国民意研究中心（the National Opinion Research Center）所做的"总体社会调查"（the General Social Surveys，GSS）。其中设置了这样的一道题：受访者参照一张列有 15 种组织（如教会附属团体、体育社团等）的手记卡片回答提问。如果受访者声称自己是某类组织的成员，采访者就在该组织前标注"是"。这些问题在 1974 ~ 1994 年的 20 年间被问及 15 次。[6] 1974 年与 1994 年对各项回答的对比可参见表 2 - 1。

---

〔1〕　Barry T. Hirsch and John T. Addison, *The Economic Analysis of Unions* (Boston：Allen and Unwin，1986)，Table 3. 1，46 - 47, as reported in Putnam，"Bowling Alone"，Figure 7.

〔2〕　Putnam，"Bowling Alone"，Figure 8.

〔3〕　Putnam，"Bowling Alone"，Figure 9.

〔4〕　有关大型社团的更多信息，请参见本书联邦德国·斯考切波所撰写的一章。

〔5〕　关于此类数据的总体概述，参见 Frank R. Baumgartner and Jack L. Walker，"Survey Research and Membership in Voluntary Associations"，*American Journal of Political Science*，1988（32）：908 - 928.

〔6〕　1995 年，"总体社会调查"项目未能实施，而 1996 年、1998 年、2000 年的调查中，有关协会会员的问题未能位列其中。根据民情研究中心（NORC）的汤姆·史密斯透露，访谈者被要求向受访者宣读组织名单；然而访谈人员是否严格照此行事却不得而知；愈加冗长的访谈计划对访谈者照章办事的影响同样难以评估（上述观点基于我作为总体社会调查监督委员会的成员时参与的场场讨论）。

表 2 - 1　社团成员表[*]

	1974 年	1994 年	变化
教会团体	42	33	-9
体育团体	18	22	4
专业/学术组织	13	19	6
工会	16	12	-4
服务俱乐部	9	10	1
校园服务团体	18	16	2
联谊团体	14	10	-4
青年团体	10	10	0
业余爱好俱乐部	10	8	-2
文学、艺术、交流团体	9	10	1
退伍军人团体	9	8	-1
校园兄弟会/姐妹会	5	6	1
政治俱乐部	5	5	0
农业组织	4	4	0
国别团体	4	4	0
其他	11	10	1
所有团体	75	71	-4
总　　数	(1484)	(502)	

　　[*]问题：现在我们将会问一些关于个人属于某个群体或是组织的问题。下面是一份关于不同组织的名单。你能告诉我你是不是其中某一类型组织的成员吗？

　　资料来源：Ceneral Social Surkeys。

　　教会附属团体得到最高比例的肯定回答。在 1974 年，42% 的公众声称自己是此类组织的成员，这个数字在 1994 年降至 33%。体育社团的会员数居第二，随后是专业和学术协会、工会、学校服务俱乐部。如果详尽考察中间年份的数据可能会乏味无比，但能得出几个结论（以下结论与表 2 - 1 或有出入，但原文如此）。

　　第一，比较 1974 年和 1994 年的数据可知，在这 15 种团体中，有 5 种团体的会员数出现下降（教会团体、工会、学校服务俱乐部、兄弟会及兴趣或园艺俱乐部），其中一个（教会团体）下降达到或超过 5 个百分点。

　　第二，同一时期另五种组织（体育团体、专业和学术团体、服务俱乐部、文学或艺术团体、学校兄弟会或姊妹会）的会员数均增加，尽管仅有一种组织（专业和学术团体）的增长超过 5 个百分点（原文如此）。

第三，有迹象表明，组织会员数可能在 1991 年前后达到低点，而在最近几年出现反弹。例如，上述 15 种组织中，12 种组织 1994 年的会员数略高于 1991 年。　68

第四，如果将这些数据看作证券市场的交易额，逐年计算获利者与失利者的数量，那么整体图景呈现如下：在 210 个团体中，74 个下滑，67 个上升，剩余 69 个保持稳定。正如众多的上升或下降所示，数据本身也存在相当大的波动，而非严格的线性下降。举例而言，教会团体成员数（这一项下降幅度最大）先是下降了 2 个百分点，然后继续下降了 1 个、3 个、6 个百分点，后来又回升了 8 个百分点，继而下降 4 个百分点，回升 6 个百分点，之后再分别下降 10 个与 5 个百分点，又增 8 个百分点，自此才保持了近乎稳定的趋势。

第五，参与协会（不论是何种协会）的人的比例都在下降且幅度明显。在 1974 年，样本人群中声称至少是一种协会的成员的人所占的比例为 75%，这一　69 数据在 1991 年下降至 68%（后来在 1994 年小幅回升至 71%）。

如将教育水平也考虑在内，进一步分析这些数据表明，15 种团体中有的会员数在 1974～1991 年间出现萎缩[1] 当不考虑教育因素时，只有 10 种组织的会员减少。然而也必须考虑到抽样容差：尽管上述两类全国性样本结合产生了近 2500 个案例，但在这 15 种关系中仅有五种具有统计学上的显著性，而其中之一表明的还是上升而非下降趋势[2] 确切而言，仅有教会附属团体、工

---

〔1〕　我比较了 1974 年与 1991 年的会员数，以求捕捉到在该时段内幅度稍大些的明显下降（较之 1994 年所采数据）。在帕特南之后，我运用逻辑回归分析法（logistic regression analysis）对任一组织成员因时间变化而变化的趋势与幅度进行了测量。所设模型用以检验作为唯一自变量的年份以及在教育水平限定的前提下年份的影响（年份作为虚拟变量赋值如下：1974 = 0，1991 = 1；教育作为"程度"变量重新赋值如下：大学教育以上为 1，高中毕业为 2，未能达到高中毕业水平的为 3。两组模型出于不同原因而各具意义。仅将年份作为自变量的模型对下降趋势是否发生于每一类型的成员上能做出最好的描述性评估。而如帕特南所讲，在预先考虑到教育水平的提升会增加协会会员数的前提下，如果一个人想要知道是否社会资本出于其他原因而下降，另外将教育水平考虑进去的话模型就颇具意义）。

上述两类模型（上述一个将教育水平作为约束量，年份作为自变量；另一个只将年份作为自变量）中，每一类团体的结果 EXP（B）如下：教会附属团体为 0.658* 及 0.694*；运动团体为 0.869 及 1.007；专业或学术团体为 0.955 及 1.308*；工会为 0.587* 及 0.557*；服务俱乐部为 0.837 及 0.998；学校服务团体为 0.642* 及 0.776*；兄弟会为 0.569* 及 0.633*；青少年团体为 0.740* 及 0.816；兴趣或园艺俱乐部为 0.996 及 1.118；文学、艺术讨论会为 0.793 及 0.993；老兵协会为 0.771 及 0.774；学校兄弟会或姐妹会为 0.761 及 1.019；政治俱乐部为 0.686 及 0.836；农业组织为 0.700 及 0.759；民族团体为 1.135 及 1.308（系数小于 1 表示下降，* 表示比用 Wald 统计量得出的可能性大于或等于 0.05 的幅度）。

〔2〕　Putnam，"Bowling Alone"，Figure 10，and Putnam，"Tuning In，Tunning Out"，Figure 1，这两个图表的数据显示在教育背景被控制的情况下协会会员的状况。

会、学校服务组织以及兄弟会呈现出下降趋势，其他组织是否如此并不明朗。

在随后的部分中，我将对下降的原因及其他类型的协会多加阐述，但从上述描述性数据来看，唯一的结论就是自 20 世纪 70 年代早期至 90 年代协会会员数存在一定下滑确定无疑。虽然这一下滑仿佛并非全盘性的，因为它不能涵盖所有具体的协会形式，但是从越来越多的美国人不介入任何一类协会这一事实来看，下滑无疑是非常明显的。

二　信任

自 1948 年以来，超过 40 次的全国调查问及有关信任的问题。受访者被问及频率最高的问题是："总体而言，你认为大多数人值得信任吗？还是在与人交往时再小心也不为过？"两项主要的调查——全国选举调查（The National Election Surveys，NES）和总体社会调查（GSS）——清楚表明了信任度的下降（见表 2 - 2）。全国选举调查（NES）表明 70 年代的信任度低于 60 年代，而 1992 年的信任度又低于 70 年代。这种情形与更广泛的政治气候变化的普遍印象相吻合。1968 ~ 1972 年间信任的急剧下降与美国卷入越南战争引发的日益严重的社会动荡相联系。1974 ~ 1976 年间的小幅回升与吉米·卡特成功竞选总统相一致，人们通常认为后者标志着美国翻过了越南战争和水门事件这耻辱的一页[1] 1992 年全国选举调查（NES）的数据（45%）仅略低于 70 年代三次民意调查的平均水平（49%），但却表明信任进一步削弱。总体社会调查（GSS）数据涵盖的时间段要短些，但大致情形相差无几。也许因为水门事件，信任在 1973 ~ 1975 年间呈现衰退之相，1976 年才得以扭转。经历 80 年代的多次波动后，最近两次的数据较之以前颓势更显[2]

可能需要注意的是，因为调查问题的措辞不同，50 年代的调查结果无法与 60 年代之后的进行比较；然而早期调查却能表明（那时的）信任度可能比最近几年要高。当被简单地问及"你认为大多数人值得信任吗？"在 1948 年的调查

---

〔1〕　上述变化的统计性分析参见 Albert Bergesen and Mark Warr，"A Crisis in the Moral Order：The Effects of Watergate upon Confidence in Social Institutions"，in Robert Wuthnow，ed. ，*The Religious Dimension：New Directions in Quantitative Research*（New York：Academic Press，1979），277 - 297.

〔2〕　尽管所问问题相同，但我要对上述两个调研机构的结论分别阐述，因为同年的结论也有不同之处（尤其是 1976 年与 1992 年）；这种不同可能是调研中早先问题所设的参考框架存在差异所致。参见 Putnam，"Bowling Alone"，Figure 12；and Eric Uslaner，*The Decline of Comity in Congress*（Ann Arbor：University of Michigan Press，1993），79.

表 2 - 2 人民中信任 *

单位：%

年份	全国选举调查（NES）	总体社会调查（GSS）
1964	54	—
1966	54	—
1968	56	—
1972	47	46
1973	—	46
1974	48	—
1975	—	39
1976	53	44
1978	—	39
1983	—	37
1984	—	48
1986	—	37
1987	—	44
1988	—	39
1989	—	41
1990	—	38
1991	—	38
1992	45	—
1993	—	36
1994	—	34

* 认为大部分人是可信任的人所占百分比。

资料来源：National Election Surveys, General Social Surveys. Question asked in both："Generally speaking, would you say that most people can be trusted, or that you can't be too careful in dealing with people?"

中，65% 的人回答"是"（30% 否认，5% 表示不清楚）；1952 年给出肯定答复的人为 68%，1954 年为 65%，1957 年升至 75%，1964 年甚至达到 77%。相比之下，1983 年同样的问题重被问及时，却只有 56% 的人回答"是"。[1]

---

[1] 上述结果均可在罗珀中心的民情在线网站获得。所有调研均由芝加哥大学国民舆论研究中心实施；1948 年与 1952 年是选举民意调查，1964 年的调研涉及"美国研究"调查项目中查尔斯·格洛克（Charles Glock）的反犹主义；1983 年的问题则包含在总体社会调查中。对于民意研究中心调研的进一步分析可参见 Tom W. Smith, "Factors Relating to Misanthropy in Contemporary American Society", GSS Topical Report No. 29, National Opinion Research Center, Chicago, 1996.

然而关于普遍性信任的数据存在非常严重的局限性，其中之一就是很少有人去做定性研究来帮助解释调查中人们对与信任有关的问题的回答可能意味着什么。最为常用的调查问题要求受访者在"大多数人可以信任"与"在与人交际时再小心也不为过"之间做出选择。在1997年的一项全国调查中，受访者有机会分别回答这两个问题，然而结果却是这样的：62%的受访者同意多数人值得信任，71%的同意在与人交际时要加强警惕。换言之，多数受访者似乎并不认为这两者相互矛盾或互相排斥。[1] 当然诸如此类的结果并不会减少"当今选择信任别人这一答案的受访者较之过去减少了"这一事实的重要性。但是它的确表明调查可能往往难以全面测量出人们思考信任问题时的复杂性。

在过去40年间的美国民意调查中，旨在测量对机构及其领导者之信心的问题被问及了不下5000次。这些问题多数涉及特定的事项，无法提供关于社会趋势的蛛丝马迹。然而，当涉及同样是20年时间跨度的协会与人际信任的证据时，就要问及一些可比较的关于对主管不同类型机构的人之信任问题。对于"联邦政府行政机构"人员的信心为公共领域的信任提供了有效借鉴；对"大型公司"经营者的信心为私人营利领域的信任提供了量化标准；对"建制化宗教"领导人员的信心则为同时段内非营利性或志愿性私人领域（其中建制化宗教占据绝对份额）的信心提供了最为适合的测量数据。[2]

虽然多数数据表明断言"对主要美国机构的信心出现线性崩溃"需慎之又慎，但是政治领域似乎成为例外，对联邦政府的不信任至今未能恢复至水门事件之前的水平。事实上，其他调查问题同样直接指出了这一事件的长期影响：1973年5月，水门事件刚刚被曝光，58%的公众认为这一事件至少在某种程度上削弱了其对联邦政府的信心；8月人数上升至67%；近10年后（1982年），66%的人仍然声称水门事件一定程度上降低了他们对联邦政府的信心。[3]

对政治领域的不信任绝非一日所成，这一事实在全国选举调查（NES）的结果中同样表现明显。在这些调查所包含的标准化政府信任指数上得分较高之

---

〔1〕 上述结果来自我的"公民参与调研"，该调研是由盖洛普公司替我在1997年上半年以1528位受访者为对象实施的全国性调研，更多信息可参见 Wuthnow, *Loose Connections*.

〔2〕 对于非营利部门中宗教的讨论及该部门与政府及营利部门关系之变动的讨论参见 Walter Powell, ed., *The Nonprofit Sector：A Research Handbook*（New Haven：Yale University Press, 1986）, and Robert Wuthnow, ed., *Between States and Markets：The Voluntary Sector in Comparative Perspective*（Princeton：Princeton University Press, 1991）.

〔3〕 来自 The Gallup Opinion Index（May 1973）；The Gallup Poll（August 6, 1973）以及 Newsweek（June 14, 1982）。所有结果均可在民情在线网上查询。

人的比例自 60 年代后锐减。[1] 这种锐减多数发生于越南战争期间：高分者从 72
1964 年的 65% 降至 1972 年的 41%。水门事件则引发了进一步的下滑（1974 年
跌至 26%），并在 1980 年陷入最低点（19%）。在整个 80 年代，政府信任曾暂
时性地回复至前水门时期的水准（1984 年为 37%，1988 年为 30%），但随即在
1992 年降至 21%。[2] 因此之故，对政府的不信任似乎在很大程度上受特定的事
件影响，而非简单地反映整体下降的趋势。

三 公民参与

鉴于过去 30 年间公众对政府信任的大幅下滑，尤其是在公民参与直接涉及
参与政治运动、为政党工作、给政府官员写信及类似活动时，我们可能会推测
公民参与也经历了同样的情形。多数证据确实显示出此种社会资本的不断降低，
然而也存在一些例外情况。

在过去的 40 年间，全国选举调查（NES）一直跟踪测量直接涉及选举活动
的公民参与。受访者被问及一些标准化问题：在选举活动中他们是否"跟他人
说过并尽力向这些人阐明他们应该投票支持或反对某政党或某候选人的原因"；
他们是否"出席政治会议，参与集会、聚餐或其他旨在支持特定候选人的类似
活动"；他们是否"为某政党或某候选人工作"；或者他们是否"佩戴徽章或在
车上粘贴运动标签"。[3] 大型（总统）选举与小型选举的参与率相差巨大，因
此对不同选举的发展趋势最好分别加以考量。

如表 2-3 所示，自 1952 年至 1992 年，大型选举中的公民参与并未下降。
事实上，1992 年与他人交谈或试图影响他人的比例比 1952 年高出 10 个百分点；
为政党或候选人工作的比例稳步上升；参加政治会面或集会的比例则保持稳定。
只有竞选徽章的佩戴与在保险杠上贴标签这一项在 60 年代尼克松与肯尼迪竞选
对决时期达到峰值，以后经历了长期的衰落。与之相对，中小型选举中公民参
与的下降趋势则更为明显，在 1958~1970 年间四项测量中有三项呈增长趋势，
而在 1970~1990 年间这四项却全部下滑。

---

[1] 这是一个由下述各类项目合成的格特曼量表："你认为自己有多少时候会相信华盛顿政府所
行为之正义之举""政府大多由少数为自己谋利的大型利益集团控制""政府官员浪费了我们
交纳的大量税金""相当多政府官员似乎并不知道自己在做什么""相当多政府官员行为不
端"。

[2] 参见 Stephen C. Craig, *The Malevolent Leaders: Popular Discontent in America* (Boulder, C. O.:
Westview Press, 1993)。

[3] 在全国选举调查中，向政党或候选人捐钱往往被包含在政治参与指数中，但此处却被排除
在外，因为每一调研所问问题是存在区别的。

表 2 – 3　政治参与

	能够说服/影响他人	参加政治集会	为政党或候选人工作	粘贴宣传标语
大选举年份				
1952	28	7	3	—
1956	28	7	3	16
1960	34	8	6	21
1964	31	9	5	16
1968	33	9	6	15
1972	32	9	5	14
1976	37	6	5	8
1980	36	8	7	7
1984	32	8	9	9
1988	29	7	9	9
1992	38	8	11	11
小选举年份				
1958	17	—	—	—
1962	18	8	4	10
1966	22	—	—	—
1970	27	9	7	9
1974	16	6	5	6
1978	22	10	6	9
1982	22	9	6	8
1986	21	7	3	7
1990	17	6	3	7

资料来源：National Election Surveys。

政治参与变动的另一种视角体现在表 2 – 4 中：像签署请愿书、出席乡镇会议、参加政治集会、为委员会服务或成为地方机构工作人员这一类的活动自 1974 年来全部呈现下降趋势。如竞选某职位、给报纸写文章、做政治演讲、加入政改类小组等公共性较低的活动也同样下滑，尽管其参与比例本就很低。将上述活动全部考虑在内，从未参与这些活动的公众比例从 1973 年的 48% 上升至

73

1994 年的62%。对上述活动更为细致的分析表明，急剧下降可能发生于水门事件余波未平之际，1978～1990 年间参与状况保持了相对的稳定，而 90 年代早期大多数活动的参与率再次下跌。[1]

表 2-4 政治参与，1974 年和 1994 年*

单位：%

	1974 年	1994 年
在请愿书上签名	36	26
参加城镇或学校事务的公共集会	21	12
给你的众议院或是参议院写信	16	12
参加政治集会或演讲	11	6
在一些地方组织的委员会服务过	10	6
在一些俱乐部或组织的办公室服务过	10	6
从没有过以上行为	50	56

*在上一年中做过以上事情的人所占的百分比。
资料来源：Roper Surveys。

公民参与变化的另一例证由维巴与其同事提供，他们将 1967 年的早期数据与 1987 年的进行了全国性比较。除投票之外，测量涉及多种类型的公民参与，不仅包括劝说他人如何投票、出席政治会议或集会，还涵盖联系地方或国家官员、参与处理地方社区问题等。他们的研究中包含 12 项量化指标，其中 10 项的参与率在 1987 年要高于 1967 年，1 项保持不变，仅 1 项出现下降。[2]

正如所料，投票的数据本身大体上就体现为投票率的大幅下滑。举例而言，1952 年达到法定年龄的人口有 58% 参加了总统选举投票，1960 年与 1964 年也是 58%，但 1988 年降至 45%，1992 小幅回升至 51%，1996 年再次降至 49%。国会大选年也呈现出相同的下滑状况：1962 年及 1966 年的投票率为 45%，而 1986 年及 1990 年投票率仅为 33%。这两类选举的投票率分别在 1968 年（或

---

[1] Putnam, "Bowling Alone", Figure 2; and Steven J. Rosenstone and John Mark Hansen, *Mobilization, Participation, and Democracy in America* (New York：Macmillan, 1993). 这一结论当然也基于我自己对这些数据的分析。罗伯特·帕特南给我提供了他与亨利·布雷迪从罗珀中心所获得的原始数据。对于这些数据稍有不同的阐释参见 Karyln H. Bowman, "Democracy in America", *Public Opinion and Demographic Report*, March-April 1994, 83.

[2] Verba, Scholzman, and Brady, *Voice and Equality*, 72. 该书认为 "政治俱乐部成员" 这一项是下降的，而且他们的数据还表明投票出席率的下滑。

1970 年）与 1972 年（或 1974 年）经历了最大幅度的下降，与之相对应的是这些年人们对越南战争的不满情绪持续高涨，以及对投票年龄从 21 岁放宽至 18 岁的不满（可能仅仅是碰巧而已）。在经历 70 年代早期的下降之后，投票率在过去的 20 年间几乎保持在同一水平。简言之，多数指标显示公民参与在下降，这证实了社会观察家们的论断：美国人对于政治越来越不抱幻想，即使他们可能仍以其他方式继续参与社区活动。

四 志愿活动

在施粥场、教堂或因其他特殊缘由进行志愿活动，例如帮助残疾人、建设保障性住房等已经成为美国人社区参与最重要的方式之一。这种形式的社会资本在过去的 20 年间不断增加。

关于志愿活动发展趋势的最佳数据来自盖洛普调查中的一个问题："你个人是否恰巧参与过某些慈善或社会服务活动，如帮助穷人或老弱？"给出肯定回答的百分比从 70 年代末的 26% 大幅上升至 90 年代早期的 46%。[1]

简要总结一下，在过去的二三十年间，美国社会资本确有下降，但现有证据无法表明社会资本已大幅下降或已下降到相当低的水平，同样无法表明所有形式的社会资本都在下降。协会会员作为典型的社会资本其人数下降最为明显，尤其在 1974～1991 年间。虽然某些类型的协会会员数并未下降，但显而易见，"至少参与一个组织（至少是总体社会调查中提及的组织类型）"的美国公众的比例的确低于 20 年前的水平。此外，这种下降趋势尤其引人关注，是因为协会会员往往被视为社会资本的主要形式，其人数有助于预测如选举投票和政治参与之类的其他活动。信任度也在下降，但是这些数据表明，预估其下降趋势的严重性与普遍性仍需多加谨慎。对政府的信任度持续下跌，但对企业与宗教团体的信任度却不尽然。至少就表面看来，对政府日益增长的不信任与特定事件密切相关。公民参与在下降，却也并非如大众文学中描绘的那般简单，而更像个大杂烩：关于投票的多数数据下跌明显，但某些数据却与此相悖，这种模棱两可对于如与他人讨论政治、签署请愿书、参加集会等活动而言更是如此。最后，几乎没有证据表明志愿活动在任一长时段内不断下降；事实上，现有证据表明志愿服务可能增加了。

在评估关于社会资本衰落的各种解释时，我们必须注意协会会员的萎缩，

---

〔1〕 据我所知，1991 年的盖洛普调查中，该问题还被再一次问及；而普林斯顿调查研究协会 1995 年的一次调研问到同样的问题，54% 的被访者给出肯定的答复，比 1991 年类似的普林斯顿调查研究协会的调研高了 8 个百分点。

尤其要关注无论哪种类型的组织，美国人都越来越少参与这一事实。在测定对这种衰退的哪些解释最为有效后，我们可以考虑这些因素是否影响社会资本的其他测量。 76

第三节　对上述趋势的解释

从某种角度而言，社会资本如同经济资本，不可能长存不灭。事实上，它极易被那些过于懒惰或沉溺于自我利益的人挥霍一空，难以再生。[1] 所以，普遍认为正因为对于那些放浪形骸或心怀鬼胎（或情非得已）而打破社会联系并违反社会规范之人的无所作为或熟视无睹，社会资本才不断"腐蚀"或衰落，不断被消解或涣散。

在托克维尔那里可以看到关于社会资本的这种观点，托克维尔称赞美国的志愿协会，因为它们提供了对抗个人主义、反对过分追求私利的屏障，也筑起了抵御由公众舆论引发之多数人暴政的堡垒。这与同时期新教道德家的观点可谓异曲同工，后者认为各种教会团体和其他公民社团能为人数渐趋庞大的民众提供适当的道德指引。[2] 无独有偶，涂尔干关注将次级社团作为促进社会团结、对抗日趋狂热的个人崇拜的方式之一。而在罗伯特·尼斯比特（Robert Nisbet）与威廉·科恩豪泽（William Kornhauser）的字里行间以及在整个 20 世纪 50 年代及 60 年代早期阐释大众社会危险性的其他学者笔下同样可以发现此种视角，在大众社会中，人们对大众媒体及少数国家领导者言听计从，却未能投入足够精力结成同盟并塑造自身观点。[3] 最近，罗伯特·贝拉（Robert Bellah）及其同事也将这些危险诉诸笔端：若公共舆论已为自利的言辞绑架，那么生活于此种社会就如入险境，因为人们不再受制于所属社区的道德记忆而自律其身。[4]

---

[1] 由此看来，社会资本类似于文化资本。关于文化资本的产生，参见 Richard A. Peterson, ed. , *The Production of Culture*（Beverly Hills, CA. : Sage, 1976）; and Robert Wuthnow, *Producing the Sacred*（Urbana: University of Illinois Press, 1994）.

[2] Paul E. Johnson, *A Shopkeeper's Millennium*: *Society and Revivals in Rochester*, New York, 1815 – 1837（New York: Hill and Wang, 1978）.

[3] Emile Durkheim, *Professional Ethics and Civic Morals*（London: Routledge, 1957）; William Kornhauser, *The Politics of Mass Society*（New York: Free Press, 1959）; Robert Nisbet, *The Quest for Community*（New York: Oxford University Press, 1953）.

[4] Robert N. Bellah, Richard Madsen, William M. Sullivan, Ann Swidler, and Steven M. Tipton, *Habits of the Heart*: *Individualism and Commitment in American Life*（Berkeley: University of California Press, 1985）.

这些不同的版本中，极权主义领袖及大众媒体操纵者均对民主构成威胁，但维护社会资本的首要责任仍掌握在公民自己手中。如果能将之与经济生产因素（劳动力、管理、资本）做一个简单的类比，可以看到社会资本下降的主要原因正在于劳动人口本身。职业女性增加或工作时间延长等类似的趋势自是首当其冲，因为它们标志着劳动力分身乏术，无力多花时间参与志愿协会或投身公民活动。而婚姻破裂以及家庭邻里关系疏远也难脱干系，因为它们产生一种"孤独者的心态"，进而减少人们对协会活动的投入。同样的，那些窝在家中全心观看肥皂剧的人则是一群放纵自我（懒散、无道德）的劳动群体，他们无意担起为造福社区而工作的责任。因此，这些都是需要关注的解释。

一　协会

如前所示，"至少参与一个协会"的美国公众比例在下降，这是协会会员数下降最一目了然的证据，而在 1974～1991 年间，这一比例更是从 75% 锐减至 68%。此外值得注意的是，只参与一个协会的人的比例相对稳定。因此，这种变化在很大程度上是指人们从持有多个会员身份转变为完全没有任何会员身份。[1]

罗伯特·帕特南已经对社会资本萎缩（或消解）标准化测量的结果进行了考察。他发现协会会员数的萎缩不能由越来越多的人增加工作时长这一事实来解释，也不能由带薪职业女性的增长、婚姻破裂、人口流动或郊区的扩展等加以搪塞。人口老龄化或代际效应才可能是原因之一，尽管还需进一步解释。此外，帕特南发现经济状况应被排除在外，而如上文所述，教育与协会会员数呈正相关关系。[2]

表 2－5 是对上述因素的单独评估，它显示：在 1974 年与 1991 年，具备相

---

[1]　成员身份构成的内部转变似乎能为理解这种趋势指点迷津，然而这种转变是否出现了仍需三思后再定论。然而对上述可能性的探索涉及大量的技术问题，至今也未能得出任何确定性结论。举例而言，对 1974 年与 1991 年 15 种协会会员的因子分析显示，在各项目间或者在因子结构间的整体关联上并未出现明显的变化。对某特定组织的成员持有多重成员身份的可能性进行的逐项对比分析也未能提出有效的线索（某类组织的多数成员同时也是其他至少一种组织的成员，在 1974～1991 年该比例下降幅度一致）。文本概括分析所采用的成员身份量化指标是一个二分变量，它能够区分属于表 2－1 中某类组织之人与不属于这类组织之人。

[2]　Putnam, "Tuning In, Tunning Out". 帕特南在此处的分析关注于协会的平均数量，而非此处限定更为严格的测量指标。

关社会特征之人拥有至少一类协会会员身份的比重以及该比重在这两年之间下降的百分比。总体而言，表中数据支持帕特南的结论。几乎所有这些不同类别的协会会员比重均在下降，但不同的亚人口群体之间存在几种有趣的状况。状况之一涉及分居或离异者：相比已婚者、丧偶者或未婚者，分居或离异者在1974年加入某类协会的比例要低得多，1991年也几乎维持在同等的低水准上。但该群体人口数量增加（在调查中从8%升至14%）的事实在某种程度上意味着团体会员比重的整体下降与婚姻解体难脱干系。另一个需注意的状况是，未婚会员的下降百分比稍高于平均值，虽然在调研中他们所占人口比例在增加（从1974年的12%上升至1991年的21%）。

在考虑大量女性进入劳动力大军可能产生的影响时（1991年的研究显示全职女性工作者占女性总人口的37%，而在1974年该比例仅为27%），有意思的是注意到，职场女性会员比重的下降幅度较之家庭主妇要小。由于家庭主妇的比例从1974年占妇女总数的一半稍多降至1991年的不到三分之一，因此可以合理假设女性的特点可能也已经改变（即全职主妇在过去比后来更符合常规）。女性群体内部的这种比较非常清楚地表明，协会会员身份更可能是两个因素共同作用的结果：与家庭外的其他人的联系（本例中是通过工作场所）以及有充分的时间将这些联系资本化（因此兼职女性较之全职女性更可能参与社团活动）。

在其他方面，表2-5中的数据并不支持关于社会解体的通常论断。对比每周工作50或更多小时的人与每周工作40～49小时的人可以发现，前者会员比重的下滑要少一些（虽然这两组的下降都远高于那些每周工作时长低于40小时的人）。[1] 年龄因素也仅能为社会资本的下降提供相对片面的解释。在上述数据中，年龄在35～44岁之间的人口份额变大（从1974年占总数的18%到1991年的24%），但该群体会员身份比重的下降却并不比年轻少许之人更为显著；而年近六旬或60多岁的人员比重下降较之年轻他们10岁者要明显得多。"世代效应"同样并不显著（对比1974年每一组与1991年相应的年长组）。[2] 最后，

78

79

---

[1] 该调查显示每周工作50个小时或更长时间的人从17%上升至24%，这验证了其他研究得出的论断：人们在工作上花费的时间越来越长。更多证据参见 Juliet B. Schor, *The Overworked American: The Unexpected Decline of Leisure* (New York: Basic Books, 1991), and Robert Wuthnow, *Poor Richard's Principle: Restoring the American Dream through the Moral Dimension of Work, Business, and Money* (Princeton: Princeton University Press, 1996)。

[2] 最年轻者这一项（年龄为18～24岁）一直难以解释，因为其中相当大比例的仍是大学生，如果他们住在集体宿舍或群租房，则一般会为调查所忽视。

居住地因素（居住地变动或位于郊区）与组织成员数的升降联系不大。[1] 合乎情理的是，涉及上述所有变量的多变量分析难以说明（甚至归纳出）1974~1991 年的趋势。

表 2 - 5　社团成员的社会特征

至少属于一个组织的人所占的百分比

单位：%

	1974 年	1991 年	变化
已婚	77	69	- 8
丧偶	74	76	2
离婚/分居	63	65	2
未婚	70	60	- 10
全职工作(只限女性)	73	69	- 4
兼职工作(只限女性)	77	75	- 2
没有工作(只限女性)	68	57	- 11
每周工作 50 个小时以上	80	71	- 9
每周工作 40~49 个小时	79	67	- 12
每周工作小于 40 小时	76	73	- 3
25~34 岁	76	63	- 13
35~44 岁	79	67	- 12
45~54 岁	75	74	- 1
55~64 岁	78	71	- 7
65 岁以上	76	70	- 6
没有固定宗教信仰	75	68	- 7
有固定宗教信仰	75	68	- 7
城市	74	66	- 8
城市郊区	75	68	- 7
其他	76	70	- 6
乡镇/乡村	71	67	- 4

资料来源：General Social Surveys; association membership includes all items in Table 2 - 1。

另一种解释视角将社会资本更为严格地视为资本。如同其他类型的资本，社会资本也可能存在分配不均的问题。实际上除非采取适当的制衡措施，否

---

[1]　地域间流动或定居是个虚拟变量，只不过是在比较受访者 16 岁时的居住地与现居住地（包括所有八个区域）时所设的。居住地是民情研究中心的规模变量（NORC size variable），用以比较大中城市居民与规模不限的城市郊区居民的区别，独立的城乡结合区居民与小城市居民和农村居民的区别。样本显示，郊区居民所占比例从 1974 年的 23% 上升至 1991 年的 32%，而区域流动的可能性几乎不变（在上述两年中，人口流动的比例分别为 26% 与 25%）。

则久而久之，社会资本的分布失衡之势将愈演愈烈，而社会资本的作用则可能更具排他性而非兼容性。当然该视角与马克思而非托克维尔或涂尔干更相一致，也与最近关于文化资本的讨论相呼应，后者着重阐释艺术、文学和教育如何在拥有社会所认可的技能的人以及不拥有这些技能的人之间划出象征性的界限。[1] 依此类推，当社会资本所包含的是为某些人而非其他人提供重要信息的有限网络（例如校友会）时，或者当协会设定的会员门槛并非人人都能轻而易举地达到时，就可以说社会资本可能是以一种排他性方式在运作。[2]

在这种观点看来，社会资本下降的可能原因在于现有的社会安排呈现出更为系统的排他性，这或导致某些人倍感冷遇而终止参与，或导致参与公民活动所需的资源为一些人难以企及。相比从腐蚀角度进行的论述路径，这种排他性角度的论述路径鲜有关注劳动人口的道德义务，而更多地聚焦于这些人是否拥有参与组织所需的资源，以及组织在实际运作中并不那么民主的可能性。它提出了这样一种可能：如果人们不再如过去一样加入吉瓦尼斯慈善互助会（Kiwanis），这可能表明是该俱乐部本身而非大众存在问题。

从表面上看，这种理论可能难以为人所接受，鉴于下述事实尤为如此：大 80 多数志愿协会是真正志愿性的，也是民主的公开支持者；同时，过去半个世纪的文化走向对性别、种族、民族及生活方式的差别更为包容，对多样性也更为宽容。然而，协会的运作不仅仅根据摆在台面上的宏图大志，众多的潜规则也同时在起作用。这种状况可能无意中就偏袒了某些人而排斥了另一些人。例如，加入大多数组织都需要可观的文化资本，这种资本很大程度上人们自身就已具备，而不仅仅只是加入组织后恶补之物。诸如领导技巧、在中型组织内侃侃而谈的口才、对组织规则的了然于心、就恰当主题发表些许意见的能力等都是此类资本的范例。在过去的半个世纪，教育水平的节节上升可能是导致组织内部确立潜规则的一项重要因素：组织可能无意中会将缺乏与高等教育相关的文化

〔1〕 特别参见 Michele Lamont, *Money, Morals, and Manners: The Culture of the French and the American Upper-Middle Class* (Chicago: University of Chicago Press, 1992)。亦可参见 Pierre Bourdieu, *Distinction: A Social Critique of the Judgment of Taste* (Cambridge, MA: Harvard University Press, 1984); Helmut K. Anheier, Jurgen Gerhards, and Frank Romo, "Forms of Capital and Social Structure in Cultural Fields: Examining Bourdieu's Social Topography", *American Journal of Sociology*, 1995 (100): 859 – 903.

〔2〕 Pamela A. Popielarz and J. Miller McPherson, "On the Edge or In Between: Niche Position, Niche Overlap, and the Duration of Voluntary Association Memberships", *American Journal of Sociology*, 1995 (101): 698 – 720.

资本的潜在成员拒之门外。[1]

正如我们在表2-6中所见，有数据支持这一替代性视角。为比较社会经济特权较高者与较低者而设定的5个变量分别为：个人成长所处家庭的收入（高于、低于还是处于平均水平）；父辈的受教育水平；受访者本身的教育水平；受访者的种族；所抚养孩子的数量。这5个变量的状况均清楚一致且引人注目。无论哪一变量的社会资本，社会经济特权较高者与较低者间的差距在1974年都比1991年更小。从一开始，在社会经济特权较低者中，协会会员比重的下降更为明显。

表2-6　边缘化与社会资本 *

单位：%

	1974 年	1991 年	变化（百分点）
16 岁时家庭的收入			
低于平均水平	72	65	-7
平均水平	74	66	-8
高于平均水平	80	77	-3
父辈的受教育程度			
低于高中	74	65	-9
高中	78	69	-9
大学	76	83	7
本人的受教育程度			
低于高中	65	53	-12
高中	77	66	-11
大学	91	88	-3
种族			
黑人或其他	73	56	-17
白人	75	70	-5
抚养孩子的数量			
3 个或更多	77	67	-10
1 个或 2 个	74	69	-5
没有	71	67	-4
边缘化指数			
高	67	49	-18
较高	75	67	-8
较低	75	68	-7
低	78	77	-1

* 至少属于一个组织的人所占的百分比。

资料来源：General Social Surveys; association membership includes all items in Table 2-1.

---

[1] 拉蒙特（Lamont）的"Money, Morals, and Manner"提供了相关的定性证据：美国中上层阶级成员认为志愿精神与志愿协会的活动是道德价值的体现，更是社会地位的标记。因此协会中对个别种族与宗教排斥的逸事闲文自是少不了的。

例如，那些成长于低收入家庭的人在 1974 年有 72% 是协会会员（仅比成长在高收入家庭的人低 8%）。但到 1991 年，低收入背景之人在协会会员比重上下降了 7 个百分点，而来自高收入背景之人仅下降 3 个百分点。因此，1974 年，两组人之间有 8 个百分点的差距，在 1991 年扩展为 12 个。事实上，同样的状况出现于父辈教育之中。在 1974 年，父辈低于高中学历之人与父辈大学毕业之人在协会会员数方面几乎相等；而到 1991 年，低教育背景之人在协会会员数方面 81 远远低于高教育背景之人（低 18 个百分点）。同样，非洲裔美国人和欧洲裔美国白人在 1974 年同等程度地参与社团生活，但到 1991 年两者间差距巨大。自身受教育水平较低与供养大量儿童者情况类似。

表 2-6 中的边缘化指数由上述五个变量聚合而成。[1] 如同这五个变量，合成变量表明 1991 年严重边缘化的群体与轻微边缘化的群体在协会会员数上的差距比 1974 年更为显著。边缘化指数最高群体的协会会员比重下降了 18 个百分 82 点，中间的两类群体分别下降 8 个与 7 个百分点，边缘化指数最低者则只下降了 1 个百分点。

考虑这些状况的一个角度是，可以说在 1974～1991 年间协会会员数几乎所有的下降都发生于更边缘化的社会群体中，而非已经拥有最多特权的群体中。换言之，如果发生在每个人身上的事情都如发生在那些家庭富足者、父辈受良好教育者及高等教育接受者身上的一样，那么这方面的社会资本几乎不会有任何下降。的确，进一步的数据分析显示，边缘化问题在 1991 年的不断加剧解释了年份与会员比重之间的关系。[2]

为什么边缘化群体会经历如此的衰落呢？一个可能的解释是一些美国人一开

---

〔1〕 就收入、父辈的教育水平、受访者本身的教育水平和所抚养孩子的数量这几项而言，受访者若在其中每一项均属于最低特权一组，得 3 分；若在所有变量上都属于中间群体，得 2 分；若都属于高特权群体，得 1 分；非白人得 3 分，白人得 0 分。12～15 分视为高，10～11 分视为中高；7、8、9 分视为中低；4～6 分视为低。

〔2〕 在多变量逻辑分析（multivariate logistic analysis）中使用的变量均为虚拟变量，如年份（1991=1），性别（男=1），三个年龄群变量（18～29 岁；30～49 岁；50 岁及以上），边缘化指数以及该指数与年份的交互作用项。对上述系数的解释是，1991 年的协会成员数低于 1974 年，其中男性成员数高于女性成员数，年长者成员数高于年轻人，边缘化群体成员数低于其他人。当性别、年龄及边缘化因素均考虑在内时，年份的影响至关重要；当交互作用项被考虑在内时，年份的影响微不足道。交互作用项的系数意味着边缘化因素对协会成员数的削减在 1991 年比 1974 年更为严重。逻辑系数如下：对于模型 A，年份为 0.714***，男性为 1.356***，年龄为 1.240***；对于模型 B，年份为 0.677***，男性为 1.309**，年龄为 1.356***，边缘化指数为 0.737***；对于模型 C，年份为 0.867，男性为 1.307**，年龄为 1.356***，边缘化为 0.805***；边缘化*年份为 0.834^；幅度（Wald 检验）（significance）：^<0.09;** <0.05; *** <0.01; *** <0.001；N=2483。

始就因为缺乏社会资本才被边缘化。但是凭直觉来讲，这个解释不太说得通；而当我们考量数据时，这一解释更是毫无道理。就直观来看，很难想象脱离运动俱乐部或家长—教师协会何以在17年的时间内导致美国相当一部分人口的社会经济地位持续走下坡路，但这并非数据所指之意。受教育水平和所抚养孩子数量是受访者本身可控的唯一变量，但正是那些非可控的变量——种族、父辈教育、出身的家庭收入背景——最好地预测出他们在协会会员比重上的下滑程度。

对数据最好的解释就是，在1974~1991年间被边缘化的美国人生活越发艰辛，进而使得他们参与社区组织也变得更为困难。表2-7中呈现出这种影响的一些证据。将1991年与1974年比较，边缘化者群体中，越来越多的人丧偶或离婚，越来越多的人垂垂老矣，越来越多的人处于美国整体收入分配垫底的三类群体之一，还有越来越多的人与其朋友、家庭、邻里不相往来。他们对生活更加悲观。在这种情况下，他们的协会会员比重也在下滑可能不足为奇。有些人无法支付入社的会费；有些人则是老了不能或担心为参加会议而奔波；有些人已丧失了个人化的社会资本（朋友和家人），正是这些人引导他们进入社团或帮助照看孩子和满足他人需求，使他们有可能加入某个社团；还有些人可能发现自己无法适应社团生活，因为社团中越来越多的人拥有更高的学历和更高的收入。[1]

表2-7　社会边缘化的概况

单位：%

原因	1974年	1991年	变化（百分点）
丧偶	13	19	6
离婚	11	18	7
65岁或以上	24	33	9
收入处于最后三等	48	69	21
从不和朋友交往*	22	28	6
从不和邻居交往	29	45	16
与亲属很少联系**	19	36	17
对生活悲观***	54	68	14

*从不和他们邻居之外的朋友度过一个夜晚。

**与亲属度过一个夜晚的次数少于每月一次。

***赞同许多的普通人正在变得越来越坏。

资料来源：General Social Surveys。

---

[1] 穷人与黑人状况日趋恶劣的其他体现，可参见 Jennifer L. Hochschild, *Facing Up to the American Dream：Race，Class，and the Soul of the Nation*（Princeton：Princeton University Press，1995），esp. ch. 10.

83

二　工会与宗教

除了上述那些普遍状况外，单独考虑工会和教会附属团体也颇具启发意义。在 1974~1991 年间，工会会员的下降只限于男性。更广范围的经济环境部分导致了该下降，例如制造业对男性工人的雇用比之过去大为减少，更多的就业岗位转移到服务业。相比之下，工会女性会员数则在一定程度上保持稳定，因为女性能在工会化程度持续攀升的公共领域找到工作。[1] 在男性中，前述提及的边缘化因素的影响也已明显波及了工会成员身份。

在 1974 年，边缘化指数得分高的男性中有 34% 是工会成员，相比之下，只有 15% 的得分低者是工会成员；在 1991 年，这两个数字分别为 21% 和 11%。显然，工会成员身份是一种在低特权群体中更为普遍的社会资本，而且一直都是。不过，像其他类型的协会一样，它在低特权群体比在高特权群体中下降更为明显。[2]　84

宗教参与趋势更难解释，这至少一部分是因为美国的宗教组织参与异常复杂和多样。在 1974~1991 年之间，总体社会调查（GSS）数据显示教会附属团体的会员比重下降了 8 个百分点（从 42% 到 34%）。没有一个早期所考虑的消解性变量（the dissolution variables）能够解释这种下降的出现，边缘化变量也解释不了。[3] 此外，即使对具有不同传统背景或多少还会经常提供服务的人分别进行分析，也难以发现显著的模式。[4] 事实上，能为我们提供独特见解的唯一变量即受访者是否在原教旨主义教派中被抚养长大。[5] 在这些受访者中，教会

---

[1]　"Union Membership", Forbes, September 14, 1992, 302。在 1955~1990 年间，私营领域的工会成员从 35% 下降至 12%，公共领域的工会成员从 12% 升至 37%。关于制造业与服务业的变化，参见 Daniel Bell, The Coming of Post-Industrial Society (New York: Basic Books, 1976), 142；更详尽的分析参见 Hirsch and Addison, The Economic Analysis of Unions。

[2]　因为案例的数量少、变化小，关于协会的 γ 检验能够对文本中所涉相关性的统计强度进行简单检验；在边缘化指数得分较高的群体中，年份影响的函数（γ 系数）为 0.304；得分低者的函数为 0.157。

[3]　边缘化变量影响的失效表明，宗教组织比之非宗教组织可能内部更为平等，相关结论参见 Verba, Scholzman, and Brady, Voice and Equality, 226.

[4]　对文本所涉变量的分析（总共 17 个变量）是通过比较 1974 年与 1991 年教会附属团体成员在任一变量的任一子类别中的比例（例如，新教教徒和天主教徒，或者已婚人士和离异人士），以此观察是否特定子类别比其他子类别的下降比例更高，或者是否该子类别初始水平较低，然后保持低位，而在总体样本中所占的比例上升。除了新教教徒中的下降幅度稍微大于天主教徒这一点外，从上述分析中看不出耐人寻味的明显区别，而前者可由关于原教旨主义背景的理论加以解释，前文对此已有讨论。

[5]　在总体社会调查（GSS）中，存在 FUND16 变量，该变量由民情研究中心的工作人员设定，把如南方浸信会与小型保守派这样的教派与其他教派区别开来，而在自由派这一端，用以区分长老会和圣公会。

附属团体会员数占比下降了 6 个百分点，而在那些成长于自由教派的人中，下降比例增加了 13 个百分点。上述数据的逻辑回归分析也说明，原教旨主义背景和年份因素交互作用足以将年份影响降至无关紧要的地位。[1] 实质上，这一发现与其他研究相一致，后者认为相比成长在保守神学背景下的婴儿潮一代，在自由教派下长大的这代人成年时更有可能成为变节者。[2] 这个结论似乎也符合下述事实，即在过去 30 年间，自由教派会员数的下降已远超保守教派。

然而，在相信上述这一特殊观点时需多加谨慎。原因在于总体社会调查（GSS）对关于教会附属组织的问题多语焉不详。对一些受访者而言，这可能仅仅意味着成为某圣会或教派的会众而已，而对其他人则意味着参与包括教会唱诗班甚至童子军等需要借用教堂会面的一切活动。事实上，这个问题的模棱两可为 80 年代中期的总体社会调查（GSS）中的一个问题所证明，该问题涉及这个术语的不同含义，据此受访者大致可以对半分为两类：一类是一般意义上的教会成员；另一类则是特定教会组织的参与者。[3] 这种模棱两可之所以重要，原因在于，人们意识到教会成员数量日趋下降，有一部分原因是独立教会和福音派教会更为强调教堂出席率而非会员人数，也有一部分原因是主流新教和天主教教会早已开始少算会员，以此减少上级教派官员借此分派的会费任务。

85　　因此，尽管普遍认为宗教参与率正在下降，但多数关注该主题的学者一直不愿提供关于下降的全面概括。事实上，在过去半个多世纪里，美国教堂出席率基本保持不变。当然在 20 世纪 50 年代呈现过小幅上扬，普遍认为是因为战后出生率的上升以及教会重建的一时热潮。在七八十年代，当其他形式的社会

[1] 包括年份、性别与年龄的逻辑模型体现年份具有统计显著性的系数，（但）当结合 FUND16 和年份的变量加入这个模型中时，这个系数的显著性就不存在了。

[2] Dean Hoge, Donald Luidens, and Benton Johnson, *Vanishing Boundaries*: *The Religion of Mainline Protestant Baby Boomers* (Louisville: Westminster/John Knox, 1994); and Wade Clark Roof, *Generation of Seekers* (San Francisco: Harper San Francisco, 1993); also, from my own analysis of data on religious backgrounds.

[3] 当问及"你说你曾是教会附属团体的成员；那么这种团体或组织是否等同于教会（犹太会堂）本身，或者就仅是与教会相关的其他组织？" 52% 的人认为是教会本身，45% 的人只认为是教会相关组织。Verba, Scholzman 及 Brady 的 Voice and Equality（第 61 页）认为要将这些教会组织与教会区分对待。其他亦可参见 David Horton Smith, "Voluntary Action and Voluntary Groups", *Annual Review of Sociology* 1 (1975): 249, and Aida K. Tomeh, "Formal Voluntary Organizations: Participation, Correlates, and Interrelationships", *Sociological Inquiry*, 1973 (43): 96.

资本下降趋势渐趋明了时，教堂出席率仍相对稳定[1]。此外，即使自20世纪60年代来，教会会员数出现过几次小幅下降，但相比整个19世纪或20世纪的前半叶仍要高出许多。同期组群分析和教派构成转变的研究也难以说明宗教作为一种社会资本出现了整体性下降[2]。

美国宗教中持续下降的其实是忠诚——对特定教派、圣会或信仰传统的忠诚。例如，相比20世纪50年代或60年代，现在美国人更有可能改变信仰，他们普遍认为人们应建立起自己对宗教的认识，而不皈依任何教派也能成为好的基督教徒或犹太教徒[3]。成长于恪守日常宗教礼仪之家并培养自己的孩子忠于教会的人员比例长期以来持续下降。相比于20世纪60年代，现在越来越少的美国人相信宗教可解决他们的问题，或相信《圣经》字里行间的谆谆教导。定性式的口述历史证据表明，许多美国人在体会神圣时越来越缺乏地域意识，更愿意货比三家、兼收并蓄，而不是从他们的特定圣会或教区出发确定神圣。因此在这个意义上，宗教资本已经下降，这体现为宗教信仰及宗教情感上更为微妙的质的变化，这在统计数据上当然难以体现[4]。

三 信任

如前所述，信任被记录在案的下降是根据标准化的"信任他人"以及有关信任联邦政府的问题得出的，这至少在一定程度上归咎于1973年的水门事件丑闻，但这一下降并不涉及人们对大型公司或建制化宗教信任的问题。对他人信任度的衰落最需要加以解释，这既因为它与政府观点没有必然联系，也因为它在关于社会资本的大多数著作中均被视为一种社会资本，并且通过参与协会而增强。通过分析大量可用的数据，可以顺次得出如下两个初步结论。

86

第一，"信任他人"与其说是参与协会的附属功能不如说与社会经济特权息息相关。事实上，它与后者的表面关系似乎是它与前者关系的一种虚假表象。具体地说，1991年总体社会调查（GSS）数据表明，在控制年龄和性别因素后，信任他人与受访者所参与协会的数量呈正相关，但当等式引入边缘化指数时，

---

〔1〕 总体社会调查（GSS）显示，在1974年与1991年至少每周都参与宗教服务的人数比例均为36%。

〔2〕 Michael Hout and Andrew M. Greeley, "The Center Doesn't Hold: Church Attendance in the United States, 1940 – 1984", *American Sociological Review*, 1987 (52): 325 – 345.

〔3〕 Robert Wuthnow, *The Restructuring of American Religion* (Princeton: Princeton University Press, 1988).

〔4〕 在拙作中，更为详尽地讨论了宗教中的趋势，见 *Christianity and Civil Society* (Philadelphia: Trinity Press International, 1997).

这种正相关关系在统计学意义上就变得微不足道。[1]

第二，在信任指数上，更多特权者与边缘化群体间的差异显著，最近几十年间也始终相对保持不变。在全国选举调查（NES）中（其对信任问题的调查比总体社会调查［GSS］所跨时期更久），最高年份（1968）与最低年份（1992）之间相差 11 个百分点。然而在对上述数据依照不同社会地位（种族与教育）进行的两个测量中，同一年不同组织间的差异远大于上述两年间的差异。具体地说，在 1968 年有 60% 的白人受访者表示信任他人，相比之下黑人受访者只有 25%（在 1992 年，分别为 49% 和 18%）。同样，在 1968 年只有 35% 的只获得低等教育受访者表示信任他人，而接受高中教育受访者为 55%，接受过大学教育受访者为 76%（在 1992 年分别为 25%、36% 和 57%）。上述证据表明，只关注信任度下降的任何讨论都忽略了更为基本的事实，即无论是过去还是现在，在不同的身份群体中，信任度分布相当不同。[2]

这些结论之所以值得强调，是因为它们与传统观点背道而驰。传统观点认为即使边缘化群体缺乏其他资源，社会资本作为一种资源仍可能为他们所用。然而在缺乏其他社会经济资源的前提下，寄希望于仅成为协会会员就足以铸造信任是毫无根据的。这并不是说信任在几十年前比现在分布得更为均匀。信任只是在弱势群体——如黑人和低水平受教育者——中一直居于低位。政府信任度不断下降对人际信任更强烈的影响同样不容忽视。这种影响表明，信任他人不仅是亲身社会关系或者甚至社会地位的某种功能，更是一种与国家的领导能力密切相关的功能。

87　　如果可以从经济资本的讨论中借用某种类比，那么信任可能是一种管理（和资本）的功能而非劳动本身的功能。也就是说，国家层面的管理可以构

---

〔1〕 人际信任的问题在 1974 年的总体社会调查中未涉及，但基于 1991 年数据的模型可以发现，即使预先限定成员身份，边缘化因素对信任的影响仍比成员身份的影响（模型未引入边缘化因素）高出 1 倍。

〔2〕 对他人信任的大幅下降可能源于公众对政府日益增强的不信任的一种溢出效应。关于这一结论的一些证据来自对 1968 年与 1992 年全国选举调查（NES）数据的逻辑回归分析：在关于年份、受教育程度、种族及年龄的模型中，年份与信任呈现强负相关关系（表明信任度在 1968 年到 1992 年间下降）；但是在包含上述变量及年份与政府信任的交互作用项的模型中，年份的作用无关紧要，但交互作用项却至关重要。John Brehm 及 Wendy Rahn 对总体社会调查数据进行了更细微的分析，他们认为人际信任可能会受制度信任的影响，参见 John Brehm，Wendy Rahn，"Individual-Level Evidence for the Causes and Consequences of Social Capital"，*American Journal of Political Science*，1997（41）：999 - 1024；亦可参见 Margaret Levi，"Social and Unsocial Capital：A Review Essay of Robert Putnam's *Making Democracy Work*"，*Politics and Society*，1996（24）：45 - 55。

建（或削弱）信任，不仅仅包括政府信任，也包括人际信任。原因就在于国家领导人扮演了一种象征性角色：当领导人值得信赖时，公众"相信人性美好"的意愿提升；而当领导者行为难以服众时，这种意愿相应减少。对领导者而言，这其中的暗含之意相当明显：如果公众不愿意相信人性本善，并非因为他们花在志愿协会上的时间减少，而是因为领导者本身辜负了他们的期许。

四 公民参与

正如我们所见，部分研究表明公民参与持续下降，而另有研究观点相左。然而，这两类研究均指出在理解公民参与水平方面，特权及边缘化因素至关重要。全国选举调查（NES）显示，在 1968～1992 年间，白人的政治参与稍有增加（从 37% 增至 41%），而非洲裔美国人下降明显（从 40% 降至 29%）。当受访者的教育程度被考虑在内时，同样的情形再次出现：接受过大学教育的受访者政治参与水平保持一致（两年均为 51%），然而受过高中教育的受访者的政治参与下降了（从 36% 降到 30%），受教育程度未达高中的同比降低 6 个百分点（从 23% 将降至 17%）。投票率的差异更为明显：1964～1992 年间，那些没有高中文凭者的投票率下降 33 个百分点；高中毕业者中下降 26 个百分点；相比之下，大学毕业者仅下降 8 个百分点。[1] 类似情形早已出现在美国边缘人口的社团参与问题上。另有证据表明，选举投票率的某些下降可能是所谓邻里效应的某种副作用，这种邻里效应因高度关注特定社区的失业、犯罪及其他社会问题而抑制公民参与。[2]

五 志愿活动

最后，实难以解释志愿工作参与率的下降，因为关于下降的证据仅限于

---

[1] 年龄在 25～44 岁的美国大学毕业生中，登记选民的投票率从 1964 年的 87% 下降到 1992 年的 79%，相比之下，高中生则从 76% 下降到 50%，学历低于高中者则从 60% 跌至 27%。参见 Bureau of the Census, "Voting and Registration in the Election of November ...", *Current Population Reports*, Series P – 20, Nos. 143, 293, 322, 383, 440, 453, 466, and PPL – 25. 我感谢罗伯特·帕特南将他对上述报告的总结提供给我。

[2] Sidney Verba, Kay Lehman Schlozman, and Henry E. Brady, "The Big Tilt: Participatory Inequality in America", *American Prospect*, May-June 1997, 74 – 80; Peter F. Nardulli, Jon K. Dalager, and Donald E. Greco, "Voter Turnout in U. S. Presidential Elections: An Historical View and Some Spec-ulation", *P. S. : Political Science and Politics*, 1996（29）: 480 – 490; see also William Julius Wilson, *When Work Disappears: The World of the New Urban Poor*（New York: Knopf, 1996）.

88 20世纪90年代早期的几项调查，而如我们所知，更长时段的调查已表明志愿服务呈现强劲增长。尽管如此，考察志愿工作、协会成员及社会地位之间的关系，进而推测志愿工作受其他种社会资本的同类因素影响的程度，也并非不可能之事。在1987～1993年间，由独立机构进行的四次全国性调查的数据表明，志愿活动显然更有可能在特权群体中发生，在边缘化群体中要逊色得多。相比教育水平与收入较高者以及白人，那些受教育水平、家庭收入较低者，黑人及西班牙裔美国人参与志愿活动的可能性要低一些，这些在志愿服务方面的差异在过去的一年甚至一月中都同样明显。此外，当将这些差异考虑在内，1989～1993年间总体数据的某些下降也得到解释。[1] 毋庸置疑，较之那些不属于任何协会之人，协会成员更有可能参与志愿活动，此种状况同等适用于宗教组织与其他类型的组织。更有趣的是，在涉及非宗教组织的两个调查中（1991年和1993年），这类组织的成员同等程度地参与志愿活动，而非组织成员的志愿活动量则大为下降。[2] 进一步的数据分析也表明，边缘化群体比之特权群体更无意于组织参与，而边缘化因素部分解释了组织成员身份对志愿服务的明显影响。[3]

第四节　新式社会资本？

主张大体上可以根据其下降来认识美国社会资本的观点受到了批评，批评者认为，在趋势评估中，社团与公民参与的新形式可能被忽略了，这不过是因为在早期研究初登舞台之时，这些形式还未出现。举例而言，早期的研究并不包括关于援助性团体或利用电子通信技术的问题——这些社会资本形式在当时尚未存在或不像现在这般广泛应用。之所以要认真对待上述有关社会资本新形式的观点，其关键在于预估趋势的许多调查问题仍取自20世纪50年代和60年代的研究。更重要的是，美国志愿协会的历史一直以组织类型的推陈出新为标

〔1〕　Virginia A. Hodgkinson and Murray Weitzman, *Giving and Volunteering*, 1994 (Washington, D. C.: Independent Sector, 1994), Table 1. 10, 41.

〔2〕　Virginia A. Hodgkinson and Murray Weitzman, *Giving and Volunteering*, 1994 (Washington, D. C.: Independent Sector, 1994), Figures 1. 20 and 1. 21, 34.

〔3〕　对于1993年数据（N=1509）的逻辑回归分析显示，当受教育水平、种族、性别被限定后，关于组织成员投身志愿工作的EXP（B）系数从4.77降至3.89。在那些学历低于高中之人中，只有16%属于某个非宗教组织，相比之下，高中毕业生中有40%，大学肄业者为43%，大学毕业生为65%；黑人与白人中各自所占比例为17%与40%。

志，其中有许多组织只是昙花一现（但意义重大）。[1] 举例而言，19 世纪 30 年 89
代，众多乐施协会应运而生，并在城市中如雨后春笋般涌现，结果在半个世纪
后却被所谓的慈善组织、社会服务所及农业殖民运动取代。[2] 同样，美国宗教
史一直被描述成一场你死我活的争斗，例如在 20 世纪 40 年代所谓的大众教派
（卫理公会和浸信会）与节节退败的东海岸教派（圣公会、长老会）针锋相对，
19 世纪末"教会派"和"新型教派"尖锐对立，以及 20 世纪教派间的分裂与
合并起起伏伏。[3] 在众多社区，互助会社和志愿消防公司早已被人寿保险公司
和专业消防队员所取代，而族裔协会（如 Landsmanschaftn[4]）在第二代和第三
代美国人中已不再发挥在移民和第一代美国人中所起的重要功能（但在某些地
方，韩国教会和拉美裔圣灵降临教派仍旧盛行）。[5] 当然，现在颓势尽显的工
会运动在 20 世纪 30 年代的美国是一个冉冉升起的新式社会资本，而它在 19 世
纪 80 年代设计的调查问题中很可能一直被忽视。

　　总体社会调查（GSS）关于志愿协会的列表本意是要无所不包，这尤其体
现于它包含了"其他"这个选项。然而这已得到很好的证明，在调查研究中对
"其他"选项很难随着特定类别的出现而做出周全的回答。通过将总体社会调查
（GSS）列表与 1990 年对登记在册的选民进行的一项可比调查进行对比，我们可
以发现总体社会调查（GSS）列表可能忽略之事的迹象。比较显示，27% 的受访
者属于"企业或公民团体"，15% 属于"社区中心"，18% 属于"邻里改善协
会"，15% 属于"事件或行动应对团体"。[6] 所有这些成员身份很可能在总体社

〔1〕 参见本书西达·斯考切波所撰章节。

〔2〕 关于慈善团体，参见 Richard Lee Rogers, "A Testimony to the Whole World: Evangelicalism and
Millennialism in the Northeastern United States, 1790 – 1850", Ph. D. dissertation, Department of
Sociology, Princeton University, 1996；关于社会服务所和土地殖民（land colonies），参见
Diane Winston, "Boozers, Brass Bands, and Hallelujah Lassies: A History of the Salvation Army",
Ph. D. dissertation, Department of Religion, Princeton University, 1996；亦可参见 Robert Wiebe,
The Search for Order, 1877 – 1920（New York: Hill and Wang, 1967），and Robert H. Bremner,
American Philanthropy, 2nd ed.（Chicago: University of Chicago Press, 1960）。

〔3〕 Roger Finke and Rodney Stark, *The Churching of America*, 1776 – 1990: *Winners and Losers in Our
Religious Economy*（New Brunswick, NJ: Rutgers University Press, 1992）；Robert C. Liebman,
John Sutton, and Robert Wuthnow, "Exploring the Social Sources of Denominationalism: Schisms in
American Protestant Denominations, 1890 – 1980", *American Sociological Review*, 1988（53）:
343 – 352.

〔4〕 Landsmanschaft（复数 Landsmanschaftn）为自欧洲移民至美国的犹太人提供帮助的社
团。——译者注

〔5〕 美国芝加哥伊利诺伊大学的 R. Stephen Warner 专注于新移民教会发展的研究。

〔6〕 *American at the Crossroads: A National Energy Strategy Poll*（Washington, D. C.: Alliance to Save
Energy and Union of Concerned Scientists, 1990）。这是一项对 1200 名已登记选民的调查。

会调查（GSS）的归类中都被忽略了。

在趋势评估中被遗漏的诸多组织可能引致的后果在 1981 年与 1990 年的世界价值观调查中呈现出来。[1] 严格而言，这两次世界价值观调查所包含的类别并不具可比性，但是它们所覆盖的成员种类的确远大于总体社会调查（GSS）——除了工会、专业社团、教会附属团体外，还包括人权组织和环保团体等。囊括更广泛的组织类型表明参与某种组织的美国公众要远多于总体社会调查（GSS）所显示的数据（1990 年是 82%，而不是 68%）。另外，社团参与在此期间的比例实际呈上升趋势（从 73% 到 82%）。[2]

沿用 25 年前调查所设计的问题可能会忽略新兴团体，这种忽略的另一种间接表现来自 1992 年的一个调查，这项调查让女性受访者选择她们最有可能加入的组织类型。虽然多数女性选择了传统组织（选宗教团体的有 22%、社区团体的有 20%、家长协会的有 16%），但仍有三分之一选择了其他类型，比如自助组织（14%）、社会变革组织（10%）或女性社团（9%）。[3]

一个相关问题是必须处理全国性组织成员数据的重要性和有效性。例如，当数据取自家长—教师协会（PTA）全国总部时，家长—教师协会会员似乎急剧下降（从 1960 年每 100 名学童中的 30 多位降至 1992 年的约 15 位）。[4] 然而，如此显著的下降可能为下述事实部分抵消：其他类型的家长组织并未在这些数字中有所显现。例如在 1993 年的家长—教师协会全国性调查中，仅有 35% 学龄儿童的父母声称是家长—教师协会成员，但另 22% 的家长属于各家长—教师组织（PTO）成员，12% 属于后援俱乐部，还有 15% 是其他家长团体的成员。[5] 同样，从特定的公民服务组织如狮子会和青年商会得来的会员数据也表明社会资本在下降。[6] 然而在既特别指出这些特定组织又允许受访者计入其所参与的类似组织的调查中，参与率的下降并不明显。例如，1960 年的全国民意调查显示，问及"如狮子会、交换会、扶轮社、基瓦尼斯等服务俱乐部"时发现仅 4% 的美国人是其成员，而 1986 年的一项调查显示，当问到"参加如扶轮

---

[1] Ronald Inglehart, *Culture Shift in Advanced Industrial Society* (Princeton: Princeton University Press, 1990).

[2] World Values Surveys, 1981, 1990；详细信息在"民情在线"（Public Opinion Online）上获得。

[3] "Women's Voices"，这是一项由 Greenberg-Lake Analysis Group 在 1992 年 6 月为 MS 妇女基金会以及政策选择中心做的一项全国性研究，在"民情在线"可以获得。

[4] Putnam, "Bowling Alone", Figure 8.

[5] Third PTA National Education Survey, June 1993；Public Opinion Online.

[6] Putnam, "Bowling Alone", Figure 9.

社或基瓦尼斯这类的公民俱乐部"时，有11％的公众承认是其成员。[1] 这样的数据自然无法确定地显示替代性组织已经形成，但值得庆幸的是至少存在这种可能性。

当然，特别是当新奇之物作为产生社会交际方式的重要意义未得以证明时，并不是任何一个自诩为"社团"（抑或社区或街坊）的事物都应被视为社会资本的一种可行的形式。例如，邻里监督组织在过去的25年里增长显著，这至少可从一份1984年的调查结果中判断出来：42％的受调查公众称邻里监督计划已经在他们的社区中确立了。[2] 然而，正如罗伯特·帕特南所言，这些组织可能只相当于"一种社会学意义上的阿斯特罗特夫牌尼龙草皮，仅仅适用在那些实在种不出真东西来的地方"。[3]

最近几十年兴起的另一种志愿协会是特殊利益社团，尤其是那些旨在捍卫特定群体在政治领域的权利的组织，比如国会黑人同盟、同性恋活动家、妇女权益组织和政治行动委员会。[4] 1960～1985年间，约1500个类似协会成立；事实上，1960～1985年，所有这类协会中约五分之四已经成型。[5] 此外，这类组织的发展已促使类似组织在社会其他领域中出现，而在此之前那些社会领域仅围绕各自不同的轴心运作。例如，在宗教方面，截止到1985年，约800个全国性专项联合组织已经出现。这一数据堪比教派的总数，而且这些组织总体上带动了至少三分之一人口的参与。[6]

其中一些较大的特殊利益社团甚至吸引了相当可观的会员数，例如美国退休人员协会估计大约拥有20％的成年公民。然而指出诸多类似组织在提升社会资本方面的作用甚微，这一点很重要，因为作为它们的会员可能仅仅意味着每年寄一张支票并收到一份很少被阅读的刊物作为回报。[7]

91

---

〔1〕 盖洛普（1960.3.7）；民情在线（1989.4.7），一项由海外互动与发展委员会组织对2427名受访者进行的全国性调查。

〔2〕 Public Opinion Online（April 6, 1989）.

〔3〕 Putnam, "Tuning In, Tunning Out", Footnote 8.

〔4〕 Jack L. Walker, "The Origins and Maintenance of Interest Groups in America", *American Political Science Review*, 1983（77）：390 – 406；and Kay Lehman Schlozman and John T. Tierney, *Organized Interests and American Democracy*（New York：Harper and Row, 1986）.

〔5〕 Wuthnow, *The Restructuring of American Religion*, 112.

〔6〕 Wuthnow, *The Restructuring of American Religion*, 140.

〔7〕 人们也存在疑问，表1是否考虑人们在这些协会中是真正参加了集会，还是仅仅挂了个名。关于相类似的组织名单，Verba、Scholzman & Brady 的 Voice and Equality 中第63页的论述显示，约65％的成员声称他们参与集会；这一数据从老兵团体的16％到文学或艺术小组的72％不等。

同样，一项特殊的利益——所谓的宗教权利——在过去 15 年间吸引了大量的媒体关注，因而需仔细加以分析。这类特殊组织如基督教联盟（由电视牧师帕特·罗伯逊领导）已然发展壮大（从 1992 年到 1994 年间，基督教联盟的会员数从 50 万攀升至近 150 万）[1] 然而，自 20 世纪 70 年代中期以来进行的调查则展现了别样的情形：那些将自己定位为"重生"基督徒、宗教"保守主义者"或自认相信《圣经》字面解释的美国人在整体比例上增长寥寥或根本没有增长。事实上，在过去很长一段时间内，圣经直译主义下滑明显。[2] 然而，相关研究提供的强有力证据表明，在 1973 年前保守派或福音派基督徒在投票率和政治参与方面一直低于平均水平，在 1973 年之后他们在这些方面才变得更具公民积极性，这尤其体现在吉米·卡特和罗纳德·里根的总统竞选过程中。[3]

在最近几十年的多样化发展中，小型援助性社团也许是一种更重要的资本建设机制。其中包括许多宗教团体，如家庭《圣经》学习小组、祷告基金会、家庭教会、心理治疗小组、各类自助团体和十二步组织（如匿名戒酒互助社）及起辅助功能的其他类型组织如读书讨论小组和业余爱好小组。尽管其中部分团体可能已经为总体社会调查（GSS）中关于志愿协会成员的一些问题所涉及，但仍有很多分散在不同的标签之下且并不认为自己是"组织"，或者除非特别提及，否则在调查中根本不会引起注意。国家领导人的趣闻逸事为研究这些团体提供了材料，而书店数量的增加加速了材料的传播，以这些趣闻逸事作为证据给人们造成了一种印象，即这种团体飞速增长，且历史研究也显示，当中的众多团体只有在 20 世纪 60 年代晚期和 70 年代早期才开始形成。[4]

另有统计证据表明：一些援助性团体的会员显著增长。十二步组织包括任一使用或追随著名的十二步治疗方案以求康复的组织。匿名戒酒互助社正是建基于该治疗方案，旗下包括戒酒家庭互助会（Al-Anon）、成年子女戒酒互助会

〔1〕 Mary Beth Regan and Richard S. Dunham, "Gimme That Old-Time Marketing", *Business Week*, November 6, 1995, 76 – 78.

〔2〕 Paul DiMaggio, John Evans, and Bethany Bryson, "Have Americans' Social Attitudes Become More Polarized?", working paper, Department of Sociology, Princeton University, 1995; Robert Wuthnow, "The Restructuring of American Religion: Further Evidence", working paper, Department of Sociology, Princeton University, 1994; 关于《圣经》直译主义的下降，参见 A. Wuthnow, *Christianity and Civil Society*.

〔3〕 Robert Wuthnow, "The Political Rebirth of American Evangelicals", in Robert C. Liebman and Robert Wuthnow, eds., *The New Christian Right* (New York: Aldine, 1983), 167 – 185.

〔4〕 Kurt W. Back, *Beyond Words: The Story of Sensitivity Training and the Encounter Movement*, 2nd ed. (New Brunswick, N. J.: Transaction Books, 1987).

（ACOA）、父母嗜酒青少年互助会（Alateen）及匿名戒赌互助会。这些十二步组织必须经由官方注册，并定期向匿名戒酒互助社总务委员会提供相关会见出勤的信息。匿名戒酒互助社本身的（建立于1935年，直到在20世纪50年代才席卷全国）会员数从1979年约44万5千人增长到1989年约98万人，随后在1992年达到了1127471人。[1] 十二步组织平均拥有约20～25位周周参与的固定成员，而且近年来各种这一类型社团也渐趋专业化。戒酒家庭互助会成立于1951年，其下属组织从1981年的1500个增加到1990年的1900个（成员约为50万）。同年，成年子女戒酒互助会团体约有1300个，而1982年之前全都尚未出现。[2]

美国现有50所州立自助资料交换中心，旨在对地方自助组织名单进行年度更新，并详细记录这些组织的会员数、目标宗旨及具体活动。而由这50所资料交换中心编纂的数据预见将会发生一场更大规模的自助运动，包括成立丧失亲人者组织、残疾人及病友协会、父母协会、家庭暴力及犯罪的受害者协会。1976年，全国范围内所有上述组织的会员数为500万～800万；1988年，可比数据达到了1200万～1500万。[3] 预估自助组织不断增长的另一途径就是将1984年哈里斯（Harris）民意调查的结果与最近的结果相比较。在1984年的研究中，当问到"你现在是否正参与互助自救组织以求帮助自己处理某个特定问题或解决日常生活困难"时，只有3%的成年公众给出肯定回答。相比之下，1992年盖洛普调查发现，10%的公众参与了"会定期会面并为其成员提供互帮互助的小型组织"，他们将之称作"自助小组"。[4] 虽然这些问题严格来说并不具有可比性，但它们却与其他来源得到的估计保持了一致。

此外，剖面数据表明，小型援助性组织成员中的相当一部分隶属于所谓的《圣经》学习小组或祷告小组。这类组织往往在家中或教堂中会面，多数情况下并不正式，它们可能属于也可能不属于教会活动的正式组成部分。关于《圣经》学习小组直接可比性的调研未能在不同的年份坚持进行，但下述比较是相对准确的：1982年只

---

〔1〕 Mary C. Dufour and Kathryn G. Ingle, "Twenty-five Years of Alcohol Epidemiology", *Alcohol Health and Research World*, 1995（19）：77–78；Bill Marvel, "Religion of Sobriety", *Dallas Morning News*, June 10, 1995, 1C.

〔2〕 Katy Butler, "Adult Children of Alcoholics", *San Francisco Chronicle*, February 20, 1990, D7；Sara Wuthnow, "Working the ACOA Program", in Robert Wuthnow, ed., "*I Come Away Stronger*"：*How Small Groups Are Shaping American Religion*（Grand Rapids, MI：Eerdmans, 1994），179–204.

〔3〕 "News Summary", *New York Times*, July 16, 1988, 1.

〔4〕 Robert Wuthnow, *Sharing the Journey*（New York：Free Press, 1994），ch. 3.

有 19% 的公众参与《圣经》学习小组，而到 1994 年，这一数字已上升到 33%。[1]

志愿者工作是社会资本形式改变颇为明显的另一个领域。例如，红十字会志愿者的数量就表明公民参与正在下降。[2] 但这种下降可能部分是志愿者注意力向其他活动转移的结果（鉴于下述事实尤为如此：除过去的几年外，总体的志愿活动一直在增长）。举例而言，救世军志愿者的数量在 1987 年为 110 万，1991 年增加到 125 万，1995 年达到 170 万。[3] 更有甚者，仁爱之家组建于 1976 年，在头 10 年间，志愿者每年捐建约 1000 所房屋，而至 1991 年房屋建设数量达 1 万所，1994 年增至 3 万所。[4] 通过现有机构征募志愿者的新方式也层出不穷。例如，1985 年有 27% 的高中学生就读于鼓励社区服务的学校，到 1992 年这个数字增长至 55%。[5]

另一个不容忽视的变化就是人际关系特征的转变。如果"社区"像街坊一样是根据地理区域进行界定的话，那么社区内部的社会交往在最近几十年间的萎缩可谓一目了然。举例而言，总体社会调查（GSS）结果显示，在 1974 年有 72% 的美国人每年至少要参加一次拜访邻里的社交晚宴，但在 1991 年这个数字下降到 62%；频繁往来（拜访次数至少每月一次）同时也在下滑（从 61% 到 50%）。[6] 但是，在总体社会调查（GSS）中紧随其后问到的是与街坊之外朋友的社交晚宴；此处，在上述两个时间段内，分别有 81% 和 82% 的受访者每年至

---

〔1〕 1982 年盖洛普公司对 1483 位受访者实施了调研，问题是"如果有的话，你参与了上述哪种组织……包括《圣经》学习团体吗？"1994 年普林斯顿调研协会为《时代镜报》做了一次调研，受访者近 3800 名；它问道，"如果有的话，请告诉我你个人参与了下述哪种活动？……你参加《圣经》学习或祷告小组吗？"上述问题在民情在线网均可看到。近来的数据比早先研究涵盖范围更广一些；然而，我对于小型组织的研究显示将其组织描述为《圣经》学习小组的人中有超过 90% 的亦将其组织描述为祷告小组。

〔2〕 Putnam, "Bowling Alone", Figure 9.

〔3〕 Public Relations Office, National Headquarters, Salvation Army.

〔4〕 Christopher Oleson, "*Homesteading and Neighborhood Restoration Act*", FDCH Congressional Hearings Summaries, May 25, 1995。在 1995 年，仁爱之家在 1148 个城市拥有了自己的分会，据称平均每月增长 8～15 个分会。

〔5〕 F. M. Newmann and R. A. Rutter, "A Profile of High School Community Service Programs", *Educational Leadership*, December 1985, 65 – 71；Virginia A. Hodgkinson and Murray S. Weitzman, *Volunteering and Giving Among American Teenagers 12 to 17 Years of Age*: *Findings from a National Survey*, 1992 (Washington, DC: Independent Sector, 1992), 71；亦可参见 National Center for Educational Statistics, "Community Service Performed by High School Seniors", *Education Policy Issues*, October 1995, NCES – 94 – 743, 其中表明 15% 的高中高年级学生声称他们被要求参与社区服务。独立机构报道显示参与志愿工作的美国青少年比例从 1989 年的 58% 上升至 1991 年的 61%。

〔6〕 关于所有时段，参见 Putnam, "Bowling Alone", Figure 11。

少要参与一次这样的活动，而至少每月一次的比例实际上也略为上升（从63%　94
到67%）。[1] 对比上述两种活动也可以发现，1974年邻里间的交往与邻里外的
交往相对持平，但到1991年，天平已明显倾向了后者。[2]

在全国民意调查中，这一转变将持续下去的可能性同样十分明显。例如，
1991年的巴纳（Barna）民调中有这样一题，"如果你想结交新朋友，最有可能
在哪里找到这样的人呢？"结果发现，只有12%的美国人回答在自己的街区，
45%的人说在工作场所，49%的回答在教堂，18%的认为在学校，20%的情系
社交或运动俱乐部，另有18%的回答社区组织。[3]

我们还必须考虑除面对面来往之外的其他维持个人社会关系的手段。当社会
资本不可避免地要集中于地方社区，电话联系使得人们有可能跨越距离而寻求建
议、给出意见、讨论政治及分享信息。[4] 其实电话被纳入考虑之前，其使用所影
响的大多数方面就已然存在，甚至过去几十年间，早有证据表明人们以电话进行
沟通意义上的社会资本在持续增加。举例而言，1977～1987年间，在过去的一月
中至少打一次长途电话的人口比例（超过100英里外）从57%上升至68%。[5]
电话联系作为一种社会资本的重要性在一次全国性调研中更是显露无遗，这次
调研表明，56%的公众表示，前一天跟自己的亲戚朋友打电话只是为了聊
天。[6] 在这次研究中，还有24%的美国人自称已配备汽车电话或移动电话。

同一调查还显示出大众媒体作为了解社会热点及其他国家大事的途径是何等
普遍。三分之二的美国人有经常看日报的习惯，在调查的前一天读报之人有52%，
而在前一天收看电视新闻的则占64%。在这些人中，82%至少收看30分钟，而
40%只关注新闻节目。[7] 另有证据表明，与经常性读报不同，看电视的时间延
长会挫伤公民参与，而读报者的数量正在减少。[8] 然而，从该研究明显得知，

---

〔1〕 GSS调查数据也显示在与亲戚共享晚宴的几率上并无变化：在1974年与1991年至少一年一
次的比例均为89%，而每月一次的比例分别为73%与72%。

〔2〕 亦可参见 Claude S. Fischer, *To Dwell among Friends*：*Personal Networks in Town and City*
（Chicago：University of Chicago Press, 1982）。

〔3〕 Public Opinion Online, October 2, 1992.

〔4〕 Claude S. Fischer, *America Calling*：*A Social History of the Telephone to* 1940（Berkeley：University
of California Press, 1992）。

〔5〕 在1987年进行的一次洛玻民意测验，来自民情在线。

〔6〕 Technology and Online Use Survey, Princeton Survey Research Associates, October 16, 1995; N =
3603.

〔7〕 Technology and Online Use Survey, Princeton Survey Research Associates, October 16, 1995; N =
3603.

〔8〕 Putnam, "Tuning In".

电视也是美国人了解新闻的重要手段。越来越多的人会在电视机前一坐就是几小时，除了看电视之外什么也不做，这一直被视为电视的一大隐患，但就这种担忧来讲，需要看到是否有越来越多的美国人正将一天中的大部分时间用于看电视仍不完全清楚。例如，1964 年的一项全国性调查发现，19% 的人每天看电视 4 小时或 4 小时以上；1982～1993 年间，同样出自全国性调查的类似数据只有 20%～23%。[1] 也需要注意一个众所周知的事实：许多人喜欢整日（整夜）地开着电视，他们实际上并不看；举例而言，一项 1993 年的调查显示，23% 的人每天实打实地看 4 小时或更长时间的电视，但是 59% 的人却只让电视开了那么久或更久。

同一研究还表明，计算机技术让一些美国人获得了维持社会关系的新方法。在所有成年劳动力中，有 62% 的至少偶尔在工作中使用电脑，而在求学成年人中则占到 75%。就全国范围来讲，36% 的美国人拥有个人电脑，而 30% 的成年人拥有一台个人电脑且至少每隔几周使用一次。[2] 当然，有电脑跟用电脑与他人进行联系截然不同。然而，研究也表明，网络交际可能对至少 10% 的美国人而言已成为生活中不争的事实。例如，大约 15% 的美国人拥有带调制解调器的个人电脑；约 10% 的人在工作或学习中使用电脑浏览计算机公告栏、获取信息服务或链接互联网；9% 的人使用某种类型的在线服务。[3]

第五节　变化的后果

虽然上述各类社会资本发展趋势的复杂性使得概括性结论的得出难上加难，但证据确实预示出美国社会前途堪忧。从 1974 年至 1991 年协会会员数的下降很

---

[1] 1964 年的研究是由美国国家民意研究中心为查尔斯·格洛克的美国反犹太主义所实施；最近的调查由盖洛普公司进行，两者均可在民情在线网上查询。在 70 年代作为总体社会调查一部分的某些调查显示出更高的电视观看率，但这可能是缘于回答类型的差异。但总体社会调查其实未能显示电视收看率的上升，下述事实可以作为印证：1974 年 34% 的人每天看电视 4 小时及以上，而 1991 年只有 32%。

[2] 参见"技术与上网使用调查"（Technology and Online Use Survey）。近年来个人电脑市场发展迅速，不过 35% 的个人电脑拥有者有电脑不过两年。

[3] 同上。研究也显示，在所有上网用户中，45% 的人"通过网络论坛、讨论列表或聊天群与他人交流"；只有 19% 的人上网打游戏；44% 的人上网获取关于兴趣爱好、娱乐休闲及社区活动的相关信息；10% 的只为参与政治讨论。除此之外，在所有的上网用户中，23% 每日都接收电邮，15% 每周有 3～5 天，15% 每周中有 1～2 天，12% 每几周才看一次，7% 很少通过网络互通邮件，28% 则彻底不用。83% 声称他们使用电子邮件与亲友联系；而电子邮件的用户中，59% 的认为现在他们在使用电邮后与亲友联系更为频繁；所有网络用户中，23% 声称他们结交了未曾谋面的网友。

可能对其他可取的社会特征造成消极影响，特别是这种下降在社会边缘群体中表现得最为严重。就志愿活动仍受到协会会员们的支持而言，会员数量下降可能尤其令人痛心。大多数的志愿活动旨在解决严重的社会问题，其中一部分（无论由特权群体还是边缘化群体做出）直指低收入地区或劣势群体的需求。[1]

　　任何对协会会员下降后果的考虑还必须顾及这种社会资本的情境效应。举一个广为引用的例子，调查发现，与不参加礼拜之人比邻而居的青少年比那些与礼拜者比邻而居的青少年在学校里往往表现更好，当然，这些青少年自身家庭的特别之处需首先纳入考虑。[2] 另一个对 20 所高中的学生进行的纵向研究说明了一种不同的情境效应，该研究发现，当社会资本体现为积极参与有长辈在场的课外活动这种形式时，个人的冒险行为（酗酒、吸烟、使用违禁药物和性行为）就会减少。[3] 另一例是，那些与教会成员结交朋友的高中生更有可能参与社区服务活动，当然这也要考虑他们自己或者他们的父母是不是教会成员。[4]

　　当一个人的邻居、同学或朋友属于教会成员或其他参与课外活动的可能性出现任何下降时，自然，上述情境效应便会由于这种可能性的降低而随之减少。然而，情境效应还表明社会资本会促进他人的利益。从消极意义上讲，它可能使一些人成为"搭便车者"，这些人自己实际并未参与组织生活却享有因此而来的非常规好处。然而，换一个角度来看，这种情境效应也预示着一个相对健康的社会得以存在并不需要每一个人都参与到组织生活中来。某些人可能无意花时间做礼拜，但只要仍有足够多的人在这样做，可能就足以将这种社会资本的好处传递给他人。

　　那么必须要问的问题就是多少才算"足够"，以及就此而言，是否有可能对社会资本投资过剩呢？多数成年人似乎并不隶属于许多组织（甚至在美国亦如此，在美国，参与社团已成常态，相对其他国家程度也更高），这一事实无疑已揭露出上述可能性。事实上，［依据总体社会调查（GSS）的数据］属于三个以上组织的男性不足五分之一，而女性则不足七分之一。而且，就其他公民物品

〔1〕　参见 A Measure of Commitment（Washington, D. C.：Points of Light Foundation, 1995）. 1994 年全国调查的简报显示，在全部志愿活动中，有 85% 旨在解决严重的社会问题，其中最主要的项目是帮助老人、儿童及残疾人；该调查中，目前正在参与上述志愿活动者中，高中教育水平及之下的人占到 24%，相比之下，大学毕业者占到 57%。

〔2〕　Cited in Putnam, "Bowling Alone".

〔3〕　Colleen M. McBride, Susan J. Curry, Allen Cheadle, Carolyn Anderman, Edward H. Wagner, and Bruce Psaty, "School-Level Application of a Social Bonding Model to Adolescent Risk-Taking Behavior", Journal of School Health, 1995（65）：63 – 75.

〔4〕　参见我对于 1991 年全国青少年调查的分析，该调查在拙作 Learning to Care：Elementary Kindness in an Age of Indifference（New York：Oxford University Press, 1995）中得到阐述。

而言，组织会员身份越多，边际收益越少。例如无论对男性还是女性而言，隶属于一个组织之人远比不参与任何组织的人投票率高，但更多的会员身份对女性（投票率）无所助益，加入两个以上的组织对男士而言也帮助寥寥[1]

除了上述下降的后果外，我们也必须考虑近年来新增社会资本的可能影响。在这些新兴种类中，网络互动（通过使用电脑网络、电子邮件及在线服务）是一直备受争议的问题之一。支持者认为，网络互动通过降低面对面或使用私人电话的费用及不便而促进了更广泛的交流。批评者则提出大量疑虑：社区摆脱了地域限制，因而网络互动颠覆和挑战区域政府的观念；选择空间变大，人们不必再被迫聆听和面对观点相左之人，而可以只与心意相通者交流；人们可能会更沉溺于虚拟现实，而逃避社区的真实生活；虽然益处颇多，但使用（网络互动）的总人数依然很少；就公民和民选官员通过互联网和电子邮件的沟通来看，政客们往往因政事缠身而无法回复，因而公民也仅是被动接收信息而不能尽兴交流；另外，网络公共论坛可能为极端分子提供言论平台[2]。很明显，网络互动仍处在其发展历程的最初期阶段，需进一步关注其在未来的发展走向。

来自小型援助性组织的证据则更为明了。尽管观察家们担心这些组织的同质性、随意性和自利性，但调查表明，这些小型组织的成员参与热情高涨。他们能在仅仅数年的时间里与组织其他成员培养出亲密的感情；他们讨论的话题十分广泛（涉及各类公民事宜和政治问题）；即使将礼拜频率、年龄、受教育程度及性别等的差异考虑在内，他们参与其他志愿活动及社区服务工作的可能性也高于平均水平[3]。然而，同样不能忽视这样一种可能性，即不同类型的小型组织对于上述社群活动的助益可能不尽相同。

表2-8使用了1992年小型组织调查的国家数据评估这些组织成分的变化对其他类型公民参与可能具有的积极或消极影响。因为各个组织会被贴上许多相互重叠的标签，而受访者在调查中被要求指出他们所属组织（如果他们身处一个以上的组织，则只关注当前对他们最重要的组织）是否适用于调查所列的各类标签。这些标签分别是"主日学校""《圣经》学习小组""自助组织""匿名组织"以及"特殊利益集团"。通过比较受访者的回答（参见表格中的纵向比较），有可能

[1] 举例而言，1991年的总体社会调查显示，拥有不同会员身份的女性参与1988年总统选举投票的比例：无会员身份者为49%，参与一个协会者为71%，拥有双重会员身份者为77%，三重会员身份者为85%，参与四个以上协会的女性为80%；相应的男性比例为53%、65%、77%、80%及86%。

[2] 关于上述问题的综述参见 James M. Pethokoukis, "Will Internet Change Politics?" *Investor's Business Daily*, November 15, 1995, A1。

[3] Wuthnow, *Sharing the Journey*, ch. 11.

观察出不同种类的组织对公民参与是否具有的不同影响。在调查所包含的所有项 98
中，与公民参与关系最为直接的三项指标即社区志愿工作、对社会与政治话题更
感兴趣以及对政治集会或竞选的参与。[1] 根据受访者对前述问题的回答，在表
格的底部有一个分类，组织成员又被划为四类（相互排斥）：分别属于"主日学
校""《圣经》学习小组""自助组织"及"特殊利益集团"。[2]

表 2-8　小群体类型的公民参与

	社会志愿服务(%)	对社会问题感兴趣(%)	参与政治活动(%)	总数
（是否在下面的团体中）				
主日学校				
是	46	45	13	(274)
否	44	42	12	(709)
圣经学习小组				
是	42	42	11	(445)
否	46	44	14	(542)
自助组织				
是	49	51	12	(268)
否	42	40	12	(704)
匿名组织				
是	35	44	11	(83)
否	45	43	12	(888)
特殊利益集团				
是	52	48	15	(458)
否	37	38	10	(522)
类型				
主日学校	46	45	13	(261)
《圣经》学习小组	35	37	7	(200)
自助组织	40	48	15	(152)
特殊利益集团	50	42	14	(352)

　　资料来源：Wuthnow, Small Groups Survey, 1992；问题（只问团体成员）："作为这个团体的成员，
结果你是否变得更愿参与你社区的志愿工作，是否变得对社会或政治议题更感兴趣，更愿参加政治集
会或为竞选工作？"

[1] 这种自我报告式的问题并不完全令人满意，但此处相关的比较仅限于某类小型组织的成员，
因此能对于上述问题存在相似的态度。

[2] 如果人们声称其组织可适用于"主日学校"的标签，那么就会将这些人归于主日学校这一
类中（因为主日学校课程在传统与风格方面与其他类组织都十分不同）；然后再分配剩余组
织成员，首先是《圣经》学习小组（因为任一组织的首要关注是学习《圣经》将会归于这
一类）；再者是自助组织；剩余的归于特殊利益团体。这种分类我曾详尽比较与验证，参见
拙作 Sharing the Journey。

在表格的上半部分可以看到，相对于不涉及"主日学校"这一标签的组织成员而言，加入该类组织可稍许促进所列的三种公民参与；与此相反，在投身公民活动上，《圣经》学习小组成员的参与可能性相较于其他人略微低些；相较于其他组织成员，自助组织的成员则更有兴趣参与志愿工作及关注社会问题（但在政治参与方面并无区别）；比之于其他人，匿名组织的成员在投身志愿活动方面的可能性最小（但在其他两方面并无不同）；特殊利益集团成员则相对最有可能参与到上述所有三方面中。

在表格的下半部分，各类组织成员被划入非此即彼的组织类别中。相比主日学校与自助组织成员，加入《圣经》学习小组之人参与三项公民项目的几率明显低一些；自助组织成员在参加志愿服务上比主日学校成员稍逊一筹（尽管在其余两项中，两者表现相差无几）；特殊利益集团成员参加志愿服务的可能性最大，但对社会问题的兴趣仍显略低。综上而言，上述两种比较不同组织类型的方法可谓相互印证：在宗教团体中，相比《圣经》学习小组，主日学校在推动公民参与方面表现稍好些；在非宗教团体中，自助组织和特殊利益集团两者似乎均提高了公民参与，但没有一个表现出明显的倾向性；而在上述数据中，匿名组织成员相对较少，但显然其公民倾向性看起来要低得多，至少社区志愿服务方面是这样的。[1]

从上述数据推测，如果小型组织构成成分以当前趋势继续发展，那么它将会对公民参与造成负面影响。具体而言，从参与主日学校课程到加入《圣经》学习小组的转化——一些观察家确信上述情形正在发生——会造成这样的负面影响。当然，需要指出的是，许多《圣经》学习小组的成员认为他们的公民参与正在增长，较之完全脱离团体成员生活，参与《圣经》学习小组应是一个积极的因素。然而，主日学校似乎比《圣经》学习小组更有利于公民参与。这个结论不仅与神职人员的访谈一致，亦与对这两类组织的种族观察相一致。《圣经》学习小组通常规模较小，同质性高，规范性低，并以成员的个人利害为动力；而主日学校的班级可能规模更大，异质性更高，也更为正式，以说教形式运作或由神职人员领导。然而，就自助组织和特殊利益集团而言，看起来它们的增长并没有明显地抑制公民参与。事实上，在这两种组织中有众多成员认为，正出于组织的原因，他们的公民参与才不断增长。匿名组织减少了社区参与，但比之其他几类，它们的数量相对较少。最后，这份资料显示，相对于动员人

---

〔1〕 当然会有些值得注意的例外，尤其对于匿名组织会员捐助的受益者而言更是如此，会员的捐助已构成了某种志愿活动；相关例证可参见拙作 *Acts of Compassion* 中的典型人物。

们直接参与政治活动，小型组织在产生志愿服务和帮扶贫弱这种一对一的努力方面更为有效。当然，虑及数据的有限性，上述结论必须看作是尝试性的。

与上文关于边缘化因素对社会资本影响的讨论相一致，这里也应虑及一个更为严肃的问题：这些新兴的社会交际方式，如援助性社团和电子通信是否也会造成社会资本的不平等分配。显而易见，如电子邮件与计算机网络等新兴媒介根据人们的职业类型、教育及收入水平而高度分层，而只要频繁的技术革新仍需投入大量的时间和金钱，这种状况就可能一直持续下去。

就此而言，援助性组织无疑是更有趣的现象。一方面，该类组织几乎不需要花费金钱；帮助有特殊需要之人通常正是它们的宗旨；援助性组织的成员事实上分布非常均匀，在当前主要的人口群体中都存在一定数量的成员。另一方面，人们加入这些小型组织是因为他们已与该组织的人际网络早有接触，正是这些人邀请他们入会，并使他们感觉宾至如归；这些组织旨在满足人们精神和情感的需求而不是物质与经济的需求；它需要一定程度的文化资本，例如懂得如何在一个二三十人规模的组织中讲话，从而让组织成员感觉在这样的组织中倍感舒适。

事实上有证据证明，援助性团体属于社会资本从边缘化群体大规模撤出这一趋势的一部分，而不是它的矫正之方。相关证据取自对小型组织成员辍学率的比较，并考虑到这些人所属社会经济阶层（底层、中层还是高层）。具体而言，在学历低于高中者中，有50%的人曾在成年后在小型组织中待过一段时间，但现在已经退出；而在那些拥有高中学历的人中，这一数字仅为46%，大学肄业者为36%，大学毕业者为28%，拥有研究生文凭的人则是25%。[1]

当然，这种情形不限于援助性团体。在另一个全国性调查中相似情形再次出现。在该调查中，受访者被问及他们年轻时是否"属于某青年组织或类似团体"，另外还有其他一系列有关成年成员目前在志愿协会当中的成员身份（列举了九大类）。在那些曾经参与青年组织的人当中，目前参加任何一种志愿协会的人的学历低于高中者仅占20%，相比之下，拥有高中学历者占到33%，大学肄业者为48%，大学毕业生为73%。51%的白人契合上述情形，相比之下，黑人则只有32%。[2]

在小型组织调查当中，关于"为什么受教育水平越低者退出志愿组织的可能性越大"有一条明显的线索。尽管小型组织当前成员中的大多数对其所属组

101

---

〔1〕　参见我对1992年小型组织调查的分析。非洲裔美国人的辍学率为50%，相比之下，白人仅为37%。

〔2〕　The 1993 Independent Sector Giving and Volunteering Survey, my analysis.

织表示满意，但相比高学历成员，受教育水平越低的人对组织的满意度也越低。具体而言，学历低于高中者有 21% 表示他们觉得"自己并不是很适应"，相比之下，大学毕业者中仅有 9% 如此表态。另一线索来自一项针对非政治组织参与的全国性研究，该研究发现相比高收入成员，低收入成员更不可能通过参与上述组织来学习公民技巧。[1]

结　论

在过去 20 年间，美国的社会资本持续下降，其中边缘化群体占据了重要份额，他们的生活境况在此期间日益艰辛。这种下降可能要部分归咎于下述事实：为了参与政治过程，人们需要获得一种主人翁感，需要觉得自己所为确有效用；也有一部分原因在于人们为创造社会资本需要他种资源，而这不仅仅是指适当的收入、足够的安全保障（使人们敢于走出家庭）以及像儿童保育和交通运输这样的便利措施。

由于美国公民的教育水平已实现了大幅增长，新的社会资本形式应运而生，这使得流动人口及工作繁重者更容易实现参与。社交技巧能使人们在这些组织团体中游刃有余，由此而生的社交网络可能有助于相互提供专业性支持或者提升个人在社区中的威望。但是这些协会在沟通不同社会经济层级或吸收边缘人群方面却并不全然成功。[2]

上述考虑表明，在一个社会中社会资本的存量有多少只是急需解决的关键问题之一。根据跨文化的标准，美国拥有相对较高水平的协会参与和志愿活动，它很可能仍有足够的社会资本来维持民主的运转而不会丧失其有效性。由此，一个社会能够产生哪种社会资本可能是一个更重要的问题。目前，美国需要极其关注那种能够很好地沟通特权群体和边缘化群体的社会资本的创造。

---

[1]　Verba, Scholzman, and Brady, *Voice and Equality*, 319.

[2]　这一结论与 Verba、Scholzman 及 Brady 所著 *Voice and Equality* 中第 214 页所写内容相似，他们认为"参与性输入的天平明显偏离弱势群体"。

第三章

美国：从会员到倡议

西达·斯考切波

美国人向来为其民主成就深感自豪，但同时也比世界上其他人更为这些成就忧心忡忡。自 20 世纪 60 年代以来的一些变化已成为当下担忧的主题，舆论焦点集中于美国人是否正在脱离志愿社团或是否正在创造标新立异的团体。这种关注不足为奇，因为长期以来美国一直被认为是一个"参与者的国度"，就像亚瑟·施莱辛格（Arthur Schlesinger）在 1944 年一篇著名文章中所描述的[1]。如果参与志愿团体已成明日黄花，那么 20 世纪末的美国可能会遭遇一场令人担忧的巨大变化。

施莱辛格不过是在老生常谈。早在 19 世纪 30 年代，法国贵族阿列克西·德·托克维尔访问新生的美利坚合众国后就曾称，"美国人不论年龄多大，不论出于什么地位，不论志趣是什么，无不时时在组织社团……在想传播某一真理或以示范的办法感化人的时候，他们也要组织一个团体。在法国，凡是创办新的事业，都由政府出面；在英国，则由当地的权贵带头；在美国，你会看到人们一定会组织社团。"[2] 这段话已被引用了无数次。实际上，托克维尔所描述的不过就是组织者或曰"参与者的国度"罢了，《论美国的民主》一书中将志愿团体刻画为培育积极公民的学校以及平衡与政府关系的重要源泉。

托克维尔道破了美国的民主保持持久活力之事。的确，19 世纪的美国是世界上第一个实行大众选举的民主国家。到了 19 世纪 30 年代，大多数的白人男性——无论其阶级所属——均获得了投票权，而且 19 世纪的美国选民投

---

[1] Arthur M. Schlesinger Sr., "Biography of a Nation of Joiners", *American Historical Review*, 1944 (50): 1 - 25.

[2] Alexis de Tocqueville, *Democracy in America*, ed. J. P. Mayer, trans. George Lawrence [Garden City, N. Y.: Doubleday Anchor, 1969 (1835 - 1940)], 513.

票热情异常高涨。实际上，在 19 世纪大多数时间内，约 75%～90% 的具备投票资格的选民接连不断地参与一轮接一轮的地方选举、州选举及全国选举[1] 似乎是早期大众普选而非志愿社团巩固了美国在民主史册上的地位。然而在 20 世纪，参与投票的美国人远少于其他国家公民，美国的政党在动员公民参与政治过程方面也越发懒散[2] 但无论如何，志愿团体的成员身份却自始至终为数以百万计的美国人持续提供着参与社区事务及公共事务的途径。

在《公民文化》一书中，阿尔蒙德和维巴认为 1960 年前后的美国仍然是一个别具一格的参与式民主国家，不论在地方一级还是在国家一级，普通公民都高度参与公共事务[3] 通过分析德国、英国、意大利、墨西哥和美国公民的态度及自陈行为的调查数据，阿尔蒙德和维巴认为美国人深入参与志愿团体。1960 年前后的美国男性比欧洲男性更有可能拥有多重会员身份，并作为组织人员或委员会成员积极参与其中。较之其他国家的女性公民，美国女性同样更多地以会员与积极分子身份参与社团活动。阿尔蒙德和维巴总结认为：美国人对志愿社团的参与内含特殊的公民动力。

为什么会这样？阿尔蒙德和维巴推测，美国的志愿团体可能是以独特方式组织起来的[4] 但是他们未能运用态度调研的数据沿着此线继续推理下去。运用历史的、组织的和制度的证据，本章将探索《公民文化》中悬而未决的问题：美国志愿社团的特别之处是什么？它们如何培育了这一类特别且程度特殊的大众民主参与？研究这些问题并非简单的历史回顾。只有与先前的模式相比较，美国公民生活的近期变化才会凸显出来。

第一节　为什么美国的社团如此特别？

我这里要推导出的主张非常新颖，因此一开始就把它大胆提出来是有益的。从托克维尔的《论美国的民主》一直到《公民文化》的时代，美国颇具影响力

[1] Paul Kleppner, *Who Voted? The Dynamics of Electoral Turnout*, 1870 - 1980 (New York: Praeger, 1982).

[2] John H. Aldrich, *Why Parties? The Origin and Transformation of Political Parties in America* (Chicago: University of Chicago Press, 1995), part 3.

[3] Gabriel A. Almond and Sidney Verba, *The Civic Culture: Political Attitudes and Democracy in Five Nations* (Princeton: Princeton University Press, 1963), especially part Ⅱ and chapter 11.

[4] Gabriel A. Almond and Sidney Verba, *The Civic Culture: Political Attitudes and Democracy in Five Nations* (Princeton: Princeton University Press, 1963), 318 - 319.

的志愿团体均具备一种独特形式。极少有组织完全局限于某一地区，但跨地区的组织也并非均以全国总部为轴心分布。相反的，跨地区但又扎根于各地区的会员式社团（translocal but locally rooted membership associations）成为经典的公民式美国的精髓所在。道德改革促进会、农会与工会、互助服务的传统兄弟会、独立妇女团体、退伍军人组织，以及众多族群团体和非洲裔美国人协会，这些都以这种方式组织成立。从历史上看，正是成千上万面对面接洽的地方团体互相交织成为强劲的跨地区组织网络使得美国的结社主义独树一帜。其中一些组织网络与美国联邦政府的地方—州—国家的宪政结构极为相似，甚至在代议制方面也不例外。

多数典型的美国志愿组织在招募会员时不分阶层。当然也有例外，如工会只招收工薪阶级，而行业与商业社团以及其他精英团体只对特定阶层开放。但历经数十载，如今美国公民生活中的多数志愿社团已经接纳相当多的大众参与，并动员了具有不同职业及阶层背景的人参与到同一或类似的组织当中。地区俱乐部或居委会为普通会员提供了无数的领导机会，甚至不具有精英背景的人们也能借由这些组织的领导职位攀援而上成为州与国家的领导。正因为这些组织的结构及其跨阶级招募成员的状况，美国的社团成为培育民主式公民品质的学校，同时也为这一大批公民提供了积极参与并发挥民主影响力的机会。

第二节 整体情况的数据

在准备写这一章时，我的目标一直是要理解并经验性地描述志愿团体横跨美国不同历史时期的整体变化，同时审视团体变化与经济、文化、政府与政治的大规模转变之间的关系。说起来容易做起来难。任何想要摸索美国志愿社团变动规律之人都会遇到巨大的调查困难。

没有地方可以去寻找事实真相，也没有明确的数据可用以分析。同时令人沮丧的是，先前的研究均各自为营，互不关联。一些学者专注于特定社区的社团生活，另一些则跟踪研究个别组织。从这些片面研究入手着实难以揣摩出总体趋势或因果过程。所以，本章借鉴上述研究，合它们之力绘制出长时段内的社团动态。每一项单独的研究都有其局限性，但是这些研究间却能相互校准，并互补信息。

社会历史学家理查德·布朗（Richard Brown）记录了在美洲殖民地晚期及美国建国初期（从1760年到1830年）的地区教会及其他志愿社团的不断

106

扩张[1] 他的数据以马萨诸塞州为蓝本（包括缅因州，缅因州直到 1820 年都是马萨诸塞州的一部分）。尽管存在地理因素的限制，布朗的研究却放弃了以规模（大小）划分的视角介入，而调查了类型各异的社团。专注于早期美国社团的其他多数研究主要聚焦于波士顿、纽约、费城以及查尔斯顿等海滨城市，这使得调查结果偏向典型的精英支配团体。

顺着历史的长河蜿蜒而下，杰拉德·甘姆（Gerald Gamm）和罗伯特·帕特南在"美国的社团构建：1840～1940"的研究中计算了 26 个不同规模城市中的教会和志愿团体的数量[2]。甘姆和帕特南的项目所考察地点遍布美国，根据 1890 年的人口数量分为三种规模类别：5 个大城市（圣路易斯、波士顿、旧金山、密尔沃基和丹佛），10 个中型城市以及 11 个小城市。每年的官方城市目录所载之数据可以为人们参与地区生活或跨地区生活提供指导。将这些目录与其他信息来源比较，我认为它们经常忽略（或列入滞后）工会或仅限于妇女、特定种族、少数民族的团体。并不奇怪，在这些目录中，就业的主流人群最为关注的那些团体始终出现得最迅速也最频繁。然而，我们还是能从这份研究中了解到城市发展的趋向[3]。

这一章还借鉴了一个公民参与项目的成果，这个项目由我与一支学生团队共同负责。这项研究的核心就是尽可能列出从 1790 年至今美国历史上所有最大的志愿性会员制社团。运用各类目录、历史学家们编写的丛书和关键的文献资源，我和同事们发现了在政党和教会之外的许多大型志愿社团的名字。随后我们追查根据组织所采用的会员身份标准，是否每一个组织都曾（甚至只是短暂地）接纳过 1% 或更多的美国成年人作为会员。如果这些组织正式将会员资格限

107

---

［1］ Richard D. Brown, "The Emergence of Urban Society in Rural Massachusetts, 1760 – 1820", *Journal of American History*, 1974, 61（1）: 29 – 51; Richard D. Brown, "The Emergence of Voluntary Associations in Massachusetts, 1760 – 1830", *Journal of Voluntary Action Research*, 1973, 2（2）: 64 – 73.

［2］ Gerald Gamm and Robert D. Putnam, "Association-Building in America, 1840 – 1940", *Journal of Interdisciplinary History*, 1999, 29（4）.

［3］ 甘姆和帕特南认为现代化美国中的社团创建主要是一种城市现象，在非城市的乡镇与村庄（人口低于 2500 人）中没有发生程度相当的事情。这种说法与理查德·布朗的实证结果相冲突，它未能考虑到城市社团经常从城外周边地区招募成员这一情况。更重要的是，甘姆和帕特南的主张建立于歪曲性的不完整数据之上。他们把 26 个城市中每千人所拥有的共济会分会及美国新教圣公会的数量与总体性的全国指标进行对比。但这些组织仅仅是数百个跨阶层社团中最为精英化和城市化的两个。人们会觉得共济会分会及美国新教圣公会异乎寻常地集中于城市。如果甘姆和帕特南关注规模更大、更为普遍的社团的话，——如卫理公会教派及圣殿骑士戒酒会——那么他们描画的图景可能会截然不同，这与我在使用缅因州的城市目录时所发现的一样，该目录将小城市社团与县内的村镇社团对比列出。

定为男性或女性，那么1%的成年男性或成年女性的人数就是基准。而我们对于这一严格的规模标准从未放宽。那些限定于特定行业、种族或者族群的团体只有注册全美成年人数的1%及以上，才能被包括在我们的总名单中。

我们目前总结出的名单体现在表3-1中，这些组织按照成立时间的先后依次列出（而不是依据它们的会员数量超过1%这一阈值的时间）。[1] 针对现在我们总名单中的每一个组织，我们正进行一个全面的定量与定性的描绘，尽力收集关于其起源与发展、会员资格、活动与资源，及其与政府、政党以及宗教组织之关系等信息。在这一章里，我将呈现这项研究的初步成果。

表3-1　美国历史上成员规模较大的社团

通用名称	建立时间	结束时间	是全国、州或地方组织？
古代和接受自由石匠协会	1733		
奇异研究者独立协会	1819		×
美国禁酒协会	1826	1865	×
总工会促进遵守基督教安息日协会	1828	1832	
美国反奴隶制协会	1833	1870	×
红种人发展协会	1834		×
华盛顿禁酒协会	1840	c. 1848	
儿童戒酒协会	1842	c. 1970	×
优秀圣殿骑士独立协会	1851		×
青年男性基督教协会（YMCA）	1851		×
美国机械制造者初级协会	1853		×
全国教师协会/全国教育协会（NEA）	1857		×
皮提亚骑士协会	1864		×
共和国的伟大军人协会	1866	1956	×
埃尔克斯慈善和保护协会	1867		
畜牧业赞助者（全国农庄）协会	1867		×
美国工人古代协会	1868		×
东部之星协会	1868		×
工人骑士协会	1869	1917	
全国步枪协会（NRA）	1871		×

---

[1] 上述社团中的多数在创建后的数十载中迅速发展壮大，但其中一些（如全国教育协会、全国步枪协会）在创立一个多世纪之后仍未能迈过1%这个门槛。

续表

通用名称	建立时间	结束时间	是全国、州或地方组织?
神秘圣殿贵族的古代阿拉伯语协会	1872		
基督教妇女戒酒联盟	1874		×
皇家秘密协会	1877		×
农民联盟	1877	1900	×
马加比家族协会（Maccabees）	1878		×
基督教奋进者协会	1881		×
美国红十字会	1881		×
哥伦布骑士协会	1882		×
美国现代伐木工人协会	1883		×
有色农民全国联盟和协作联盟	1886	1892	×
美国劳工联合会（AFL）/1955年变为美国产业工会联合会（CIO）	1886		
美国保护协会	1887	c.1911	×
驼鹿忠诚者协会	1888		
妇女传教士联合会	1888		×
世界伐木工人协会	1890	1920	×
全美妇女选举协会	1890		
妇女俱乐部总联合会	1890		×
美国保龄球大会	1895		×
全国母亲大会/全国父母和教师大会（PTA）	1897		×
老鹰兄弟协会	1898		×
德裔美国人全国联盟	1901	1918	×
路德援助协会	1902		
美国汽车协会（AAA）	1902		×
美国童子军协会	1910		
美国对外战争退伍军人协会（VFW）	1913		×
三K党（第二）（KKK）	1915	1944	×
妇女国际保龄球大会	1916		×
美国退伍军人协会	1919		×
美国农场局联合会	1919		×
老年人循环退休金协会（汤森运动）	1934	1953	
美国产业工会联合会（CIO）	1938	1955	
全国小儿麻痹基金会/三月基金会	1938		
基督教服务者妇女分会/全国妇女卫理公会	1939		
美国退休人员协会（AARP）	1958		
美国绿色和平组织	1971		
全国生命权利委员会（NRLC）	1973		×
母亲反对酒驾协会	1980		×
基督教联盟	1989		×

资料来源：Civic Engagement Project，Harvard University。

我们如何综合这些从不同数据群组得出的见解呢？我已着手校准甘姆和帕特南的数据群组与我自己的公民研究所记录的特大型社团的数据群组之间的关系。在某种意义上，甘姆和帕特南的研究和我的研究不具有可比性。在 1840～1940 年，甘姆和帕特南在 26 个城市记录的组织中约 1/3 是宗教组织，而这类组织并没有为我的研究项目所直接包含。但是，甘姆和帕特南另外约 1/3 的组织是兄弟会和退伍军人组织（以及它们相应的女性团体），这类组织在表 3-1 列出的大型会员制社团中占据了约 2/5。致力于推进手足情谊、互帮互助及社区影响的跨地区社团在历史上一直处于美国公民社会的核心位置，所以它们在这两类研究中均大量出现不足为奇。

校准甘姆和帕特南的数据与地方组织的另一方法就是看看哪种组织出现在他们使用的城市目录上面。我和同事们在别处所做的报告中提到过对数以千计的地方志愿社团分析的结果，这些社团列入甘姆和帕特南所考察的 26 个城市在 1910 年编制的目录当中。[1] 这些数据之所以被甘姆和帕特南选中，是因为他们认为地区志愿社团与当时的城市人口关系最为紧密。我们发现，平均而言，所有当时的地区社团中超过四分之三是教会组织、联合会地方分会、特大型志愿性联盟的分会或稍小规模的国家或地区志愿联盟的分会。在 20 世纪早期的美国城市中，只有一小部分的志愿社团是纯粹的地方组织，限定于某个特定的市或县。事实上，教会组织或表 3-1 中所列的特大会员制社团的分会占到约一半，而它们是其中最为稳定的组织，也是其中最经受得住时间考验的志愿社团。 108

甘姆和帕特南所记录的大多数地区社团是跨地区社团的一部分，依据本章的中心结论，这一事实合乎情理：美国的公民史主要就是联盟性社团的起家史，其地方组织在大型运动和跨地区的组织框架下逐渐成形。

第三节　美国早期的志愿社团

那些使美国公民独树一帜的团体有很多是在阿列克西·德·托克维尔 19 世纪 30 年代访美之际才出现的。美国公民活力的根源在于：即使多数人仍生活在 110 农场或小城镇，新共和体制下备受争议的代议制政治、无任何官方宗教建制的竞争性宗教福音传道以及在一个不断扩张的国家内日益频繁的商业与通信三者之间仍相互作用、互相砥砺。

---

〔1〕 参见 Theda Skocpol, Marshall Ganz, and Ziad Munson, "A Nation of Organizers: The Institutional Origins of Civic Voluntarism in the United States", *American Political Science Review*, 2000, 94 (3): Tables 3 and 4。

一 马萨诸塞州和缅因州的情况

理查德·布朗记录美国革命前后——美国革命被解释为自 18 世纪 60 年代至 18 世纪 90 年代这一时期内政治论争及制度构建的过程——志愿活动的变化模式。[1] 随着 13 个美洲殖民地脱离英国并齐心协力建成独立的联邦共和国，它们为繁盛的公民社会塑造了适宜的制度环境，公民社会继而迅速在地方扎根，并在地区间相互连通。

美国早期（无疑同许多其他发展中国家一样），在人们可自选加入的组织足以与家庭、垄断性教会及乡镇会议共存共荣之前，小城镇的发展规模必须跨越一定的最低门槛。理查德·布朗就认为，在真正的志愿组织得以自我繁殖前，小城镇必须是 200~400 个家庭的集合，如此一来，在这一到两千的非农人口中就至少有 20% 是男人。[2] 但这个社会经济学阈值并非理所应当：在革命前，马萨诸塞州或缅因州的很多地方严重超出该阈值。即使如此，在殖民时期也仅有相对极少的志愿组织被建立起来。由布朗的统计资料来看，在 1760 年前，在马萨诸塞州或缅因州只有数十个志愿组织（除了教会外），而且其中超过 1/3 位于波士顿——殖民中心及唯一真正的城市。

自从美洲殖民地意欲脱离英国，社团的发展也出现戏剧性变化。马萨诸塞州/缅因州"从 1760 年到 1820 年……创立了 1900 多个志愿社团"，"在 19 世纪 20 年代每年至少有 70 个志愿社团成立"。[3] 各式各样的社团如雨后春笋般在马萨诸塞州和缅因州迅速增长，这样的增长远超过了人口增长并集中发生在 1790 年之后。同政治团体、学会、道德改革组织、行业与商业团体、共济会以及各种新式教会（主要是卫理会和浸礼会）一起，慈善组织和教会组织也为这场创社风潮推波助澜。

111　　起初只有少数社团是真正的跨区域组织，如共济会及大多数教会。但很多其他社团也依靠运动实现了自身扩展——在这些运动中，某地方居民可能倾其心血参与另一地方的相似事业。在初建时期，尽管女性很少组织独立的跨区域社团，但许多城镇建立了相似性很高的女性慈善组织，如在纽约首创的美国女性道德改革协会，最终在新英格兰地区拥有 445 所附属机构。[4] 同时，男性创

---

[1] Brown, "Emergence of Urban Society".

[2] Brown, "Emergence of Urban Society". 47.

[3] Brown, "Emergence of Urban Society", page 38.

[4] Anne Firor Scott, *Natural Allies*: *Women's Associations in American History* (Urbana and Chicago: University of Illinois Press, 1991), chapter 1; and Carroll Smith-Rosenberg, *Disorderly Conduct*: *Visions of Gender in Victorian America* (New York: Knopf, 1985), 120.

办者广泛宣传成立和运作社区组织，给出详尽的示范和说明。典型的例子就是约西亚·霍布鲁克为学园（lyceum[1]）的推广而四处游历并著书立说，学园是一种社区志愿机构，用以促进成人教育，赞助流动讲师，支持新兴的"平民"公立学校及其教师。在 1826 年，霍布鲁克公开发布学园建立的指导方针以及针对地方、县、州及国家级学园的详细计划，该计划指出地方以上各个层级的学园均建基于其较低层级所选之代表[2]。

在马萨诸塞州/缅因州，比志愿组织的极高增长率更令人称奇的是志愿组织建立的地理模式[3]。在波士顿，所有种类的志愿团体在1760~1830年间的增长超过650%，而在马萨诸塞州/缅因州的其他地方的增长率高达920%。当暂不考虑教会（以及布朗所称的"唯利性"组织）时，上述图景甚至更为清晰。在波士顿，新兴非教会组织由 1760 年前的 14 个增加到 1760~1830 年间的 121 个（约增长 760%）。然而，在马萨诸塞州/缅因州其他地方，新兴组织从 1760 年前的 24 个发展到 1760~1830 年间超过 1281 个——超过 5000% 的爆炸式增长！

在美国革命期间，特别是美国革命结束后不久，布朗所谓的"城市"社会模式——人们可自选组织加入，并拥有超越地区限制的人际关系及意识——将遍及马萨诸塞州及缅因州内及周边犄角旮旯的人们都包罗在内。布朗写道，"在美洲殖民地，城市社会是非常有限的现象，局限于同为行政中心的港口市镇"，如波士顿、纽约、费城及（从某种程度上而言）查尔斯顿这些地方。仅仅通过"那些出于职业需要而与［殖民］资本频繁接洽的"精英们，[4] 城市化慢慢渗透至穷乡僻壤。但是，到 19 世纪 30 年代，"城市社会已在农村发展了广泛的社会及地理基础"，农村因数量可观的社区变成各类志愿社团和公共机构的温情家园[5]。

112

地方主义和孤立保守即使未被实际摧毁也正经受挑战。人们依然受限

---

[1] lyceum 原意为亚里士多德在雅典城外创办的学校的名字，是亚里士多德及其弟子展开教学和研究活动的核心场所。故意译为"学园"。

[2] Holbrook's plan appears in *Annals of American Education* (Boston) 6 (1836)：474 – 476 and 477 (1837)：183 – 184. 亦可参见 John A. Monroe, "The Lyceum in America Before the Civil War", *Delaware Notes*：*Bulletin of the University of Delaware*, 1942, 37 (3)：65 – 75. 在 19 世纪 30 年代，霍布鲁克关于"全国学园"的组织计划就已简单成形，但就在这时，较高层级逐渐式微，直到内战结束后，地区组织都仍是巡回讲师的赞助者。参见 Carl Bode, *The American Lyceum*：*Town Meeting of the Mind* (Carbondale, IL：University of Illinois Press, 1968)。

[3] 该段中我将借用布朗的数据，参见 Brown, "Emergence of Urban Society", Table 1, 40 – 41。

[4] 参见 Brown, "Emergence of Urban Society", 31。

[5] 参见 Brown, "Emergence of Urban Society", 32。

于家族、教会及城镇等旧式组织，但现在还拥有其他的纽带……如果人们赶赴他处参加某集会或会议，抑或外地人作为某政治运动、某学会、某戒酒或传教社团的一分子远道而来的话，那么这种联系便时常表现出直接性；大多数情况下这种联系存在于心理层面，它既源自遍及全县或全州范围的组织会员制度，亦源自其活动发行的出版物。[1]

二 迈向全国

尽管这种变化可能最初只在美国东北部地区迅猛发生，但类似的变化很快席卷了扩张的新领土，并波及不同背景的人。[2] 在 1861 年内战爆发之前，尽管美国内部纷争不断、地区和族群多样化，但已形成特征明显的全国范围的公民社会。

从 19 世纪 30 年代到 50 年代，学园（lyceums）从新英格兰蔓延到上南部及（特别是）密西西比河以东的中西部地区。[3] 规模庞大的道德改革运动及戒酒运动刺激了成千上万相互联系的地方协会及州协会的诞生。[4] 美国戒酒协会曾列举内战前推动戒酒的最突出成果，称至 1834 年在东部及中西部约有 5000 个社团和 100 万会员。华盛顿改革运动（组织），其会员包括上班族及戒酒后的"醉汉们"，声称在 19 世纪 40 年代早期就拥有约 6000 名会员及 1 万个社团。但华盛顿改革运动（组织）随后为更加制度化的节制之子协会（Order of the Sons of Temperance）所超越，到 1860 年后者是一个真正横跨美国的联盟，自称有约 2398 个地方分会、94213 个会员，势力遍及南北部约 40 个州并跨越密西西比河进入爱荷华州和加利福尼亚州。[5] 到 19 世纪 50 年代，独立戒酒者协会（the Independent Order of Good Templars，IOGT）开始享誉全国。男性和女性均可获得独立戒酒者协会的领导职位及会员身份，到 1860 年，独立戒酒者协会对外宣称，其 5 万多会员散布在 20 个州（包括位于南部腹地的阿拉巴马州及密西西比

---

〔1〕 参见 Brown，"Emergence of Urban Society"，43。

〔2〕 参见 Brown，"Emergence of Urban Society"，32。

〔3〕 Bode，*The American Lyceum*，*section* 2；David Mead，*Yankee Eloquence in the Middle West*：*The Ohio Lyceum*，1850–1870（East Lansing：Michigan State College Press，1951）。

〔4〕 我对禁酒运动和戒酒协会的阐述依赖于取自"公民参与研究项目"的数据，也依赖于哈佛大学社会学系研究生贝里斯·坎普（Bayliss Camp）的备忘录及尚未发表的论文。

〔5〕 Samuel W. Hodges，"Sons of Temperance—Historical Record of the Order"，in *Centennial Temperance Volume*：*A Memorial of the International Temperance Conference Held in Philadelphia*，June，1876（New York：National Temperance Society and Publications House，1877），572.

州）约 1200 个地方分会中。[1]

兄弟会（共济会）在内战之前同样遍布全国，尽管在 19 世纪 30 年代反对梅森共济会（Masons）及其他"秘密社团"的汹涌热潮曾喧闹一时。[2] 从殖民时期来，梅森共济会的办事处在美国遍地扎根；新版图上的地方办事处紧随军事守卫的抵达而迅速建立，而且若某个州新加入联邦，该州的总会立即得以特许成立。[3] 梅森共济会是相对精英化的兄弟会，但很快为其他一些共济组织所效仿，后者对不同种族及族群背景的美国白领阶层与工薪阶层都张开怀抱——他们或在同一社团中齐聚一堂，或加入结构与宗旨类似的兄弟会组织中。[4]

独立怪人会（the Independent Order of Odd Fellows，IOOF）在 1819 年成立于马里兰州的巴尔的摩，并注定成为美国随后许多兄弟会社团的榜样。怪人会（Odd Fellows）起初只是一个英国的共济互助社团，但随后它选择了建制化的措施，（基本的）梅森共济会却没有。当时美国的怪人会成员脱离英国曼彻斯特怪人会，并完全借用联邦的三层制结构自创美国独立怪人会：州总会所管辖地方会所，并由州一级选举代表设立最高的全国总部。[5] 由于与美国的情况十分契合，这种联邦制组织迅速增长。在 1830 年，美国怪人会成员拥有 58 个会所，遍及马里兰、马萨诸塞、纽约、宾夕法尼亚以及哥伦比亚特区。在接下来的 30 年间，起初限于东海岸一隅的独立怪人会遍布了美国。到 1860 年，全国超过 17 万的独立怪人会会员分属于 35 个州的 3000 多个地方会所。[6] 1852 年版《独立怪人会会员手册》的编写者曾自豪地宣称："从一个乡镇到另一乡镇，从一个城市到另一城市，从一个州到另一个州都可以看到我们协会的影子，全国成千上万

---

〔1〕 William W. Turnbull, *The Good Templars*: *A History of the Rise and Progress of the Independent Order of Good Templars*（n. p.，1901），38.

〔2〕 Kathleen Smith Kutolowski, "Freemasonry and Community in the Early Republic: The Case for Antimasonic Anxieties", *American Quarterly*, 1982（34）: 543 – 61; Lorman Ratner, *Antimasonry*: *The Crusade and the Party*（Englewood Cliffs, NJ: Prentice-Hall, 1969）.

〔3〕 此处及全章中关于典型大型社团的讨论，我皆依赖于"公民参与项目"的数据。关于早期的梅森共济会，亦可参见 Dorothy Ann Lipson, *Freemasonry in Federalist Connecticut*, 1789 – 1835（Princeton: Princeton University Press, 1977）。

〔4〕 关于美国兄弟会的跨阶层属性，参见以下对数据的讨论与综合分析，即 Mary Ann Clawson, *Constructing Brotherhood*: *Class, Gender, and Fraternalism*（Princeton: Princeton University Press, 1989），chapter 3。

〔5〕 The process is recounted in Theodore A. Ross, *Odd Fellowship*: *Its History and Manual*（New York: M. W. Hazen, 1888），chapters 1 – 3.

〔6〕 The process is recounted in Theodore A. Ross, *Odd Fellowship*: *Its History and Manual*（New York: M. W. Hazen, 1888），36 and chapter 14.

的优秀人才齐聚一堂。"[1] 怪人会虽只接收白人，但如梅森共济会一样，它们与宗教教派间以及在早期欧洲裔美国族群团体间架起了沟通的桥梁。虽以土生土长的新教徒为主力，梅森共济会仍接收了一些犹太人，而梅森共济会和怪人会两者都在主流的英语会所外允许组织德语及其他移民的地方会所。[2]

即使不像梅森共济会和怪人会一样规模庞大，其他的美国共济组织也在内战前快速发展。持种族排外主义观念的红人改进会（Improved Order of Red Men）在 1834 年成立于巴尔的摩，声称与美国革命时期的爱国者社团一脉相承。所谓红人是指打扮得像印第安人的白人基督教徒们，他们将协会的历史追溯至 1492 年哥伦布登陆美洲之时。到 1860 年时，约一万红人在 94 个"部落"集会，而这 94 个部落遍布马里兰州、宾夕法尼亚州、弗吉尼亚州、俄亥俄州、新泽西州、密苏里州、肯塔基州、特拉华州及哥伦比亚特区等的"保留地"。[3]

同样不甘人后的是古爱尔兰修道会（Ancient Order of Hibernians）。这是由爱尔兰裔美国人于 1836 年建立的美国分会，到 1861 年该会在美国东部、南部及中西部地区的 8 个州都下设了组织。[4] 德裔美国人于 19 世纪 40 年代在纽约市成立了海曼之子协会（the Order of the Sons of Hermann）及哈鲁格里协会（the Order of Harugari），在无知运动（Know-Nothing agitations）愈演愈烈之时，这两个（最终成为州际性组织）益处颇多的文化联盟致力于保卫德国文化及德裔美国人远离本土文化主义者的攻击。[5] 另外，德裔美国人在 1850 年建立了他们自己的独立红人会（Independent Order of Red Men，IORM），一个以联盟性"族群"而非"部落"的形式集会的兄弟团体。[6]

除德裔和爱尔兰裔美国人外，非洲裔美国人是美国另一较大的少数族群。

---

[1] Paschal Donaldson, *The Odd-Fellows' Text-Book*, 6th ed. (Philadelphia：Moss and Brother, 1852)，9. 在该书的第 14 页，唐纳森援引托克维尔以支持"道德"社团如怪人会的价值所在——这证明美国人从很早开始就对这个法国人十分着迷。

[2] Lynn Dumenil, *Freemasonry and American Culture*, 1880 – 1930 (Princeton：Princeton University Press, 1984)，10 – 13；Clawson, *Constructing Brotherhood*, 129 – 133。梅森共济会与怪人会并不排斥天主教徒，但是教会却强烈反对他们加入。后来在 19 世纪，当南欧与东欧移民抵达时，本土新教徒集中的兄弟会对其他种族成员及其会所就变得不那么欢迎了。

[3] Charles H. Lichtman, ed., *Official History of the Improved Order of Red Men*, rev. ed. (Boston, MA：Fraternity Publishing Co., 1901)，314 – 15.

[4] John T. Ridge, *Erin's Sons in America：The Ancient Order of Hibernians* (New York：AOH Publications, 1986).

[5] Albert C. Stevens, *The Cyclopaedia of Fraternities* (New York：Hamilton Printing and Publishing Company, 1899)，234 – 235，282 – 284.

[6] Albert C. Stevens, *The Cyclopaedia of Fraternities* (New York：Hamilton Printing and Publishing Company, 1899)，262.

除了少数戒酒协会外，白人主导的美国志愿协会往往排斥黑人。但以将他们拒之门外的这些组织为模板，非洲裔美国人自己建起了大量类似的组织。普林斯霍尔共济会（Prince Hall Masonry）建成于 1775 年，那时英国共济总会特许在马萨诸塞州的坎布里奇建立黑人共济分会[1] 内战前，自由黑人让该兄弟协会迅速普及，遍布 18 个州，其中包括"南至弗吉尼亚的大西洋沿岸几乎所有的州以及很多中西部的州；⋯⋯马里兰、弗吉尼亚及路易斯安那州这些南部自由黑人的集中地"[2] 在水手彼得·欧格登（Peter Ogden）的领导下，1843 年纽约市的非洲裔美国人创建了怪人大联盟（Grand United Order of Odd Fellows, GUOOF）（再一次借助英格兰总部特许），到 19 世纪 60 年代初，已有约 1500 名非洲裔会员组建了约 50 间会所，这些会所分布在东部地区的六七个州中[3]

　　早期美国社团活力的一个决定性象征也值得一提。参考 1975 年的美国志愿协会百科全书，社会学家查尔斯·格林（Charles Green）将美国志愿社团归纳为 14 种功能类型，并探寻每一类型社团首次出现的时间。他发现，在这 14 种类型中，1850 年前就由美国人创建的占到 12 种（剩下两种类型的组织在 1870 年前出现）[4] 格林总结道，早期社团如此多样化的原因可能在于国家志愿社团"类型的增长比率"与 2500 人或以上的居民区总人口数量的增长持平，也与这些居民区美国人总人口的比例膨胀持平。

　　简而言之，即使所用数据不同，格林同理查德·布朗均认为早期美国社团　115 的差异化与初级城市化相联系。复杂的社团发展先于大都市的出现几十年，也先于"大规模的商业化与工业化发展"几十年[5]

三　公民社会生气勃勃的原因所在

　　早期美国到底发生了什么？为什么公民社会出现如此急剧而超前的转型，几乎是在同一时期，各类规模的社区均建立起志愿团体，并且其中许多志愿团体相互结合为跨地区性的组织？

---

〔1〕　William Alan Muraskin, *Middle-Class Blacks in a White Society: Prince Hall Freemasonry in America* (Berkeley: University of California Press, 1975).

〔2〕　Edward Nelson Palmer, "Negro Secret Societies", *Social Forces*, 1944, 23 (2): 208。帕尔默还指出，奴隶解放后，"内战结束后的三年中，每一个南部州都加入了黑人共济会的行列"。

〔3〕　Stevens, *Cyclopedia of Fraternities*, 236 – 237.

〔4〕　Charles S. Green Ⅲ, "The Emergence and Growth of American National Voluntary Associations, 1790 – 1970", paper presented at the annual meeting of the Southern Sociological Society, Knoxville, March 1980.

〔5〕　Brown, "Emergence of Urban Society", 48, 强调了这一点。

据理查德·布朗称，美国脱离英帝国的控制这一事实在多方面加快了民主化公民社会的发展。独立战争及随后为制定美国新宪法所付出的种种努力瓦解了理所应当的臣民忠诚，促进了地理位置上四分五裂的美国人相互联系，削弱了之前的城市垄断（例如在殖民时期，马萨诸塞州的所有印刷厂均位于波士顿，但革命期间印刷厂数量翻番，并分散至马萨诸塞的其他地方）。[1] 迎来战争胜利与独立国家地位后，政治领域接踵而至之事便是建立代议制政体，后者将美国人引入了更广泛的竞争性参与。州选举与全国选举陆续展开，初出茅庐的政治党派为寻求支持而展开竞争，它们四处拉拢选民支持联邦党人或杰斐逊党人。伴随美国革命的浪潮，积极公民的理想也传播开来——激励了大众动员，推动了信息的需求，鼓舞了公民在地区内及跨地区间组织起来。

第二次大觉醒的宗教热情同样席卷了早期的美国。传教活动在殖民地晚期开始兴盛，并在建国初期加速发展。在这里有必要强调一下，与同时期的多数其他国家相比，美国并没有政府主导的教会垄断。在宪法和《权利法案》保护之下，竞争性教派间可自由布道及传教。宗教信仰的开放竞争形势催生了一场从地区走向全国的福音运动。[2] 四处布道的新教教徒，特别是卫理公会派教徒和浸信会教徒，足迹踏遍整个美洲大陆。

最重要的是，早期卫理公会巡回说教的神职人员率先提出了组织协会的新
方法。[3] 他们辗转各地，鼓励地方领袖创设和维持新的宗教协会，然后将这些组织结合为拥护共同世界观及道德目标的联盟。由于卫理公会教徒积极传教，他们在边远地区亦建立起数以万计的地方教会，其他的宗教教派因此也不得不四处奔走、组建教会，以免自身不断萎缩最终丧失生机。[4] 通过这种激烈的竞争，一种新的协会组建模式传遍了早期美国——该模式很快为所谓的世俗组织所采用。

既有的社会通信允许早期美国人创设可持续的互联性组织。理查德·布朗认为，文学及报纸的广泛阅读促进了联络，这一观点与托克维尔的观察前后呼应："报纸成就社团，社团也在成就报纸……因此美国也就成了世界上社团与报纸最多的国家。"[5] 但托克维尔并不认为所有的条件都促进社会联络及协会建

---

〔1〕 Brown, "Emergence of Urban Society", 43.

〔2〕 Roger Finke and Rodney Stark, *The Churching of America*, 1776 – 1990 (New Brunswick, NJ: Rutgers University Press, 1992).

〔3〕 Donald G. Mathews, "The Second Great Awakening as an Organizing Process, 1780 – 1830: An Hypothesis", *American Quarterly*, 1969, 21 (1): 23 – 43.

〔4〕 这一点在下书中得到了很好的论证与记录，参见 Finke and Stark, *The Churching of America*.

〔5〕 Brown, "Emergence of Urban Society", 518。

立。不过对早期美利坚合众国而言，邮政服务是一个有效的集权武器，也正是邮政服务在上述发展中扮演了关键角色。

美国革命前，各殖民地的邮政系统只见雏形，其水平与当时许多欧洲国家相差无几，邮政系统将一些较大城市特别是大西洋沿岸城市松散地联系在一起。共和国建立后，这一现象很快得到改观，国会于 1792 年通过了《邮政法案》，该法案"在异常宽松的条款中将报纸归为邮件一类……禁止公职人员利用其对该联络手段的控制而将之当作一种监视技术"，并"建立起一整套的程序，促进了邮政网络从大西洋沿岸到阿巴拉契亚山以西的快速扩张"。[1] 在 1828 年，历史学家理查德·约翰指出，"美国邮政系统下设的邮政局差不多是大不列颠的两倍，是法国的五倍还多。也就是说，在美国每十万居民就拥有 74 所邮政局，相比之下大不列颠是 17 所，法国则仅 4 所。"[2] 在 19 世纪 30 年代和 40 年代，联邦这一层级的从业人员中为邮政系统工作的超过四分之三；1831 年的 8764 名邮政员工及 1841 年的 14290 名邮政员工中，是"遍布乡野的乡镇兼职邮件管理员"。[3]

邮政网络的发展壮大由美国政府机构一手扶持。国会代表来自州和地方行政区，这使得参议院与众议院的议员们对资助建设通信与交通运输网络颇感兴趣，触角甚至伸到了日渐扩张的美国最为边远的地区——当然这些投资均严格按程序办事。议员们希望即便是在最小的社区中也能有邮件和新闻的身影，同时他们也希望自由往返于国家首都，因此他们资助公共马车的运行，并设定便宜的邮政资费。邮政规章还允许报纸在编辑手中自由交换，以此小报能从大报那里得到新闻副本。但与此同时，资费结构也曾进行微调，以此防止东部沿海的报社过度行销政府新闻。

正是借了邮政资助的东风，志愿团体在新闻报纸上（之后是杂志）将它们的信息广而告之，这极大地促进了组织的发展。美国第一波大规模的道德改革运动中有一场——发生于 1828～1832 年间，主要体现为总工会对基督教安息日惯例的弘扬——曾致力于禁止周日邮局的开放及邮件的投递。但倍加讽刺的是，这项运动的开展却依靠于其倾力挑战的联邦邮政系统：它正是靠着邮件投递向

117

〔1〕 Richard R. John, *Spreading the News: The American Postal System from Franklin to Morse* (Cambridge, MA: Harvard University Press, 1995), 31.

〔2〕 Richard R. John, *Spreading the News: The American Postal System from Franklin to Morse* (Cambridge, MA: Harvard University Press, 1995), 5.

〔3〕 Richard R. John, *Spreading the News: The American Postal System from Franklin to Morse* (Cambridge, MA: Harvard University Press, 1995), 3.

潜在的追随者们分发了数万本小册子和请愿书。无独有偶，内战前其他几次大型的志愿改革运动的境况也大致如此，其中包括戒酒运动及大众废奴运动，后者引发了美国内战。[1]

四　以联邦制国家为原型

美国政府管理体制对于协会的建立起到了根本性甚至决定性的作用。原为邦联制的美国由建国之父们联合为一个联邦制国家。联邦宪法规定，在联邦政府、州政府、地方政府（有时也有县政府）这三级主权政府（有时是四级）中，相互独立的政府权力分别由行政机关、代表机关和司法机关掌握。自合众国早期起，美国的公民协会就开始模仿这种地方—州—国家的结构。表3-1显示，在美国所有特大型会员制协会中，超过2/3的是一种国家—州—地方的联邦式结构，与美国政府机构的安排平行。跨地区协会，不论规模大小均制定了详细的规章并定期讨论修改。美国志愿协会为每一地方单位印制附则，为每一州级协会或州会所制定正式章程，更为组织的全国或最高部门制定详尽规章。尽管本章难以对这些章程进行详细的分析，但基于我对数十种章程的阅读，以下几点值得一提。协会的章程总自称模仿美国政府的代议制及权力分立体制。因此，地方协会单位有权选举州级单位的代表及人员，而州级单位和（或）地方单位向中央单位推荐代表——这就像美国参议员最初由州政府指定一样。各协会对选举领导人及裁断争辩均有详尽的规定。

协会章程还包括州与地方单位的设立以及会员入会等事项的明确条例。举例而言，不像其他国家的共济组织，美国的兄弟会规定准会员应申请其住所附近的会所，或依据书面许可去申请其他地方的会所。那些背井离乡的"兄弟们"必须手持原地方单位及州级单位开具的正式文件，才被承认是远走他乡的来访者。就像美国人不得不在他们当地的社区及州中确立其投票权一样，他们也必须在跨地区协会中通过所在社区确立其成员身份。美国协会可能一直在鼓励外向性联系，但不认可无所寄托的大同主义。

兄弟会的中央及州管辖权维持着详尽的分区制条款。新建地方会所需要附近原有的特许单位的认可，也需要（通过）相关州管辖权的审批。这些条

---

[1] Richard R. John, *Spreading the News: The American Postal System from Franklin to Morse* (Cambridge, MA: Harvard University Press, 1995), chapters 6–7; Jed Dannenbaum, *Drink and Disorder: Temperance Reform from the Washingtonian Revival to the WCTU* (Urbana: University of Illinois Press, 1984).

款的核心就在于向地方组织安插会员并主导地方组织的创建（这也可能意义更为深远），以此避免不必要的组织碎片化或建制重复化。州级部门鼓励地方单位的准组织者们接洽和共事，而不是让他们自相残杀。如果他们认为某地区没有足够的潜在会员以组建另外的会所，他们就会否决新建地方会所的申请。

这些条款意味着在某个协会网络发展的初期阶段，其地方单位往往全面铺开，跨越城镇招纳会员。为了参加社团初期的集会，美国人要忍受恶劣的交通状况而长途跋涉；而一旦协会发展成熟并广受欢迎，那么地方单位的数量很有可能会翻番——届时每一镇或每一村或每一城市社区均可方便地就近召开会议。但新单位只有在上级的允许下、在多数邻近单位的支持下才可成立。当协会的发展走下坡路时，其收缩的过程也相差无几：允许相邻会所或俱乐部的成员们合并于邻近区域的社团或成为州协会的全州代表会员。因而典型的美国协会往往在其生命周期的开始与结束时跨地区接纳会员，而在其鼎盛时期则多限于在某地区内部招纳会员。

119

从一开始，美国志愿协会的建设既是一系列的地方性事业，更是一种地区性社会运动和跨地方组织化的努力。地方居民往往深受地域性或全国性组织典范的鼓舞，进而重视与上级代议制治理结构的正规性联系。地方团体的创建者们时常被从州或全国总部派出的巡回代理人招募，抑或从这些人身上获取诸多鼓舞。或许潜在成员来自迁入的移民群体，这种情况则更为常见，某乡镇或地区的新移民多向往建立一些新会所或俱乐部——类似于他们在原迁出区所曾参与的那些会所或俱乐部。但不管怎样，这些地方创始人必须遵从明确制度化及"章程性"的游戏规则——这些规则既在统一整体之下保护州与地方的主权，又不允许建制的碎片化。

第四节　工业化时代的公民美国

如果说1861年前志愿团体的创设浪潮已然势头强劲，那么学者们必然会一致认定美国内战后要迎来的是更为猛烈的冲击波——某些老社团不断扩张，很多新社团不断创设，这些社团都注定要走完大半个甚至整个20世纪。跟随美国现代化的脚步，哪种类型的社团数量会激增呢？哪些因素与进程塑造了社团的创设与扩张呢？随着美国从农场与小乡镇社会转变为都市化的工业强国，社会科学的既有知识可能会引导我们预期一种崭新的发展进程。但事实上，社团模式在内战前就已确立，战后时期也不过是整装再发。

一 经济现代化的有限影响

社团现代化的标准解释关注产业工业化和大城市扩张产生的新压力和新机遇所带来的众多参与者。马克思主义学者认为工业化及大规模的城市化是阶级分化与阶级斗争的推手。工人可能组建工会，资本家则可能在商业协会中联合起来。这样的机构一般创设于大城市，进而追随商业和制造业活动的脚步向外传播。社团的创新和扩张应与经济增长步调一致。

其他现代化理论认为存在不同的因果机制。涂尔干的追随者们将志愿社团视为社会整合机制，它在工业社会中代替了前工业村社中家庭与邻里关系。类似论断的版本之一可参见历史学家罗伯特·韦伯（Robert Wiebe）颇具影响力的集大成之作《寻求秩序，1877～1920》。[1] 在韦伯的书中，关键性因素是不断崛起的"新兴中产阶级"的专家与商人，他们处于不断扩张的都市中心。为"响应"移民、人口快速增长与城市集中化这些令人不安的转变，这些现代化精英创设出新型的专业化组织、商贸协会及社会服务团体。在韦伯的笔下，1900 年的美国从"孤岛社群"（island communities）式的农耕社会转变为由企业、官僚政治及相对集权之协会（由经理与专家领导）连为一体的工业国家。

有数据支持马克思主义者和（或）涂尔干主义者关于美国社团现代化的推测。跨地区社团多数发迹于工业化程度较高的东北部及中西部各州，而这些组织在各州内部的发展也往往起步于最大的城市或高度商业化的区域。专家、商人及流动性工人（如铁道员工）通常充当了这些新式结社观念的载体。

职业性社团也遍地开花。借用甘姆和帕特南的数据，图 3-1 显示了自 1840 年到 1940 年美国 26 个城市中每千人拥有的不同类型社团之数量的变化趋势。显然，1880 年后工会大幅增加，商业团体也数量激增，尽管趋势稍缓。缅因州统计局（Maine Register）所列的全州组织名单无疑证实了甘姆和帕特南的统计。[2] 多年来的城市目录记录下了整个 20 世纪——特别是自 1920 年以来——商业及专业社团的急剧增长，这类社团数量的突飞猛进多因为不断细化的职业与市场的自我组织。

---

〔1〕 Robert H. Wiebe, *The Search for Order*, 1877–1920（New York：Hill and Wang, 1967）.

〔2〕 《缅因州统计局的州级年鉴和立法手册》（*The Maine Register, State Year-Book and Legislative Manual*）自 1870 年始每年都基本会以相同版式经波特兰各个出版商出版，其中包括从 19 世纪 70 年代到 20 世纪 20 年代的州立社团与地区社团的数据。

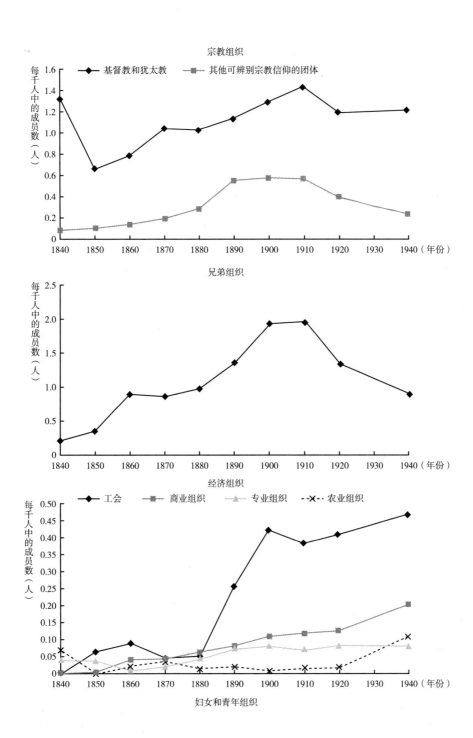

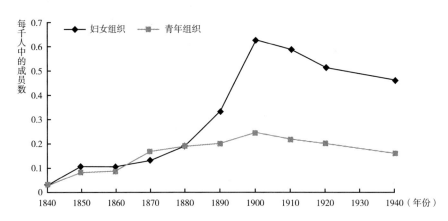

图 3 - 1　美国志愿协会（在城市指南中记录的）的密度（1840～1940 年）

资料来源：Gerald Gamm and Robert D. Putnam, "The Growth of Voluntary Associations in America, 1840 - 1940," *Journal of Interdisciplinary History*, 1999, 29（4）: 511 - 557。

精英"服务团体"——主要如扶轮社、交流俱乐部和狮子会——在 20 世纪上半叶也在各个城市不断扩张。[1] 这样的俱乐部只接受社区内部各行业或各专业的少数拔尖人物（尽管"专业"可以巨细无遗地定义以扩招会员）。有人认为精英服务社团取代了跨阶级的兄弟会，因为商人与专家厌倦了整晚整晚的例会，而更喜欢快捷的午餐聚会，比起反复重申他们与蓝领工人及白领雇员间的"兄弟情分"，他们更愿在熟人内部建立人际网络。[2] 但这可不是故事的全貌。随着美国工业化的脚步，确实某些兄弟会（如梅森共济会）改头换面，但另外一些兄弟会（如哥伦布骑士会、穆斯会、厄尔科斯会、雄鹰会等）却着力于程序精简与重新强调社区外扩而更上一层楼。[3]

从内战到 20 世纪中叶这一时期内，职业性组织与精英服务俱乐部可并不是仅有的两个欣欣向荣的组织。如表 3 - 1 所示，甘姆和帕特南记录下了自 19 世纪中叶至 1900 年或 1910 年前后的城市目录中所列宗教派别、宗教附属社团、兄弟姐妹会及独立妇女社团等的繁荣景象。在 19 世纪末期，报告指称兄弟会与妇女组织数量陡增。尽管甘姆和帕特南指出，进入 20 世纪之后上述所列社团的创

[1] Jeffrey A. Charles, *Service Clubs in American Society*: Rotary, Kiwanis, and Lions（Urbana: University of Illinois Press, 1993）.

[2] Charles, *Service Clubs in American Society*; Clifford Putney, "Service Over Secrecy: How Lodge-Style Fraternalism Yielded Popularity to Men's Ser-vice Clubs", *Journal of Popular Culture*, 1993（27）: 179 - 190.

[3] Dumenil, *Freemasonry and American Culture*。该书讨论了现代梅森协会从"从惯例到服务"的变动。

建数量略有下滑，但纵观他们所列出的截至 1940 年的资料，美国每千人中宗教协会与兄弟会的数量仍远高于职业性组织的数量。

很明显，马克思主义者与涂尔干主义者的论断并不能全然解释工业化时期美国社团的发展模式。明显与产业工业化发展亦步亦趋的工会、商贸专业组织及其他协会有所增长却并未获得主导地位，因为大量历史悠久的会员制社团也幸存下来了，甚至实现了自我复兴。20 世纪中叶美国大型社团的全盘局势与一个世纪前相比虽已面目迥异，却仍是对前一局势的某种承袭。经济的现代化向这盘大杂烩中加了新料——各种新兴社团，但跨阶层会员联盟根基犹在。

针对这一说法有一个现成的反驳：现代化过程中的美国可能一直维持着社团的特定格局——宗教与道德协会、兄弟会、退伍军人及其附属机构占据半壁江山。但这些社团的成长也可能是顺应了现代化的潮流。然而，甘姆和帕特南所验证的统计假设对这一反驳提出了置疑。自城市目录的社团名单中选取之数据在地区之间及年份之间都存在变化，甘姆和帕特南极为充分地利用了这种变化，求证了下述观念：国外移民、国内移民、工业化及（或）城市扩张等能够解释何以部分城市在社团数量上增量更大。他们开始这项调查原期望得到的结论是，规模更大、工业化更高的东北部城市可能在社团增量方面更为明显；那些外来移民大量涌入的城市也可能在社团增量方面呈现出不相称的高水平。结果，甘姆和帕特南却发现结论正好相反。 123

在1910 年，甘姆和帕特南所研究的26 个美国城市中，社团数量激增，甚至超出了人口的增长。然而在这一总体扩张的情势之下，就人均所占协会数量而言，地处美国南部与西部的城市比东部城市增加更多；发展缓慢的城市比发展迅速的城市增加更多；小城市比中等城市增加更多；同样，中等城市比大城市增加得也多。甘姆和帕特南总结道，"公民性的核心曾处在外围地带"，他们认为中小城市的居民创造并维持着更多的社团，原因在于较之1900 年前后的大城市居民，小城市居民还未能接触"工业化"的娱乐方式：电影或游乐场。[1]

甘姆和帕特南运用更确实的数据与更优良的分析技术重新验证了默里·霍斯根兹特（Murray Hauskencht）1962 年的《参与者》（*The Joiners*）一书中的结论。然而，霍斯根兹特对何以协会在较小的美国社区中大行其道的假设并非只是考虑到娱乐方式的问题，实际上提出了民主社会中公民影响力的重要话题。"志愿社团可能让身居小镇的居民产生更大的'效能感'，"霍斯根兹特解释道，"一种……'他投的票管用'的感觉。某些协会可能对整个社区都很重要，身处

---

〔1〕　Gamm and Putnam, "Voluntary Associations in America".

小镇你就更容易感受到这种氛围。"[1] 当我们回想起 1900 年前后美国大多数的志愿社团并不仅限于地方时，霍斯根兹特的观点就带有了些许弦外之音。它们将地区居民网罗到州、地区甚至全国的活动中，同时也允许他们在家门口集会。跨地区社团比地区社团所辖范畴显然更广，跨地区社团的会员们正是在此种情形下学习参与公民事业，并投身公民事业的发展。

乡镇小城中的这些团体的休闲价值也远不限于地区本身。各社团的主管及会员们珍视周游其他地区、州及参加全国会议的机会。这些跨区域的社团同样带来了重要的经济与社会价值。保险社团（Insurance societies）将不同地区的人们纳入麾下，摊薄了经济风险。可能最为重要的是，美国人——尤其是年轻人，长期旅居，住所更换频繁，所以他们多乐意在旅居地参加原本熟悉的社团。因此人们会在地区间转换会员身份，如果原本没有则创设新社团，或在商旅途中光顾一下俱乐部或会所。城市及社团指南往往精确记录下不同社团每周或每月集会的日期（天数），以使得来自城外的旅人们能设法参加这些集会。

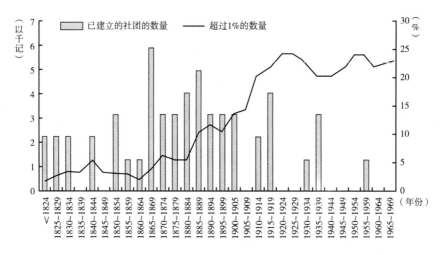

图 3 - 2　美国会员协会建立和累计的数量

数据来源：Civic Engagement Project data as of February 11, 2000。

如果谨记地区社团多是跨地区社团网络颇具特色的一部分，我们就能更好地查明社团变动的时机与原因。斯考切波项目的社团数据在图 3 - 2 中，标明了那些（最终成型的）大型跨地区会员制社团高速增长的时段。这幅图也描绘出

---

[1]　Murray Hausknecht, *The Joiners* (New York：Bedminster Press, 1962), 18 – 19.

既定数据下那些会员数超出成年总人口1%的大型美国社团之总数的变动。如图3-2所示，内战之后的几十年间，终将拥有极为庞大数量成员的社团暴风骤雨般出现。甘姆和帕特南的研究则表明，在1860~1890年间，地区社团激增与全国扩张的新兴社团日渐成型不无关系。到20世纪20年代，20多个大型会员制社团共存共荣，其中绝大多数根植于数以千计的地区社团，它们遍布村庄、乡镇及大大小小的城市。 125

二 来自战争与政治争论的推动

社会科学家通常认为长期社会变动的"真正"或"基本"原因是经济。但战争和政治争论同样也塑造社会和文化。对于现代美国公民社会而言，战争及一波波激烈的派系竞争推动了更多社团的创设、更多会员的加入及更多新事业的开创。

在内战接近尾声时，美国迎来了社团创建最雄心勃勃也最为成功的时期，这个时期足足持续了25年。在同一时期，1861年前就已存在的会员制联盟也出现了惊人的增长。这似乎违反直觉。内战是美国迄今为止规模最大、最具破坏性的战争，它让既有的社团联盟如怪人会、节制之子协会、独立戒酒会等变得支离破碎，耗费了美国成人的诸多精力，带走了数百万人的性命，更让美国南部多数地区的经济一片狼藉。

但内战刺激了跨地区的结社主义。内战期间，兄弟会组织如梅森会及怪人会等在有意愿服兵役或正服兵役的年轻人中招兵买马——可能因为这些兄弟会有行之有效的方法为那些远离家乡奔赴前线的会员们提供慰藉。[1] 而且战争一结束，已七零八落的美国会员制联盟迅速重组。最终，这些志愿性联盟比区域极化的政党更好地将南北双方重新弥合在了一起。内战期间，怪人会的每场全国性会议都为南方分会的代表们象征性地留出该有的位次，尽管空无人坐；每场会议都仍会点这些缺席代表们的名字，向这些代表们寄发会议报告。内战结束后的数月之内，南方分会的代表们纷纷回归原位。[2] 相较之下，美国联邦政府与政党体系则花费了数年甚至更长时间才恢复元气。

---

〔1〕 梅森共济会在内战军事单位定期召开例会。此外，波拉德还曾讲述很多关于来自缅因州的联邦军人受到南方梅森会成员援助的轶事，当时这些军人已沦为南方的战俘，"这样的故事数不胜数"，波拉德说，"梅森兄弟们的温情照拂软化了战争的残酷"。参见 R. W. Ralph J. Pollard, *Freemasonry in Maine*, 1762-1945 (Portland, ME: Grand Lodge of Maine, 1945), 77-79。

〔2〕 Ross, *Odd Fellowship*, 158-179.

在 19 世纪后半期，多数新兴的美国志愿社团从东北部和中西部向外扩张（到该世纪末时，有一些从西部向外扩张），[1] 经济受挫的南方作为战败方在战后社团重建中并非佼佼者，地方社团的数量及会众也落后一截。但事实上，内

126　战后美国的社团创建者决意像连接东西部一样将南北方联系在一起。他们从国家统一和国家重建这一角度思虑未来，并努力使这一愿景成真。内战之后创设的大型会员制志愿社团多数采用地区—州—全国三级联盟的形式，在创立后的二三十年间，它们的机构网络几乎遍布全美各州。

对许多社团创设者而言，内战既鼓舞了士气，又打开了视野；正是内战将他们彼此联系在一起，也让他们拥有了更强的使命感与希望感。在战争期间，男性在军队中同进同退，而女性则投身于战争后援或救济工作。这些人际联系在州内及州际建立起来，强化了嵌套式联邦主义模式作为事务管理最佳组织形式的地位。随着战争的结束，这种国家目的及国家统一至上的情感便转化到国家建设与联邦重组的热情中，对于赢家——北方人——而言尤为如此。

皮西厄斯骑士会（the Knights of Pythias）于 1864 年——时值内战——由一位联邦书记员创设，这位联邦书记员从达蒙和皮西厄斯这对莫逆之交的经典故事中获得启发，而后为这种两肋插刀的兄弟情谊设计出了一套章程，皮西厄斯骑士会必然会迅速成为美国第三大兄弟会组织。[2] 同样，农场主（或田庄主）协会的创设可归于一位美国农业部官员的灵感，他在战后的南方灾区巡回视察中颇有感触，希望建设一个全国性兄弟会以使农户从中受益［有趣的是，田庄会的创始人奥利弗·凯利（Oliver Kelley）恰能借用他与梅森兄弟会成员的交情而在南方自立门户］。[3] 美国红十字会的创设者是承担美国卫生委员会下派开展联邦战争救济工作的人员，他们希望在战后以新方式延续之前的工作。[4] 卫生委员会原有工作人员还曾为战后首个全国性妇女协会——基督教妇女禁酒联盟（WCTU）——的成立添柴加薪。

---

〔1〕 这一论断基于"公民参与研究项目"所列之主要大型会员制社团的创设地信息，同时基于卡梅隆·谢尔登曾对施密特书中所列兄弟会的分析，相关数据可参见 Alvin J. Schmidt, *Fraternal Organizations*, *Greenwood Encyclopedia of American Associations* (Westport, CT: Greenwood Press, 1980)。两相结合之下，528 个美国兄弟会组织中有 330 个列明了创设地点。

〔2〕 Jno. van Valkenburg, *The Knights of Pythias Complete Manual and Text-Book*, rev. ed. (Canton, OH: Memento Publishing Co. , 1886), xvi, 17, 381–384.

〔3〕 D. Sven Nordin, *Rich Harvest: A History of the Grange*, 1867–1900 (Jackson: University of Mississippi Press, 1974), 4.

〔4〕 Charles Hurd, *The Compact History of the Red Cross* (New York: Hawthorne Books, 1959), chapters 3–4.

基督教妇女禁酒联盟的组织者一开始就决心建立一个全国性协会，一个有足够的能力影响公众舆论和各级政府行为的协会。[1] 像美国内战后的其他戒酒团体一样，基督教妇女禁酒联盟的组织者也震惊于退役士兵的酗酒恶习，担心为战争筹资立下功劳的联邦酒水税自此高居不下。禁酒人士认为，积蓄力量以扭转上述局势的唯一方法就是创建（或强化）与政府并驾齐驱的联盟性志愿组织，并把触角伸进每一个国会选区。[2] 因此在19世纪80年代，基督教妇女禁酒联盟主要组织者弗朗西斯·威拉德（Frances Willard）走遍了美国每一个州， 127
考察了数以百计的城市乡镇；她还走访了边远西部，并多次在南方巡回演讲；在她身后留下的是遍布全国的新建地方会所和州会所。[3]

随后的19世纪80年代及90年代，社团创建的续波来袭。这一波世纪末的浪潮主要是旨在为会员提供保险的兄弟会组织激增。其实很多组织都没能成气候。一些组织仅局限于相对健康的潜在会员；一些则是从原有保险会社中脱离出来（西部人频繁地从垂暮的东部会社中抽身而出）；还有一些（如1881～1891年的铁庭社（the Order of the Iron Hall）不比几乎毫不掩饰的庞氏骗局高明多少。这样的"保险兄弟会"不时被曝出保险统计不健全，因此也多较为短命。[4]

另一波更为公民化的浪潮源于激烈的族群争论。19世纪80年代末及90年代，本土主义甚嚣尘上，土生土长的美国白人有组织地抵制新移民和天主教徒的迁入。[5] 相伴而来的是，众多美国族群联盟纷纷成立。它们致力于联合地方组织以进行自卫和维护美国信誉，推动地区与州级族群组织的进一步发展。总体而言，社团创设的趋势表明，美国历史上本土主义风起云涌的时期——19世纪40年代、50年代、90年代及20世纪20年代——也是众多美国族群组织创设

---

〔1〕 Ruth Bordin, *Woman and Temperance: The Quest for Power and Liberty, 1873 – 1900* (Philadelphia: Temple University Press, 1981).

〔2〕 关于圣殿骑士会右翼支会（a Right Worthy Grand Templar of the IOGT）的明确阐述，参见 Turnbull, *The Good Templars*, 88.

〔3〕 Ruth Bordin, *Frances Willard: A Biography* (Chapel Hill: University of North Carolina Press, 1986), chapter 8.

〔4〕 甘姆和帕特南通过1890年、1900年、1910年的城市目录所分析出的兄弟会创设高潮可能是源于这种短命的保险实验。我有此论断基于对下列数据的初步分析：斯提芬的《兄弟会组织百科全书》（Stevens, *The Cyclopaedia of Fraternities*）、施密特的《兄弟会组织》（Schmidt, *Fraternal Organizations*）及各城市目录。这就对将人均所占社团数量的激增视为公民活力的衡量这一方法提出了质疑。那些历史悠久、欣欣向荣的组织比众多的短命社团都要更重要。

〔5〕 Seymour Martin Lipset and Earl Raab, *The Politics of Unreason: Right-Wing Extremism in America, 1790 – 1970* (New York: Harper and Row, 1970), 81 – 104.

或扩张的时期。[1]

然而很显然，美国族群组织的架构与运作均极为类似于他们的竞争对手——新教社团及本土人社团。每一个社团都声称代表善良的美国人，代表虔诚之人。社团徽章和横幅几无例外地印着美国国旗（有时是美国国旗与移民所拥护的种族旗帜交叉而立），而且社团座右铭也多倡导一些相似的爱国及伦理价值。几乎每个社团都试图将地区及州这两级组织纳入区域及全国联盟中去。简而言之，美国会员制社团拥护人种、种族和宗教派别身份的多样化。但它们是通过鼓励相似经历及表现共同美国公民身份的方式来获得这种多样化。

第一次世界大战是社团集中创设的另一高峰时段。20世纪的社团巨头如美国退伍军人协会、美国农场业联合会（American Farm Bureau Federation）正是出现在此次大战之后，遑论众多规模稍小的社团。或许更重要的是，对原已存在的社团而言，第一次世界大战还成为一个预示着好兆头的分水岭。但这一说法并不适用于所有这类组织：曾经势头见好而生气勃勃的德裔美国人协会在一战期间因为被视为外敌而大多分崩离析。[2] 美国在1917年投入一战，之后约1/10的德裔美国人转入无族群倾向的社团，或以"美国人"的做派大张旗鼓地为原有社团再立招牌。

在某些社团销声匿迹之时，借着与联邦战时动员形成的亲密合作关系，许多其他志愿社团蓬勃兴起。红十字会和基督教青年会正是经由这种方式而会员数暴涨，志愿活动接连不断，地区分会建设如火如荼。哥伦布骑士会（the Knights of Columbs）通过向军事人员提供社会服务强化了美国爱国人士的信誉。[3] 第一次世界大战期间及战后，这一天主教兄弟会联盟利用其与政府新结成的伙伴关系以及公众给予的合法性，吸引了数以百万计的成员，迎头赶上了它的新教对头。自此，哥伦布骑士会一直是美国社团的佼佼者之一。

三　二十世纪

到了20世纪20年代，美国已成为一个工业国家。图3-2的数据记录下了自此以后二三十个共存共荣的大规模会员制社团。当然，这些大型社团的排列

---

〔1〕 这一论断基于下书所列举的关于各类兄弟会的创设数据，参见 Schmidt, *Fraternal Organizations*。

〔2〕 Stephen Thernstrom, ed., *Harvard Encyclopedia of American Ethnic Groups* (Cambridge, MA: Harvard University Press, 1980), 422 - 423 (in the essay "Germans")。

〔3〕 Christopher J. Kaufman, *Faith and Fraternalism: The History of the Knights of Columbus*, 1882 - 1982 (New York: Harper and Row, 1982), chapter 8.

组合在过去的几十年里也不断变化。一些旧有团体（如节制之子协会、独立戒酒会、内战联邦退伍军人协会）逐渐没落甚至销声匿迹；另一些则是昙花一现，这或许因为它们承受不住改革运动的折腾（败者如劳工骑士团，胜者如美国妇女选举权协会）；还有一些组织在族群或种族关系高度紧张之际成就了一时的强大之势。[1] 但与此同时，另有社团应运而生或欣欣向荣，这多得益于福利国家建设或者战时动员的大好时机。

当今保守派声称，现代社会供给的增长已使得志愿活动难以招架。[2] 然而众多美国会员制社团起初都缺乏公共社会项目，然后才通过帮助政府向数百万人口提供福利或服务才得以蓬勃发展。联邦退伍军人及幸存者获得各州及国家慷慨的资助，而内战联邦退伍军人协会就借这股东风发展壮大。[3] 田庄会和美国农场业联合会同样与惠农的公共项目密切相关。[4] 独立妇女联合会——包括基督教妇女禁酒联盟、女子俱乐部大联盟、全国母亲联盟（之后是家长—教师协会）——均与各地区、各州甚至全国的关爱母亲、儿童及家庭的公共事业息息相关。[5] 雄鹰共济会（The Fraternal Order of Eagles）及汤森改革会均与老年人的联邦福利捆绑在一起，而较为近期的退休人员协会也因相关公共项目而快步发展。[6] 工会需要美国政府的扶持才得以完全建立，反过来又成为"新政"下社会经济项目的支持者。美国退伍军人协会拥护联邦为年轻家庭所设的最慷慨的社会项目："1944 美国士兵法案"。[7] 自美国内战起，后经由"二战"时期，会员制志愿社团一直为美国版现代福利国家（的建设）查漏补缺。

129

〔1〕 这包括红人改进会（the Improved Order of Red Men）、美国保护协会（the American Protective Association）、美国机械工人联合会（the Junior Order of United American Mechanics）、德裔美国人同盟（the German-American Alliance）、第二个三 K 党（the second Ku Klux Klan）。
〔2〕 与本章所列证据极不相符的这一论断，还存在一个枯燥单调的版本，参见 Michael S. Joyce and William A. Schambra, "A New Civic Life", in Michael Novak, ed., *To Empower People: From State to Civil Society*, 2nd ed. (Washington, D. C.: AEI Press, 1996)。
〔3〕 Stuart McConnell, *Glorious Contentment: The Grand Army of the Republic, 1865 - 1900* (Chapel Hill: University of North Carolina Press, 1992).
〔4〕 Nordin, Rich Harvest; John Mark Hansen, *Gaining Access: Congress and the Farm Lobby, 1919 - 1981* (Chicago: University of Chicago Press, 1991).
〔5〕 Theda Skocpol, *Protecting Soldiers and Mothers: The Political Origins of Social Policy in the United States* (Cambridge, MA: Belknap Press, 1992), part 3.
〔6〕 Henry J. Pratt, *The Gray Lobby* (Chicago: University of Chicago Press, 1976).
〔7〕 William Pencak, *For God and Country: The American Legion, 1919 - 1941* (Boston: Northeastern University Press, 1989); Richard Seelye Jones, *A History of the American Legion* (Indianapolis and New York: Bobbs-Mer-rill, 1946); Theda Skocpol, "The G. I. Bill and U. S. Social Policy, Past and Future", *Social Philosophy and Policy*, 1997, 14 (2): 105 - 109.

在 20 世纪三四十年代，工会（包括产业工人以及手工业工人）才终于在美国公民社会中站稳了脚跟。然而同一时期，对其他大型社团而言可谓度日如年。为应对会员老龄化带来的财政赤字，对保险不甚精通的兄弟会频繁地合并、注销或被赢利企业吞并。以社会为导向的兄弟会也萎靡不振。在大萧条期间，很多美国人负担不起会费，之后他们又专注于发动一场海外战争。这一时期，一些社团无可避免地要走向下坡路。举例而言，怪人会作为美国历史最悠久的兄弟会之一，仅在 1945 年略有起色后便重新陷入衰落。

当然原会员制社团中也有一批——包括某些兄弟会——在"二战"后重焕生机。尽管自 20 世纪 60 年代以来各社团处于持续收缩状态，但在会员数超出美国成年人 1% 的社团名单中，梅森兄弟会至今赫然在列；东方之星（Eastern Star）也仍是主招女性的社团巨头之一。更具说服力的是，将甘姆和帕特南笔下截至 1940 年的数据再做核对可以发现，在 19 世纪 50 年代到 1920 年间成立的众多美国社团，在 20 世纪的前六七十年多发展顺利。下列社团包含在内：兄弟会〔如厄尔科斯会、穆斯会（Moose）、雄鹰会、哥伦布骑士会（及梅森会、东方之星）〕；退伍军人社团（如海外作战退伍军人协会、美国退伍军人协会，各类教会相关社团，男士及女士保龄球联合会）；美国劳工联合会（1955 年与产业工会联合会合并为美国劳工总会与产业劳工组织，AFL-CIO）；以及社区团体（如红十字会、童子军会、基督教青年会、家长—教师协会）。到 20 世纪六七十年代，上述社团中仍有相当一部分持续发展，数以百计的小型会员制联合会也以同样的方式茁壮成长。就像过去的大型战争一样，第二次世界大战给众多美国会员制社团重新注入了活力。

综上所述，对普通美国人而言，会员制社团联合会的一系列现代化模式构成了"二战"后公民社会的外壳。多数会员制联盟都有或每周、或双周、或每月定期集会的地区组织，而每一管理层级都定期选举新的管理人员。除了工会和农业协会外，会员制社团招纳的男士会员或女士会员均拥有相当广的职业背景与社会背景。所有这些根植于大众的社团都拥有一个双向互动的结构：领导者与被领导者之间；地区及超地区的活动家之间。数以百万计的男男女女仍然活跃地参与其中，加之种类繁复的会员制社团，必定会影响美国公民对阿尔蒙德与维巴调研的答复，由此在《公民文化》一书中，美国人便以"一群最具参与性的公民"的面目出现。

第五节 公民美国的转型

历史可以解释为何阿尔蒙德与维巴发现 1960 年前后的美国人是积极的公民

参与者，而在另一种意义上而言，两位作者为之欢呼的公民社会可能现已成"历史"。从托克维尔到阿尔蒙德与维巴，他们均为美国人的结社生活着迷不已，但这种生活在 20 世纪最后三四十年的时间里已经发生天翻地覆的变化。专门聚焦于"现代化"的解释版本，罗伯特·韦伯误以为会在 20 世纪初便能凯旋，却到世纪末才最终被验证。

表 3 - 1 中所列的大型会员制志愿联盟约有四分之三仍然存在，但多数幸存的老社团也是在苦苦支撑，社团网络大幅收缩，会员减少的同时渐趋老龄化。家长教师协会、女子俱乐部大联盟、梅森共济会、厄尔科斯会、退伍军人大联盟及其女性附属团体都已不再是美国社会或政治领域的"行动前沿"。曾经的"大块头"——工会也持续衰微，会员数从 50 年代占美国劳动力的三分之一降至如今的不到六分之一[1] 与此同时，新一轮的全国社团创立浪潮在内战后出现的一波波激涨浪潮面前相形见绌。1959 年，协会百科全书列出了近 6000 个美国全国性社团；到 1970 年，数字超过 10000；到 1980 年，近 15000；到 1990 年，近 23000；之后就稳定在这一水平上[2] 在这些新近创立的社团中，一种不同类型的社团占据主导地位：专家主导的游说组织。

当然，近来有几个新的根植于地区及州这两级面对面交流的会员制联盟建立起来，主要是全国生命权利委员会、基督教联盟等右翼社团。除此之外，一些旧有的会员制联盟近来长势见好，典型的如处于党派谱系中保守一派的全国步枪协会及自由一派的全国教育协会。但自 20 世纪 50 年代后，鲜有大型会员制社团闪亮登场或雄风重振，那些跨越阶级和党派划分并能将地区与跨地区活动相结合的多目标社团尤其少见。近年来的新增社团大多使命感薄弱，会员寥寥甚至根本没有，它们多基于电子邮件与个体成员联系，而后者不过是邮寄支票了事。美国退休人员协会算是其中最大的社团，成立于 1958 年，在 20 世纪七八十年代快速成长起来[3] 多数新成立的由专家领导的倡议团体规模较小——会员往往不过只有华盛顿或纽约市中的总部成员而已。

近来美国的"倡议爆炸"——正如杰弗里·贝瑞（Jeffrey Berry）恰当的这一称呼——包括下述几个要素[4] 20 世纪 50 年代中期至 60 年代的民权运动赋

131

〔1〕 Jeffrey M. Berry, *The Interest Group Society*, 3rd ed. (New York：Longman, 1997), Figure 2. 4, page 27.

〔2〕 Frank R. Baumgartner and Beth L. Leech, *Basic Interests* (Princeton：Princeton University Press, 1998), 103. 我将这些数据补充至 1999 年，结果发现在整个 90 年代几乎没有发生什么变化。

〔3〕 Charles Morris, *The AARP* (New York：Times Books, 1996).

〔4〕 Berry, *The Interest Group Society*, chapter 2.

予了南方黑人以选举权，也催生了众多致力于帮助非洲裔美国人把握机遇的新组织。在这次民主分水岭的后续余波中，外溢的"权利革命"让女权主义者、同性恋者及很多少数种族和少数族群发出了组织化的新声音。权利运动自下而上发起于草根阶层，但有很多随即发展成为专家领导的倡议团体或社会服务团体。据社会学家黛布拉·明可夫（Debra Minkoff）所载，代表女性和少数种族或族群的社团在1955~1985年之间增长了6倍，从不到100个增至近700个。此外，在20世纪七八十年代，整体社团的组合形式从文化性、抗议性及服务性社团急剧转型为政策倡议社团以及兼具倡议的服务团体[1]。与先前的族群社团及女伴组织相比，现在的权利倡议组织旨在强化各自的独特之处及其与其他美国人的相异之处。

132 　　另一个分水岭是公益倡议团体的大量创设，这些团体力图塑造公众舆论并影响立法，所涉事项从环境保护（例如塞拉俱乐部和环保基金会）到救助贫困儿童（儿童保护基金会）、增加政府支出（同道会）、削减公共福利（协和联盟），不一而足。在20世纪70年代，公益团体发展迅速，起初这种增长明显倾向于自由主义[2]。但最近保守主义倡议团体占了上风[3]。某些公益事业——如将环保运动看作一个整体——包括地区活动、面对面的会员团体及华盛顿特区的游说团体。但大多数并不如此（随着时间的推移，环保运动甚至也已变得更为专业化）[4]。同样重要的是，公益事业团体多数依赖于出资者，而这些人多处于美国收入分配层级的上端[5]。

　　从这个意义上说，近来美国"结社爆炸"的最后一波可看作是对前述两波的回潮。在各类权利运动及公益事业的支持者纷纷组织起来时，商贸人士及各业同行自不能无所事事、袖手旁观。在20世纪七八十年代，成千上万的商贸与

〔1〕 Debra C. Minkoff, *Organizing for Equality*: *The Evolution of Women's and Racial-Ethnic Organizations in America*, 1955 – 1985 (New Brunswick, NJ: Rutgers University Press, 1995), chapter 3, especially Figures 3. 1 and 3. 2, p. 62.

〔2〕 Jeffrey M. Berry, *Lobbying for the People*: *The Political Behavior of Public Interest Groups* (Princeton: Princeton University Press, 1977).

〔3〕 Berry, *The Interest Group Society*, 34 – 37.

〔4〕 Robert Cameron Mitchell, Angela G. Mertig, and Riley E. Dunlap, "Twenty Years of Environmental Mobilization: Trends Among National Environmental Organizations", in Riley E. Dunlap and Angela G. Mertig, eds., *American Environmentalism*: *The U. S. Environmental Movement*, 1970 – 1990 (New York: Taylor and Francis, 1992), 11 – 88.

〔5〕 例证可参见 Andrew S. McFarland, *Common Cause*: *Lobbying in the Public Interest* (Chatham, N. J.: Chatham House Publishers, 1984), 8。安德鲁·麦克法兰在书中称，"自一开始，同道会的赞助者就多是中上阶层的白人，他们接受过良好的教育，人届中年，财务殷实，而且集中分布于东部沿海地区和太平洋沿岸各州。"

行业倡议团体整装再发，或在华盛顿设立了办事处。这些社团成员多是其他组织，而非个体公民。随着70年代中期法律的变化，商业与行业倡议团体通过建立政治行动委员会来引导对选举候选人的捐款，以此强化了游说力度。[1]

一 发生的原因何在？

在20世纪末的美国公民生活中，何以有如此之多的由专家主导的社团欣欣向荣？有几个假设可以提一提。一些学者指出通信媒体在变化，认为电视及电子邮件的崛起使得专家可以在集成化办公地点招募邮件列表中之人为会员，或者根本不需要会员或民选领袖便可自行处理社团事务。正是这样的变化——已横扫选举政治及社团生活——使专业化经营、低会员数的倡议团体得以运行。但新兴会员制联合会（如基督教联盟）的发展，美国劳工总会与产业劳工组织（AFL－CIO）的风光再现，都表明新技术对社团运作也并非必然起决定性作用。如果领导层意向坚定，新技术亦能对多层次会员制社团的运作给予正面激励。

无疑，另一个因素可归于富有的赞助者与美国免税基金会的意愿，他们向倡议团体拨出款项，使它们从对会费的依赖中抽身而出；而20世纪60年代前，会费一直是众多颇具影响力的美国志愿社团的首要资金来源。[2] 彼时，无法以招募大批会员实现新陈代谢的组织创建者就不能成为领导者，因此他们乐意遍访全国，举行面对面的会谈，招募中层领导者并着力鼓励，因为后者将接手会员招募和维持的大任。如今，对纽约市或华盛顿特区的领导者而言，撰写群发邮件或准备基金会经费申请书才更有意义。

性别认同和阶级关系的转变也至关重要。自19世纪以来到20世纪50年代，（无论是发起设立还是自发形成）多数大型美国志愿社团里都是跨阶级与单性别的事务。在大多数这些社团中，商业人士及各行业专家齐聚一堂，携手白领雇员，可能也包括上层农民及产业或手工业工人。但通常跨阶级和跨地区社团的创设及领导，要么是男士们的事，要么是女士们的事，两者并不搅合在一起，对于内战至20世纪50年代这一时期来讲更是如此。区分男性与女性的角色提供了广泛而包容的身份认同，这使得数十万甚至数百万的美国人能够超越地区与阶层界限团结起来。男性退伍军人以及排除在有偿劳动力之外而受过良好教

133

---

〔1〕 Berry, *The Interest Group Society*, 19 – 29.

〔2〕 Berry, *The Interest Group Society*, 80 – 85；Jack L. Walker Jr., *Mobilizing Interest Groups in America：Patrons, Professions, and Social Movements*（Ann Arbor：University of Michigan Press, 1991）；Michael T. Hayes, "The New Group Universe", in Allan J. Cigler and Burdett A. Loomis, eds., *Interest Group Politics*, 2nd ed.（Washington, D. C.：CQ Press, 1986）, 133 – 145.

育的女性是志愿联盟的主要领导者。这两类人足智多谋，备受社会尊重，而且在地理位置上的分布相对分散。

但在20世纪最后三四十年里，这些条件已经消失。同样在这一时期，那些渐趋成年的男性群体多不愿在军队服役[1]。而且，美国越南战争的痛苦经历打破了年轻男性对"一起扛枪"这份兄弟情谊的持续认同。"二战"老兵与其子之间的代际鸿沟难以逾越，而相比之下，自美国内战以来到第一次世界大战期间的几代美国儿孙却都对父辈的经历心驰神往。"男子汉传统"被颠覆之时，恰恰是女权主义革命，加之妻子与母亲们加速成为有偿劳动力之时，这些都使得性别角色认同重新调整，夫妻分工重新划分。

与此同时，对受过良好教育的美国女性而言，很多事情也不复从前。受过大学教育的美国男人们多爱涌入大城市中心，但在过去，受教育程度较高的女人们则分散各处任教，之后嫁人，同时不得不停止教学。所以受良好教育的已婚主妇在各州的每一社区都可以找到，她们成为各地志愿活动的中流砥柱。但现在受过良好教育的女性多以面向全国的职业为追求，很少有时间参与无关于工作的社团，她们跟有职业进取心的高学历男士们一样都涌入大城市中心。

到了70年代，美国已形成规模庞大的由专业人才与管理人才（professional-managerial）所组成的中上阶层，这其中皆是那些自认是专家而非"社区代理人"的男士女士[2]。像这样的精英们更乐意向由职业人士主导的全国游说组织捐助钱财，而非在传统会员制志愿社团中苦心经营以实现地区—州—全国三级领导职位的升迁。以都市为中心的"现代化"已经到来，新公民世界由专家、管理人才及商业精英所把持。

美国政府与政治也发生了变化。美国联邦政府在征税和公共支出方面并没有平稳增长，但联邦监管活动自20世纪60年代以来却大肆扩张，而且首都华盛顿的活动也越发专业化。国会参谋越来越多，下属委员会数量渐涨且日益分散化，这些均使得可能影响立法或行政执行的据点越来越多。抓住这样的机遇，以职业人士为主力的倡议游说团体便甩开烦琐的大众志愿联合会而自行其是。国会选举更是如此：国会代表也越来越多地借助民意测验专家、媒体顾问及电视广告的帮助寻求连选连任，抛弃了他们曾经对志愿联合会的依赖——后者是他们在选区与选民沟通的生命线。现在普通公民越发不可能被动员去加入政党

---

[1] Data from Robert D. Putnam.

[2] Steven Brint, *In an Age of Experts: The Changing Role of Experts in Professional Life* (Princeton: Princeton University Press, 1994).

或公民团体；相反，富翁们倒是被反复请求多签些支票。[1]

总之，美国政治和公民生活中被视为高效组织的典型模式已天翻地覆。力图将面对面的组织嵌入州与联邦网络中去的全国性联合会大势已去，大多数领导人及公民都不再考虑创设这样的社团，也不想为这样的社团开展工作。如果要发起一个新的创设，企业家们多想着建立一个全国办事处，通过直接发送邮件、雇佣民意测验专家和媒体顾问来募集资金。当倡议团体就热点问题发布新闻公报，并雇佣说客与政府打交道——以及为了上述活动持续融资时，民意调查可用以测量分化的公众舆论。组织的领导者们没时间与各派会员讨论这些事，而会员身份也沦为无利可图的消遣。

二 那又怎样？

有些人可能认为我刚才描述的转变没什么不好的。为什么要为大型会员制联盟的衰落哀痛不已呢，它们往往是种族排外或性别歧视的？那些几无偏见的会员制社团试图一次性地完成多种不同类别的事情——从社团服务、娱乐休闲到国家政策倡导——但可能没有一件事完成得很漂亮。由此而言，它们的政策努力实际并未增加任何"公共利益"。随着时间的推移，如美国退伍军人协会、美国工会、美国农场业联合会等组织似乎还插手某些偏私和自利的事情。

这种观点还指出，新形式的社团活动自有它们的优势。今天的美国人，尤其是年轻人，几乎没时间参与惯例式的集会。他们接受过良好的教育，渴望自由的个人选择。也许由规模较小但关系亲密的援助性团体所组成的社团世界与众多全国办事处——人们将支票邮寄到此处以支持特定事宜——两相结合，对今日的美国而言更为可取。

即使以上所言可能有理有据，但言说者们却忽视了旧式公民美国的可贵之处，它们既不可复制，也不可再生。专家领导的倡议团体所构筑的美国新式公民社会颇具寡头意味。理所当然，比之生活于跨阶层会员制联盟这一传统世界中的同类人而言（数量比后者少），富有且高学历的美国人在这个新公民世界中更加如鱼得水。当然，那些高学历的富翁与其夫人们始终都处在社会的上层。但过去他们不得不与财产与事业皆处中等的公民打交道。普通美国人也同样有机会参与社团，并寻机上位——这些社团在阶层与地区间，也在地区与跨地区的事务间架起了桥梁。现在这座桥梁正在塌陷。普通公民成为具备真正影响力

---

[1] Steven J. Rosenstone and John Mark Hansen, *Mobilization, Participation, and Democracy in America* (New York: MacMillan, 1993); Sidney Verba, Kay Lehman Schlozman, and Henry E. Brady, "The Big Tilt: Participatory Inequality in America", *The American Prospect*, 1997 (32): 74 - 40.

的社团会员的机会越来越少。同时，最有权势的美国人间相互沟通（或彼此争论），与其他人等则毫不相干。

从 19 世纪到 20 世纪中叶，也许美国具备自己独特的国家—社会模式。美国不仅是世界上第一个在成年男子间实现民主的国家、世界上第一个普及公共教育的国家，它还拥有具备独特平衡性的公民生活——在这种公民生活中，市场即使膨胀却无法淹没公民社会，各级政府着力且间接地支持联盟制志愿社团。在传统的公民美国中，数以百万计的普通人彼此交际，还与特权阶层并肩参与社团，进而在社区与国家事务上辗转筹谋、发挥影响。赤贫之人被抛出这一圈子，但其他大多数人均能参与其中。国家精英们也无不对数百万普通美国人的价值观与利益多加注意。

今时今日，旧式的公民美国已日薄西山。20 世纪 60 年代后的美国在种族包容性和性别整合性上更上层楼，但即使如此，专家主导的没有会员的社团所筑就的新公民世界是否能维持或激发美国民主的活力仍待检验。

第四章

法国：法国的新旧公民纽带与社会纽带[*]

让－皮埃尔·沃尔姆斯

在法国，关于社会凝聚力受到威胁、民主理想受到挑战的问题如同在其他多数发达国家一样被反复提及。法国人通常公开谴责全球化和个人主义的压力腐蚀了公民纽带和社会纽带。因为这种腐蚀首先打击了关乎法国共和模式与内外安全的两个中枢性结构要素：国家与受薪雇用，许多法国人常常感到国家非常脆弱。

法国是欧洲最古老的民族国家，拥有超过一千年的历史。一千多年来，在每一次动荡的历史环境中，维护国家的统一都依靠全体公民服从国家机器的同一套行政强制约束，相同的税制、相同的司法制度、相同的公共服务和公共事业，以及相同的权利和义务，适用于所有地方的所有公民。集中的政治权力和同质性的行政规则是为国家统一服务的工具，它们所达到的程度并不是在任何地方都一样。托克维尔聪明地注意到，共和制取代君主制只是突出展现了法国的这一独特特征。因此在今天，法国将民族认同、公民社会结构和主权状态的基础都建立在国家的尊严和权力之上。这一事实对法国共和模式的批评者和支持者来说都是毋庸置疑的。

法国构建其高度发达的福利国家和社会团结体系的独特方式很少被提及。公共社会保障（医疗保险、失业津贴、家庭津贴、退休金以及其他各种规避社会风险的保障措施）的经费筹措主要有两种方式：一是通过税收，即加入国家预算；二是通过利益相关各方遵循强制性标准存款到专门的共同基金。吊诡的是，说起来，国家在履行公共责任方面素来占据主导地位，法国社会保障体系却不依靠国家公共财政经费也不纳入政府部门的管理序列，而是完全依赖在不

138

---

*　特别感谢尼古拉斯·马里奥特（Nicolas Mariotte），他为本章收集并分析了大量的数据。与他的讨论总是富有启发。

同部门的雇佣关系中按强制性规定缴纳费用来维持，并由各利益相关方选举代表来管理。在受薪雇用的关系之下，共同基金由雇主和雇员共同筹措并共同选举代表来管理。由此可见，法国福利国家在财政上对就业的依赖十分严重，这也在很大程度上解释了为什么在法国失业率的上升会严重威胁到社会凝聚力，也解释了法国社会方面的预算规模问题：法国公共社会支出占 GDP 的 29%，而在德国和意大利仅占 23%，英国仅占 20%，美国和日本仅占 12%。[1]

相关的辩论的形式同样很典型是法国式的，它包含了各种激进的理论体系之间在知识上尖锐的对立。而社会资本理论的方法或许有助于减少这场辩论中的意识形态因素。

第一节　法国的社会资本

一　概念框架的范围

一般而言，社会资本指个人或团体为通过合作来实现共同目标而在正式或非正式关系中调用的网络、规范和价值。

在狭义上，社会资本仅指个人自愿加入定期举办面对面集会的团体中所产生和体现出来的社会资源。这类团体既包括正式的志愿性非营利社团，也包括非正式的朋友、邻里、教友间的团体。在更广泛的意义上，这些社会资源也可以通过各种团体内的关系产生和体现出来，一个人属于这些团体可能是出于自己的自由意志，也可能是缘于偶然、强制或社会归属的过程，如家庭、公司、族群共同体、邻里、城市或民族。打开更广义的概念框架的范围，社会资本可以被视为在完全不同类型的团体中创造的，在这些团体中面对面的关系是罕见的、不定期的甚至偶然的，而且在这些团体中，成员的参与强度也不大相同：他们可以是慈善事业的捐献者、公共交通的通勤者或公众集会的参与者。

由于所有团体都有可渗透的边界和重叠的地方，我将审慎地采用广义的、更具包容性的社会资本的定义，同时，我也会非常小心地不去模糊每一类关系的具体特性。尽管可能存在实际困难和理论风险，但理清关系网络仍是十分必要的，同时分析这些关系网络间的相互关系也是极其重要的。我选择更具包容

---

〔1〕 其中社会保障的支出数据为 1993 年社会保障支出，来源于国际劳工组织；社会保护的收支为 1991 年数据，源自欧洲统计局。引自：Lester M. Salamon and Helmut K. Anheier, *The Emerging Sector: An Overview* (Baltimore: Institute for Policy Studies, Johns Hopkins University, 1994)。

性的社会资本概念框架更重要的一个原因是，在某一处被详细阐述的规范和价值往往会在另一处得到应用。例如，法国人口统计学家伊曼纽尔·托德（Emmanual Todd）令人信服地将长时段的不同地区的不同政治倾向，与（各地区）家庭结构和规范之中根深蒂固的历史性差异联系在一起，社会学家雷诺·圣索利厄（Renand Sainsaulien）将各类社会职业有关权威与合作的一般性准则的差异归因于工作条件的不同，每个团体在自己的工作条件下通过重复自己的经验而把握了指导工作的日常行为规范的实质。然而，我确实意识到，从拓展分析的视野方面有所得，却可能在关注点的准确性和论证的可靠性方面有所失。

二　团体与社会凝聚力

一个社会的社会凝聚力一方面可以在社会各团体和共同体内部测量，另一方面也可以在各团体间、共同体间测量。每一个特定团体的内部凝聚力并不会自动产生出强大的全球社会的凝聚力。因而重要的是在每一个个案中都要精确地辨别出社会资本得以产生和应用的共同体何在；都要考量社会资本主要应用于内部关系、外部关系还是兼而有之；都要辨明社会资本究竟是自我中心导向型的还是他人导向型的。本文中，我将尝试回答的主要问题之一是"法国社会资本处于衰退中"这个一般性假定是指法国社会主要团体内社会资本在下降，还是指各团体之间及各团体与公共机构之间缺乏联系。

140

三　社会资本的接受与创造

任何团体的社会资本都具有两面性：一方面，社会资本由团体提供给个人（预先存在的交际网络、广为接受的合作规范与价值），另一方面，社会资本由个人创造并对团体有益（人们通过参与而创造、激活网络，而规范、价值通过人们的加入、涉及和利用得以坚持或变革）。社会资本是动态供求关系中社会交换产出的不稳定的产品。如果预先存在的社会资本被人们察觉与他们追求的目标无关，其产出的好处并非他所追求的，那么这类社会资本会因为不被使用而衰退。分析社会资本在法国社会不同领域内下降的问题时，我将特别关注预先存在的社会资本状况对于预计的受益人的实质意义，并特别关注用以取代被弃用的社会资本旧形式的各种新形式。很可能公民社会经常为之扼腕的社会资本衰落实际上被新型社会资本的出现所冲抵。

四　社会资本与政治系统

罗伯特·帕特南已经令人信服地指出，通过提升个人在公共事业中的合作能力、减少人际间交易成本（就时间、精力、程序的刚性、金钱等方面而言）、鼓励人们为公益而一起努力，社会中大量社会资本的存在会促进政治民主与经济繁荣。

　　社会资本、政治系统与宏观制度绩效之间的关系非常重要，但也非常微妙。如同国家是社会的产品，反之亦然。一方面，社会逐步创造了国家：规则与制度应各团体和平共治的要求，应共同的财产如何制造、保护与分配的需要而生；另一方面，国家的公共规则与制度阐明了共同规范，它们将社会各部分黏合在一起，创造出归属感和参与公民共同体的渴望。然而同时，国家依特定的权利与责任、保护和促进特定团体的利益、特定的社会身份而将公民分成不同类别。这些团体会一起行动，形成合作网络，并创造出规范和价值，这是国家用以处理社会团体问题最为恰当的方式。在此意义上，社会团体的动力机制是国家制造出来的，如同民族是一个整体（是被国家制造出来的）一样。政治系统在社会中的运作将会影响其社会资本的本质，如同社会资本的本质将会影响其政治系统的运行一样。

141

　　对于法国，分析这一辩证关系意义格外重大：在法国，国家在形塑公民社会过程中起到了至关重要的作用。我将特别探索如下问题：法国社会资本表面上的衰退是公民纽带、社会纽带实际上遭到腐蚀的标志，还是国家与社会之间联系的松弛，并结果代之以更自治的（可能也更成熟的）公民社会与公民关系的标志？

　　这些只是以社会资本方法分析法国过去与当下公民纽带、社会纽带所遇到的众多问题中的一部分。为了论述的清晰，我将社会资本概念从狭义引向广义。我将从社会团体开始研究，并展开将近邻联系在一起的非正式纽带关系的研究；然后我将处理社会纽带和社会规范得以产生和发展的两个基础性制度：家庭与工作；最后，我将以公共领域的社会纽带、公民纽带——即道德和公民价值、公共机构和政治参与——结束本文。

第二节　社会团体的社会资本

一　增长中的社团部门

　　相较于欧洲其他国家和美国，法国社团网络经常被提及的缺点在于其受到天主教文化与中央集权国家的双重影响。数据显示，法国在社团会员数量、志愿者数量及捐助者（捐助者少，所捐金额更少）方面不仅大幅落后于美国和北欧国家，也落后于德国、比利时、英国、爱尔兰。法国人的人均捐助额是美国人的十分之一甚至更少。

　　教会和国家的影响不容否认；它们竞相控制法国公民社会已达数世纪之久，

几乎没有给公民的自主性留下空间。贯穿法国历史的是，国家对任何形式的中间结构施以持续性打击，可能破坏了社会，国家占据了中央权威与公民个体之间的所有空间。独立的志愿社团在任何时代都是被打击的主要对象，但每段历史时期还有其他的新目标：在中世纪，封建贵族和自由城市是箭靶；君主制时期（旧制度时期）打击对象是地方议会和作为少数派的新教、犹太教会众；大革命时期目标是教会、天主教集会和商业公司；19世纪则是政治俱乐部、学者团体、共济会和工人互助社。1901年的社团法虽废除了过去成立社团需内政部事先核准的法律，但它同时强制社团需于地方登记后方可获得法律地位和责任能力，如租用办公场所、雇用职员、签订商业合同的法律能力，等等。　142

　　与大多数人所认为的相反，尽管存在如此多的障碍，一个富有活力但受到限制的社团部门一直存在于法国，同时抵消又拓展着国家和教会在慈善、医疗和教育等领域的权力。在整个19世纪，各省的城市资产阶级创建了学会、慈善协会和休闲协会。它们的主要功能是组织各省资产阶级精英，并赋予这一阶层吸引力和合法性。与此同时，工人阶级中许多合作和互助团体也在法国空想社会主义影响下产生。这二者共同构成了当代法国社团运动重要的历史渊源。

　　由于1901年结社自由为法律所确认，法国社团部门的成长非常可观。1901～1960年间增长相对温和，1960年有12633个新社团登记，这是全国性统计数据得以收集的第一年。据估计，第一个时期（1901～1960年），地方登记的新社团数量以年均1.8%的速度增长。这一增长主要源于两个因素。

　　第一个因素是"社会基督教运动"[1]，它特别影响了医疗、社会慈善和社会服务。几个世纪以来，天主教会几乎垄断了照顾穷人和各类承受着社会、身体、心理障碍之人的组织。但如今这些维护团结的功能已被认定为福利国家的公共责任的组成部分，新的社会权利、公共利益和公共服务被创造出来，而社团受托对它们进行管理。很多社团都继承了之前天主教会慈善组织的专业技能。第二个因素是世俗的左翼政治，其影响在于，在法国人民阵线（the People Front）的帮助下许多新社团得以成立，尤其在青年运动、度假野营等活动以及大众旅游社团方面表现突出，大　143
众旅游社团在1937年法律认可了带薪年假（制度）后迅速发展起来。

　　从1960年起每年的新生社团数量迅猛增长：1960～1970年年均增长率达到4%，1970～1980年达到5%，1980～1990年达到5.5%，如今年增长率已经基本稳定在5%，每年有6万余个新社团登记成立（见表4-1）。

---

〔1〕　社会基督教运动（英 Social Christianism，法 Christianisme Social），19 世纪产生的社会思潮，其基础是基督教人文主义，反对当时的经济自由主义和迅速工业化带来的社会后果。——译者注

表 4－1　年度新社团登记数

单位：个

年份	数量	年份	数量	年份	数量
1908	约5000*	1978	35025	1990	60190
1938	约10000*	1979	31222	1991	58840
1960	12633	1980	30543	1992	70403
1965	17540	1981	33977	1993	62736
1970	18722	1982	40228	1994	65056
1971	23361	1983	46857	1995	65588
1972	26257	1984	48040	1996	67528
1973	22403	1985	47803	1997	62646
1974	22153	1986	50607	1998	62708
1975	23753	1987	54130	1999	58293
1976	25622	1988	50650		
1977	33188	1989	60630		

注：＊法国国家统计数据自1960年开始，此前数据为粗略估算。
资料来源：法国内政部。

最近 20 年间，超过 100 万个新社团已经进行了官方登记。这一时期内有多少社团停止存在我们不得而知，因为多数社团也不会自找麻烦地宣布停止活动，这种疏忽大意对他们也不会造成任何影响。据官方估计，大约 70 万个社团仍处于活跃状态，这一数字大致合理，但无法证明。这一数字之外，还应追加大量并未进行官方登记却事实上存在的社团，大量不需去银行开户或雇佣受薪职员的社团，等等。

其他揭示社团部门活力的数据包括社团雇佣的人数（大约 80 万人全职受雇于社团，占总就业人数的 4.2%）以及社团总费用占法国 GDP 的比重（3.3%）。意义更为重大的是社团部门对创造就业做出的贡献：20 世纪 80 年代法国经济提供的每七个新增就业机会中，就有一个是在社团部门内创造的。[1]

[1]　本节所有数据均引自 Edith Archambault, *Le Secteur Sans But Lucratif* (Paris: Economica, 1996) 一书。此书为约翰·霍普金斯比较非营利部门项目法国部分的成果。该研究中其他数据也相当令人印象深刻。例如法国社团部门的雇佣劳动力比重在所有研究对象中是除美国之外最高的。又如，在 1981～1991 年间法国社团部门雇佣人数增加了 40%，而同期法国整体雇佣人数增长则相当缓慢。换句话说，在 1980 年代法国社团部门新增就业人数的速度达到了其他经济部门的 3.7 倍，而相应的数据在德国为 2.9 倍、美国为 1.87 倍。进一步了解法国社团运动，可以阅读：Bénédicte Halba and Michel Le Net, *Bénévolat et Volontariat* (Paris: La documentation Française, 1997); CNVA, *Bilan de la Vie Associative en 1994–1995* (Paris: La documentation Française, 1996); Marie-Thérèse Chéroutre, *Exercice et Développement de la Vie Associative* (Paris: Conseil Economique et Social, 1993)。

二　社团与福利国家

在我看来，福利国家的扩张是解释 1960 年以来社团部门急速膨胀最明显的单个原因。社团首先为填补福利国家带来的真空地带而发展，但随后又因福利国家的发展而被排挤的理论在许多案例中符合实际：大量社团的建立是为了回应新出现的社会需求，同时协助给予这些需求以形式、一致性和吸引力，直至这些需求为政治体系所正式吸纳，转化成政治要求，产生新的社会服务来应对它们。在处理各类对于社会、身体或心理存在障碍的人群的服务之时，这一理论格外有力。然而相反情形也同样正确，就像我们在新社团登记量年度统计中看到的那样：统计曲线的每一个峰值都对应了一次扩张福利国家的政治决策，这些政治决策创造了新的社会权利、公民权利或社会服务。国家与社团发展中的相互依赖关系值得进一步详细考察。

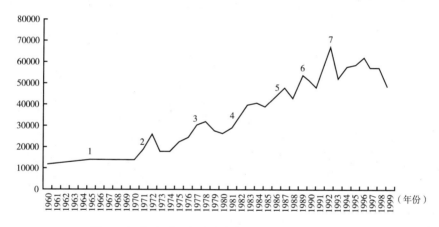

图 4 - 1　年度登记新社团数与扩大福利国家的法律

注：①授予狩猎和渔业协会发放许可证权利的法律；
②给社团提供新机会的成年职业教育法律；
③为社团援助的老年人提供服务的补助；
④为社团运营的地方性的独立非商业性电台的发展提供的新的法律契机；
⑤选修性质的学校体育活动向社团的转移；
⑥对服务失业人员的社团给予法律认证及财政支持；
⑦旧城区项目大量倚重地方性社团。
资料来源：Edith Archambault, *Le secteur sans but lucratif*（Paris：Economica, 1996）。

部分社团部门的增长仅仅是假社团的法律资格进行的行政权扩张的结果。公共服务利用社团的法律资格，目的在于有效规避行政规章和政治责任的束缚，这种现象不是法国独有，英国也创造了"半官方机构"（quango）一词来定义这类准非政府组织，但它确实使社团增长真正的图景变得模糊不清。会员数量方面的数据或许更能反映现实情况，因为它更少受半官方机构因素的干扰。可利用的数据都起码指向了社团会员总数近年来稳中有升的现实，证明了"挤出理论"并不正确。根据粗略估算，法国民意调查机构（SOFRES）这家杰出的民调机构认为在1978～1994年间社团会员人数出现了意义重大的增长，从占法国成年人人口的39%增至46%。法国最值得信赖的两家公共研究机构各自独立得出了关于社团参与问题更为精确的分析。法国国家统计局（INSEE）的研究结论是，1983～1996年间法国社团会员总数相对稳定（占14岁以上总人口数的43%上下）；生活质量调研中心（CREDOC）认为近年来社团会员总数小幅增长（从1978年至1980年占18岁以上总人口数的44.4%升至1990～1992年占18岁以上总人口数的45.6%）。[1]

对图4-1的分析，指明了公共领域的发展引发社团组织增长的三种不同的方式。其一，当国家承认新的团体利益和社会权利时，它鼓励团体成员结社以便更好地促进其利益、保护其权利。这是一项传统的游说功能，尽管相比法国欧美其他诸国更加发达，但毋庸置疑图4-1显示这一功能对于每一次立法后随之而来的新社团创立热潮都起到了重要的作用。

其二，当新法案界定并且规制了一个新的公民参与领域，对公民的创制权（比如图4-1中第1点和第4点提及的法律）开放，这会鼓动公民抓住这个展开新的集体行动的机会。这在1982年的一部法律中体现得很明显，这部法律规定向独立的私人广播电台开放调频广播频谱：很快，商业电台占据了国家一级网络的所有空间，而社团运营的非商业电台则迅速占据了地方一级的广播频段，为各类团体创造了交流、对话及积极参与共同体事务的纽带。同类案例是1965年有关渔猎的法律，它在国家规范体系框架内授权给地方协会组织相关事务。这些协会至今在法国农村地区仍为数众多且力量强大，它们几乎与罗伯特·帕特南所认为的作为社会资本典型体现的社团（保龄球社）完全一致。不过，这类社团在大城市已经式微，且整体上也随着城市化的推进而不断减少。

146

---

[1] 法国国家统计局（INSEE）Première 542（1997年9月），生活质量调研中心（CREDOC）Consommation et Modes de Vie 78（1993年6～7月）。每年新社团数量上的迅速增长与法国投入社团活动的成人数额比例上的相对稳定性的差别很容易解释。自1960年后随着战后出生潮法国成年人口数量增长显著，同时经济增长亦吸引了大量移民（1945年法国总人口为4000万，而50年后则达到了6000万）。因而同样加入社团的人口比例意味着从事社团活动的人口在数量上的大幅增加。这些新增会员不是被老社团吸收，大多为新生社团所吸纳。两个质变同样可以部分地解释：其一是跨社团成员的发展（如一人同时参与几个社团），其二是社团间的人员流动。

其三，国家将部分权限转移给社团以共同履行新公共服务的管理职责，相应地势必要求利益相关人积极地参与社团活动。由此而引发新社团激增的案例几乎体现在所有处理社会、经济、公民等方面关于权力让渡的相关法案中，特别是图4－1中第2、3、5、6、7点相应法案中。当然，此类情况在历史悠久的青少年、老年及其他残障群体社会服务领域也表现突出。[1]

最近关于最低收入的法案（RMI）即说明了国家与社团间的对话关系。它包括一份保障性的最低收入（一个通过国家预算补足个人现有收入未达最低收入标准部分的系统）以及一份地方政府代表、公民社会代表与个人之间关于个人社会和经济安置的合同性安排（即实现个人收入的自足：包括适当的居住条件、教育、医疗等等）。这一关系中，相关的社会工作责任归地方社团，支付相关社会工作成本的财政责任归地方政府。这一概念首先为一个著名的慈善社团详细阐述并广泛宣传。该团体主席由经济和社会理事会提名，他在一次该理事会大会中主持撰写、掌控了一份关于贫困问题的报告，提出促成立法来实现依靠社团推进社会安置工作。

福利国家与社团共同发展的这种模式一直被当下的危机形势所强化，即国家对社团不断增长的需求反映出：在各发展领域经历迅速而创痛转型的社会中，调适公共政策，令其适应更加多样、复杂、多变的社会需求，是越来越难，本章余下部分会将其充分地展现出来。

这种为了公共政策而设计出来的共同责任采用明确的契约安排形式来实现。这一契约安排联结了社团和国家官僚体系，并且通过权力下放联结了社团和地方政府。合同化安排及权力下放这两个趋向，都为经由社团塑造出来的社会资本带来了非常明显的积极后果，不过它们同样存在缺点。僵硬的合同期限，基于不同立足点的两种不同类型合法性的结合，会经常限制社团的行动自由并使其局限于某种社会服务机构的地位。这将使社团大幅弱化其民主特性以及在志愿基础上动员公民社会的能力，而这些正是社团对于社会资本的首要贡献。公共财政所占数额庞大（超过全部资源的50%）已成为法国社团运动的标志性特征。合同化安排使社团增强了（对政府的）依赖性又失去了公共责任，所以权力下放的结果只是地方政府复制（更经常是模仿）传统的国家与公民社会的关

147

---

〔1〕　通过社团进行的针对残障人士服务在比例上是令人印象深刻的。残障儿童中88%、残障成人中90%、困境中的儿童与青少年中的33%、无家可归人群中的86.5%是通过社团得到帮助的。这些数据来自Marie-Thérèse Chéroutre to the thirteenth annual conference of the Association pour le Développement de la Documentation sur l'Economie Sociale（ADDES），Paris，November 1997。

系结构。

　　然而社团数量和类型上的变化不能仅仅通过其与福利国家间关系的性质来解释。其他因素同样发生作用，并且它们可以通过检测社会议题性质的变化如何刺激了部分公民的集体行动，以及在相应议题上公民参与性质的变化而揭示出来。

三　社团运动的新旧议题

　　为了分析社团运动中的质变，我们需要将社团分成不同类型并逐一观察各类社团如何随时间的推移而发展。不同学者使用过很多种不同的类型学，但至今仍没有一种完全令人满意。为了实现论述的目的，我将社团区分为三大类。尽管没有现实生活中的社团会完全适用于这些类型之中的一种，但它们代表了有益于后续讨论的分类。

　　第一类是为庞大人群提供公共服务并基于公共服务的目的来组织集体行动的社团。在某种意义上，社团是福利国家的左膀右臂。法国社团运动中最主要的两个分支：社会服务与医疗类社团和社会文化类社团都属于此类，它们加在一起占据了法国社团运动70%~90%的份额。其中，社会服务与医疗类社团承担了法国医院和诊所外的绝大部分社会服务和社会医疗服务，很明显它们是天主教传统的遗产；社会文化类社团为特定公众或普通公众提供大量服务，包括了青年俱乐部、文化中心、大众教育机构、娱乐休闲活动类机构、社会旅游类社团等，具有很明显的世俗色彩。

148

　　第二类是代表、促进或（和）保护其成员的特殊利益的社团。这一广泛的类别包括了各种利益集团，如代表家长、房屋所有者、租客、地主、专业人员、雇主及行业协会、工会、退伍军人、狩猎和渔业协会会员利益的社团。它们占据了法国社团运动10%~20%的份额。

　　第三类是为捍卫特定政策取向或事业目标而成立的社团。这个类别涵盖了同样多样化的诸多社团，包括环保团体、妇女团体、民权团体、保护和创造就业类团体、地方经济和社会发展团体、全国性或跨国性人道主义团体、宗教团体、政治讨论俱乐部、学者团体等各色社团。这类动静大的社团往往有着相当高的社会吸引力，但只是社团银河中的微小星光。

　　在时间维度上，我们观察到的变迁反映了下列变化：①三大类社团中的每一类各自在法国社团总量上的份额变化；②每一类的内在构成变化；③会员、使用者、支持者在公民参与性质上的变化。

　　在时间维度上分析年度新注册社团数量为我们提供了"什么已然发生"的第一个证据。两项研究特别与此相关。其一，米歇尔·福斯（Michel Forsé）将社团分为二十类并逐类比较 1960 年、1977 年、1982 年三年的"出生率"（年度新注册社团数量）。[1] 从这项数据中我挑选了几类特定年份中出生率相当突出或特定时期出生率增长迅速的几类社团（见表 4 - 2）。

表 4 - 2　1960 年、1977 年、1982 年社团高出生率和增长率

单位：个，%

①1960 年社团出生率		②1977 年社团出生率		③1960～1977 年社团增长率		④1982 年社团出生率		⑤1977～1982 年社团增长率	
类型	新社团数	类型	新社团数	类型	增长	类型	新社团数	类型	增长
①休闲类	2300	①运动类	6637	①老年类	从 169 至 2451（×14.5）	①运动类	7237	①独立广播电台	从 19 至 1285（×67.6）
②运动类	2008	②休闲类	5535	②家长会	从 309 至 1330（×4.3）	②休闲类	4863	②就业与经济发展	从 568 至 1692（×3）
③社会类	1203	③社会类	2578	③政治俱乐部	从 230 至 982（×4.3）	③艺术类	4116	③社团运营的学校	从 103 至 213（×2.1）
④学校类	1024	④老年类	2451	④宗教类	从 142 至 595（×4.2）	④社会类	3558	④职业培训与研究	从 1464 至 2599（×1.8）
		⑤艺术类	2439	⑤艺术类	从 600 至 2439（×4.1）	⑤职业培训与研究	2599	⑤艺术类	从 2439 至 4116（×1.7）
		⑥社会俱乐部	2025						

---

[1] 米歇尔·福斯（Michel Forsé）提出的二十类社团分别是：运动类、宗教类、私立学校类、政治类、社会教育类、文化遗产（文物）类、职业培训与研究类、艺术类、校友会、家长会、就业与经济发展类、编织社会纽带（修复社会关系）类、休闲类、社会服务类、老年类、环境保护类、业主及租客类、公民及社会权利类、职业类、社团运营的地方非商业独立广播电台。见 Michel Forsé, "Les Créations d'associations：un indicateur de changement social, observations et diagnostics économiques", *Revue de l'OFCE*, 6 (1984), 转引自 Halba and Le Net, *Bénévolat et volontariat*。

1960 年新社团出生的最主要的四个领域都属于本文社团类型学的第一种类型：与福利国家相结合的公共服务类社团（需要注意的是，"二战"后大量兴起的社团创办的私立学校与公立教育平行发展，但并未改变公共部门在教育领域的统治地位）。1960 年是战后 28 年经济大发展中的一年。从"二战"结束到 1973 年石油危机，法国 GDP 年增长率介于 3% ~ 6% 之间，平均达到 4.5%，失业率几乎可忽略不计。这是为什么该时期被称为"辉煌三十年"的缘故。

1960 年，社团性社会资本是凭借国家的组织与管理进行的集体性社会整合全面进程的实质性组成部分，这也是法国共和模式的典型特征。几乎整个社团部门的发展都依赖国家的财政和管理。

1977 年，体育、休闲、社会服务领域内的准公共服务社团仍是社团舞台上的主体，其快速增长的年份同样是福利国家成长的年份。不过，此时新型社团，属于前面列举过的其他两类社团走上了前台，即那些基于保护特定利益或特定事业目标的社团。事实上，1960 ~ 1977 年间出生率增长最快的五种社团都属于上述第二、第三类社团：如老年人社团或家长社团（基于保护特定利益的社团），又如政治性、宗教性或艺术性社团（基于特定事业目标的社团）。"辉煌三十年"见证了利己的物质主义价值的发展，同样也见证了后物质主义价值的广泛传播及其在社团中的实践。

在法国和其他国家，经济增长的年头许以富足，导致了个人主义价值观的快速发展。很明显，这一变化产生了两方面影响：自利取向使公民的活动转向追求尽可能"丝毫不落"；利他取向则与追求自主的个人发展和普遍的善结合到一起（可能起因于 1968 年 5 月"文化革命"的影响）。这段时间中出现了一个转变，从接受国家制造的社会资本，转向创造社会制造的社会资本，而在后者中，社会资本不仅是自我中心的，也是他者取向的。

1982 年，法国处于社会和经济的艰难痛楚之中，它始于 1973 年石油危机，GDP 增长率低于 1%、失业率达到 13% 将持续二十五年。形势自 1998 年发生翻转，但此时评论该阶段如何影响了社会资本的发展仍为时尚早。1982 年，国家在左翼政府领导下实施了严格财政纪律的政策。传统的体育、休闲、社会服务社团仍活跃在社团活动的一线。后物质主义价值观依然存在并在社会困难时期逆势增长；艺术类社团出生率排名从第五位上升至第三位。但是为解决新时代下当务之急的就业类社团（职业培训与研究）与对抗社会排斥的社团（编织社会纽带）成长起来。表 4 - 2 中第五列证实了这一点，但有两个能够轻松给出解释的例外（独立广播电台在新法律许可下大量产生以及私

149

150

立学校"出生率"急剧滑落：由 1960 年的 1024 个新登记数跌落至 1997 年的
103 个新登记数，并仅在事关统一公立、私立教育机构项目的政治大辩论时才
略微有所提升）；同时两种增长最快的社团都是直接关涉市场经济中公民努力
创造就业的社团——这是动态的公民社会积极参与处理一般利益问题而非仅
仅在此问题上依赖政府的确凿标志。即使在法国，危机的局面也能够提升社
会的活力。

　　促进团体性私利的社团出生率的下降也讲述了相同的故事。人们可能会认
为困难时刻会导致基于集体性私利社团具有更高的动员能力，但趋势恰恰相反。
两种 1960～1977 年间出生率增长最快的代表自利取向社会资本的社团在下一个
时代衰退了。1977～1982 年间，新注册的老年人社团从每年 2451 个下降至 1126
个，家长社团从 1330 个下降至 1104 个。然而在 1982 年，老人数量不但增加而
且相比以往更健康，相对更富足；同样，教育作为就业的基础条件也被前所未
有地认识到。这两个领域内相关社团的衰退似乎表明既不是潜在"市场"衰落
了，亦非其部分潜在成员缺乏公共利益（或甚至自身利益），而是连接个人利益
与政府保护的集体行动的传统形式所体现的公民性投入衰减了，社会资本从自
我中心取向朝他者取向转变。

　　处理社团出生率问题的第二项研究由让－弗朗索瓦·坎托（Jean-François
Canto）为官方代表咨询机构国家社区生活委员会（CNVA）而做。[1] 尽管坎托
使用了不同的社团分类方法（将 57 种社团分成了八大类别）并致力于掌握年度
新登记社团总数的比值而非绝对的数字，但其得出的结论仍与福斯的结论惊人
地相似。坎托测量了 1975～1986 年、1987～1990 年、1994～1995 年三个时段的
社团注册情况。基于对社团的动态类型展开分析的相同目的，我将在表 4－3 中
分离出前两个时段内出生率增长最快的 12 种社团（从 57 种社团中），并进一步
分析它们在后两个时段的进展。

　　我从坎托研究中选取的 12 种社团中没有准公共服务性质的社会医疗类社
团——尽管它们占据了舞台的中心位置，而只选了两种社会文化类社团，也没
有选取利益集团。目前的危机时期中几乎所有增长最快的社团都属于本文类型
学框架中的第三种类别（捍卫一项事业或在公共领域维护特定观点和文化认
同），它们代表了社会资本新出现的形式。

---

〔1〕　Jean-François Canto, "Les créations d'associations", in *CNVA*, *Bilan de la vie associative en 1982 –
1992* (Paris: La documentation Française, 1993), and *CNVA*, *Bilan de la vie associative en 1994 –
1995* (Paris: La documentation Française, 1996).

表4－3　12种近20年间三个时期的出生率变化显著的
社团（总57种中）占总社团登记量的比值

社团种类	占总新登记社团比值(%)		
	1975～1986年	1987～1990年	1994～1995年
1. 学校和大学体育类	1.35	4.27	0.99
2. 就业相关社团	0.54	1.24	2.45
3. 研究与培训类	1.00	1.87	2.15
4. 戏剧与舞蹈类	2.39	4.36	2.58
5. 出版、图书馆、哲学与文学社团	2.22	3.90	5.20
6. 校友会	1.35	2.35	3.41
7. 第三世界与国际性团结类	1.69	2.71	4.60
8. 旅游类	0.84	1.33	1.52
9. 政治俱乐部	1.68	2.64	3.21
10. 宗教类	1.09	1.60	1.79
11. 经济发展类	4.39	6.03	5.00
12. 视觉和平面艺术类(绘画、电影、电视、摄影)	2.16	2.62	3.34

　　1975～1990年这一时期的大部分趋势一直延续到1995年：在前两个时段中12种出生率增长最快的社团中9种在第二和第三个时段仍保持了增长势头（第2、3、5、6、7、8、9、10、12种）。这9种社团中7种与促进个性的发展有关：或是通过观念和认同的表达（第6、9、10种），或是通过休闲、文化或教育活动（第3、5、8、12种）；两种社团表明了致力于团结的行动不断增长，解决法国失业问题的社团（第2种）以及有关发展中国家的社团（第7种）。

　　三种未保持进一步增长的社团反映了各自的特殊情况：可自由选择的学校和大学体育活动1994年后不再由这些机构承办；经济发展类社团已经达到了相当高的水平，因而大量此类社团转向了失业救助（第2种）；文化活动发展势头仍在，但兴趣点已部分地从戏剧和舞蹈转向了音乐，这一点特别体现在青年人中间（与音乐相关的社团从1987～1990年占新生社团3.57%增长至1994～1995年的4.30%）。

　　确认某些大的"失败者"并非没有意义。除了学校和大学体育社团外，五种主要社团的增长显著减少（通过测算新生社团在社团总数中的比值）：老年类社团（从2.05%到1.16%），狩猎和渔业协会（从2.03%到0.96%），保护狭隘行业利益的社团如手工业协会、零售商协会（从2.05%到0.96%），房屋所有者协会（从1.51%到1.39%），土地所有者协会（从0.25%到0.13%）。

　　福斯观察到的1960～1982年这个时期的趋势同样为坎托聚焦于1975～1995年这个时期的分析所印证。新生社团的活力似乎已从传统的准公共服务部门和
部门性行业利益部门转向当今与公民的需求和渴望相一致的新活动：文化和休闲活动上的个性发展、促进公民和社会权利、积极团结弱势群体。法国社会资本

结构的新动力已无疑义，表明了公民社会非常积极的潜能。然而，社会资本是碎片化的，并且个人自主的价值倾向和有意选择的团结一致是如此地外在于法国的文化和制度传统，它联结公共代议机关和政府的能力，以及促进法国政治民主的能力，将不会自然地形成，这在将来可能会是一个严重的政治挑战。

四 谁加入了社团？为什么加入？如何加入？

暂时搁置社团问题转而将更多注意力投入到加入社团的个人应该能为了解法国社会资本的本质提供了另外的线索。法国国家统计局（INSEE）和生活质量调研中心（CREDOC）所做的两份调查确认了近20年来各类社团兴起或衰落的趋势，同时为社团成员身份的本质提供了有意思的指示。

两个调查机构确认了休闲、体育、文化活动以及新人文主义社团（如提供对 153 艾滋病患者、移民、第三世界国家的帮助）不断增长的吸引力，它们为自我发展和新型团结开辟了新的道路。它们同样确认了利益集团（尤其是家长协会、工会、老年类社团）和各种"表达类"社团——无论是传统类型的（如政党）还是1968年社会运动的产物（如女权团体、消费者协会）——的吸引力在衰退。表4-4给出了法国国家统计局和生活质量调研中心在相似条目上的数据。

表4-4 1978年后会员数显著上升或下降的社团数量（%）

社团类型		法国国家统计局（INSEE）		生活质量调研中心（CREDOC）		
		1983	1996	1978~1980	1984~1986	1990~1992
上升	运动类 （总受访者的百分比）	15	18	15.3	18.9	19.4
	文化类* （总受访者的百分比）	5	7	12.2	11.6	16.6
	慈善类 （总受访者的百分比）	2	4			
下降	老年类 （60岁以上受访者的百分比）	21	16			
	家长会 （至少有一名学龄子女 受访者的百分比）	12	8	10	8.2	8.1
	工会 （目前或曾经有工作经历 受访者的百分比）	14	8	9.7	6.8	6.8
	退伍军人类 （总受访者的百分比）	5	3			

*生活质量调研中心（CREDOC）调查中将文化与休闲社团视为同一类型。

资料来源：INSEE Première no. 542；CREDOC, *Consommation et modes de vie*, No. 78。 154

法国国家统计局（INSEE）的调查同样提供了有关这些信息很有意思的新的质的要素。第一个是会员参与社团管理的程度。与一般推测相反，以积极和消极成员身份来衡量的参与水平，在1983年和1996年被调查的所有11种社团中，除老年类社团和体育俱乐部之外都有所提升。

老年类社团的情况是，很多60岁以上健康又活跃的人离开了，不仅会员数量下降，而且成员越来越老、越来越不健康、越来越不活跃。体育俱乐部的情况是，社团数量和会员人数的持续上升反映了对体育活动的需求快速增长，而不是对此类社团本身兴趣的增长。事实上，许多俱乐部已经排斥性地控制了参与运动的机会（包括对运动设施的垄断和对实践活动的掌控），而会员沦为了公共设施的使用者；无论催生出什么样的社会资本，俱乐部会员都更接近大众交通的使用者而非共同活动的热心人。

但从整体而言，社团内的积极参与呈上升趋势（1996年46%的社团会员被至少一个社团定义为"积极参与者"，而在1983年则只有41%），那么谁是这些积极参与者？

会员身份传统上偏爱受过良好教育的中产阶级。1996年法国国家统计局（INSEE）调查发现收入仍是至关重要的因素：最富裕的四分之一人口中58%的人至少是一个社团的会员，而最贫困的四分之一人口中仅33%的人是社团会员。这不仅是由于资财所限，同样存在社会文化方面特别是教育程度上的原因。然而值得注意的是教育程度对社团成员身份的影响已今不如昔。有人可能会认为社团活动的增加是社会整体教育水平提升的结果，但事实显然并非如此，不同教育水平的人群在参加社团上的区别上比过去更小了。将全部人口按教育程度分成7个部分，法国国家统计局（INSEE）调查的结果显示在表4-5中。

155

表4-5 1983年、1996年社团成员依教育程度的变化

	年份	教育水平（从未受教育到大学）						
		1	2	3	4	5	6	7
至少为一个社团会员	1983	30	38	44	50	53	60	67
（%）	1996	32	39	43	47	52	52	60

资料来源：INSEE Première，No. 542。

表4-6 家长会成员依教育程度分布

	教育程度			
	1	2	3	4
家长会会员（至少有一名16岁以下子女的受访者的百分比）	9	17	24	32

资料来源：CREDOC，*Consommation et modes de vie*，No. 78。

社团会员资格和获取其相应的社会资本相较过去已不再是受教育阶层的特权。但它仍然保留着社会声望的因素，强化了既有特权群体的社会地位，因而，再造社团的最初社会功效反映了这样一种虚伪的托辞：受教育精英拥有更优秀的公民德性。

表4-5反映出受教育最差和最好的人群从时间维度上看，会员数下降的差距在缩小。这看起来与其说是受教育水平最低的人群会员人数比例增加的结果，不如说是受教育水平最高的人群会员人数比例下降的结果。受教育水平最高的两类人群会员人数占其总人数的比例分别下降7%和8%。受教育水平最低的两类人群会员人数占其总人数的比例分别增加2%和1%。换言之，受教育水平最高的人群正在离开社团的速度快于受教育水平最低的人群正在加入社团的速度。然而，由于受教育水平的普遍提高，受教育水平最高的人群总体人数增加，也由于受教育水平最高的人群比普通公民更倾向于加入社团，法国国家统计局（INSEE）的同一研究表明，受教育水平最高的人群平均起来的社团会员比例保持稳定（社团会员数占该人群总数的比例约为43%），其他研究表明社团会员数总体上在增长。

教育的影响因社团类型的不同而不同。它在家长社团中保持最大的影响——比它在普通情况下的影响大两倍。这是生活质量调研中心（CREDOC）所做的研究中最惊人的结论之一。为达到这一研究的目的，受访者依教育背景从低到高被分为四个层次：表4-6表明他们在参与家长社团方面的巨大差异。

获得免费且普惠的公共义务教育一直是法国社会的重要杠杆——通往公民权利平等的黄金之门。法国共和模式将公立学校定位为超然于公民社会之上的制度，原则上它忽略所有文化和社会的特殊性。教师们以不让外来影响因素（包括父母的要求）影响制度的运行和他们教授的内容而感到自豪。然而，大量研究却已表明正规又无特色的平等主义是如何长期维持了社会不平等而不是消除它们。雷蒙·布东（Raymond Boudon）首先证明这既是家长在教育制度中为他们的孩子选择不同教育路线的结果，也是制度歧视造成的结果。因此，家长和学校之间关系的特性非常重要。

表4-6表明未受教育的家长明显缺乏与学校的密切联系——恰恰是这些家长的子女最需要教育上的福利，这些家长自己也期望从学校中得到最多的东西（根据欧洲人价值观念调查的数据，1981年到1990年间受教育程度最低的人群对学校期望的增长高于其他群体）。未受教育的家长在面对教育机构时是如此胆怯，以至于只有少部分人正视对话的可能性并且加入这种对话的机构——家长社团。产生这种情况的原因并不是未受教育的家长工作时间更长。这已经由事

156

实证明：没有工作的家长更少参加家长社团。家长社团的领导阶层使得这种缺乏参与的情况变得更糟。在这些社团中，自己是教师的家长经常把持着领导职位，声称由于了解内部情况，他们更有优势从而能够实现社团的目标。在国家通过其与公民社会的关系制造和形塑社会资本方面，人们不可能再找到更恰当的例子，如果法国学校体系试图重新确立其社会整合的角色，它将不得不改变其体制性的行为，更多地联系所有背景的家长。

不过就整体而论，教育对社团性社会资本的影响力还是呈下降趋势，而其他一些社会人口变量同样显示出社团成员更加同质化的趋向。从而，中等省会城市和乡村地区的社团活动更发达，尽管不同社团之间的平衡随着居住地的不同而有较大差异。但无论在巴黎、大城市还是在小城市、乡村地区，参与社团活动的差别已不复存在。

年龄、性别的差异体现在社团参与活动上的区别同样呈下降的趋势，这在表 4 – 7 中充分展现，而进一步的分析如下。

表 4 – 7　1983 年、1996 年不同年龄、不同性别的人加入社团的比例

至少是一个社团会员的比例(%)	年龄(岁)					性别	
	15 ~ 24	25 ~ 39	40 ~ 49	50 ~ 64	64 岁以上	男	女
1983 年	32	47	50	41	45	52	34
1996 年	45	43	46	46	45	50	39

资料来源：INSEE Première，No. 542。

男性参加社团活动的比例略微地下降，显然与某些种类社团的衰落有关（如政党、工会、退伍军人组织），在这类团体中，男性会员比例远高于女性。下降的这一部分由男性在体育类社团更高水平的会员率所弥补。女性会员比例在所有类型的社团中都有所增长，但在慈善类、社会团结类和文化类社团中增速尤为明显。

更明显的是不同年龄的人群在社团活动参与模式上的变化。1982 年，25 ~ 50 岁年龄段会员比例最高，其中最突出的部分即为中年、高学历、中产阶级男性。65 岁以上年龄段往往参加老年类社团和退伍军人俱乐部。但十五年后格局相当程度地发生了变化。如今 65 岁以上的老年人更活跃也更健康，他们抛弃了老年类社团（这些老年人社团被指责为老年人的隔离区），同时参与更广阔平台上的社团活动。随着人们从工作中更早地退休，50 ~ 64 岁群体的社团参与有所增长，这种增长带有同样的倾向：导向一种积极参与和具有社会意义的退休生活。他者取向的或桥联式的社会资本的形成很大程度上取决于今天 50 岁以上的人群。

25～50 岁年龄段表现出参与兴趣下降的同时，25 岁以下年龄段则迎来了会员比例上意想不到的爆发（近乎 13% 的增长）。他们大多参与体育类和文化类活动，其中拳击协会、武术协会、音乐协会是法国城市中许多贫困的年轻人加入的社团，这些社团同时也是促进青年人社会资本形成的最强大力量（尽管这种社会资本经常是碎片化的、自我中心取向的）。对于青年人参与社团活动快速增长的另一个解释是，在许多情况下志愿活动已成为失业的年轻人获得社会认同和社会地位最好的替代品。大批成年人社团使用着这些免费、高效的劳动力资源。所以青年人也不可避免地促进了他者取向的社会资本的形成：社团性社会资本代替了他们与工作相关的社会资本。

许多老社团的普遍感觉是年轻人正在远离社团。老社团的领导容易抱怨并责备青年人的个人主义、享乐主义价值观和对共同福利缺乏关注。正如我们开始看到的一样，事实往往更为复杂。基本事实是社团的社交形式正在剧烈地变迁。青年一代不愿意加入与他们长辈同一或类似的社团，也不是以同样的方式或基于同样的理由加入，但他们长辈却忽视或误解了这一点。许多结合资料调研和参与性观察的案例研究已阐明了这一点。[1] 和之前的几代人一样，当下的年轻人仍然关注伦理问题及动机，但其他因素如持续扩大的代沟、社会整合和职业整合的困难、普遍的不被关心和理解的观感，都促使青年人寻找其他社会化或社会参与形式。这种社会化或社会参与远离了包括现有社团在内的成人世界。

25 岁以下的一代人并非先天不适合社团活动，他们在邻近地区团体内的社会交往非常多。凭借着大量的内部社会资本，年轻人在封闭的共同体内几乎做任何事都会集体行动。而团体同样充当了联系外部世界的载体，它们会与社会的或其他公共的服务机构协商或者反对这些机构。这已成为全球社会资本一种关键的投资形式。

当他们关注某些特殊问题（如艾滋病、毒品、暴力、种族主义问题）时，年轻人会投入这些领域内利他的集体行动中去。他们同样也会为了更为广泛的人道主义事业（如人权、环境问题、公民和社会权利、第三世界问题）采取集体行动。

除非与要求它们登记注册的地方政府打交道，这些团体很少采取已注册社团的制度化形式。非正式的社会交往准则取代了正式的约束。这些规则出现在下列领域：在这些领域中，已建立的社团不在其内，人们只参与那些不为传统社团所知的集体活动。从某种程度上说，这也是对未来社会资本新领域的探索。

---

[1] 法国社会事务部的研究部门赞助了许多此类研究，其中在这一点上最为相关的论述总结见 "Nouvelles Dynamiques Habitantes et Enjeux de Citoyenneté", *Migrations Etudes Working Paper*, Paris, June 1996。

今天，当他们参与集体行动时，年轻的公民们往往希望能够既满足强烈的社交需要，又为社会团结作出有意义和有影响的贡献，同时还能实现自我发展。只有他们持续保持对公共参与的性质和形式的个人控制之时，他们这一系列复杂的动机才能够实现。他们将会抵制任何入会形式的强制。这种极端个性化的集体性参与打乱了传统的社团、工会或其他社会资本制度化形式的概念。同时年轻人的这样一种态度也会向其他年龄段传递。在经常被误解为社会资本数量下降的地方，一种个体化的质变趋势（一种社会资本形成的私有化类型）似乎正在形成。

体育活动说明了这一点。如今，越来越多的人不经由社团参与体育运动；非正式体育活动的发展更是远快于运动类社团的发展，并仍保持集体运动的形式（人们几乎很少一个人进行骑单车、骑摩托车、步行、滑雪等运动）。如今有数不清的不属于任何俱乐部的足球队、篮球队，与市政当局和体育类社团经常发生冲突。这并不意味着青年人对社会活动集体形式的抵制，它只是表明了青年人与许多成年人之间在欲求上存在差别，以及青年人的集体行动（同样包括如此行动的能力）与他们所处的制度结构之间存在差别。这些既已提供的社会资本似乎与他们并不相干。

关于这一矛盾的另一个说明是一些人不断地从一个社团转移到另一个社团这种方式——它被社团管理者称为"换台"（用来描述使用遥控器快速转换电视频道的术语）。传统上，人们围绕全局性规划的实现来创建和组织社团，以整合不定期和不相关的行动。然而，公民们，尤其是年轻人，现在加入社团是因为他们对直指具体结果的特定行动感兴趣。他们延长会员资格也只因其对结果感到满意或对下一步还有兴趣，否则他们就会加入其他社团。社团领导者认为这类行为是不连贯的，但事实上，它表达了一种对个人一致性的渴求，对个人的社会投资进行逐步控制的渴求。

160

保存个性的完整和个人的发展机会已经成为个人参与任何形式集体活动的主要动机。这会制造出许多碎片化的、自我中心取向型的社会资本元素的并存，而这些碎片化的元素并不容易互联互通。对社团忠诚的极端易变性和社团间的流动性增加了这一问题的难度。但这些也是新兴的青年文化为建构公民社会所提供的基本材料。现在，材料已经就位，但搭建的方法尚未找到。

第三节　其他形式社会资本的变迁模式

社会资本的形式与特定的历史环境密切相关，也与历史环境中不同世代的人们的立场密切相关。不同于英国借助"二战"使政府和公民社会团结在一起并产生了庞大的社会资本红利，战争彻底耗尽了法国的社会资本：纳粹德国对法国的占领与维希卖国政府一起重创了法国的公民社会。绝大多数法国人既没有投身于积极的抵抗事业，也没有与占领者合作，而是人人自保，谨慎地远离各种公民责任。

战后，真真假假的抵抗运动的继承者控制了法国政府和公民社会，并担负起相应责任开始重建城市、经济和社会资本。这种重建是在一种非殖民化的阵痛中进行的，当时的政治制度非常不稳定。15~20年间，重建工作吸纳了充满激情的官僚和技术专家构成的相对年轻的一代人的活力与激情。在"婴儿潮"时期出生的一代人成年并要求社会认同和社会地位以前，这些人垄断了国家和公民社会中大部分掌权的职位。艰巨的重建工作和非殖民化进程已经完成，经济在增长，正如"五月风暴"标志性口号所宣称的那样，为什么不该是"一切皆有可能"？当时社会存在着两代人：年龄较小、工作努力和现代化的一代人，蓬皮杜[1]是他们的最佳代表；以及人数众多享有特权的下一代人，他们将先辈努力奋斗而得来的好处视之为理所当然，却总感觉被剥夺了充分享受这些好处的权利。这两代人的冲突可能是1968年文化革命和快速主导了文化领域的后物质主义价值观和社会运动（妇女解放、生态运动、道德和性自治）得以出现的主要根源之一。 161 新一代人在1975年后到达青春期或成年期，在八十年代明显地抛弃了乐观的理想主义和1968年一代人大胆的道德观念。严酷的社会经历、密特朗"改变生活"承诺的幻灭、对猖獗的政治腐败的厌恶都促使实用主义怀疑论的产生。这种怀疑论是今天年轻人的特点，它还渗透了整个国家的社会风气。

社会、道德、公共规范和价值的变化在许多领域中都比在正式社团中更为明显，而这些领域中同样产生了社会资本的新形式。这些问题已为许多民意调查所揭示，尤其是生活质量调研中心（CREDOC）的各种研究[2]以及1981年、1990年进行的欧洲人价值调查。[3] 在讨论法国社会资本新的文化维度如何影

---

[1] 乔治·蓬皮杜（Georges Pompidou, 1911~1974），法国总理（1962~1968）和总统（1969~1974）。——译者注

[2] 特别参见 "Les grands courants d'opinions et de perceptions en France de la fin des années 70 au début des années 90", *Rapport CREDOC*, No. 116, March 1992; "L'évolution des différences d'opinion entre groupes socio-démographiques", *Cahier de Recherche CREDOC* no. 41, February 1993; "Un tour d'horizon des aspirations et valeurs des Français telles qu'elles résultent des enquêtes extérieures au CREDOC", *Département conditions de vie et aspirations*, CREDOC, May 1996。

[3] 这一研究的结果被一组社会科学家出版的两种卓越的著作所分析：P. Bréchon, L. Chauvel, O. Galland, Y. Lambert, Y. Lemel, E. Millan-Game, H. Riffault, L. Roussel, and J. -F. Tchernia, in Hélène Riffault, dir., *Les valeurs des Français* (Paris: Presses Universitaires de France, 1994) 以及 "Les valeurs des Européens", *Revue Futuribles*, 1995 (200)。

响政治民主的运行之前，我将快速地回顾社会资本被认为理应衰减的三个地方，依次是：贫困的郊区社区（特别是充斥大量移民的社区）、工作场所、家庭。

一 贫困郊区的社会资本

战后的经济高速增长及工业化进程导致了城市化的加速和对移民劳动力的巨大需求。无论在人口统计学意义上还是文化意义上，1946 年法国仍还是一个"乡村国家"，城市人口刚刚超过总人口的 50%，而今天已经超过了 75%。最近50 年，法国人口总数从 4000 万增长到 6000 万，而新增加人口中近四分之一来自移民。这些人口上的巨大变化结合在一起，促使城市郊区大量产生，而在这些新兴城郊中，移民占据了不均衡的多数。种族隔绝、社会隔绝、空间隔绝并存，集中在一起酿成了最为严重的排斥问题，并进一步使得排外主义、种族主义的恐慌与幻想极端化。在本章节中详尽地评估社区邻里关系是不可能的，但对这些郊区的进一步分析对我们要达到的目的而言有特定的益处。公共舆论普遍认为总体上的混乱已成为不可避免的命运，然而本文基于深入的案例研究得出了不同的判断：社会排斥并不会自动引发混乱，而更多是造就了不连贯和不完整的社会整合形式。

对廉租公寓的密切观察揭示了有关隐蔽但活跃的社交网络的一个谜题。在这种环境中，尽管既有的社团似乎无法立足，但小型的正式或非正式社团却可以扎下根来。由于被锁定在社会性流放之中，居民求助于近邻以创造出对个人和社会认同而言必不可少的基本社交网络。在高层建筑中，小范围的社会整合确实发生了，邻里间的社交网络既帮助解决日常问题，也抵御了外来威胁：租客们联合反对清理未交房租的住户，母亲们互相合作以保护子女在上学途中远离毒贩和骗子，男人们在家中互换零活儿，青年人组织有关摩托车远游、音乐、体育的团体。实际上，这类活动多得超乎想象。与之同时，它们形成了一套与更大的社会不相关联的网络，培育了碎片化的社会资本。

跨越社会性的和功能性的界限，结识来自其他背景和活动类型的人，对于私人领域中选择性的关系网络和公共领域中更为制度化的网络之间的交流至关重要。但这在集中大量穷人的郊区定居点却格外困难。在这里，公共和私人的社区服务相当罕见，体育或其他设施如同当地的工作机会一样几乎不存在。邻里间彼此在上班、上学、使用公共设施、购物、看电影、去体育场时都很难碰面。因为所有设施均远离社区且分散在不同地区，这样的地方社区很难被视为一个地方社会或政治共同体。这里的人们对政府没有发言权，他们被其他地方的人统治。这些条件对于将此类社区整合进入更广阔的社会十分不利。所有针对贫困人群和地区的社会修复实验证明，成功通常依赖于这些政策的支持者通过非正式的地方社交网络识别出并联合起各种力量的能力。不幸的是，在缩小日益增加的受排斥群体与主流社会间、小共同体内自我中心取向的碎片化社会资本与制度化的他者导向型社会资本间的差距这一难题上，大企业、社会或政府组织往往无法形成解决这一难题所需要的关系。

郊区定居点移民人口的社会整合问题与他们的法国土生土长的邻居的社会整合问题没有实质区别，只不过这里的情况更为极端。移民人口的失业率是法国土生土长人口的两倍。因而，不是因为缺乏文化整合而阻碍了社会整合，而是恰恰相反，如同穆斯林阿尔及利亚人所亲身例证的一般：他们相较于其他移民承受了更多的偏见和野蛮的拒绝，因而他们面临的现实困难与他们对文化整合、社会整合问题的态度密切相关。近来一项由国家人口研究中心（INED）发起的针对第二代阿尔及利亚裔青年的深度研究，为文化整合问题最具标志性的三个指标（宗教、学习成绩、配偶或伴侣选择）提供了精确的信息。[1]

1. 宗教

基本上阿尔及利亚裔第二代人的宗教虔信程度低于法国公民的平均水平，这暗示了世俗国家内的同化过程要求弃绝个人全部宗教关系的信念。不过仍有一小部分群体践行穆斯林传统，他们热切参与宗教事务的公开动机包括与法国社会的冲突以及与父母的不和。

乍看之下，强烈的伊斯兰认同显示出对进展缓慢的社会经济整合的反叛并退回原教旨主义（一个公开反对法国基本价值观的微小却引人注意的群体）的保护罩下。但这样的认同宣言与其说是对整合的拒绝，不如说是争取整合的挑衅。女学生带头巾上学就是种特别的展示：共和国全民平等享有公共教育体系的观念禁止学生在公共教育体系内展现出任何特殊认同，特别是宗教认同上的外部特征。坚持明确声称伊斯兰教信仰（戴头巾）被认为是针对公共教育体系基本原则的挑衅。但并不存在建立可兰经学校的要求。这些女孩子仅仅想要在不放弃宗教认同情况下进入与其他法国儿童相同的世俗学校。

坚持伊斯兰认同通常也不是屈从父母的标志，完全相反，这是使遭受失业和社会排斥的家庭恢复其受伤的自尊的一种努力。

---

〔1〕 Michèle Tribalat, *Faire France* (Paris：La Découverte, 1995).

绝大多数阿尔及利亚裔第二代人所声称的拒绝任何宗教归属的动机也是矛盾的。当其中60%女性和70%男性宣称没有任何宗教实践或任何宗教信仰时，许多人同样尊重斋月习俗和食物禁忌。当然这其中有些纯粹是出于对其文化起源或父辈生活方式的尊重，与宗教热情无关。

这些态度表明这一群体既有融入世俗公民社会的共和国模式的强烈意愿，又想同时维持其与源头文化——其认同的主体部分——之间的纽带。这种对混合式认同的明确要求如此清晰地被表达出来，以至它可能很好地保留法国公民身份的本质属性。如果情况如此的话，它会要求重新调整共和国模式的理想类型，使其更加复杂和灵活，以便更好地适应正在兴起的多元文化的国家认同。正如最近一次访问中有人提到的："我们早就知道如何混合法式炸薯条与北非的蒸粗麦粉了。"

2. 学校、友谊及伴侣

有关学习成绩和友谊的资料已经证实了阿尔及利亚裔第二代人融入法国社会的成功与迅速；他们的学习成绩与相似社会经济背景的普通法国学生大体相当，这些表明他们在学习成绩和个人友谊方面融入了法国社会。最突出的特征体现在有关阿尔及利亚裔第二代人爱情生活及进一步配偶或伴侣选择上的资料：双亲均生于阿尔及利亚（这群人与母国保持着最强的联系）的第二代人中50%的已婚男性及24%已婚女性选择了法国血统的配偶。同样在该组群未婚青年交往的正式男、女朋友中，男性未婚青年选择法国血统配偶的比例与已婚水平大体一致，而女性选择法国血统男友的比例达到32%；这或者是因为相较于已婚一代，未婚女子更乐于选择或接受社区外的伴侣，或是父母的潜在影响使其在婚姻问题上回归传统。比较不稳定的恋爱关系中不同文化间的交流更为开放——另一份调查显示有三分之二阿尔及利亚裔的青年与社区外异性有过恋爱关系。

在这样一个动态整合取得完全成功的过程中会出现困难。应该对这些困难负责的显然不是移民，而是东道国。东道国必须解决两个具体领域的问题：失业和种族主义。在三分之一的青年移民处于失业状态之时，在大多数移民只能蜗居于贫穷的市区之时，在向上的社会流动如此艰难之时，当如此多的人仍然面对着或明或暗的种族主义之时，社会整合如何能够不受阻碍？

3. 种族主义

移民确实是种族主义、排外主义的首要目标。他们经常仅因其外貌而被警察抽查。搜查非法移民行动也会先将所有移民都作有罪推定。社会中猖獗的种族主义之风仍盛，这毫无疑问是社会整合的主要障碍。国家人权委员会最新的年度报告显示了种族主义的状况。[1] 认为移民已成为法国社会累赘的法国人是认为移民是财富的两倍；60%法国人表明生活在法国"已不再像在家里"、"法国已有太多的阿拉伯人和穆斯林"；60%法国人以承认偶尔发表种族主义评论；80%的法国人将移民遭遇的种族主义归咎于移民自身。50%法国人甚至表示理解投票给极右翼领袖勒庞（Jean-Marie Le Pen）的行为，40%法国人承认他们不喜欢北非人。

考虑到阿尔及利亚裔移民文化融合上的异常活力，他们成为如此之多的种族主义乃至身体暴力的首要目标是很反常的。不过这可能恰恰是因为阿尔及利亚移民这一特定社群融合得如此迅速，以至于这似乎威胁到了法国社会中更加不稳定的成分。

其他看法缓和了这一图景的严酷程度：

·种族主义行为，特别是反对北非人的行为在20世纪80年代上升，但在90年代初期开始滑落，特别是在10年内的最近两年中下降更为迅速。

·持法国有太多移民（特别是阿拉伯人和穆斯林）的观点的人数在90年代同样处于下降中。

·土生土长法国人子女与移民结婚的可能性为越来越多人所接受。

·比其他任何数据都更值得注意的是，一个城市外来人口比例越大，排外主义和种族主义越少。与移民的密切交往是种族主义最好的解毒剂，这一点在表4-8中得以体现。

165

166

表4-8　从城市中外来人口的比例来看种族主义

种族主义者的典型观念	城市中外来人口比例(%)			
	<1%	1%~4%	5%~10%	>10%
法国今天已有太多：				
阿拉伯人	74	84	64	47
穆斯林	70	62	59	46
不再感到在法国像在家	60	60	53	44
我承认是种族主义者	50	40	39	36
相信移民是财富：				
对于经济	13	27	34	40
对于知识和文化生活	36	44	44	58

〔1〕　Commission Nationle Consultive des Droits de L'Homme, 1996. *La Lutte Contre le racisme et la xénophobie*（Paris：La documentation Française, 1997）.

种族主义者的典型观念	城市中外来人口比例(%)			
	<1%	1%~4%	5%~10%	>10%
宣称感到同情:				
北非血统的年轻法国公民	54	51	53	58
北非人	47	46	48	59
宣称自己准备去:				
抑制种族主义者商店	31	35	40	43
参与反种族主义声明	19	24	31	30
经济资助反种族主义组织	17	22	20	24
参加反种族主义组织	19	22	23	24
通过整合移民的能力来判断民主的质量	61	61	59	73

资料来源：全国人权咨询委员会，1997 年。

这一发现与许多预想的观点相抵触。的确，国民阵线（National Front）在最贫困的地区获得了大量选票。这些地区居住着比例最高的移民和法国工人阶级中最脆弱的一部分。但是，一个详细的分析发现国民阵线在同质性的郊区或公寓群中获得其选票的大多数，这里的大多数人都是法国血统。国民阵线在混居流行的地区则没有获得如此多的选票。

当从移民和原住民角度分析移民融合问题时，得出了同样的关于城市中外国人数量和反移民敌对活动数量之间关系的普遍性结论。这表明法国共和模式的新概念正在慢慢形成。赋予组成国家的不同文化社群以同等的尊重似乎是重建一套共同普世价值的唯一途径。在这套价值之上，社会凝聚力和民主得以繁荣。它包括了一种结合以社群为中心的社会资本和国家社会资本的新方式。建造社会资本之桥既需要为桥的各个支柱提供坚实的基础，也需要支柱之间强健的纽带。

二　与工作相关的社会资本

现代社会中为数众多的社会资本是在工作关系中形成的。[1] 在工作中创造的个人和团体认同、社会交往的规范、友谊网络、集体团结是社会资本的重要

---

〔1〕　此部分数据源自以下内容：数据统计方面来自法国国家统计局、经济合作与发展组织、劳动与就业部；意见调查方面来自生活质量调研中心及欧洲人价值调查；定性分析来自 *L'Etat de la France 96–97*（Paris：La Découverte，1997）及杂志 *Alternatives Economiques* 的各卷。

组成部分，就如同产业关系是民主社会制度架构必不可少的齿轮一般。如果不评估与工作相关的社会资本的话，对法国社会资本状态的考察就无法完成。

1. 非技术工种的衰落和失业带来的破坏性影响

战后重建加速了工业化进程，持续的经济增长带来了就业机会的大幅度增加。工作机会的急速膨胀轻松地消化了农民进城和"婴儿潮"带来的新劳动力，甚至还额外需要外来劳动力的补充。填充市场空缺的农民工和移民工人都是非技术工人，因而他们也是泰勒式大规模生产组织的完美要素——在泰勒式大生产机制中，非技术工人在流水线上不断重复简单相似的工作，他们被管理专家分析、规定和理性地安排。法国迅速接受了这种科学的劳动力组织形式，它不仅填补了劳动力市场上大量技术工人的缺口并满足了快速扩张的市场对大生产、标准化产品的需要，它还需要工程师喜闻乐见的管理方式，与精英垄断理性的独特法国观念一刀两断。这种生产模式导致了劳动力成分中蓝领工人比重过大（约占 35%），且这些蓝领工人中大部分都是非技术工人（约占其中的三分之二）。

危机粉碎了这一工作类型的发展。随着对工人智力和创造力要求的不断提高，非技术工作的数量急剧下降。首要的是工业类工作急剧萎缩而服务类工作相应扩张：1974 年工业部门就业规模约占总劳动力的 40%、服务业部门约占 50%，而时至今日二者的比重分别为 25% 和 70%。人们很容易想象突然的、大规模的失业对大量非技术产业工人的剧烈影响。最高的失业率、最不稳定的工作和被社会所排斥的极端侮辱都是他们的亲身经历。

非技术工人随科技发展而被挤出劳动力市场的边缘化过程因两类新来者的加入而加速：越来越多素质更高的年轻人和迅速增长的女性劳动力。拥有学历的年轻人将没有技术的和年纪更大的工人不断挤到劳动力市场的底层，甚至将他们完全挤出劳动力市场。大量年轻且高学历女性的介入使已经饱和的劳动力市场竞争进一步加剧（的确，非常不公平的是，许多工作以性别来分工），并助推非技术工人坠入失业的深渊。这一现象有着更广泛的文化意涵。它真正的规模是非常惊人的：过去 20 年间流向劳动力市场的 400 万人中九成是女性。1973年 25～50 岁年龄段女性中只有一半人工作，而如今八成的女性身处职场——甚至这一数据在单身女性群体中已达九成，基本等同于男性的比例。这是妇女在20 世纪与过去占统治地位的典型资产阶级家庭主妇模式的明确决裂。它既源自职业供给上的质变（由于工作进程的变迁）又源自职业需求上的量变（女性在这些困难时期想要保证家庭预算额外收入的稳定）。尽管如此，情况恰恰是这样，相比于女性出现在一个社会就业市场的主要社会和文化因素而言（在这个

167

168

社会中，获得工作和收入是决定家庭和更广阔社会角色分工的基本要素），这些仅是相对次要的原因。

目前，劳动收益的结构已为泰勒式工作组织的减少、服务业日益增加的重要性、智力及创造性工作需求的增加、高学历就业人口的到来而大幅修正。

过去 10 年间当自由职业者平均工资增加（过去 10 年增长了 40%）、管理人员平均工资也有所上升（尽管远不及自由职业者增长速度）、技术工人和办公室文员收入水平保持稳定之时，非技术工人的平均工资水平却在下降。收入差距的逐步拉大已在社会认同问题上产生了显著影响。非技术工人不断恶化的条件不可避免地影响到法国这个 50% 劳动力缺乏基本职业培训的国家的社会纽带的质量。对于非技术工人而言，最糟糕的问题不仅是失业，同样包括即便保持工作，他们的收入仍不及从前。这产生出一种处于不利地位的感觉以及被宣告进入到一种社会流放状态的感觉。他们是被孤立的，这种情感也被传递给同样被剥夺社会向上流动空间的他们的子女们。

年龄因素可以解释在劳动力市场上年轻人和年长者都受到高度歧视的原因。尽管受教育程度普遍提高，但由于教育与市场的脱节以及许多法国公司都缺乏在岗培训，年轻人在找工作时仍面临许多困难。1998 年，劳动力市场中的青年人有四分之一处于求职状态，而另外四分之三仅仅维持着不稳定的工作；的确，青年人在法国承担着不稳定职位中的 42% 却只占据了稳定职业中的 4%（这一数据比任何欧洲国家都要糟糕），他们承担了最多的调节劳动人口弹性的责任。

光谱的另一极，高薪却无法尽快适应变迁的劣势使老年工人经常成为被裁员的首要对象，并且一旦失去工作，求职对他们来说更是巨大的挑战。目前，稳定的工作似乎只是属于 30～45 岁年龄段人群的特权。

169　　　因此，（现实的或预期的）失业广泛地席卷了社会各部分，导致了对向下的社会流动的普遍恐慌。应邀回答"哪个社会群体属于今天，哪个社会群体属于未来？"这一问题的受访者中，顶级阶层中 23% 的比例认为他们可能会倒退，中间阶层中 57%、底薪阶层中 72% 相信他们可能会被淘汰。

对失业的恐惧和就业市场的悲观景象激发了使整个体系变得更为僵化的行为（比如，人们拒绝更换工作，因为害怕失业）。这种行为会危害到宏观经济的绩效和工作机会的创造。对个人前途缺乏乐观同样助长了缩回到个人的态度及退出任何与工作相关的社会资本的决定。但对一少部分人而言，它导致了他们激进地拒绝当前社会并投身于政治光谱中极左、极右两极的激进政治团体。以上两种情况，都是自我中心型和高度断裂型的社会资本。

2. 职场中个人发展的新要求

对于工作的态度，以及期望从工作中得到收益和满足的类型，对于和工作相关的规范和价值（它们构成社会资本的要素）来说也是至关重要的。显而易见的问题是，这些态度和期望是否能与劳动力各组成部分间不断变化的环境保持一致。对于大型工人团体来说，情况将并不是如此（即态度和环境变化不一致）。这会严重地阻碍他们创造和运用与工作相关的社会资本的能力。

工作越是稀缺，人们越害怕失去它，它的价值也就越大。法国人几乎无异议地宣称工作是他们生活中最重要的元素。这已经为1981年和1990年两次欧洲人价值观调查以及其他许多调查所证实。与经常的断言相反，在任何时候工作都注定不会失去其在社会中的优越地位，至少在人们的观念中如此。

但是人们对于工作的态度及从工作中预期的所得已在相当程度上改变。工作过去曾是实现集体性社会地位的主要媒介，只有在其中与工作相关的社会资本才能繁荣兴盛，但如今工作首先与提供自主性个人发展的机会相联系。这一结论在欧洲人价值观调查及其他一系列结论非常一致的调查中都表现得很明显。认为工作是为了寻求个人发展机会的人数在过去10~15年间已达到7%~15%，这一点在青年人中尤为明显。

170

对个人自主的重视可以追溯至20世纪60年代的"文化革命"，但它同时也可以追溯到80年代胜利的自由主义意识形态。它更反映出人们为自我争得一席之地的期望而非质疑现存社会秩序的兴趣。体系的接纳与进一步参与的要求结合在一起。人们要求对个人能力予以更多的承认，与他们对所有者运营公司权利的承认密不可分。自由经济价值的普遍化已经整合了工作价值的个人化、对个人成功的赞赏、事业进取心以及为金钱的污名平反昭雪。

对工作场所中个人责任的强调，以及对通过工作获得认同的强调，明显加大了失业者的负担，尤其是考虑到对"什么使工作有价值"的新看法已经扩展到所有部门，甚至扩展到失业人群之时更是如此。如果失业者（同样包括其他易受伤害的社会群体，例如非技术工人）比较不重视个人发展的各种因素，而更加关注物质利益的话，那么他们关于工作的基本文化指涉就是相同的。同时如同其他社会群体的人们一样，他们也会在相同的方向上发展。人们可以想象出个人预期与市场满足预期的能力之间的落差所造成的伤害。

三　工会和劳资冲突

让我们考虑一下与工作相关的社会资本带来的张力所造成的结果，特别是在这些社会资本被创造和使用的两个领域：工会和劳资冲突。首先要指出的是法国工会联盟大幅衰落（已经是欧洲最弱），法国有很多人参加工会，但不得不指出法国工会现已成为欧洲最弱势的工会。其成员数量已不及20年前的三分之一——私营企业中5%的工人参加工会，公营企业工人参加工会比例是12%。青年人和妇女进入职场后基本避免成为工会会员，他们中仅有1%加入工会。几乎没有失业者被吸纳进工会，他们感到自己被工会抛弃，正如被其他代表性机构抛弃一样。民意调查准确地反映出这些情况。工会之中的信任在所有社会职业群体中都被削弱，而这种情况在最脆弱的非技术工人群体中更为严重。

通过工会联合起来所遭遇的危机的严重性，部分地可以从工会的结构特征这一角度得到解释。大量的国家专门法案都是依产业部门和子部门进行纵向划分，这使工会在处理横向流动性问题时束手无策，也无法在工人从一个雇主转投另一雇主后保护工人的利益。这些法案也没有考虑工人对职业发展以及个人表现得到认可的新要求。此外，涉及实际需要、工作组织、培训以及其他一些工会能够提供的服务一直被忽视，而这些都是周边国家工会复兴中涌现出来的比较明显的元素。因此工会已无法反映工人阶级需求的转变。它们陷入了恶性循环：工会所代表的会员越少，它在政府或企业面前越没有权势；而工会越是不能促进成员的利益，人们就越不信任它。

但工会的普遍衰退有两个例外：法国民主工会联盟（CFDT，基督教劳工运动的世俗分支）已刻意转变其组织和政策导向，以适应新时代变化的环境，它更加关注个人需求问题并支持与其政见一致的改革和现代化政策（尽管这是由保守派政府提出的政策）。尽管很多批评指责它转向意识形态光谱的中间位置，但民主工会联盟已是法国唯一的会员人数仍在增长的工会组织，其成员数在劳工运动史上第一次超过其他所有工会。这已经构成了法国社会舞台上一次真正的革命。

与之形成对照的是由持异议人士组成的新左派工会，其成员主要来自全国教育联合会（FEN）及法国民主工会联盟，他们激烈地反对社会和劳工法案上的任何变化，赞成冲突的全面激进化——一种老套的少数派策略。过去左派工会的支持者多为年轻人、受教育者及相对而言拥有一些特权的阶层。而现在这些受过教育的年轻人多转向支持改革派工会，新左派工会成员则更多是老人、非技术工人和失业者。底层阶级的不满现已造成了激进左派工会、激进左派政党以及极右翼的国民阵线等势力的骚动。

近来的劳资冲突同样反映出工会的失势。目前，冲突大多为自发性罢工或发泄不满，而非有组织的劳资行动。街道而非工作场所是当今冲突的主要舞台。劳资冲突占据的劳动时间大幅下降表明了这一点。经济发展助长了无数的劳资冲突，但最近20年冲突数量已经下降，即使1995年12月社会动乱也只牵连了极少数罢工者（公共运输部门和邮政部门工人），其间所有扩大罢工的努力都以失败告终。巴黎街道上的堵塞非常壮观，因为每个人都在一种非同寻常的欢乐气氛中去上班。在途中他们开着汽车，骑着摩托车和自行车，滑着旱冰，步行或搭便车。公众对罢工的同情更多地源于对所有中间组织或政府机构的傲慢无能表示愤慨，而不是对罢工者具体目的的认同。今天，罢工通常表达的是公民的不满而不是劳方对资方的不满。与工作相关的社会资本的缺位使公民活力在公共舞台上不时地爆发，这也揭示出需要在有组织的工作性社会交往与接受能力强的商业和公共机构之间建立起结构性纽带（尽管还不是明确的要求）。

四　家庭纽带和社会资本

夫妻之间或代际的家庭内部角色反映了家庭内部的权威和合作模式，它们对人们在更广阔社会中角色和关系产生的明确影响不亚于这些角色和关系对它们的影响。[1] 即使不展开家庭内外社会资本形成的多重因果关系，分析从家庭关系中观察到的趋势与其他场合发现的趋势是否相同仍是十分重要的。

1. 夫妻

与在社团、地方共同体、劳动人口中所发生的情况一样，家庭也经历着巨大的变化。已婚和未婚伴侣在年轻人中一样普遍，离婚和分手在增长，夫妻拥有的子女数量减少，出轨、单亲家庭的数量不断上升，越来越多的公开化同性恋伴侣，性自由及其被接受度双双上升。古老的家庭规范被公开蔑视或嘲笑。人们在思想上比在实践中背离这些规范更远。

各式各样的婚姻模式已使多样性变为一种规范；尽管有关家庭模式的个人选择存在着大量共识，但这并不意味着放纵不羁。恰恰相反，道德压力在个人责任取代制度性原则后反而上升了。这一点为1981～1990年间年轻人变化的态度所证实。越来越多的人选择婚外同居，但对于婚姻的道德前提却显示出了更多的尊重。

更广阔的欧洲背景下存在着两种截然相反的广为盛行的模式：地中海天主

---

〔1〕 此部分数据源自以下内容：《人口与社会》（*Population et societé*）、法国国家统计局（INSEE）及生活质量调研中心（CREDOC）相关出版物、欧洲人价值调查、《阿涅斯·皮特鲁作品集》（*Agnès Pitrou*，法国最卓越的家庭社会学家）。

教模式（特别是在西班牙），在这里，对婚姻的制度性规定的高度遵循与行动和
观念上的极大自由结合在一起；斯堪的纳维亚新教模式，它将制度性自由与严
格的私人道德相结合。这两种模式都存在于所有国家，但是以不同形式相混合
着。普遍转向更宽容的斯堪的纳维亚模式，创造出更大的同质性，已在每个国
家内部及国家之间都有迹可循，在法国尤为如此。

　　与可能想到的相反，欧洲人价值观调查显示出家庭仍是法国价值观中最
闪亮的星星，如同它在欧美其他国家一样。欧洲人价值观调查表明了这一点。
但最近数十年已经可以看到相当可观的角色转变。女性已获得了与男性不相
上下的职场地位，因而尽管未必平等，她们仍获得了更多的自主性。女性不
能平等地拥有更多自主性的原因在于她们负担家庭琐事并负责子女的教育。
女性今天通常在生完第三个孩子后不再工作——而不是像以往那样在生完第
一个或第二个孩子后。协调家庭和职业活动仍只是女性专有的"特权"：90%
的单亲家庭由女性当家做主（离婚案件中，法庭和离异夫妻都会做出这样的
决定），照顾体弱多病的老年人的重担实际上也多落在女性身上（在85%的
案例中）。

　　态度似乎比行为演变得更快，并暗示了进一步的变化。1978年与1994年进
行的两次民意调查显示出态度上的重大变化：1978年，31%的人赞成夫妻间平
等的工作投入、37%的人倾向女性工作更低的投入、30%的人认为家务劳动和
子女都需要全职主妇；而在1994年认为男女应平等工作的已升至54%，只有
19%的人支持女性做全职主妇。

　　无论转型时期夫妇间的关系状况会多么不稳定，社会纽带的力量和关系的
强度似乎都不会被这些变化所削弱。不过其间有一个重要的质变：由惯例固定
下来的纽带转向从个人选择（权）的周期性不断主张中产生的纽带。这条纽带
不一定因为它更不稳定或制度化而必然变得更脆弱。

2. 儿童与青少年

　　对亲子关系的观察表明，法国对传统的权威主义教育模式的拒斥和其他
地方一样盛行。核心家庭中每个成员都受益于更大的自主性及个人领域的扩
大，甚至在聚餐时明显地表现出来：家庭不总是共同进餐，也不总是吃同样
的食物。然而在这一问题上，态度似乎落后于行为。欧洲人价值观调查显示，
惯常的看法仍然非常传统。法国人认为教给子女"服从"、"专注于事业"这
些美德而非"独立"的美德十分重要。法国是欧洲最后一个接纳自由价值来
教育子女的国家。

　　青少年与家庭之间的关系随社会地位的变化而发生了显著的变化。这可能

是一系列关系，在这些关系中可以发现家庭内部形成的社会资本中存在着最为重大的阶层分化。

少数享有特权的"传统"年轻人复制了父辈的模式。他们世袭了家族内父辈的专业或社会地位：继承性网络构成了皮埃尔·布迪厄所说的社会资本，即获取经济、社会和政治权力与地位的手段。

大量中产阶级或中下阶层年轻人和妇女在进入劳动市场之时，面临着明显针对他们的偏见所造成的巨大困难。故他们多会延长大学学习年限，继续与父母同住。在战后改革派学生那一代人之后，在繁荣时期的自由一代之后，如今这一代学生退回到家庭与大学，因为在别的地方他们根本无法获得什么地位。

另一类是失足、贫穷及饱受社会排斥、残疾与污名化之苦的年轻人，尽管数量有限但增长迅速。他们有以下某种个人经历：支离破碎的家庭、充满暴力的环境、破旧的房屋或难以成功融入教育体系。他们的自尊心弱是被动接受了反映着糟糕环境的自我形象的结果；另一方面，他们使用暴力在周遭环境中作奸犯科，暴力通常是他们拒绝同化于周遭环境的一种表达，是通过区分来寻求自我肯定的策略。他们将大量精力投入同侪团体的创建和生存，成员之间极其团结。他们只将大量的社会资本排他性地投入同侪团体中，排斥了所有的外部社会结构，包括他们自己的家庭。

3. 祖父母

对于保持家庭社会资本来说，祖父母是必不可少的，特别在如下情况之下更是如此：家庭的价值和纽带正在遭受各种稳定的组织化力量的瓦解，正在遭受各种来自经济和社会的残酷侵蚀。当三世同堂的传统小农模式几乎绝迹时，与父母的关系对于年轻夫妇至关重要，特别是在生儿育女之后。父母不仅给他们经济资助，照看子女，还告诉他们家族的历史，这是一项重要的功能：未来的不确定性使人重新寻根问祖。数据清晰地说明了这一点：一半有子女的夫妇每周至少探望他们的父母一次（这一比例在25岁以下夫妇中达到了三分之二）。即便身体上和子女、孙辈分开了，老年人也会因为这一关系的稳固而远离孤独——哪怕已经丧偶。过去20年间独居的60岁以上老年人数量已经翻番，但他们中的大部分认为自己并不感到孤独。与朋友、邻里的社交日益扩展，以至于老年人社交已成为当今社会一个鲜明的特征。家庭类社会资本强化了60岁以上老年人在其他形式社会资本中的参与，反之亦然。

当老年人老到身体上无法自理时会出现一次断裂。他们中大部分会搬到专门机构或在必要的专业帮助下住在家中。家庭和朋友关系仍然维系着，尽

175

管变得更脆弱。数据显示，断裂通常发生在 80 岁以后。总人口中 85% 认为自己从不感到孤独，而只有 45% 的 85 岁以上老年人如此认为。年纪非常大的人之中出现了极高的自杀率，他们几乎同时放弃了家庭类、社会类社会资本和社会。

从对今天法国家庭成员间关系的简短描述中呈现出来的总体图景和二三十年前的大不一样。每个家庭成员都得到了更大的自主性。有些家庭的成员们居住在一起，有些则不然。尽管家庭看起来变得分散了，但家庭很少享受着如此牢固的情义。对于情感纽带和个人认同，它是无可取代的天堂，又再成为个人遭遇挫折时寻求帮助的地方。

但此家庭非彼家庭。它既是一种继承而来的关系，也是一种选择而成的关系。构成家庭社会资本的纽带是可以选择的，它甚至比任何依血缘和传统形成的纽带更重要。这是再创造的和再投资的社会资本而不是被接受的和积累起来的社会资本。家庭中社会资本形成的趋势与邻里间社会资本、工作类社会资本、社团类社会资本的形成趋势惊人地相似。像其他部分一样，在家庭关系中，一个明显的区别存在于拥有较少特权者和拥有较多特权者之间。对于拥有较少特权的人而言，家庭首先是一个保护性的避难所——是一种自我为中心的、碎片化的社会资本。对于拥有较多特权的人来说，家庭也是，有时主要是在更广阔的社会中实现个人发展的垫脚石——是一种桥联式的、他者导向的社会资本。

第四节　公共领域的社会资本

私人社会资本如何滋养了公共社会资本网络？这极大地依赖于公共领域的形式与动力。我将首先考察公共秩序——没有它就没有公共领域；随后我将处理一些激励个人进入公共领域的价值观（宗教的、道德的、公民的）；最后我将总结性地分析政治态度与政治行为：对制度的感知、选举行为以及其他形式的直接行为。

一　争论中的公共秩序

对社会关系最大的威胁并不是有组织犯罪，只要稳定和维持在不超过每年每千人中有 65 起犯罪的水平，和平就没有受到威胁。而威胁是来自那些造成不安全感和削弱诚信的很小的违法或无礼行为——安全感和诚信是社会资本基本的元素。

如果暴力致使恐惧极端化，不安全感来自对个人财产的攻击。这种攻击构成绝大多数轻微犯罪。这类轻微犯罪在过去 15 年间仍增加了许多，尽管身体威胁和暴力行为仅仅是犯罪的一小部分。

由于信任代表了社会资本的核心价值，所以很明显，不安全感对于社会资本的形成而言破坏性极大。不安全感并不必然意味着真实的不安全状态。数据显示，不安全感更多取决于公认的受害人的社会隔绝程度，而非罪行受害人实实在在所遭遇的经历或危险。一个人拥有的财产越多，其财产受到侵犯的可能性就越大，但不安全感却会随着财富增加而减弱；一个人越是不在家，其家庭财产面临的风险越大，但那些长时间宅在家里的人更怕被打劫。

不安全感同样很大程度上取决于离作恶者和骚乱有多近。这类骚乱过去几年间在市郊的失业青年中已经爆发，包括破坏邮箱、乱写乱涂、乱丢废物、大声喧闹、咄咄逼人且有预谋的蛮横无理，所有行为都旨在（破坏）社会秩序的标志和社会纽带。在这些贫困的社会团体内部，年轻人显示出的犯罪倾向比例更高，成年人的不安全感则程度更高。他们制造的市民骚乱对他们自己人不利，破坏了已遭毁坏、所剩无几的社会资本。

当社会经济环境不允许私人的、狭隘的、以自我为中心的社交网络轻易地转换为广泛的、他者取向的社会资本时，当社会资本的中间支撑结构（社团、有组织的地方社区、工作市场、家庭）无法发挥通往公共领域的桥梁功能时，那些感到自己被排斥在社会和公民参与之外的人通常会把精力转移到反对那些存在缺陷的整合渠道上。

公众明显地意识到了社会资本被破坏的恶性循环，他们对相关公共机构的期望证明了这一点。没有什么比解决不安全问题的最佳公共政策选择能够更清楚地表明不安全问题的重要性。

· 法律与秩序（额外要求更高的透明度和接近度）

· 教育与经济发展（两者一起构成了存在于学校系统中的解决失业问题的重要前景，尽管通常被批评未能成功做到这一点）

· 社会团结（公众似乎没有理解在"失业者应担负起找工作的责任"这一广为接受的观念，与进一步团结被排斥的受害者的价值并支持更深入地进行再分配的税收体系之间的矛盾）

一般大众将不安全感问题理解为社会凝聚力的问题，并要求相关制度能够强化社会资本的整合功能。公众也给予这样一些制度以极大信任。欧洲人价值观调查指出，激发了大量信任的制度包括警察、社会保障体系、学校、大型企业和法治。

177

二 走向世俗宗教?

宗教传统上一直是所有社会的首要黏合剂。但现在依然如此吗? 宗教指教会,在更普遍的意义上则指宗教信仰。在法国,如同其他欧洲国家一样,教会的基础已然动摇,而信仰也在发生变化。

法国,以及意大利、西班牙、葡萄牙、爱尔兰、比利时等地中海沿岸和欧洲西部边缘的国家,几乎是天主教占绝对统治地位的国家。在这里,新教徒只占宣称自己是信徒之人的 2%,穆斯林最近刚刚超过了新教徒,约占2%,犹太教徒只占 1%、佛教和其他宗教信徒只占 0.5%。

这些欧洲天主教国家中法国是目前为止宗教性最弱的国家,同时它也几乎是包括新教国家在内的整个欧洲当中宗教性最弱的国家。在法国,存在着大量宣称自己是无神论者的少数派和声称从未或几乎从未参加过宗教仪式的多数派。法国人也不准备让教会的发展超出宗教领域。法国是欧洲大陆最世俗化的国家,甚至宗教本身也正经历着世俗化的过程,与北欧模式相类似,宗教价值弥散于公民社会的方方面面,但制度性的宗教实践却非常少。

大众对教会的疏远正在加剧。如同其他欧洲国家,法国也在加速转向"去基督教化",这可以通过对教会的信任、对上帝的信仰和宗教实践来衡量。年轻人比他们的长辈宗教情怀更少,对比十年前相应的群体,无论是年轻人还是老年人,宗教性都在减弱。

当法国和其他欧洲国家的宗教色彩正在变得更淡之时,他们并没有放弃精神和道德价值。对替代性精神价值的追求表现为对死后生活信仰的增强,以及对诸如占星术、传心术、占卜、通灵术、千里眼、魔法等的信仰的大幅增加。然而,三大少数派宗教如伊斯兰教、犹太教、佛教等在土生土长的法国人中的影响也在增加,可能出于这些宗教相较于基督教特别是天主教的等级性更弱的缘故。如果就这样,似乎可以认定这间接地表明了一系列相互补充的深刻见解。对宗教的疏离更多是针对宗教体制,而非精神上的价值。

法国宗教信仰和实践。仅有少数人认为上帝是一个"人";大多数人更倾向认为上帝是"某种精神或生命力";更有人数众多的少数派宣称"不确定如何去想这个问题",显示出持"或然论"者的增加。

当57%的人宣称他们信仰上帝时,他们之中仅四分之一的人相信上帝的存在赋予生命、死亡或苦难以意义。对于多数基督徒而言,追寻这些意义究竟为何正是此时此地的事情。

宗教实践中的变化明确显示出,相对主义的怀疑论和世俗性占据了基督教舞台的中心。教堂出席率除婚礼、葬礼及洗礼（相对较少）等仪式外日渐衰落，在这些仪式中，联结共同体的社会性和象征性纽带的公开展示显然比人与上帝的关系更重要。这进一步证实了宗教世俗化。甚至这些"社会性"的宗教仪式也在衰落，特别是洗礼：1958 年出生的孩子有 92% 受洗，而 1987 年出生的则仅有 64% 受洗。　179

最后，天主教以及其他信仰正经历着令人惊讶的碎片化过程：有许多天主教教派、佛教教派、犹太教教派、伊斯兰教教派。很多人以教派平等的名义接受了这种碎片化的局面，并将此理解为人们可以从巨大的信仰的超级市场中选出一些元素组成独一无二的个人宗教认同，展示了个人的自由与责任。

在其他领域中已被注意到的基本文化特质同样出现在宗教信仰和实践当中。在这些实践中，我们看到社会交往和共同体认同之间强烈的依存关系以及对居高临下强加意义的组织和教义的拒绝。多数信徒接受与上帝之间存在纽带仅是因为他们可以自由地选择这些纽带。随着宗教组织的迅速衰落，宗教剩下的作用主要是在社会资本形成的方面——不是体制化、预先决定的社会资本，而是个人分别独自创造的社会资本。宗教性社会资本的私人化与宗教的世俗化如影随形。

三　公共的道德价值与公民价值

虽然宗教生活少了但精神生活并未减少，法国目前尚未出现道德价值和公民价值的衰落，尽管在这些领域中意义重大的变化已然出现。从宗教生活中观察到主流性趋势在公民生活中同样真切：任何自上强加于下的道德律令，无论来自何处均被拒绝。个人的责任已经取代了一切外界的命令。依据欧洲人价值观调查，大多数人宁愿选择实用主义的个人道德而非被预先决定的行为准则。三分之二的人拒绝承认存在有关"什么是好、什么是坏"的明确准则，几乎所有人都赞成"生活的意义就是好好利用它"。

这种个人化的且实用主义的道德价值观最突出地反映在个人的习惯上。个人生活方式的自由选择被普遍接受反映出 60 年代的这代人所提倡的道德观取得了胜利——对多样化生活方式的普遍接受可能是"五月风暴"[1] 刻下的最深的印迹。然而归纳总结已然钝化了它原来那自由式、颠覆性的影响。现在的"危机一代"在判断上和行为上已然学会了审慎与节制。所有这些要素的结合导致　180
绝大多数 18~45 岁人的道德观惊人的同质性，这些人展现出镇定、安详、道德

---

〔1〕　五月风暴是指 1968 年 5 月发生在法国的学生运动。

自由主义和不好斗的现代主义色彩。这一群体已足够大且足够同质化来形塑当前法国社会的道德文化。

不同世代人们的态度进一步同质化的另一个显著特征可以从公民取向上观察到：赞成激进改革，反对渐进改革。1973 年石油危机后赞成激进改革的人增加了，但做出这种选择越来越少地由年龄决定，而越来越多地由劳动力市场中的障碍决定（正如缺乏职业资质的情况所展现的那样）。1978 年激进主义更经常地得到年轻人——特别是高学历年轻人——的声援，到了 1991年激进主义则更多为弱势群体所赞同，高学历的人们（无论是年轻人还是老年人）已转变为温和的渐进改革的支持者。今时今日的激进派不再是享有特权的年轻人，而更多是底层阶级成员（无论是年轻人还是老年人）。这一事实在前文分析与工作相关的社会资本时已经提及。[1]

个人责任的道德观与经济自由主义、自由的进取心和个人成就相一致。但张力却已在这一系列现代主义价值观中出现：以经济成就为先的物质主义价值取向与以文化成就、公民自由、政治参与、社会团结、人权、尊重自然为先的后物质主义价值取向相抵触。这两类竞争性的道德取向在危机时代同步发展，为青年、高学历、中上阶层公民所组成的社会群体所推动，而后物质主义价值取向正在慢慢占据上风。

这些规范性的价值取向构成了公民价值观的复杂图景：个人至上毫无疑问是总体图景的最主要特征。对家庭、朋友的信任达到了巅峰却仍在攀升，而对

---

〔1〕 这是生活质量调研中心（CREDOC）最重要的研究结果之一，下图阐明了整体情况（源自生活质量调研中心：第 41 号研究报告）：

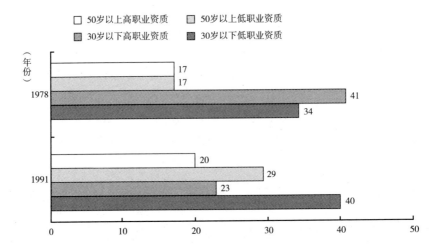

174

其他陌生人的信任却很弱，而且还在下降。[1]

　　大多数公民如今坚定地要求使明确且严格的道德价值和公民价值得到有力的重申，并作为公共领域永久性准则，他们既不相信同胞们天生就有美德，也不相信为社会提供道德准则的任何机构，甚至质疑这些机构这样做的能力和合法性。

　　在欧洲人价值观念调查和其他相关调查中，公共道德的三个层次非常突出： 　　181

　　• 第一个层次包含那些距我们最近且表现出良好的人际关系、大量的信任、交换、互惠、合作的社会资本，简言之，这一层次包含许多社会资本，但它们是自我中心型的、限定时空边界的、极度碎片化的社会资本。

　　• 第二个层次包括那些远离日常社会活动发生地的居住区——一种混乱和没有规矩的环境。这种环境催生了完全自私自利的人，他们独立谋生，而且为了需求的即刻满足牺牲集体利益。在这个层次中，公民和道德准则极度腐败和扭曲，公共道德低下，比如人们利用影响力获取非法收益、越轨、尽可能地欺诈、违章停车和以兼差为主业。所有这些都因生活中的困难而被正当化。这里

----

〔1〕 依据欧洲人价值观调查，朋友是生活中第三重要的元素，仅次于家庭与工作，家庭和工作的重要性在 1981 年和 1990 年间增加。在关于对家人和普遍意义的他人的相对信任水平上，下表清晰地表明了个人对家人的高水平信任和对他人的不信任。但当他人特指同胞时，不信任明显降低。

一般信任水平：

绝大多数人可以被信任	21
在处理与他人关系时务必保持小心	72
不知道	7
总计	100

来源：欧洲人价值观调查（1990 年，法国部分）

在家庭和法国中的信任水平：

	家庭	法国
完全相信	57	6
有些相信	36	51
既非相信，也非不相信	2	20
有些不相信	3	17
完全不相信	1	4
不知道	1	2
总计	100	100

资料来源：欧洲人价值观调查（1990 年，法国部分）。

发生的是，所有类型的社会资本都在持续地败坏。

　　● 第三层次是集体生活所必需的价值和一般原则得以创造的地方，是危机时代中人权和社会团结获得前所未有的认可的地方。不断增长的多数人无情地谴责影响基本道德观的不文明行为和对社会组织基本原则的侵犯。针对选举中的欺骗行为、社会保障体系中的欺诈行为、偷税漏税，道德谴责步步高涨。因此，我们可以清楚地看到社会渴望高标准公民道德的迹象，它与公共领域中日常行为的无道德状况构成了鲜明的对比。这些期望是社会资本丰厚的潜在源泉，只因缺乏适当的公共机构而未开发出来。

　　这里的中心问题是第三层次的基本公民价值（它们有着更加光明的前景，因为它们还未被尝试）和第一层次的互相信任的社会网络及高度社会交往之间"缺少联系"，无法将上述两者联结起来，或联系到制度性的网络之中。连接法国社会较低层次与较高层次的有效中介是缺失的——这是桥联型社会资本结构和政治机构共同的失败。

　　四　政治机构

　　对政治机构的信任正处在历史性低点。议会、行政机关、政党是国家内最不被信任的机构，公众对它们的信任和尊重仍在继续流失。

　　法国的政党正在失去它的党员和公众的尊重，导致这一现象有很多原因，其中一些与它们所起到的连接公民与国家的中介作用直接相关：将地方的社会资本转换成国家的公共资本，它们的意识形态、组织形式、它们对其党员提出的要求完全与当下公民参与政治和社会事务的方式相矛盾。理论上，法国的大众政党模式（拥有大量有组织的积极分子的政党）要求每一条具体政治要求及每一项日常行动都有总体目的和意识形态框架，后者定义了理想社会、从它派生而来的何为"正确"的概念、科层制组织模式、精确的党员行为指向规则。这一政党模式无法与当下公民偏爱的零散、自治、问题取向的行为方式直接对接。除非政党在组织及其与社会间关系上进行根本性的改革，否则积极关心公共事务的公民将比以往更缺乏兴趣通过政党展开行动。

　　法国国家行政学院（ENA）的毕业生和其他公共服务部门精英团体的成员已经把持了所有可能掌握国家政权的政党的权力，如同他们统治了议会、政府、行政部门、大企业一样。他们被灌输了所谓的高级知识，高高在上，公众指责他们对公民的愿望和问题不闻不问并且无力满足这些愿望、解决这些问题。

　　议员的公众形象甚至比政党更糟，他们遭到了和所有政治机构一样的批评（他们不友好、冷漠、虚弱、傲慢），他们还遭到两点额外具体的批评：故意旷工和地方政府层面上的腐败。

司法机关激起了人们巨大的期望，它在对抗政治腐败和金融丑闻——它们极具破坏性，因为这个国家当时正经历着许多社会难题的考验。但成比例的失望也随之而来。司法机关被认为是低效、屈从、偏见的代名词，也是在公共机构中最声名狼藉且最亟待改革的部门。

实际上所有的政治机构都遭遇了极高的批判和不信任。公民感到他们既未被很好地代表，也未被很好地统治。表现出来的政治冷淡实际上是对机能异常的机构和自称为公仆的行为的拒斥。

183

五　具有高度批判性的选民

法国选民的行为证实了他们在政治上已经觉醒。尽管弃权在近期几次选举中略有增加，但长期来看自第五共和国成立以后（1958 年）并未出现明显的增加。抗议性选票的数量不可小觑，它反映出代议制民主真正的危机。近年来，反对多元民主基本价值的极端主义政党得到了大量选票（国民阵线的得票率已高达 15%），那些胜选无望的候选人（如独立候选人、小党候选人）的得票数也同样上升，极端候选人得票、无法胜选的候选人得票、废票和深思熟虑的弃权票加在一起已经达到获得议会多数席位所需的票数。这种状况的结果便是法国这一传统上保持相当高投票率的国家现在处于这样一种状况：实际选举出的议会多数只代表了少数选民。

这些消极的投票行为模式并不是缺乏政治兴趣的表现，事实上所有的民意调查都指向他途，即表明了选民对于信息和利益的高度关注。对于当选代表的持续不满可能为极端主义政党提供了危险的滋生地。这是来自积极的、具有批判性的、不满意的选民明显的信号，而决非被动顺从的标志。

投票行为的反复无常是这一矛盾的另一明显标志。1997 年法国议会选举一周前，声称计划去投票的选民中有三分之一不知道他们将要投票给谁。在这种从一次选举到下一次选举的选举"游牧生活"中，选民数量的上升使时事评论者吃惊，但这并非反复无常的行为表现，恰恰相反，它是两个现象的结果：事实之一是，现存政党越来越无法代表人民对国家面临的问题作出重大抉择；事实之二是，公民日渐独立于政党并试图创造属于他们自己的政治认同。

针对《马斯特里赫特条约》[1] 的全民公决鲜明地反映了第一点。一项调查

---

〔1〕　《马斯特里赫特条约》即《欧洲联盟条约》，于 1991 年 2 月签订。它为欧共体建立政治联盟和经济与货币联盟确立了目标与步骤，是欧洲联盟成立的基础。——译者注

通过分析赞成票和反对票展现出一幅由两类有内在逻辑性的政治价值和两类典型的选民构成的反差鲜明的图景，而这些差别和区分却并未在现存政党中体现出来。

公民自治程度的上升及其"反复无常"投票行为模式由三个因素构成：其一，政党提供的选择越来越与选民关心的问题没有关系的这样一种情形；其二，更见多识广的选民；其三，对更进一步个人自治的渴望，这种渴望被在所有其他领域中起作用的同一种基本文化价值激发出来。无论是结构上还是功能上，政治代表始终无法认识到国家面临的问题的实质和这些问题的解决之道，也无法与选民的期望和潜力保持一致。大量游离在社会中的社会资本仍未被我们这一民主国家的政治机构所利用。

六　成长中的积极公民

对政治机构的不满及批判性的、无纪律的选举行为并未指向政治冷漠，相反，它揭示出另一种类型的政治热望，日益增加的直接政治参与表明了这一点。

欧洲人价值观念调查显示了不同形式的直接政治行为如请愿、联合抵制、街头示威的明显增长。法国人对制度化政治不满的程度体现在这一事实上：法国在调查中有关直接政治行动的得分最高。

近来的社会冲突和街头示威印证了上述观察。工会似乎不能控制劳资冲突和社会冲突是否爆发、选择何种策略、扩展至何种程度及何时结束。首创精神总是远离工会，"协同会"或特别协调机构取代了工会的位置，工会甚至和雇主一样成为抗议的目标。这些协同会由一些领导人物建立，他们因活跃的个人参与而出现在冲突的前线，一旦冲突结束，他们又退回到无名的群众中去。保护狭隘的共同利益通常是冲突最初的导火索，但行动能否成功却取决于是否能超越特殊的不满，动员大众支持具有道德色彩的更广泛社会议题（如平等的医疗保障或平等的公共服务）。

其他近期的抗议甚至更具启发意义。1997年人们发起抗议活动反对一项立法，它由前任内政部部长发起，对移民进入及居留在法国的条件更加苛刻，加强警察的控制，致使移民普遍更不安全，威胁到了至关重要的公民自由。1996年人们在斯特拉斯堡集会反对国民阵线。这些事件中的很多参与者都不是政治示威活动中常见的面孔。在这里左翼政党几乎不存在，只有大量对许多新兴社会议题感兴趣的地方小型社团，还有许多不属于任何组织的公民。一项关于巴黎人政治参与的研究显示，出席者多为高学历中上阶层人士，在18～45岁之间，认同后物质主义价值观。

在巴黎，这些活跃的公民权利与社会权利社团与一些传统人权组织（如人权联盟）之间的联系已经建立起来，但它们与工会和政党之间只有微弱的联系，与市政府则毫无瓜葛。在现行制度、政治和社会代表的网络、严格的道德观驱动的积极公民所构成的新兴力量三者之间的桥梁尚未架起。在斯特拉斯堡情况则恰恰相反，尽管紧张形势已不可避免，但与城市的制度网络相连的沟通渠道已经建立起来了。可能该市市长不同寻常的个性在其中带来了很大的帮助：斯特拉斯堡是法国唯一拥有女市长的大城市，她毕业于新教神学院——她不是典型的法国地方显贵。政治体系的外围才是未来政治资本的主要形式得以试炼的地方。

结　论

很明显，法国正在经受的，既非来自社会资本的全面崩溃，也非来自普遍政治疏离的危机，而是一场双重危机。

一方面这是一场收入和就业的社会再分配的危机。一个日益壮大的底层阶级正在日渐与现代化进程中焦虑且摇摆不定的多数参与者相分离。在一个社会中，文化上的同质性高于以往的时代，个人自主与个人责任的现代主义自由价值获得了无可争议的垄断地位，多数人共享了认知上的道德和公民准则，却使得社会和政治上的排斥对于日渐增长的少数人而言变得更加痛苦。

另一方面这是一场政治代表、中介机构、规则的危机。开明精英所领导的好政府通过国家的行政法规和程序将"普遍利益"强制推行于不成熟的公民身上，在历史上这是法国共和模式非常成功的优秀品质。但如今这已变成它最差劲的特征。公民不再准备接受这种监护模式，而且更有能力去摆脱它，而中介机构——工会、政党、地方政府及大型社团，已通过获取国家的特权而被国家吸收，组织形式也与国家趋同，它们现已变得对公民的要求无动于衷，作为现存或潜在的社会资本适当载体也不合格——这是"缺失环节"综合征。186

这两个危机是互相关联的，不过法国仍有大量的资产——物质的、文化的、政治的可以用来化解危机。

物质方面是法国的经济资产。在经历战后规模巨大而非常成功的都市化和工业化后，在大部分艰辛的工作已经完成之后，法国已有能力进入第三次工业革命。法国在人口上的活力同样是物质方面的资产。自"二战"后直到最近，法国一直保持着欧洲最高的人口出生率。法国只需要很少的东西就可以重新开始。未来的远景能够激发公民的渴望，参与建设他们共同的未来，只要拥有文化和人口活力的年轻移民参与其中。

法国的文化资产之一是现代主义文化革命事实上已经完成。呈现出极大同质性的一系列新价值已为大多数法国公民所分享，同样也为大多数欧盟公民分享。这一系列共同价值有三个支柱：个人自主与个人责任、经济上的创造性以及社会的公正、团结与凝聚力。

为解决这一双重危机提供资源的其他文化因素还包括了一种建设性的、充满活力的张力，它正在起作用，处于文化现代性的核心地带，是新旧两个版本个人主义之间的张力。特殊论个人主义走向了对私人身份和利益自私而充满恐惧的保护，针对所有可能出现的侵害。它不仅滋生了当前"自我且即刻"的社会文化，更诱发了国民阵线的"国家偏好"政策乃至更为可观的国家主义政治势力。另一类慢慢兴起的反对特殊论个人主义的是普遍论个人主义，它对生活方式的个人选择、社会和政治取向的主张暗含着对他人权利的承认，对积极而富个性化的公民共同参与的承认。这种普遍论个人主义也暗暗为民主的制度实践、社会凝聚力和经济发展详尽地阐明了一整套共同的普世价值。这些人道主义的后物质主义价值观，如果能摆脱20世纪60年代那种追求无须制度规范来创造非政治的和元历史的世界共同体的乌托邦幻想，就将会为民主的复兴奠定良好的基础。

法国的政治资产包括了公民潜能相当可观的国民。当下社团和公民活动中的创造力和活力证明，一个相当大的公民群体正准备投入政治革新中去。他们
187 可以被建设新欧洲这一事业所提供的历史机遇调动起来。这一事业规模够大，可点燃公民们的想象力和目的感，提供更新社会和民主投入的前景。而且，法国公民对待变革的看法远比以往想象中的更加开放。法国人缺乏民主协商如何进行必要社会变革的能力，这一点经常被注意到、被加以分析，而且被断言社会剧变是踏上变革之途的唯一出路。但这似乎更多是制度功能性紊乱的结果，而非文化上的障碍——精英而非普通公民应为此负更多的责任。

优先考虑之意似乎在于制度的改革。联结公民活力与社会资本的纽带要立足于法国社会根基，成为大多数公民共享的普遍文化价值的丰富储备。锻造这些纽带已然迫在眉睫。它包含了在如下领域中正在形成的纽带：

·在各区域之间、在排斥与接纳的进程之间的纽带（学校、职业培训、就业、房屋、地方政府）；

·在少数文化和共同体（特别是移民人口）与所在国家的机构之间的纽带；

·在新个人发展的新渴望与各类组织、各类形式的集体行动（企业、工会、政党、社团）之间的纽带；

·在大小社团、新旧社团以及社团与公共机构之间的纽带；

·最重要的是在公民与国家之间的纽带；在未被开发的公民活力和能力与日益丧失的公共机构的合法性与效能之间的纽带；在代议制民主与参与或民主之间的纽带。

在所有这些领域当中编织新的社会纽带需要架设起旧与新之间，公民社会与政治机构之间，正在形成中的社会资本与长期存在的社会资本的网络之间，新的后物质主义文化、普遍论个人主义与政治民主的个人主义之间的桥梁。这个社会工程学项目是法国和欧洲各国共同面临的新的前沿问题。

总之，法国的案例对本章中前文所提出的三个问题给出了试探性的回答。第一个问题关注于初级群体的社会资本与全球社会的社会资本之间的关系。与　188 二者同时增加或减少的一般假定相反，法国的案例显示出，内在指向的、自我中心的初级群体的社会资本的增长，与他者指向的、桥联型的制度连接型社会资本的减少同步发生。换句话说，低水平的桥联型社会资本和制度连接型社会资本不会自动产出更少的初级群体社会资本，事实上反而会产出更多。

第二个问题关乎接受型社会资本与创造型社会资本之间的对立，也需要一个类似的答案。体现在法国社会既存网络、规范中的接受型社会资本似乎越来越与公民新出现的需求、态度、道德观念、能力无关，甚至与新出现的社会问题更加无关。当这种社会资本因缺乏使用而衰退时，许多迹象表明了一种补偿性的动力，这种动力正在创造新领域中的社会资产和新形式的社会资本。一种现象与另一种现象相互依存。但新的问题产生了：新创造的社会资本如何转化为广为接受、稳定供给的社会资本？因为后者因其更大的可见性和持久性，对于社会资本从一个世代传到下一个世代以及社会的延续来说是必不可少的。

第三个问题与国家和公民社会在产出社会资本中各自的角色相关。法国公民社会显然经历了从国家的监控下解放出来的过程。这是公共领域产生严重危机的根源，因为在传统共和国模式中形成的社会和政治代表机构，包括公共管理和政府机构，似乎不足以将日益壮大的更为成熟的公民社会力量引导到新的共和国综合系统中去。它对法国提出了新的问题：国家如何防止公共机构相关的惰性与公民社会的活力相对抗，并反过来利用后者复兴前者？公民社会更大的自治如何滋养和提升代议制民主下政治制度的民主品质和经济绩效？这既是一个古老的问题，又是一个无处不在的当代挑战，目前还尚未有放之四海而皆准的答案。

第五章

德国：社会资本衰落的案例？[*]

克劳斯·奥菲　苏珊·富克斯

我们将会论证在德国社会资本并没有出现明显的衰落。当然，诸如此类的任何论断完全取决于我们所使用的概念、所采用的测量方法以及可利用的数据。

第一节　社会资本：概念探讨

社会资本在此被概念化为一种集体所有的资源，它可以是地方（社团）的，也可以是区域性社团的和全国性社团的，或者属于它们中的某一部分。就其可利用的"量"而言，这种资源是会变化的：可以变得更小或者更大，既会成长也会衰落。如果这种集体性能量或资源大量存在，并广泛分布于一个社会之中，那么我们就可以假设它在经济成长和"政府善治"方面会产生一些可欲的效果。这些有利效果的产生可归因于这样一个事实：社会资本就其定义而言，包含了一些行为倾向，它们有助于降低交易成本（如信任关系可以促进交易）并且克服"搭便车"（受益于其他人的集体努力而自己对此却毫无贡献）的偏好所造成的公共产品供应不足。另外，一个紧密的社团活动网络可能会减轻中央和地方政府的负担。这样至少在某种程度上，社会资本的水平与分布就可以用来解释不同时空下政治、经济方面的不同表现。社会资本的存在有利于使民主运转起来。[1]

然而仍然有待于确定的是集体性资本的所有者单位是什么——一个全国性社团、一个区域、一个城市、一代人、一群人、某社会经济类别，还是其他什

＊　本章中存在东德－西德、民主德国－联邦法国两种区分，作者明确意识到了这一点。译者遵循作者的意图作了许多修改。原则上只有作者明确使用 GDR 和 GFR 时才译为民主德国和联邦德国，East 和 West Germany 除了对应上一层意思之外，还对应统一后原民主国地区和原联邦德国地区，故东德－西德可同时兼顾两层意思，民主德国和联邦德国则不行，因统一之后二者皆不复存在。

〔1〕　Robert D. Putnam, *Making Democracy Work* (Princeton, 1993).

么。无论如何，假定就其社会资本水平而言，全国性社团在各自内部是完全相同的，而相互之间却存在差异，这样一种看法从社会学角度来看似乎是幼稚的。同样这对于区域或其他次国家级领土单位也适用。因此，我们需要确定社会资本的承载者到底是哪种单位或社会群体类型。

我们首先需要考虑的问题是如何测量社会资本的水平。为了实现总体性测量，我们需要社会资本的操作性指标，或者至少是社会资本非常细腻的概念性构成部件，（如此）我们就可以把它们运用到可用的数据上。我们打算使用三个这样的构成部件：组织性（associability）、信任（trust）与关注（attention）。借助这些概念的综合使用，我们可以评估各种态度、行为倾向与结构模式所形成的复杂组合，正是它们构成了理论上变化多端的社会资本。

首先是"关注"，它涉及有关社会与政治生活的一系列观点与态度。当我们关心周遭环境、想知道正在发生什么或他人在做什么时，所展示出的就是这种"关注"。其对象可以是最广义的公共事务所包含的任何东西。本文所使用的"关注"这个概念聚焦于某种集体的生活状况所具有的物质福利、道德表现、个人发展、审美品质及其他特征。当然，这里的集体不必涉及"其他所有人"，不过至少包含大量被视为公民同胞且被认为属于大家共享的政治共同体的人们。

上述意义上的"关注"就其自身而言是一种个人属性，它并不必然倾向于积极关心他人或积极参与政治共同体中的活动。它仅仅意味着关注公共生活的质量，包括影响它的象征性活动但不意味着对任何无关自己之事漠不关心。因此，关注是一种非常微弱的倾向，由于它不会自动引发对集体生活的积极参与，使用平面和电子媒体除外。但保持关注多多少少也可以是具有约束力的道德与社会规范（如同"所有人的菜上齐前不能开餐"一类的规范）。无论如何，对于任何展现公民责任的更加积极的形式，关注都是必要的认知前提。与之相对立的认知状态是无知、冷漠和机会主义信念的形成。

其次是信任。在这里我们需要区分"薄的"和"厚的"两种信任。薄的信任指对于相关的他人可能做出的行为并不存在恐惧和怀疑。绝对的不信任和普遍的反感妨碍了薄信任。如果一个人预先认为充满敌意的冲突、侵犯隐私、欺骗、不可靠或不诚实行为及类似的危险（包括因为他人的不合作而使自己处于一种"受骗者"地位）是与陌生人交往中可预期的将会遭受的经历，那么薄信任的标准再怎么低也无法达到。交往另一个障碍也可能是由于行为人对自己缺乏信任，即对和他人交流并持续交往缺乏自信。最后，薄信任的缺乏还可能源于一种强烈的利己主义观念，即通常来说，信任他人可能使自己错失重要的机会。

与薄信任相比，厚信任的存在不仅意味着如果一个人乐观地相信多数人在多

191

183

数时间本性是好的、仁慈的，相信无论从直接成本还是机会成本上参与既定活动都有益无害；还意味着当事人有理由从与他人的合作中期待某种工具性的和内在的互利。对于一个人参与非正式社交网络或正式社团组织而言，薄信任可以视为必要条件，而厚信任则是充分条件。[1] 后者体现在如下的信念之中：与他人的交往要么本身具有吸引力（产生"过程利益"），要么能够带来可欲的结果。

最后，组织性意味着个人实际参与各种非正式社交网络或正式社团组织，如体育俱乐部、环保网络、宗教社团、非政府组织、社会运动。为稳当起见，我们在界定那些表明了社会资本之存在的社团类型时范围相当窄，排除了大量习惯上被置于集体行动者这一般性概念名下的现象（如一方面是大规模正式组织，另一方面是家庭和亲属一类原生性组织）。后文我们还会回到这些有关集体行动者的类型划分。

我们期望在上述社会资本的三个构成要素间找到正面（当然也有可能是负面）的关联性。积极的组织成员身份对提升成员关注程度有正面影响，因为一个组织所聚焦的事由会使其成员对于与此事由相关的事件和状况的意识变得更加敏锐。反过来，关乎公共生活某些方面，主观上强烈的关切感及相应程度的关注，也会促使人们做出与志同道合者联合的决定——除非关注引起的是怀疑与不信任。进一步说，具有强烈信任感（无论是薄的还是厚的）的人会比较容易克服组织参与上的障碍，这或许出于寻求"归属感"、与他人交往的原始动机；也或许是因为人们将特定组织的目标和实践与自己关联起来。后者可能是组织成员身份本身在志趣塑造和关注引导方面发生作用的副产品。[2] 最后，我们假设积极的组织成员身份对于信任（无论是薄的还是厚的）有积极的影响，尽管薄信任的缺乏会严重阻碍个人自愿加入某一组织（注意，某些形式的集体活动并不是典型地建立在审慎决定基础上，如学校里的班级活动）。这些假定的关联性足以凸显出一个事实：一个社会的组织性——既定时间点存在于社会（或其一部分）中的组织数量与通过成员身份隶属于组织的人数——既是公民的合作意向存在的标志，又是这种意向的制造者，因为社团组织本身就有能力去

---

〔1〕 另一方面，人们可能深信自愿形式的集体活动值得期待，但同时缺乏"薄"信任以刺激他们的参与。在这种情况下，人们在行为上的回应，不是参与社团，而是通过捐赠或支持某政党（以政党为例）、为政党投票来为社团事业做贡献。一个居中范畴是"名义成员身份"，即相关成员将自己的参与行为限制在缴纳会费的层次而避免更积极的参与。这种沉默的参与可能是受到社团为其成员所提供的服务或其他形式的选择性激励的刺激。参见 See Mancur Olson, *The Logic of Collective Action: Public Goods and the Theory of Groups* (Cambridge, M. A., 1965)。

〔2〕 参见 See Albert O. Hirschmann, *Shifting Involvements: Private Interest and Public Action* (Oxford, 1982)。

培养和强化这些意向，它们之所以存在正是要归功于这些意向。

　　然而，并非任何类型组织当中的每一种（名义上自愿的）成员身份都能合理地被视为社会资本存在的标志。为避免系统性地高估通过组织成员身份表现出来的社会资本，我们要聚焦于一种特定类型的组织与成员身份——它们可以放心地被假定能够显示（同时也能造就）用"社会资本"这一术语所概括出来的集体特质。为此，我们从社会生活中普遍存在的各种组织形式（人们可以是或可以成为其成员）中排除掉一些，以期能够找到一个合理的区分指标。为方便起见，我们把普遍存在的各式组织分为初级、中级和高级三种，其中只有中级组织形式才符合本文的目的。下面我们将提供理由来说明为什么初级和高级组织形式不适合作为社会资本的衡量指标（或蓄水池）。有关集体行动的类型和模式的社会类型学研究建立在两个维度的组合之上：目标是（相对）确定的还是多变的，组织成员身份是严格固定的还是容易获取和放弃的（参见图5-1）。　193

目标 成员身份	固定的、被分级控制的	可变的、取决于参与者的
通过准入/排他机制来固定的	（大多数非法的）帮派、阴谋集团	自我认同的族群
变化的、自愿的	公司、利益集团、政党	公民社团、俱乐部

图5-1　集体行动之形式的类型学

　　初级组织包括那些涉及家庭、亲缘、种族以及宗教的组织（见图5-2，第2格)。[1] 这种类型的成员身份和归属关系下的大多数组织，就其结构而言，是非自愿的或原生性的。它们被视为和当作是由血缘、无可置疑的传统或家族谱系造就的，内在地将陌生人排除在外，同时又自动地将非陌生人包含在内与公民性、公民资格及可选择的组织成员身份所蕴涵的平等和开放原则截然相反。这种闭合性（排除了退出的选择）和潜在的具有敌意的排他性（排除了陌生人的进入）同样适用于婚姻关系，就普遍的社会与法律规范而言，婚姻无非是两个人自愿通过合同建构的一种持续性排他关系。有时，这种不可改变的排他性

---

〔1〕　把宗教组织包含在内可能会引发争议，这样做的理由有二：首先，在大多数社会，多数人获得他们所承认的宗教信仰是通过家庭中最初的社会化过程；其次，至少在基督教中，所有人都被视为"上帝的孩子"，因而也就构成了一个"人类大家庭"。

归属关系也在比喻的意义上被使用，比如在黑手党"家族"案例中就是这样（这个案例实际上体现了策略目标与固定的成员身份之间的混合；见图 5-1，第 1 格）。[1] 这类组织中成员相互之间或者成员不同部分之间所相互担负的责任显然有别于与陌生人交往时相互担负的责任。这种责任为爱、同情和对身份与传统的忠诚这一类的特殊情感所激发，而非出于对普遍原则的遵从。在上述原生性组织模式下，无论通过何种机制、在任何方面试图突破组织成员身份的边界（包括让种族来定义的作为一个国家的地位的边界）都是不可能的、危险的和离经叛道的。这正是它们的规定性特征之一。

原生性组织模式的另一个特点是组织目标的弥散性。它们没有为自己设定目标，也没有以牺牲其他潜在的竞争性目标为代价去追求什么目标（维护自身生存除外）。家庭和其他原生性团体之所以建立起来，并非为了实现某种特定的目的。与企业和官僚机构不同，它们在功能上是弥散的，能够服务于非特定的、广泛的多种目标。这并不排除下列可能性，即某些目的性组织可以寄生在原生性纽带上来发展，如家族企业、局限于特定族群的工商业经营或只招收特定宗教群体成员的社团。在原生性集体的衍生物中，有一些可能属于我们的中级组织的范畴（见下文），如某民族的民间舞俱乐部或慈善组织。

高级组织包括公司、利益集团和政党等（见图 5-1，第 3 格）。在很多方面，这些法人组织形式的共同特征与初级组织的截然相反。它们有固定的目标和多变的成员身份，同时它们为了实现自身的战略目标，必须能够更改成员的身份。[2]为了实现目标，它们有赖于以高产工人替代低产工人，或者有赖于吸收新成员。此外，公民身份与这类组织模式的逻辑格格不入，因为这类组织的成员身份取决于他们为组织的"好处"做贡献的适合程度、能力或意愿，这些"好处"是组织得以生存的前提——它可以是利润、某种绝对利益的增进或者政治权力。这类组织将成员与自身联系在一起的交流媒介典型地不是口头信息，而是书面信息和（最重要的是）金钱——它或者是以利益集团成员缴费的方式，或者是以公司为换取生产性服务而付薪的方式来运行的。组织目标对于组织成员的支配性主要是通过职责在于监管组织的管理者和职员的等级结构以及正式权威与控制手段的运用来实现的，为此，要尽可能地使成员的活动切实地为目标的达成而做出贡献，并且尽可能地减少运作过程中的摩擦（摩擦会潜在地造成罢工或有组织地表达异议等现象）。因此，

---

〔1〕 其他应用"家庭"比喻的案例还包括女权主义者的"姊妹会"和工会的"兄弟会"，它们都暗示出某些归属关系和团结纽带的重要性和必然性，违背这些也就意味着背叛。

〔2〕 即使目标发生变化，它们也是在那些拥有改变目标之正式资格的人（比如董事会或政党大会的代表）的倡议下，而非整体成员的提倡下，才会这样做。

已分派好的功能和等级制控制对组织成员的活动构成了相当严格的限制。

不过这些战略型组织能够催生属于我们所说的中级类型的组织模式（见下文）。[1] 如一家公司的工人可以组成追求消遣活动的俱乐部；甚至公司的管理层也可能主动发起此类组织活动，使之成为劳资关系或公共关系策略的一部分（如成立一个由公司资助的足球队），其逻辑和政党资助社区庆典，使之成为动员策略的一部分是完全一样的。战略型高级组织如何形塑、鼓励和资助各种细如毫发的组织结构（吸引如音乐、园艺、戏剧、体育、辩论、社区话题、妇女与青年问题等感兴趣的专业团体，它们都属于图 5－1 中第 4 格）的例子在左派政党的历史中尤为丰富。

195

教会组织带来的各种现象对概念区分造成了一定的困难。一方面，它们都是旨在追求多重政治和经济目标（除了神学使命之外）的大型等级性组织；另一方面，它们又促进和引发了成员（甚至也有非成员）可参与其中的各类社团活动。在后一种情况下，它们代表了我们所谓的"嵌入型"组织性的框架或舞台，在组织结构上它们类似于公司的足球俱乐部或政党的地方支部。

中级或公民组织就其目标和目的而言介于前面已讨论过的两类组织之间（见图 5－1，第 4 格）。就是说，它们的目标取向不像家庭及类似群体那般弥散，但也不像正式的高级组织那般具体（见图 5－2）。中级组织不同于高级组织之处在于它们从不通过服务的市场交易来获取利润，也从不追求政治权力中的正式位置。公民组织不是有目标、通过策略性行动去实现它，而是有自己的活动领域（如体育、音乐、慈善、教育或政治动员）。这些组织的成员们希望组织能够成为他们长期共同关注的事业，而不是目标单一的短期合作，如周末一同远足。此类组织活动所追求的特定目标、计划和项目都是通过成员互动来确定的，体制化的等级结构要么不存在要么相对扁平，完全专业的领导者和管理者也是少有的例外。每个积极成员都能比较容易地参与目标设定的过程，而此过程所产生的结果摇摆于两个极端之间：或者是完全排他的仅供成员内部消遣的活动（如在俱乐部中），或者走向另一极端，旨在服务或影响更广泛公众的活动（如合唱社团举办公开的音乐会、社会与政治运动、家长教师联谊会）。[2]

---

〔1〕　这样两类组织模式的并存现象在教育机构中尤其明显：它们一方面代表了为完成课程制度而受引导的目的性正式组织，另一方面又促进了学生同侪群体的非正式组织活动。

〔2〕　值得注意的是，不仅公民社团可以"嵌入"追求策略性目标的正式组织中，而且由业余爱好者构成的公民社团也可以演化成正式的商务或职业活动。当活动的积极参与者使自己转变成为企业家或政党积极分子时，情况就是这样。参见 John Case and Rosemary Taylor, *Co-ops*, *Communities and Collectives*: *Experiments in Social Change in the 1960s and 1970s* (New York, 1979)。

	初级	中级	高级
正式的	家庭、亲属	"面对面"社团组织	邮寄名录的协会、社团联合会、公司
非正式的	部族	新兴社会运动、邻里非正式社交网络	"嵌入型组织"

图 5-2　组织的不同类型

就成员构成与招募而言，根据我们的理论，公民社团组织以公民关系的平等原则为指导——它是一种不同于家族式亲密联系的状态，也有别于正式组织的功能性分工所导致的互不相知。相比于家庭和其他基于身份的共同体，公民社团在很大程度上更加开放，即外来者更容易加入，尽管我们应该期待找到一种功能性与身份性相混合的准入标准。例如致力于室内音乐演奏的团体会要求其成员熟练演奏一门乐器，而青年团体、妇女团体和宗教团体通常会将其成员限制在各自社会群体之内。有时，组织成员被分成积极成员与辅助性成员如同体育俱乐部那样。尽管存在限制，对于所有合乎资格的参与者在准入方面的开放还是证明了此类社团的公民属性——入会要求即使被拒绝，也是以抽象标准为基础的，而并非基于特定的个人身份。

最后，中级组织在与个体成员的交往模式上，与家庭（以诸如爱、同情、对宗教信仰的恪守或对强大传统的忠诚等强烈的情感为黏合剂）和高级组织（由对利益的目标性考量捆绑在一起，大多依赖书面语言——以登记表或书面性劳动合同开始——和金钱利益）相比，更随意，也更温和。相比而言，俱乐部、社会运动、社交网络、教会团体、政党基层分支以及类似组织中，成员参与的程度和类型都是多样化的和未被规制的。这类组织依赖于成员的自愿参与，也必须对成员一时的不参与和无贡献予以宽容；不过它们可利用的参与形式相当多样化：从捐款到参与计划的讨论再到有组织地帮助和积极完成组织专门从事的服务，不一而足。与高级组织相比，公民社团组织更依靠横向的口头交流而非书面交流或等级化的口头交流。

公民社团组织代表着相对弥散和不确定的操作程序与相对不确定的成员身份的独特结合，前者被持续限定在社团的实质领域之内，后者允许陌生人出于共同的价值和利益以多种方式进行合作（在准入方面可能有也可能没有明确的限制）。公民社团组织并不像高级的正式组织那样具有权威规定的目标，也不像家庭那样拥有既定的成员。确定性方面的双重缺乏正是公民社团成员所必须接受的。实际上在合作过程中培养应对这些模棱两可之事，并通过与人合作的方式加以有效解决的相关技巧，正是公民社团组织对于社会资本的之形成所做出的独特贡献。

在了解社会资本时，志愿行为构成了一个特殊问题。志愿行为被定义为给接

196

197

受者提供其所需要的服务，行为人从事志愿活动只是受到了满足需要及实现附带作用的激励，而主要不是受到了物质上的获利或诸如职务晋升等工具性考量的激励。志愿行为可能发生在公民社团或正式组织的结构框架之内；与之相对，它也可能按照一种完全个人化的模式出现，而这种模式存在于没有任何社团结构的帮助他人者身上。在前一种情况下，组织本身可能是服务行为的受惠者（如一个人自愿作为俱乐部的财务出纳就是这种情况）；在后一种情况下，服务行为的受惠人则并不属于组织（如公民组织提供慈善服务所表现的那样）。所有这些情况作为公民活动的形式而发挥了重要作用，也作为积极分子在"关注"与"信任"方面潜能的展现而发挥了重要的作用，所以我们打算将它们包含在广义的社会资本范畴之内，尽管正如上面刚刚指出的它们并不必然涉及组织性。

在公民社团的范畴中另一个值得进一步说明的是所谓的自助组织。它通常涉及健康和社会福利方面的议题，人们参与其中，利用各自的能力、经验和（通常是）非专业知识，来提供和获得帮助以及相互鼓励。自助组织（如匿名戒酒互助社）提供的帮助聚焦于某种特定的情形，很多人受其影响，而这些人正是这类组织经常招募的对象。因为提供、获得帮助与组织成员身份相互依存，因而该类组织行动往往预示着高度的信任感，这使我们也把它们归入了广义的社会资本制造者的行列。

一　公民组织的类型

到目前为止，我们尚不清楚是否可以指望所有种类的中级公民社团组织都一样对社会资本的（再）产生（以及间接对于经济绩效和治理质量）有所贡献。在这里我们无法详细分析当前研究者将公民组织进行分类的各种类型等，而只涉及以下五种可能有用的类型学。

● 实质性领域。这些领域包括宗教、艺术、慈善和其他事业。就社会资本的"回报"而言，我们并不期待在这些领域中发现显著的差别。（见下文"社会资本与治理的质量"）

● 组织成员身份的正式化程度。利用这一标准所得的分类包括了各类组织，从部族、社交网络、社会运动到具有详细准入程序的高度正式化组织。[1] 此外，就对于善治和经济绩效的贡献而言，不同的类型之间并不存在显著的差别。

● 内向型与外向型组织的区分。前者创造"俱乐部产品"类的集体产品，

---

〔1〕　我们建议尽可能广泛地将我们的网络向非正式方向扩展，以期避免一个幻觉，即：凡没有注册的、不显见的非正式社团都完全不能作为组织性的存在显示出来。

只服务于组织内部成员；与之相对，后者是完全服务于成员之外的群体，他们或是接受服务、教育和影响的一般公众，或是特定的客户群体、精英部分。这其中存在一个很明显的预设：一个组织越是具有外向倾向和公共趋向，它越有助于理论上设定的社会资本的再生产。

• 普遍主义与非普遍主义组织的区分。真正的普遍主义组织欢迎每一个人；与之相反，非普遍主义的组织将准入条件设定在一些后天（如职业）或原初（如性别、年龄）的特质之上。就社会资本的产出而言，可以预期前者比后者更有效率。

• 政治性与非政治性组织的区分。政治性组织动员精英或非精英，最终旨在对立法和行政产生某种影响；而非政治性组织没有这种抱负。另外，就总体上对社会资本的影响而言，前者得分更高，因为它们被认为具有更高的集体倾向和更少的自我中心倾向。

二　机制

社会资本的积累机制在三个方面发生作用：第一，在人们的组织性特征很丰富的社会环境中，公民组织比较容易建立起来，并很可能成为公共生活中强有力的因素。第二，在社团及其成员数量相当庞大的地方，它们将有助于传播这些社会和道德资源，并激发我们称之为"信任"与"关注"的倾向。第三，这些资源存在本身以及它们通过组织行动而得到流转和强化都将产生一些积极后果，而这些后果必然被视为使民主运转起来的关键因素。这里的假定是：公民社团生活中获得和强化的倾向与技能，如主动性、关注、信任、组织能力、平等观念以及对陌生人的宽容，将会超越各自临时的社会发源地而散布开来，形成民主政治文化的重要组成部分——这部分是因为对于公民社团活生生的经验会使其成员们摆脱普遍化的无力感，摆脱对父权式国家和权威主义国家的依附式期待。

三　效果和功能

在从概念上对社会资本的本质进行分析后，我们现在转向它可能引发的预想性后果。我们假设：如果一个既定地方的社会资本存量很高，那么它同时也就会拥有强劲的经济和优良的政府。在很强的意义上说（即对于这些期盼中的可欲结果而言，社会资本既是必要条件也是充分条件），会有两种情况出现：第一，在没有高水平社会资本存在的情况下应该不会出现优良的治理效果和经济绩效；第二，高水平的社会资本应该总是会伴随着良好的经济绩效与优良的治理。正如预期的一样，我们暂且假设在社会资本的总水平和经济、政治表现的指标之间存在正相关关系，而值得强调的是对于这种经验性的相互联系也可以做双向的解释。也就是说，经济繁荣和优良治理对于社会资本的形成同样有所助益，正如后者之于前者一样。良好的公共政策（就本话题而言也可以说是良好的管理策略）能够鼓励、促进和培育社团实践活动，而社会资本的累积正源于此。

最后，我们需要了解社会资本的前提性原因。社会资本可能存在于某些层次中（如在某些地区、区域、某些时间点、某种社会与人文环境下、某些宗教团体中等）但在另外一些层次中则付之阙如。因此我们打算考察一些标准的社会学变量对于社会资本三个相互关联的构成要素——关注、信任和组织性——的影响，同时也关注它们三者结合起来对社会资本的整体水平及其变迁的影响。图 5-3 显示了三组变量以及它们之间的假设性相互关系。

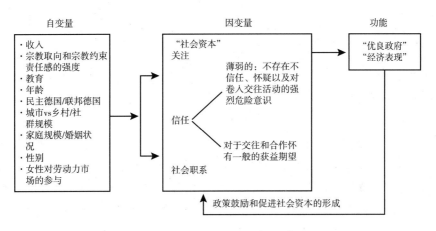

图 5-3 社会资本——概念分析框架

不是我们绘制的概念分析图中提及的所有问题和看法都能在本章中一一探讨。我们打算关注的是那些决定社会资本供给的自变量或前在原因，出于数据可获得性的实际原因，主要以关注、组织性以及志愿者的意愿（以及这种自愿所产生的实际行为效果）来衡量这些自变量。

第二节　社会资本的决定因素：德国案例　　201

一　组织性的衰落？

我们首先粗略说明一下过去 40 年间德国的组织化水平——也就是正式组织

的成员数量和志愿行为。我们也将试着解释德国1990年统一后的情势及前民主德国国家社会主义残留的影响。在这里，组织性的两个面向很有意思：首先，在一个既定的时间点上，到底有多少人实际参与了组织活动？其次，这种参与的强度如何？对于后者，我们还要做出更复杂的区别。一方面，在一种既定社团（如运动俱乐部）中，某些人的参与可能要比其他人积极；但另一方面，社团本身会依据它们所设想的成员的积极参与、贡献时间与其他资源、保持忠诚（宗教教派可以作为极端案例以显示社团有可能对其成员提出广泛而深远的要求）的程度而被再次进行划分。

这里我们感兴趣的是后者的强度如何测量。我们假定：在诸如政党、工会、教会甚至汽车俱乐部这样的缴费组织中，参与程度是最弱的（只有比例很小的志愿积极分子除外）[1]而像体育俱乐部与合唱社团这类组织的成员往往展示出更高的参与程度，因为这类组织要想正常运转，有赖于成员不仅缴费和接受服务，而且要积极参与并贡献时间、技能和经验。最后，如果社团（包括非正式社交网络）成员活动的受益者主要不是其余的组织成员（他们因合作而互惠），而是社团设想去帮助、服务、教育和影响的外人（如同所有类型的慈善行动般），那么这类社团往往会对其成员提出最强烈、最迫切的参与要求。

记住上面所做的概念区分，现在我们将考察德国在组织性方面的变迁趋势。20世纪80年代，教会、政党以及工会的成员数目都出现了下降，尽管并不显著。1984年，有50%的联邦德国公民是新教教会的注册成员，40%则属于天主教会。1993年，新教徒的比例下降到了45%，天主教徒的比例则保持不变。与此同时，有13%的德国人并不属于任何宗教教派。[2]然而，这些数据的描述性价值相当有限，因为它们衡量的只是德国公民缴纳会费（教会税）的状况，而非名义上的成员实际参与宗教生活的程度。实际上，在成员进教堂和参与其他积极的宗教生活方面，两个教会（新教甚于天主教）都出现了急剧的持续下降。而且在德国统一后，甚至名义成员和会费缴纳都出现了下降，因为在民主德国只有少数人（在1993年是30%）属于教会组织。[3]尽管国家提供了强有力的措施予以支持、促进和保护，基督教在整体上的组织动员能力还是明显地下滑。然而，这一趋势并未排除两大基督教派在成员（多数是名义上的）内部发起多种特定集体活动

---

[1] See Robert D. Putnam, "Tuning In, Tuning Out: The Strange Disappearance of Social Capital in America," *Political Science and Politics*, December 1995, 666.

[2] *Statistisches Bundesamt* 1994, *Datenreport* (Bonn), 553.

[3] *Statistisches Bundesamt* 1994, *Datenreport* (Bonn), 553.

的能力，而这些活动往往指向特定群体或（和）特定问题。[1]

如果考虑整体上的组织成员数量，我们可以有把握地得出结论：在过去 50 年的德国，社团成员数量并未下降，至少其水平保持不变。在 1953 年，53% 的受访者是一个或更多志愿组织的成员。[2] 在 1991 年，这个数据是 58%；[3] 而在 1996 年，这个数据是 55%（只涉及西德）。[4]

关于组织成员身份的整体数据是通过询问被调查者是否参与德国法律所确定的"协会"（Verein，它涉及的现象比英语中 association 更加具体）而得到的。从技术上讲，这个术语只局限于登记注册的社团——它们拥有某些法定的内部结构、税收特权并且获得许可在组织名称中使用简称 e. V.（for eingetragener Verein）。但更通俗地说，Verein 也可以指一些并不符合这些正式组织标准的集体行动，如一群定时聚会去远足观鸟的人就可能会（也可能不会）被他们自己和其他人视为一个"协会"，尽管从技术上说它并不是。因此，这很大程度上取决于受访者在说明其组织活动时用语的具体语义（这一点大多未被研究）。结果，当是否参加协会的问题被提出来之时（就像在上述的调查中一再被提出来一样），可能出现的情况是：有一部分实际发生的、不那么正式的组织行为并没有被呈报上来。[5]

没有迹象表明组织化水平和组织成员数量出现了下降，但是组织行为在整体社会结构中的分布及它们的种类和关注焦点的确发生了许多变化。过去 80 多年间在德国，组织性的历史发展轮廓看来符合以下模式：从魏玛德国到纳粹掌权之前，德国有大量人口加入了具有阶级特性的组织，在中产阶级和工人阶级的组织中，职业利益、文化诉求以及宗教归属都是关注的焦点。文化社团（如图书馆、剧院、音乐会和合唱团）和利益相关组织（如职业团体和成人教育与培训机构）往往都受到了政党、工会、公司及教会的推动。

203

---

〔1〕 政党成员数量在西德也出现了下降，尽管只是非常轻微的。1980 年，4.3% 的成年人具有政党成员身份；而在 1996 年，这一比重下降到 4.1%。工会组织也丧失了会员：1980 年，18.6% 的雇员是工会会员；而在 1996 年，这一比重下降到 16%〔Sigurd Agricola, *Vereinswesen in Deutschland. Eine Expertise des Bundesministeriums für Familie, Senioren, Frauen und Jugend* (Stuttgart, Berlin, and Köln, 1997), 33〕。

〔2〕 Erich Reigrotzki, *Soziale Verflechtungen in der Bundesrepublik. Elemente der sozialen Teilnahme in Kirche, Politik, Organisationen und Freizeit* (Tübingen, 1956), 164.

〔3〕 Erwin K. Scheuch, "Vereine als Teil der Privatgesellschaft", in Heinrich Best, ed., *Vereine in Deutschland. Vom Geheimbund zur freien gesellschaftlichen Organisation* (Bonn, 1993), 167.

〔4〕 Agricola, *Vereinswesen in Deutschland*, 32.

〔5〕 导致比较不正式的组织行动进一步被低估的一个原因在于研究工作往往只聚焦那些注册组织以及他们报告的成员数目。无论如何，要评估较不正式的组织行动程度需要更加细化和高成本的数据收集方法。

极富多样性的社团实践被纳粹政权迅速破坏，一方面通过镇压与禁止政策；另一方面则是国家主义的整合，社会团体必须有强制性的身份，进入国家控制的"协会"，并对组织生活进行监管。但社团组织的社会、政治与宗教基础早在纳粹 1933 年掌权之前就已经开始被腐蚀了——不过这一点在涉及具有罗马天主教背景的组织之时却不明显。罗马天主教的政治、文化与社会组织对政治压迫和社会侵蚀甚至表现出一定程度的免疫力。[1] 纳粹政权本身（在这方面民主德国的国家社会主义政权也是一样，它们都追求权威主义的动员策略）就依赖于强制的组织性，它为了制裁那些不参与的行为并为参与行为提供各种好处，使数百万人都加入了政治、文化、福利、体育、准军事以及其他方面的大众组织，同时还非常强调集体主义原则（相对于个人主义原则）——可以通过两个政权所采用的"集体福利必须优先于个人追求"（*Gemeinwohl geht vor Eigennutz*）的口号典型地反映出来。因为国家控制的组织垄断了获得有价值资源（如得到补贴的休假旅游）的渠道，所以参与强制性组织往往带有强烈的自利和机会主义动机。

两次世界大战之间的各种组织结构，包括大多数政治、宗教和社会经济组织，在 20 世纪 50 年代的联邦德国都很大程度上被恢复重建。纳粹政权在军事、经济和道德上的崩溃，战后人口大规模的重新安排与安置以及占据主导地位的对经济复苏与成功的个人主义式关注，都意味着战后某个时期存在着对参与任何组织的强烈反感。这种时代精神可以从具有挑衅意味、高度流行的习语"别算我"（ohne mich、without me）中反映出来。更为重要的是，随着战后重建的进行、联邦德国的一体化、阿登纳时期（1949～1963 年）在社会市场经济方面出现的"经济奇迹"（德国版福利资本主义成功的故事），高度向心的政治力量导致了显著的阶级分立走向瓦解，而随着明显的"意识形态终结"取代遵循阶级、政治、宗教差别的分裂模式，社会经济群体失去了对当时各种社会组织模式的把握。[2] 这些发展可以从 20 世纪 50 年代消费合作社迅速衰落、连锁商店取而代之（人们是以消费者的身份而非组织成员的身份与其发生联系）中得到证明。

社团组织的具体目的也发生了相应的变化。在 20 世纪 50 年代，社团逐渐从最广义上的政治关注转向关注如旅行、体育、娱乐及大众艺术等休闲活动。

---

〔1〕 See M. Rainer Lepsius, *Demokratie in Deutschland* (Göttingen, 1993), 25 – 94, and Ulrich Herbert, "Arbeiterschaft unter NS-Diktatur", in Lutz Niethammer et al., *Bürgerliche Gesellschaft in Deutschland* (Frankfurt am Main, 1990), 447 – 471.

〔2〕 See Helmut Schelsky, *Der Mensch in der wissenschaftlichen Zivilisation* (Köln, 1961), and Daniel Bell, *The End of Ideology: On the Exhaustion of Political Ideas in the Fifties* (Glencoe, IL, 1960).

与意识形态无关的休闲类组织活动的增加，和一般工人、公民空闲时间的大量增加是相对应的，这以星期六作为休息日被引入制造业部门为开端。而随着小家庭模式的流行，儿童和青年人在家庭外花费的时间增多了，节省劳力的家用设备增加了，花费在与家庭相关活动上的时间减少了。可以确认的是，在上一代中，所增加的空闲时间很多被消耗在媒体方面，但组织活动至少也是一个打发空闲时间的看上去还不错的选择。另一个看起来有些道理的推测是，随着人们花费在工作上的时间减少，工作经验对于非工作（包括组织）行为的影响可能也降低了——至少在收入水平和就业安全得到保障的情况下是这样。在此基础上，我们可以设想社团组织在政治和意识形态上与政党、工会和大型利益集团拉开了距离，我们确实也发现了这一点。另外，媒体消费并非唯一与组织活动竞争的时间花费方式。以健身为例，假设参加体育俱乐部的主要目的是健美和健康等，我们可以发现这些俱乐部也要面对能够满足上述目的的商业组织（如健美中心）的竞争。这一点也适用于商业性团体旅行。此外，作为可替代媒体消费、俱乐部会员及追求商业性服务的选项，还有许多休闲活动是由地方成人教育项目提供的，人们可以参与其中而又不加入任何组织。

　　在不同的调查中，旨在以帮助组织外群体为目的的志愿行为或社团行为也发生了某些变化。1991～1992 年的调查表明德国有 1200 万志愿者，占到 11 岁以上总人口的 17%；[1] 而另一项 1994 年的调查表明西德的志愿者数目为 1640万，占 15 岁以上总人口的 27%，[2] 比 1985 年上涨 5 个百分点。尽管调查质量、方法及定义方面的差异造成这些数据各有不同，但它们还是提供了一幅意义重大的、有序的图景。我们可以有把握地总结：有六分之一到五分之一的成年人参加（有不同的参与程度）了某种形式的志愿活动，5% 的成年人在与健康问题有关的这种自助组织中非常活跃，[3] 积极参与志愿服务的人数比重并未下降，反而自 80 年代以来有所上升。

　　鉴于社团行为水平的稳定（至少在公民组织中是这样）和志愿行为的增加，我们必须转向这样一个问题：是什么导致公民参与的活跃并对包括个人主义

205

〔1〕 Manfred Ehling, " Ehrenamtliches Engagement. Erfassung in der Zeitbudgeterhebung des Statistischen Bundesamtes und Möglichkeiten der Weiterentwicklung ", paper presented at the INIFES Workshop: *Messkonzepte der Kräfte zivilgesellschaftlichen Zusammenhalts*, BMBF, Bonn, December 4 – 5, 1997.

〔2〕 *Süddeutsche Zeitung*, December 27, 1997.

〔3〕 Joachim Braun, "Selbsthilfepotentiale in den alten und neuen Bundesländern und ihre Aktivierung durch Selbsthilfekontaktstellen", in Joachim Braun and Ulrich Kettler, eds., *Selbsthilfe 2000: Perspektiven der Selbsthilfe und ihrer infrastrukturellen Förderung* (Köln, 1996), 54.

（最经常被提及）在内的一系列不利因素予以抵制。一般的看法是，强烈的个人主义会将关注重心投向市场（公认的个人选择的最佳舞台），并对社团行动所带来的约束性责任越来越不耐烦，但这种论证并不像看上去那样合逻辑。实际上，个人的选择也可能是加入组织性的交际网络，如同选择在市场上购买商品一样。因此对于个人选择的突出强调可能会影响个人加入社团、参与社团活动的动机和风格，但并非必然如此。集体主义风格的组织性以非常的责任和忠诚意识为基础，而个人主义者参与集体行动则取决于个人品位、偶发的机会和不时之需。

所以，参与帮助和关护他人的活动（尤其是在年轻人中）很少是出于具体情况的需要而做出的临时决定。如果这种具体的直接感和紧迫感得以产生，从助人行为中获得内在满足的机会得以提供，那么，人们参与此类行动的渴望实际上可能变得更大和更普遍，尽管与更加传统的社团活动中以责任伦理为基础的情况相比，这种渴望更不易显现、更难以正式化、更难以持久。[1] 的确，更不正式、更具临时性的组织活动形式和助人行为形式的显著增加带来了测量方面的困难，一种组织活动的正式化程度越低，其存在与运作能自发产生的数据也就越少。但无论这种活动在规模上多小、在时间上多短、在结构上多松散，仍无疑都属于特定范围的现象，社会资本在其中得以展现。

尽管德国的社团活动和志愿活动的主流模式和关注焦点都发生了变化，但不能被视为总体上的衰落，无论是就总体的社团活动而言，还是就其中助人的活动或其他提供服务的活动而言，都是如此。因此在下面的分析中，我们将较少关注组织化水平在数量方面的变化及其决定性因素，而更多关注社团行动在活动领域方面的变化以及这些行动的结构性背景和动机的基础。如果我们在数据允许的范围内仔细观察那些发生在交叉维度上的分歧，这些变化就更加明显（通过比较国家的不同部分和社会结构中的不同部门，同时在时间维度上比较不同的群体与世代）。

二 独立变量与假设

这一部分将按照以下顺序进行：首先，我们将列举出九个独立的社会学变

---

〔1〕 然而，助人行为的动机在东德和西德是不一样的。在东德，传统的对共同体的普遍责任和集体忠诚仍然被比较强烈地坚守着，而基于具体需要及个人处境之上的更加个人化的助人模式相对来说不那么盛行［西德方面的数据参见 Michael Vester et al., *Soziale Milieus im gesellschaftlichen Strukturwandel. Zwischen Integration und Ausgrenzung*（Köln, 1993），东德方面的数据参见 Michael Vester, Michael Hofmann, and Irene Zierke, eds., *Soziale Milieus in Ostdeutschland*, *Gesellschaftliche Strukturen zwischen Zerfall und Neubildung*（Köln, 1995）］。在东德，助人行动的参与动机很可能还要继续源于集体责任感，起码在未来的一段时间内是这样［Stefan Hradil, "Eine Gesellschaft der Egoisten? Gesellschaftliche Zukunftsprobleme, moderne Lebensweisen und soziales Mitwirken", *Gegenwartskunde*, 1996（2）：293］。

量，挑出它们是因为它们似乎是社团行为水平的合理决定因素；其次，对于各个变量，我们将阐述它对社会资本及其构成要素可能的正面或负面作用；再次，我们还将提供一些数据来验证这些将各个自变量与社会资本变化的结果联系在一起的假设。

1. 家庭收入与劳动力市场中的地位

我们可以假设组织性对于收入具有积极的影响。这一关联可以通过以下情况来解释：中高收入者有更多的特性能够通过集体行动来加以维护；相对于低收入者，中高收入者可能失去的也更多，所以需要通过社团活动加以预防；但更重要的是，他们更加熟悉社团活动，这或因高收入往往与较大的年龄（以及更多的生活经验）相关联，或因高收入本身也许就是组织化能力的结果。另一方面，上述在收入水平和组织性之间假设性关联也可能不足为信：高收入者参与社团活动需要付出相对更高的机会成本，尤其是当他们的高收入可以让他们从市场中购买其他人需要联合才能得到的东西时。这些推断意味着（在收入与组织性之间）存在着负相关关系。

高收入与组织性之间的正相关关系已为一系列研究所证明。朔伊希（Scheuch）分析了自 1991 年以来的数据并将它们与 1953 年和 1979 年的数据进行了比较。[1] 在这一时间段内，组织性与收入水平间的正相关是存在的，尽管相关性系数不断下降。相对高的收入（在 1991 年可支配家庭收入为每月 3500～4999 德国马克，换算成美元约为该数额的一半）可以作为多重社团成员身份的有效指标。在志愿参与助人和社会服务活动方面，布朗（Braun）和勒里希（Röhrig）提供了基本上相同的发现。[2] 而这种关联性对于妇女来说尤为明显。[3]

与收入水平密切相关的一个变量是劳动力市场上的地位，因为物质福利不仅和收入水平相关联，也和（预期的）收入的稳定性及可支配时间的可获得性有关。这方面典型例子是实际上享有终身受雇地位的公务员。而在这个光谱的另一端则是失业者，尽管他们拥有充裕的可支配时间，但其收入水平和收入稳定性都很低。由稳定性、收入水平与可支配时间合成的指数——这一复合指数决定了组织化水平——所测出的数据会引出有趣的推测：在所有从业人员中，18.2% 参与了某种形式的志愿活动，而失业者在这方面的数据只有 12.7%，这显示出可支配时间只不过是有利于社团活动的诸要素之一。在从业人员中差异取决于就业状况，最活跃的群体是公务员（32%），其次是个体经营者（26%），

207

---

[1]　Scheuch, "Vereine als Teil der Privatgesellschaft", 171.

[2]　Joachim Braun and Peter Röhrig, *Praxis der Selbsthilfeförderung* (Frankfurt am Main, 1987), 63f.

[3]　See Joachim Winkler, *Das Ehrenamt* (Schorndorf, 1988), 95.

再次是白领工人（18%），最后是蓝领工人（15%）。[1]

研究者发现在民主德国和联邦德国，对政治的感兴趣程度与收入水平之间存在着高度关联。[2] 在联邦德国，63%的高收入者表示对政治很感兴趣，而只有38%的低收入者做出了相同的表示（在民主德国，这两方面的数据分别为65%和49%）。[3] 对于上述收入与组织性之间的统计学关联，我们还没有发现任何数据表现出转折点，因此上面所提到的负相关假设并未得到支持，可以不再考虑。

2. 宗教

宗教取向和宗教责任感的强度被认定与社会资本间存在正相关关系。教会和其他宗教组织往往能够促发社团行为，比如通过为环保组织提供会场，它们能够促进合作技能的发展并提高人们对社会问题的意识。这里我们将探讨宗教方面的两个问题。首先，我们将论证相对于新教，天主教与社会资本间存在着更紧密的关联，这由于天主教教义具有更强的社群主义色彩、更弱的自由主义—个人主义色彩。天主教信徒身份与社团组织参与水平间的正相关关系可以通过下列事实来解释，即天主教义（比起大多数类型的基督新教）着力教导一种慈善的伦理，提倡关心群体中其他成员的福利。当然结果也可能是，这两大教派的不同并不在于社团参与水平，而在于各自所偏爱的社团类型。其次，在这两大宗教群体中，自我报告（self-reported）的强烈宗教归属往往预示出更高的组织性和更大程度的信任（包括前文所述的两种类型）。

一般而言，宗教责任感有力地指向对社会服务类社团的参与，这与基督教神学对服务他人之义务的强调是一致的。在社团部门中，31%的志愿会员承认自己对教会有强烈的责任感，只有15%的认为这种责任感并不强，11%的根本毫无感觉。不过当我们仔细考察志愿行为的兴趣（还没有发展成实际参与）时，关系恰好相反：37%的有志于志愿行动（但未实际参与其中）的人表示没有所谓的宗教责任感，而只有22%的承认有此强烈感情。[4] 这些数据表明宗教责任感的确具有强大的促进作用，因为这种责任感使人们的社团活动倾向变成实际行动，而对于那些没有这种责任感的人倾向只留于空想。教会能够独特地开发信徒的社会资本，而那些不属于任何教会的人在投资其社会资本时会面临更大的困难。然而，这种宗教责任感在整个社会结构中的分布很不均衡。由于数据

〔1〕 Norbert Schwarz, "Ehrenamtliches Engagement in Deutschland. Ergebnisse der Zeitbudgeterhebung 1991/92", in *Wirtschaft und Statistik*, 1996 (4): 264.

〔2〕 Klaus Berg and Marie-Luise Kiefer, *Massenkommunikation IV* (Baden-Baden, 1992), 168.

〔3〕 Klaus Berg and Marie-Luise Kiefer, *Massenkommunikation IV* (Baden-Baden, 1992), 341f.

〔4〕 Braun and Röhrig, *Praxis der Selbsthilfeförderung*, 63; see also Deutsche Bischofskonferenz, *Frauen und Kirche. Eine Repräsentativbefragung von Katholikinnen* (Bonn, 1993), 164, 170, 174.

的缺乏，在这里尚无法探讨已知的存在于年龄、性别、收入这一方面和宗教责任感、社团参与倾向另一方面之间的各种相互关联。

天主教对于组织性的正面影响从 20 世纪 50 年代以来一直风头很盛。[1] 1991 年，天主教徒占联邦德国总人口的 40.8%，在具有一个以上社团成员身份的人之中有 46.4% 是天主教徒。

3. 教育

通过公立学校提供正规教育在德国已有超过 150 年的历史。获得高等正规教育（相当于美国的高中文凭）的人占总人口的比例从 60 年代以来持续增长。1949~1951 年间出生的德国人只有 7.9% 上过大学，而在 1969~1971 年间出生的德国人中这一比例已上升到 18.2%。[2] 正规教育的扩张在 60 年代中期加速发展，当时的政治精英意识到了高等教育缺乏的现状——它已经造成了人力资源的短缺。在女孩、农村人口和工人阶层中，高等教育入学率的增长尤为明显。[3] 每个群体的高中毕业率都从 1970 年的 11.4% 增长到了 1992 年的 30.9%。[4]

我们同样假设教育（以正式受教育的年限来衡量）对于社会资本具有正面影响。之所以如此预期是因为学校是个人生活中第一个非家庭环境，它通过正式和非正式的课程来培养有助于合作的道德和认知能力。受教育年限也和受教育者的社会经济地位相联系，后者对于组织性有着独立的影响。而且，学校和大学（如同教会、工作单位甚至军事组织）可以被理解为一种制度环境，由于相对稳定，它可以促进同辈人和朋友间多种形式的非正式社会交往。然而，人们也可能反驳（上述观点），认为长期正规教育的总体结果同样可以强化个人主义和偏好竞争的性情，这会加强地位的分化并可能因而削弱组织性。而且，人们也许会争辩说教育对社会资本形成的作用并不是独一无二的，其他诸如体育、音乐和宗教等方面的各式易于接近的制度性环境（它们不同于大多数学校，倾 **209** 向于通过口头形式的交流削弱竞争性个人主义的作用）与正式教育机构一样（如果不是更好的话）也能提供社会资本形成的场所。

但可获得的数据却支持受教育程度与组织性之间的正相关关系，即便在其他环境因素的影响得到有效控制的情况下也是如此。一般来说，相对于接受过更多教育的人，只接受低层级正规教育的人更不愿意参加社团组织。另外，多重社团成员身份也主要出现在那些接受过高等正规教育的人身上。可得的数据

〔1〕　Scheuch, "Vereine als Teil der Privatgesellschaft", 169.

〔2〕　Heiner Meulemann, *Werte und Wertewandel* (Weinheim and München, 1996), 431.

〔3〕　Heiner Meulemann, *Werte und Wertewandel* (Weinheim and München, 1996), 145.

〔4〕　*Statistisches Bundesamt* 1995. *Datenreport* (Bonn), 54.

证明，这种相关性自 20 世纪 50 年代以来持续存在。[1]

志愿行为与受教育水平间也存在正相关关系。这一研究结果对民主德国和联邦德国都适用。1994 年，民主德国 18%、联邦德国 21% 受过高等正规教育的人表示他们每月至少参加一次志愿活动，而在只接受了低等正规教育的人中相应的比例分别为 5%（民主德国）和 8%（联邦德国）。[2] 普里勒（Priller）发现，在民主德国教育与社区事务、公民团体及政党的参与之间存在着同样的关联。[3] 接受高等正规教育者与接受低等正规教育者之间的差距多达 20 个百分点。

这个规则的例外发生在天主教妇女的组织参与方面。只受过低等正规教育的天主教妇女在社团参与方面（略微）超过了其正常表现（1991 年，她们占天主教妇女总人口的 66.5%，占天主教妇女参与社团活动人口的 67.7%），而受过高等正规教育的天主教妇女则刚好相反。[4] 我们将这些数据解释为：宗教责任（尤其在罗马天主教方面）对促进组织参与能够发挥与受正规教育一样的功能。但上述情况只是例外。正规教育有力地指向所有形式的志愿参与，包括非传统的政治参与和社会参与。接受高等正规教育甚至能提高人们参与体制外（合法或非法）政治抗议的意愿。[5]

意料之中的是"关注"（如对政治的兴趣，它可以作为广义上对公共事务和社群福利的兴趣的一个子项）可以被证明与受教育水平间存在正相关关系。1993 年，27% 的民主德国人和 35% 的联邦德国人表示对政治有强烈的兴趣。这其中 57%（民主德国）和 55%（联邦德国）的人都受过高等正规教育，而其中只有 19%（民主德国）和 25%（联邦德国）的人只受低等正规教育。[6] 较高层级的受教育水平和"关注"之间的关联在 1970～1990 年间相当稳定，这在表 5-1 中得到体现。对政治表达出强烈兴趣者的比例与总人口中受过高等正规教育者的比例同步增长。"年龄效应"（这里指年龄与对政治兴趣之间存在一种负相关关系）可以部分借助年青一代所受教育的平均水平更高来解释。

211

---

〔1〕 Scheuch, "Vereine als Teil der Privatgesellschaft", 170; Reigrotzki, *Soziale Verflechtungen in der Bundesrepublik*, 174.

〔2〕 Helmut K. Anheier and Eckhard Priller, *Der Nonprofit-Sektor in Deutschland. Eine sozialökonomische Strukturbeschreibung* (Berlin, 1995), Tab. 25; 参见 Schwarz, "Ehrenamtliches Engagement in Deutschland", 264, and Winkler, *Das Ehrenamt*, 100.

〔3〕 Eckhard Priller, "Veränderungen in der politischen und sozialen Beteiligung inOstdeutschland", in Wolfgang Zapf and Roland Habich, eds., *Wohlfahrtsentwicklung im vereinten Deutschland* (Berlin, 1996), 298.

〔4〕 Katholische Frauengemeinschaft Deutschland, ed., *kfd Mitglieder-Umfrage 1991* Köln, 1992), 48.

〔5〕 IPOS (Institut für praxisorientierte Sozialforschung), *Einstellungen zu aktuellen Fragen der Innenpolitik 1995* (Mannheim, 1995), 60f.

〔6〕 *Statistisches Bundesamt 1995. Datenreport* (Bonn), 618.

表 5-1 性别、年龄、受教育水平及对政治的兴趣（1970～1990 年）

		对政治的兴趣														
		强					中					弱				
		1970	1974	1980	1985	1990	1970	1974	1980	1985	1990	1970	1974	1980	1985	1990
年份	总计	32.0	37.0	44.0	42.0	50.0	40.0	41.0	40.0	36.0	35.0	28.0	22.0	16.0	22.0	15.0
性别	男性	46.0	50.0	56.0	55.0	62.0	37.0	37.0	37.0	30.0	27.0	16.0	13.0	9.0	14.0	10.0
	女性	20.0	25.0	35.0	30.0	39.0	42.0	44.0	42.0	42.0	42.0	39.0	31.0	23.0	28.0	19.0
年龄	14～19 岁	32.0	21.0	34.0	18.0	34.0	35.0	45.0	42.0	36.0	36.0	33.0	34.0	24.0	45.0	30.0
	20～29 岁	30.0	38.0	53.0	38.0	48.0	47.0	47.0	36.0	45.0	37.0	24.0	15.0	11.0	16.0	14.0
	30～39 岁	34.0	40.0	46.0	44.0	52.0	43.0	44.0	43.0	39.0	37.0	22.0	15.0	11.0	17.0	10.0
	40～49 岁	34.0	42.0	41.0	51.0	58.0	42.0	42.0	48.0	34.0	31.0	23.0	16.0	11.0	14.0	10.0
	50～59 岁	31.0	41.0	44.0	48.0	52.0	41.0	33.0	41.0	32.0	38.0	29.0	25.0	15.0	20.0	10.0
	60～69 岁	34.0	38.0	45.0	48.0	51.0	36.0	38.0	36.0	37.0	34.0	31.0	24.0	19.0	15.0	16.0
	70 +	29.0	30.0	40.0	39.0	47.0	25.0	31.0	31.0	28.0	32.0	45.0	39.0	29.0	33.0	20.0
受教育程度	低等正规教育	16.0	21.0	29.0	18.0	26.0	36.0	33.0	39.0	39.0	40.0	47.0	42.0	32.0	43.0	34.0
	中等正规教育	31.0	36.0	38.0	40.0	44.0	46.0	46.0	47.0	39.0	42.0	24.0	19.0	15.0	21.0	14.0
	高等正规教育	59.0	55.0	60.0	55.0	66.0	34.0	38.0	33.0	32.0	27.0	10.0	7.0	7.0	11.0	6.0

资料来源：Klaus Berg and Marie-Luise Kiefer, *Massenkommunikation IV* (Baden-Baden, 1992), 340。

212 **4. 年龄**

在此语境中所说的年龄是对一个人在生命周期中所处地位的大概测量，而所谓的生命周期习惯上由童年期、青年期、成年期、为人父母期及退休期等阶段构成。因为社会资本在人的整个生命周期中并非平均分布，所以年龄（和相关的如可支配收入、可支配时间等因素）对于社团行为的水平和类型来说都是十分重要的决定因素。年龄（结合其被测量时的时间点）也可衡量个体生命在历史时间中的位置，以及通过对集体经验和记忆的扼要描述来衡量个体对于特定年龄群体或一代人的归属。[1] 考虑到通过衡量年龄带来的双重效果，一个众所周知的解释难题出现了：所观察的结果是应该归因于代际效应还是应当归因于生命周期效应。也就是说，如果我们在 60 多岁的老年人群体中发现了一种独特的行为模式，仍然有待于确定的是，这应该以他们的年龄来解释，还是应该以他们现在的年纪这一事实来解释（也就是说，他们是 1997 年的 60 多岁老人而不是 1957 年的 60 多岁老人）。这种区别就是所谓的时代年龄（chronological age）与计时年龄（chronometrical age）间的差别。

年龄在何种意义上决定了组织性，并且对这种决定作用应该如何解释？朔伊希对 1991 年数据的分析提示了组织性与生命周期之间的一种直接关联。在整个生命过程中，组织性呈现出"倒 U 字形"的形态：单一社团成员身份在 18 ~ 29 岁的人中盛行；而 30 ~ 59 岁的人往往拥有多重组织成员身份；相形之下对比其在总人口中的比例，60 岁以上老年人在社团参与中所占的比例较小。[2] 不用说，当我们将年龄和其他诸多变量，如收入、教育、工作状况、婚姻家庭状况、社区规模等结合在一起进行交叉制表分析时，上述与年龄有关的整体模式在许多方面很可能被修正。但因为缺乏多重变量分析所必需的基本数据，这里无法继续探讨这一问题。

213 参加体育俱乐部很可能发生在中学和大学期间，这种参与可以被视为一种嵌入型组织性（nested associability），即由大型正式团体（如公司、中学、高中或大学）形成、鼓励和资助的组织活动。在 1995 年，7 ~ 21 岁男性一半以上是体育俱乐部的成员。在 7 ~ 14 岁女性中比例高达 45%，但在青春期末期比例会急剧下降。[3]

志愿行为的模式也显现出生命周期效应。男性在 40 ~ 60 岁时最为积极

---

〔1〕 形成一代人的特定轮廓需要以下两个条件中的至少一个：机会结构和自我认同。前者与一代人达致青年期和成年期时所处的经济的、军事的、教育的、家庭的、媒介的、人口的及其他类似的背景有关。后者源自一代人的"集体自我"及其与前几代人的冲突或一致在文化和政治上的具体概念化。（如同在"68 一代"这个词中所表现的那样）。背景以及一代人借之与这些背景相联系的象征性身份能为统计发现提供一些解释线索。

〔2〕 Scheuch, "Vereine als Teil der Privatgesellschaft", 170.

〔3〕 Deutscher Sportbund, *Bestandserhebung* 1995 (Frankfurt am Main, 1995), 3.

（26%），而女性则在明显更晚的时期（60～70 岁）才到达参与志愿活动的高峰期（19.5%）。[1] 年轻人和老年人比其他年龄群体花费更多时间参与志愿活动。[2] 这肯定和这两类人群能获得更多的可支配时间有关。年龄同时也对人们所偏爱的志愿活动类型有影响，在志愿工作方面，存在一个和年龄相关的两分趋势，天主教妇女社团中的年轻妇女对管理型活动更感兴趣，而年龄更大的妇女则热衷于慈善和助人为乐类型的活动。[3]

20 世纪 80 年代末 90 年代初的一系列调查，提供了许多关于当代德国青少年社团活动的信息。1992 年，德国青少年研究中心（DJI）在东德和西德对4005 名 16～29 岁的青壮年进行了调查，在这个样本中 54.7% 的西德人和57.6% 的东德人不属于任何社团组织。这项问卷调查中，德国青少年研究中心区分了相当正式的中间组织（如工会、政党、职业组织、教会相关/教宗组织、体育俱乐部）和较不正式的社交网络［诸如和平团体、女权团体、环保团体、其他新兴社会运动、妇女团体、左派军事组织（自治主义者，*Autonome*）、右派光头党及其他涉及自助活动的团体］。约 21% 的德国人（东德和西德一样）属于某些相当正式的组织、12%（东德和西德一样）属于非正式的社交网络、约10%（东德和西德一样）同时属于两种类型组织。[4] 消极成员和同情者不被算作组织成员。[5] 在样本中，30.5% 的男性和 25.3% 的女性属于一个相当正式的组织，14.6% 的男性和 10.1% 的女性属于两个及两个以上相当正式的组织（体育俱乐部除外）。[6] 为了应对可能出现的反对意见——正式组织中的成员趋向于非活跃状态（即仅仅作为缴费成员），德国青少年研究中心询问了年轻的工会成员参与工会有多积极的问题。结果只有 35%（东德和西德一样）认为自己并不积极，其余 65% 认为自己能定期或至少是偶尔参与工会活动。[7]

[1] Schwarz, "Ehrenamtliches Engagement in Deutschland", 262.
[2] Schwarz, "Ehrenamtliches Engagement in Deutschland", 262.
[3] Katholische Frauengemeinschaft Deutschland, *kfd Mitglieder-Umfrage* 1991, 87; see also Bundesministerium für Familie, Senioren, Frauen und Jugend, *Bedeutung ehrenamtlicher Tätigkeit für unsere Gesellschaft. Antwort der Bundesregierung auf die Grosse Anfrage der Fraktionen der CDU/CSU und der F. D. P.* (Bonn, 1996), 111.
[4] Helmut Schneider, "Politische Partizipation—zwischen Krise und Wan-del", in Ursula Hoffmann-Lange, ed., *Jugend und Demokratie in Deutschland* (Opladen, 1995), 299f.; see also Wolfgang Kühnel, "Orientierungen im politischen Handlungsraum", in Deutsche Shell, *Jugend'92* (Hamburg, 1992), 2: 69, and Deutsche Shell, *Jugend'97* (Hamburg, 1997), 4: 79, 137f., 200.
[5] Schneider, "Politische Partizipation", 298.
[6] Schneider, "Politische Partizipation", 287.
[7] Schneider, "Politische Partizipation", 289.

16~29 岁的女性尤其热衷参与新兴社会运动，在东德（参与新兴运动者中）女性的比例达到 58.3%（男性为 41.7%），在西德这一比例为 52.3%（男性为 47.7%）。同样参与多种新兴社会运动的人中，妇女的比例也超过其在人口中的比例。较高的受教育水平是参与新兴社会运动（单一的和多重的）的一个强有力指标，对两性来说都是如此[1] 不过当涉及代表消极社会资本的团体与网络——它们激发其成员以侵略性和排他性的方式反对更大的共同体（或其中的目标部分）的权利——时，展现出来的人口社会学特质则截然相反：在东德和西德，右翼团体（如光头党）的积极分子大多是只受过较低教育的年轻男性；[2] 左派军事团体（如自治主义者，Autonome）也表现出与右翼团体相似的性别构成结构（尽管性别差距更小），不过左翼团体成员受教育水平明显更高。[3] 然而，积极参与极端政治团体的比例是很小的，在东德只有 2.8% 的人积极参与右翼团体、1.9% 的人积极参与左翼团体；在西德相应比例也只有 0.9% 和 1.5%。[4] 涉及社会人口方面的特征时，有组织的青年人与全体人口相比并无不同：男性参与正式组织稍显积极；而女性和拥有较高学历者则在非正式社交网络中更加积极。[5]

相比德国青少年研究中心在 1992 年进行的调查，IBM 青年人调查显示出更多年轻人（14~24 岁）参与社团活动，这表明或许存在着整体上的增长（见表 5-2）。[6] 在调查的总体样本中，排除家庭方面、朋友之间、邻居之间的私人社交网络，积极的组织成员比例达到 26.4%。女性青年更加积极地参与志愿社会服务及环保、女权、动物保护等运动。男青年则更加积极地参与工会和政党活动。这些数据符合我们在组织活动的性别分布方面做出的预测（参见下文论述性别部分）。另外，受教育水平对参与社团组织的倾向也有重大影响。一般来说，在组织行为方面东德年轻人与他们的西德同辈并无区别。不过年轻人的总体

〔1〕 Schneider, "Politische Partizipation", 295f.

〔2〕 Schneider, "Politische Partizipation", 296f. ; see also Wolfgang Melzer, *Jugend und Politik in Deutschland* (Opladen, 1992), 133.

〔3〕 Schneider, "Politische Partizipation", 297f.

〔4〕 Schneider, "Politische Partizipation", 296f. 尽管有人否定在民主德国年轻人中存在新法西斯主义倾向，光头党和排犹行动仍是常见现象。1988 年，有 2% 的民主德国年轻人承认自己是光头党组织成员、4% 对光头党表示同情。See Wolfgang Brück, "Jugend als soziales Problem", in Walter Friedrich and Hartmut Griese, eds., Jugend und Jugendforschung *in der DDR. Gesellschaftspolitische Sozialisation und Mentalitätsentwicklung in den achtziger Jahre* (Opladen, 1991), 199.

〔5〕 Schneider, "Politische Partizipation", 299f.

〔6〕 ifep GmbH, *IBM Jugendstudie'95. Tabellenband* (Köln, 1996), Tab. 21b.

表5-2 所选群体中年轻人的活动（1995年）

可能参与的多重组织和活动(%)	绝对值	性别		年龄（岁）				受教育程度		区域		民族	
		男性	女性	14~15	16~18	19~21	22~24	初级中级	高级	联邦德国	民主德国	德意志	其他
数量	2402	1196	1206	365	544	698	781	1124	1223	1759	637	2002	400
私人（家庭、朋友、邻里）	53.0	49.5	56.4	47.7	51.5	55.2	54.8	48.1	57.2	53.1	52.9	53.2	51.5
志愿社会服务	22.3	17.6	26.9	15.3	19.9	25.5	24.5	19.6	25.0	22.7	21.2	24.0	13.8
环境保护	20.9	19.6	22.1	25.5	19.5	21.8	19.0	19.0	22.8	21.2	20.1	21.0	20.3
反法西斯团体	10.3	11.0	9.6	8.2	13.4	8.5	10.6	9.6	11.1	10.1	11.1	8.5	19.3
动物保护	10.0	7.2	12.9	18.6	9.7	7.3	8.7	10.9	9.2	9.3	12.2	10.5	7.5
教会	9.7	7.7	11.6	12.9	10.8	9.3	7.6	9.0	10.1	10.6	7.1	9.2	12.0
工会	3.4	4.6	2.2	0.5	2.9	3.6	4.9	5.2	1.6	3.1	3.8	3.5	2.5
和平运动	3.2	3.3	3.2	2.7	5.1	2.1	3.2	4.0	2.7	3.5	2.5	2.7	6.0
公民团体	3.2	3.5	3.0	1.9	3.1	3.7	3.6	3.4	3.1	3.5	2.5	3.2	3.3
政党	2.8	3.4	2.2	0.8	2.0	2.9	4.2	2.1	3.4	3.2	1.6	2.2	5.5
救助边缘社会人群的团体（如无家可归者）	2.8	3.0	2.6	1.6	2.8	1.9	4.2	2.0	3.6	2.7	3.0	2.5	4.0
女权运动	2.7	1.0	4.5	2.5	3.1	2.0	3.3	2.8	2.5	3.1	1.9	2.0	6.3
文化团体	12.2	12.0	12.3	6.0	10.3	14.0	14.6	8.3	15.5	12.0	12.6	10.6	20.0
其他	3.5	4.3	2.7	2.2	4.4	2.6	4.2	2.8	3.9	3.5	3.5	3.9	1.5
无	20.6	23.8	17.4	28.8	19.7	17.5	20.1	25.0	16.5	20.3	21.4	20.4	21.5

资料来源：Courtesy of Karin Kürten, from iiep GmbH, *Tabellenband der IBM-Jugendstudie* (Köln, 1995)，Tab. 21b。

组织化水平随着时间的推移出现了相当明显的下降：1984 年，15～24 岁的西德年轻人中有 55% 至少参与一个社团组织，但这一数字在 1996 年下降到 43%。[1]

216 　　为准确描述年轻人的组织性在相对较长时期内的变化趋势，我们现在比较三个 15～24 岁的年轻人群组：出生在 1930～1939 年间的群组在 1954 年被调查；出生在 1960～1969 年间的群组在 1984 年被调查；出生在 1973～1982 年间的群组在 1996 年被调查。[2]

　　关于前两个群组，1954 年和 1984 年调查结果显示出参与组织性活动人数所占的比例（分别为 36% 和 55%）出现了上升。[3] 这种增长同时出现在男女青年之中，但性别之间（在组织参与方面）的差异仍然维持不变（男性都高出 15个百分点）。[4] 另外，每个人作为组织成员的数目也从 1954 年平均 1.2 个增长到 1984 年平均 1.6 个。[5] 两个群组中 20 岁以上的人在达到初步成年阶段、开始参加工作和/或开始婚姻生活之后，参与社团活动都减少了，尽管在后一群组中降幅较小。这可能反映出发生在这两个群组之间的事实是接受大学教育的人数急剧增加，并且结婚生子的平均年龄也相应向后延迟。

　　然而有关最年轻群组的 1996 年调查数据并未加强上述明显的健康发展态势。这些 1973～1982 年间出生的人在组织参与方面出现了明显下降。如上所述，在西德，表示拥有社团成员身份的人的比例在 1984 年为 55%，但在 1996 年这一数据下降到了46%。那些致力于政治事业和广阔社会事业的组织（如政党和工会的青年组织）极大地失去了对潜在成员的吸引力，七八十年代新兴社会运动（民权运动、环保运动、女权运动、城市运动及第三世界运动等等）也面临着同样的问题。

　　我们认为，上述曲线发展模式可以部分地由一般政治发展所阐释。20 世纪50 年代，只要是发生过了，而且没有被重振经济、改善生活的个人诉求压倒，则政治动员很大程度上都从属于政党并由政党发起。这主要包括左翼政党、工会，一定程度上也有新教团体，围绕重整军备、世界和平等议题组织起来的抗议运动，它们一般直接向支持者发起呼吁，而不是特别针对青年一代。与此相反，第二群组的人是在 1968 年各种运动余波未平的背景中成长起来的。根据这些运动支持者的年龄构成，这些运动构成了一场独特的青年运动——不仅摆脱了既定政党的控制和引导，甚至激烈反对它们的领导权（一般来说也反对他们

　　〔1〕　Deutsche Shell, *Jugend' 97* (Hamburg, 1997), 357.

　　〔2〕　Ibid.; Jürgen Zinnecker, *Jugendkultur 1940 – 1985* (Opladen, 1987).

　　〔3〕　Zinnecker, *Jugendkultur 1940 – 1985*, 254.

　　〔4〕　Zinnecker, *Jugendkultur 1940 – 1985*, 255.

　　〔5〕　Zinnecker, *Jugendkultur 1940 – 1985*, 255

的父母这一代人，认为后者在道德和历史上存在缺陷）。20 世纪 60 年代的青年运动相对来说也没有经济上的关切和焦虑，这些年轻人是在看上去繁荣永无止境的状况中到达早期成年阶段的。整个 70 年代，这些运动对道德、政治和审美方面的关注为同辈和更广阔人群展现了相当强大的潜在政治力量。可以争辩的是，这种潜在的政治力量并未随 1982 年保守派主导的联盟重新上台而终结，而是以 1980 年绿党这样的组织形式凝结为一种政治力量，同时，也形成一种政治和文化影响力。这种影响力正是通过它与保守的新任科尔政府之间的鲜明对比获得的。1984 年的数据展现了青年在组织参与上的历史高峰，在一般意义上可将它归功于公共领域内 1967～1968 年动员的长期效应，具体而言，则要归功于教育体制。

　　然而，20 世纪 80 年代中期见证了作为反对力量的新兴社会运动及绿党新政治逐渐烟消云散。从 80 年代中期开始，一系列政治因素和社会因素的出现造成了社会运动式青年政治的衰落。它们包括：

- ·1981～1983 年关于西欧核导弹部署的争论之后，和平议题日趋淡化；
- ·20 世纪 80 年代中期核能问题得以解决；
- ·失业的急速上升和福利的削减；
- ·基督教保守派政府联盟的巩固；
- ·女权和环保议题被纳入两大主要政党的纲领与话语之中；
- ·反主流文化的生活方式并入了非政治化的消费者权益保护运动；
- ·"新"自由主义（neoliberal）和后现代主义公共哲学的传播。

　　所有这些要素都使得 20 世纪 60 年代晚期和 70 年代的社会和政治遗产消失殆尽。

　　这种消亡改变了有关话题、价值及集体行动者方面的整个图景，同时这一变化随着柏林墙的倒塌和东德社会的逐渐整合而加速——在过去的东德，除了　218众多反抗性公民权利运动外，在国家资助的大型组织之外不存在强大的公民自治组织传统。

　　历史背景使我们给出解释：1984 年调查中显示的所谓高峰实际上并不代表任何长期的发展趋势，它不过是一个相当具有持续性的偏离，所以到了 80 年代晚期更年轻一代的组织性就相应出现了下降。此时的参与既不可能由主要政党来指导和动员（如 20 世纪 50 年代一样），也无法依靠青年人自组织的动员模式（如在 20 世纪 60 年代晚期到 20 世纪 80 年代中期一样）。90 年代（物质主义关切及其相关价值越来越盛行的时期）的社团活动类型特点是对政治阶级的强烈不信任，进而不愿参与他们所代表的组织与活动。我们在这一群组中没有发现反主流文化或其他反抗性观念、动机和运动，他们逐渐退向一种"软性的"和非正式的社团实践：他们倾向于归属的社团组织缺乏正式组织的外部标示——没有章程、工作人员、会费、准入程序及书面交流。他们组成的这类团体的典型代表是个人化的交际网络、友谊团体、准家庭式团体、用户群、小帮派及联谊会等，这些团体对成员的责任和义务要求不高。

参与这类组织的普遍程度在东德和西德并不一样。在 1991 年进行的统一后的第一次青年调查中，有一部分是与年龄在 15～24 岁间的年轻人进行面谈。在这一样本群中，西德 62% 的受访者属于某一交际网络，而在东德仅为 42%。[1]

有关我们所谓的"关注"（对政治和公共事务的兴趣）的发展情况在过去20 年被完整记录下来。表 5－2 展示出不同群组政治兴趣的发展情况（局限于西德），除最年轻群组外，所有群组都承认政治兴趣有所增强。1970 年、1980 年、1990 年调查中，三个最年轻群组在强烈政治兴趣方面的峰值可能是由于当时所发生的重大政治事件和冲突（如 1990 年两德统一），而 1974 年、1985 年接受调查群组的政治兴趣则很低。历次调查中，成员年龄达到 40 岁的所有群组的政治兴趣都呈现持续增长的趋势。

在西德，中老年人对政治的兴趣稳定地增长，而东德年轻人的政治兴趣却在持续下降。有关东德年轻人政治兴趣的发展情况，比朔夫（Bischoff）和朗（Lang）的结论是：从 1981 到 1992 年人们对政治的总体兴趣明显下降。[2] 这种政治兴趣的相对丧失在西德年青一代中也能够发现，他们的政治兴趣只在 1990年的调查中有短暂而急迅的上升，但它发生在被调查的所有群组（包括青年组）政治兴趣同步上升的情况下。[3]

对可用数据的分析表明，对年轻人参与社团活动来说存在两个否定性指标：低等正规教育和女性性别。这两个因素的影响是累积性的。只接受过较低水平教育的女性青年相对于其男性同辈而言更倾向于持续地拒绝参与社团活动。另一重要发现是，今天的年轻人相对 20 世纪 50 年代的同龄人来说，更愿意参与组织活动，尽管曲线轨迹表明其水平还是没能恢复到 20 世纪 80 年代同龄人的

219

---

〔1〕 Melzer, *Jugend und Politik in Deutschland*, 48f. ; see also Bundesministerium für Familie, Senioren, Frauen und Jugend, *Jugendliche und junge Erwachsene in Deutschland* (Bonn, 1995), 7: 68－70.

〔2〕 Peter Bischoff and Cornelia Lang, "Ostdeutsche Jugendliche und ihr Verhältnis zur Politik in den ersten fünf Jahren nach der Wende", in Sozialwissenschaftliches Forschungszentrum, Deutsches Jugendinstitut, and Hans Böckler Stiftung, *Jugendliche in denneuen Bundesländern. Sozialreport 1995*. Sonderheft, 1995 (2), 20－25.

〔3〕 Sonderheft, 1995 (2), 20f.

参与程度。长期的增长可以部分解释成接受中级以上教育的人口比例出现了大幅度的总体性的上升，以及众所周知的更高的教育水平对组织参与带来的正面作用。另一个可以用来解释的因素可能与组织生活的供给有关，也就是说，社团组织的数量越来越多（大约 1973 年有 20 万个，1997 年有 659400 个）、越来越多样化和具体化，它们只关注相对狭小的领域，对潜在成员的价值观、身份和背景没有什么要求。[1] 类似的，更大的空间也有利于人们参与社团组织（见下文"城市 vs 乡村"）。引发这一推测的直觉洞察到，社团组织的困境越是细化、成员分布越是平均，潜在的组织成员找到合适的社团并克服入会时的不情愿就越容易。

5. 东德 vs 西德

我们已经对东德、西德做出区分，因为这些区分会影响到社会资本的产出，这是我们的调查关注的焦点。40 年来，德意志分裂成两个相互敌视、政体迥异的国家，加上最近突然而至又出乎意料的政治统一经历，一定会或似乎会导致双方的社会资本水平出现诸多的差别。但我们无法解决这样一个重要的问题，即这些不同的心理和文化遗产在将来会如何有力地存在下去，也无法知道这些差异会以多快的速度消失。

研究按以下步骤进行。第一，我们将回顾 1989 年以前民主德国流行的组织参与模式。如何解释民主德国社会资本的水平，绝不是不言自明的事情。一方面，人们可能会说，在一个父权式、权威主义、由国家全面控制的社会中，存在着许多大规模的国家支持的强制性会员组织，由于缺乏独立自主的公民社会领域，社会资本起初没有真正机会得以出现（也不会被广泛地认为是可欲的）。相反，人们也会预期，短缺、失灵和镇压带来的各种征候可能有助于互助、即兴合作、信任和团结的看法与实践——在劳动者的大多数成员尚未发生明显的社会经济地位分化的社会中尤其如此。

第二，我们将考察在经历了政权崩溃和经济、政治统一危机后，东德的组织参与如何散布开来及其模式。直觉上人们设想这些事件对组织参与水平的影响应该是消极的：旧政权崩溃了，原本的信任和团结关系也随之消失。但相反的设想也有道理，统一后形势的不确定性及其带来的挑战对一个初生的公民社会中合作与社团活动的自主形式可能会起到巨大的促进作用。

第三，必须评估全盘移植西德制度对前东德联邦各州——即新州（the new

220

---

〔1〕　1973 年的数据来自 Thomas Ellwein, "Die grossen Interessenverbände und ihr Einfluss", *Aus Politik und Zeitgeschichte B*, 1973（48/73）：22, 1977 年的数据来自 Agricola, *Vereinswesen in Deutschland*, 30。

Länder）——之内组织参与的影响。这里的问题是：这些制度能否像在老州（the old Länder）一样培育出相似的组织化水平和信任度，或者不信任、无力感、疏远、被牺牲的感觉盛行，使社团活动不可能展开，甚至培育出各种敌意——政治、经济转型方面的一系列复杂后果可能滋长了敌意。

普里勒（Priller）使用 1987 年的数据分析了民主德国政治、社会、文化各部门中的公民社团活动。[1] 他断定大多数社团的成员身份不是出于选择和自愿，而是出于对政治和经济命令服从的考虑。因此在民主德国，国家和政党支持的各种会员制社会政治社团、文化社团的组织密度很高。总体上，成员身份取决于公民的偏好、背景及其他个人化特性，最多只能保持在很低的水平；与此同时，个人和集体在国家支持的大众组织内部可以非常自由地选择参与何种类型的活动。然而通常的情况是成为会（党）员的背后存在着势不可挡的强烈动机，个人选择不入会（党）则会遭到制裁。这使得个人选择以及引导这些选择的偏好作用甚微。只有 5% 的民主德国公民（3% 的男性和 7% 的女性）不是任何官方组织的成员，[2] 三分之一的民主德国人属于一个政党，五分之一的公民属于执政的德意志统一社会党（SED）。体育俱乐部等非政治社团（尽管同样是国家支持的）的成员能够获得最好的机会参与各种休闲活动并获得各类短缺的商品和服务。另外，政党及组织的积极成员身份被视为民主德国公民在地方和公司层级上影响政治与社会变迁的唯一途径。[3]

然而，如果认为人们入会（党）和投身于国家支持的各种社团完全出于被迫或机会主义的考量也是错误的。实际上有组织志愿行为在民主德国也很普遍。1987 年民主德国有一半公民承认曾经自愿承担某种责任或参与某种志愿活动——通常与工作相关，如在委员会中供职。[4] 与之相反，在联邦德国，志愿行动很大程度上被限制在工作之外的组织或活动中。然而在民主德国，与工作相关的志愿活动和（较小程度上）邻里、地方社群中的志愿活动被赋予期望，并得到了强有力的鼓励，尽管通常不是直接的强制。在那些调查中只有 12% 的人认为参与志愿活动缘于公司和政府官员强加的义务而感到有责任完成这些活动。绝大多数人参与志愿活动是出于其他原因，如"和他人见面"（27%）、

---

〔1〕 Priller, "Veränderungen in der politischen und sozialen Beteiligung in Ostdeutschland".

〔2〕 Priller, "Veränderungen in der politischen und sozialen Beteiligung in Ostdeutschland". 287.

〔3〕 Priller, "Veränderungen in der politischen und sozialen Beteiligung in Ostdeutschland"; Horst Poldrack, *Soziales Engagement im Umbruch. Zur Situation in den neuen Bundesländern* (Köln, Leipzig, 1993), 33.

〔4〕 Priller, "Veränderungen in der politischen und sozialen Beteiligung in Ostdeutschland", 289.

"改善社区邻里环境"（20%）。[1] 毫无疑问，在民主德国，人们参与志愿活动的积极性很高，只不过这些道德资源经常被当局的父权主义、低效率和傲慢弄得灰心丧气。[2]

许多观察者认为，在民主德国实行国家社会主义的40年间，自由主义传统和中产阶级价值观在一定程度上存活下来，并可能在将来重新焕发生机。[3] 它们以小规模的、个人化交际网络的形式得以幸存，其基础在于相互间的信任、互助关系、家庭纽带以及或多或少对现政权及其权威的强烈反对。[4] 但即使这样的反对变成了非正式组织活动的明确主题（如同在与新教教会有联系的团体和圈子中那样），持异议的政治批评者还是被遏制，并被庞大的国家安全系统（斯塔西，Stasi）及其无所不在的特工人员严格控制。民主德国政权允许甚至强迫异议团体的核心成员逃往联邦德国，有时还永久禁止他们返回，这种策略进一步削弱了反对派组织。结果这些团体和小圈子被成功地边缘化，根本没有机会（或者甚至这种机会出现时他们也不愿利用）组织和动员更广泛的反抗运动。[5]

1989年民主德国突如其来而又未曾逆料的崩溃，与其他所有制度模式的崩溃一道，完全摧毁了它建立起来的正式组织，以及准反对派的私人地下网络。90年代中期，新州公民的参与水平相比联邦德国的老州要低得多。在1993年，47%的西德人（男性55%、女性39%）是至少一个社团的成员，而在东德这个比例只有26%（男性33%、女性21%）。[6] 在西德乡村，组织成员的比例一向比较高（在1993年为53%），而在同时期的东德乡村，这一比例只有21%。[7] 在西德，体育锻炼是组织性活动的主要组成部分，在1993年有28%的西德人是某个体育俱乐部的成员，而在东德这一比例也只有10%。[8]

1990年，27%的东德人参与某种形式的志愿活动（在西德为29%），但到

222

---

〔1〕　Priller，"Veränderungen in der politischen und sozialen Beteiligung in Ostdeutschland"，289f.

〔2〕　Priller，"Veränderungen in der politischen und sozialen Beteiligung in Ostdeutschland"，290f.

〔3〕　Poldrack, *Soziales Engagement im Umbruch*，31.

〔4〕　Poldrack, *Soziales Engagement im Umbruch*，11；参见 also Martin Diewald，"'Kollektiv,' 'Vitamin B' oder 'Nische'? Persönliche Netzwerke in der DDR"，in Johannes Huinink et al.，Kollektiv und Eigensinn. Lebensverläufe in der DDR und danach（Berlin，1995），223–260.

〔5〕　Detlef Pollack，"Sozialethisch engagierte Gruppen in der DDR. Eine religionssoziologische Untersuchung"，in Detlef Pollack, ed.，*Die Legitimität der Freiheit. Politisch alternative Gruppen in der DDR unter dem Dach der Kirche*（Frankfurt am Main，Bern，New York，and Paris，1990），145.

〔6〕　*Statistisches Bundesamt* 1995，560.

〔7〕　*Statistisches Bundesamt* 1995.

〔8〕　*Statistisches Bundesamt* 1995，559.

1994 年此比例已经持续下降至 17%，而西德的数据则保持稳定。[1] 在东德，志愿者在社会人口学的特征与西德没有差别：女性比男性更少地参与志愿活动，41～50 岁年龄群组最为活跃，正规教育是志愿活动参与的强有力指标。[2] 在 1991～1992 年进行的一项时间预算调查中，9% 的东德人认为自己属于积极的志愿者，却有 20% 的西德人如此认为。[3]

除了大多数旧有社团和地下反对派网络崩溃之外，东德组织参与方面的空白还必须从高速增长的失业情况这一角度来理解。[4] 一般来说，失业会使人们更加孤立，并会破坏对于他人和自己的信任。在民主德国，由于大多数社团活动和志愿行为与企业和工作场所联系在一起，因而产业体系大面积的解体和新管理模式和规章的引进会有效地摧毁旧政权下企业系统所具有的多功能特征。

另外，伴随旧政权的崩溃和两德统一而来的不确定性和不安全（包括大面积的显性失业与隐性失业）似乎给互助和其他社团活动带来了强有力的刺激。实际上东德的互助组织数量从 1992 年的 5000 个增加到了 1995 年的 7500 个。虽然增长了那么多，但相对总人口规模而言这些团体的密度仍比西德的低得多（西德的互助团体多以中产阶级为基础，在 1995 年达到 6 万个）。[5]

至于关注或关心公共事务，1990 年东德人中表示对政治有强烈兴趣的人的比例（57%）高于西德（53%）。[6] 唯一的例外是东德的年轻人对政治的兴趣与同龄西德人几乎相同。"关注"（以对政治事务的兴趣来衡量）在 1990 年的东德和西德无疑都十分强烈。对政治具有强烈或非常强烈兴趣者的比例在西德为38%、在东德为 41%。[7] 然而到 1991 年，这一数字出现了急剧下降，在东德降至 26%，在西德则为 33%。[8] 导致政治兴趣下降的因素普遍被认为是在西德"接管"的经历中出现了的挫折、无力和疏远的感觉。

此时预测东德组织模式的未来发展趋势还为时尚早。一方面，社团活动（主要体现在自助团体中）的确增加了，尽管在很大程度上是联邦、州政府部

223

---

[1] Priller, "Veränderungen in der politischen und sozialen Beteiligung in Ostdeutschland", 299.

[2] Anheier and Priller, *Der Nonprofit-Sektor in Deutschland*, Tab. 25.

[3] Schwarz, "Ehrenamtliches Engagement in Deutschland", 262.

[4] 从 1989 到 1996 年，在民主德国/新州雇员数目从大约 900 万下降到了不足 600 万。

[5] Ingo Becker and Ulrich Kettler, "Zwischen Euphorie und Ernüchterung: Die Selbsthilfelandschaft in den neuen Bundesländern fünf Jahre nach der Wende", *Selbsthilfegruppe Nachrichten* 1996: 66.

[6] Berg and Kiefer, *Massenkommunikation IV*, 346.

[7] *Statistisches Bundesamt* 1992. Datenreport (Bonn), 635.

[8] *Statistisches Bundesamt* 1992. Datenreport (Bonn).

门及半公共的大型福利部门激励和支持的结果。另一方面，还存在可能阻碍东德地区社团生活迅速正常化的诸多因素，包括：相当高水平的显性和隐性失业、工作不稳定、个体经营者与企业中产阶级规模太小，还有则是大多数大型会员制社团（从政党到工会再到职业或产业组织）被普遍认为带有准殖民性质，或至少是源于西德的陌生移植物，最后就是人们与宗教生活的联系过于羸弱。

6. 城市 vs 乡村

224

社区规模对组织性的影响存在两种相反的预想。第一种是小城镇的居民往往相互认识，并且能够直接、一致地受到当地事务的影响。因此信任和关注的供给相当充裕，结果社团生活也容易繁荣起来。第二种观点则相反，大城市有优势，任何一种具体的兴趣关注（如 16 世纪的声乐表演或斯瓦希里文学研究）都会吸引热情的观众和共享此种关注的潜在积极分子。尽管在城市中人们相互间不可能都认识，但选择的多样性、规模效应的作用及只有大城市才能够提供的相对低廉的交通和交往成本，使上述高度专业化的社团组织能够在城市中繁荣兴旺。可以想象的是，这两种作用相互抵消，最后的结果是小城镇与大城市间不同的并不是组织水平，而只是社团组织的数量与类型。但到底哪种设想中的关联能为证据所支持还有待于对相关数据的进一步分析。

在西德，地方社区规模与组织性之间的关系比较清晰：社区越大，组织成员占其人口的比例越低。如在 1993 年，乡村中的组织成员比例为 53%、小城市为 53%、中等规模城市为 42%、大城市为 39%。[1] 但在东德，上述明确的关联并不适用。1993 年其乡村地区组织成员比例为 21%、小城市为 25%、中等规模城市为 36%、大城市为 28%。[2] 志愿行为在居民为 2000～10000 人的社区中最为盛行（20% 居民生活在这种社区之中），而在拥有 50 万以上人口的大城市中志愿者比例仅为 14%。[3]

然而在西德，除强烈依赖面对面交流的俱乐部和地方社团外，如果把大型正式组织（协会，如汽车俱乐部和工会）也包括在考虑范围之内的话，社区规模与组织性之间的关联就消失了。[4] 实际上，成为高级组织的会员更可能发生在较大的城市中，而成为俱乐部及地方社团的会员则更加盛行于较小的居民区。

[1] Statistisches Bundesamt 1995.
[2] Statistisches Bundesamt 1995.
[3] Schwarz, "Ehrenamtliches Engagement in Deutschland", 262.
[4] Heinz Sahner, "Vereine und Verbände in der modernen Gesellschaft", in Heinrich Best, ed., Vereine in Deutschland. Vom Geheimbund zur freien gesellschaftlichen Organisation (Bonn, 1993), 72.

另外，国家支持的旨在促进社团和自助活动的项目更可能在小规模的乡村社区取得成功。对其中一个项目的政策评估研究（出于财政紧缩的考虑，它们在决策者中越来越流行）显示其在乡村地区带动了52%的组织参与的增长而在较大225 城市却只带动35%的增长。[1] 在所有规模的社群中，自助组织和志愿社会服务团体关注的焦点话题都惊人地相似（参见图5-4）。

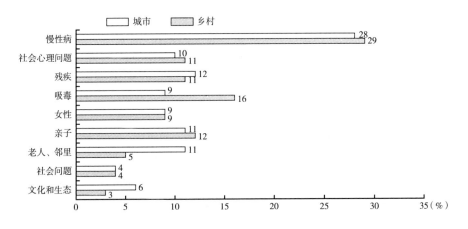

图5-4　城市和乡村的自助团体（1991年）

尽管城市和乡村在社团模式和社团的话题领域（它们都取决于各个社区的规模）仍存在许多差异，但这些差异并不是特别重要，并在不久的将来可能会被消除，因为各种各样的政策创制会授权给公民组织活动，尤其是在乡村地区。[2]

7. 家庭规模

如果建立从单身家庭到无子女两人家庭再到有子女家庭的序列，可以预期的是，组织性将随着家庭规模的扩大而增强。第一个可以理解的原因是有子女家庭实际上很容易产生参与组织活动的机会和需要；第二个原因在于更大、更复杂的家庭倾向于扩大"关注"；第三个原因是完整的家庭就像社会实践的学习

〔1〕 Joachim Braun and Michael Opielka, *Selbsthilfeförderung durch Kontaktstellen* (Stuttgart, Berlin, and Köln, 1992), 11f.

〔2〕 参见 ibid. Joachim Braun and Ulrich Kettler, Selbsthilfe 2000: *Perspektiven der Selbsthilfe und ihrer infrastrukturellen Förderung* (Köln, 1996); Jörg Ueltzhöffer and Carsten Ascheberg, *Engagement in der Bürgergesellschaft. Die Geislingen-Studie* (Stuttgart, 1995); Jörg Ueltzhöffer and Carsten Ascheberg, *Bürgerschaftliches Engagement in Baden-Württemberg*. Landesstudie 1997 (Stuttgart, 1997); Thomas Klie et al., *Bürgerschaftliches Engagement in Baden-Württemberg*. 1. Wissenschaftlicher Jahresbericht 1996/1997 (Stuttgart, 1997)。

环境一样发挥作用。家庭类型显然在一定程度上与年龄及个人处于人生历程的不同阶段有关。

在更大规模的家庭中，社会和政治现实的诸多方面如教育、健康、劳动力市场、文化活动、宗教生活、居住状况及邻里等话题都会列入日常生活的议程。此外，家庭规模越大，通过家庭间互助与合作（从婴儿照管方面的合作开始）所带来的利益可能也就越大。[1] 但是相反的情形也可能是真的，彻底的家庭生活可能导致从公共生活中隐退及家庭中心主义倾向，使人们既没有时间也没有需求参加更广阔社群中的集体活动。单身家庭的人往往有更多的可支配时间投入社团活动的参与，并且他们需要这么做是因为孤独感。

数据显示，在家庭规模与组织性之间只存在微弱的正相关关系。有孩子的已婚夫妇相对于没有孩子的已婚夫妇和单身者，更有可能参与志愿活动（依次占各自样本比例的 20.7%、18.2% 和 19.9%）。在那些最小的孩子不超过 6 岁的家庭中，17.4% 的父母自陈是志愿者。如果夫妻两人都工作，那么其中有 16% 是志愿者。而在那些最小的孩子在 6~18 岁之间的家庭中，33% 的父母是志愿者。这些发现表明孩子及他们在学校、体育俱乐部和其他组织中的活动促进了父母间的组织活动，即使他们在时间上受到很大限制。[2] 这一关联对邻里间和朋友间的非正式互助网络同样适用。1984 年，拥有 5 岁以下孩子的 48% 的家庭和 45% 的单亲父母表示曾经帮朋友和邻居照看孩子，而对于那些孩子年龄在 13~17 岁间的父母来说这一比例只有 20%。[3]

同样存在支持相反假设的证据。本纳（Bönner）指出，一方面紧密而复杂的家庭关系会提高"关注"的程度。这是出于以下两方面的原因：①代际关于家常问题的争论与冲突。②关切范围的扩大，从父母一方来说，典型地就是关注那些只影响下一代的问题（如年轻人在劳动力市场的前景）；子女方面则要面对影响父母的经济和健康的话题。然而，另一方面，这些比较而言更加广泛和长远的关注和意识并没有相应地导致与孩子生活在一起的父母更多地参与组织活动，这或许是因为家庭生活的时间限制，抑或是没有意识到家庭之外联系的必要性。[4]

---

〔1〕 这种自我服务类型的合作组织在民主德国要少得多，因为在那里为使母亲能够全职参与工作，照管婴儿及其他服务设施由国家和企业提供。

〔2〕 Schwarz, "Ehrenamtliches Engagement in Deutschland", 263.

〔3〕 Martin Diewald, *Soziale Beziehungen. Verlust oder Liberalisierung?* (Berlin, 1991), 181f.

〔4〕 Karl H. Bönner, "Gleichaltrige: Die Bedeutung der Peer-group in verschiedenen Entwicklungsaltersstufen", in Rainer Ningel and Wilma Funke, *Soziale Netze in der Praxis* (Göttingen, 1995), 68.

8. 性别

227   在性别是如何与组织性联系起来这一问题上，最合理和最被充分证明的方式与两性选择社团活动的领域有关。[1] 与传统的性别身份认同观念相一致，我们预期：如同在选择职业时一样，女性在家庭外参与集体活动和志愿活动往往限于家庭功能之延伸的领域，如教育、（宗教性的）慈善、健康和户内运动，而男性则偏爱如政治、户外运动等其他领域的活动，它们常被象征性地称为"男性领域"。

    关于社团活动的水平，我们预期妇女中存在着更浓厚的家庭中心倾向，因而参与更不可得。而且限于家庭（或中产阶级聚集的郊区）之中也在空间上减少了妇女参与社团的机会。另外，鉴于德国妇女参与劳动力市场者的比例相对较低（见下文"妇女在劳动力市场中的参与"），人们也可以预期她们有更多可支配时间加入志愿社团并参与其活动。另外，工作场所提供的社会机会也为同一公司或职业的人们提供了派生性组织活动的肥沃土壤。

    性别差异也体现在参与组织的类型上。男性更偏爱严格界定的组织成员身份；而女性则更欣赏松散、非正式、主题不明确、多少具有人格化气息、有"邻里"味道的社团。

    关于不同领域中的组织性，相对男性而言，女性（如果她们加入的话）更可能成为宗教相关的社团、家长社团和文化性社团的成员。[2] 而男性更可能将政党和工会作为其主要活动的领域和类型。但体育俱乐部是能够同时吸引最高

228 百分比的男性和女性的社团类型。[3]

    两性间不同类型的参与类型呈现出特定的模式。邻里或邻里相关网络（如宗教或家长社团）中的照管（孩子）工作主要由女性完成，而管理和领导职责则是属于男性的领域。[4]

---

[1] Christoph Sachsse, *Mütterlichkeit als Beruf* (Opladen, 1986); Gisela Jakob, *Zwischen Dienst und Selbstbezug* (Opladen, 1993).

[2] 关于与教会相关的组织，见 Caritas, *Dokumentation zur Auswertung des Tätigkeitsberichtes* 1991 (Freiburg, 1991), and Caritas, *Auswertung der Tätigkeitsberichte* 1994 (Freiburg, 1996)。

[3] Verena Mayr-Kleffel, *Frauen und ihre sozialen Netzwerke. Auf der Suche nach einer verlorenen Ressource* (Opladen, 1991), 114.

[4] Verena Mayr-Kleffel, *Frauen und ihre sozialen Netzwerke. Auf der Suche nach einer verlorenen Ressource* (Opladen, 1991), 124; Ursula Rabe-Kleberg, "Wenn der Beruf zum Ehrenamt wird. Auf dem Weg zu neuartigen Arbeitsverhältnissen in sozialen Berufen", in Siegfried Müller and Thomas Rauschenbach, eds., *Das soziale Ehrenamt* (Weinheim and München, 1988), 96; Heide Funk, "Weibliches Ehrenamtim Patriarchat", in Siegfried Müller and Thomas Rauschenbach, eds., *Das soziale Ehrenamt* (Weinheim and München, 1988), 120; Sigrid Reihs, *Im Schatten von Freiheit und Erfüllung. Ehrenamtliche Arbeit in Bayern* (Bochum, 1995), 135 – 137.

关于会员率的水平，女性可能比男性更低。[1] 这同样适用于志愿行为。[2] 不过在过去半个世纪，两性会员率之间差距大为缩小：1953 年，男性超过女性 37 个百分点，1979 年为 27 个百分点，1993 年则只超出 16 个百分点。[3] 这一变化基于女性会员的增加而非男性会员的减少，尤其是在运动俱乐部中。[4]

性别的影响不仅体现在社团所处具体部门的类型（如社会 vs 政治）、参与的类型（如照管 vs 管理）和两性会员比例上，也体现在两性所偏爱的不同社团类型的正式化程度上。相对于男性，女性更有可能参与非正式、功能分散的助人网络。这可解释为生育工作的延伸，女性不仅在家庭中也在邻近环境中完成这些工作（如帮助邻居或照顾近亲）。[5]

关于政治参与，所谓的传统形式（如和朋友谈论政治、支持政党或候选人）仍由男性主导，而诸如参与新兴社会运动等非传统形式则对于很大一部分（年轻）女性具有吸引力。[6] 在传统领域，男性的参与率为女性的 2 倍；而在非传统领域，两性之间的差别已降至 7~10 个百分点。[7]

在 20 世纪 80 年代，民主德国的女性劳动力参与率已高达 80%~90%，因而相应基于性别的组织参与模式必须有所修正。[8] 1987 年民主德国 93% 的女性（97% 的男性）是某个社团组织或机构的会员，尽管并不总是自愿的。雇员几乎 100% 是工会会

[1] See Scheuch, "Vereine als Teil der Privatgesellschaft", 169; *Statistisches Bundesamt* 1995, 560; Mayr-Kleffel, Frauen und ihre sozialen Netzwerke, 114f.; Elisabeth Noelle-Neumann and Egdar Piel, *Eine Generation später. Bundesrepublik 1953–1979* (Allensbach, 1981), Tab. 41; Sahner, "Vereine und Verbände in der modernen Gesellschaft", 66f.; Anette Zimmer, Andrea Burgari, and Gertraud Krötz, "Vereinslandschaften im Vergleich—Kassel, München, Zürich", in Anette Zimmer, ed., *Vereine heute—zwischen Tradition und Innovation* (Basel, Boston, and Berlin, 1992), 180f.

[2] Schwarz, "Ehrenamtliches Engagement in Deutschland", 262.

[3] 1953 年的数据来自 *Reigrotzki, Soziale Verflechtungen in der Bundesrepublik*, 169; 1979 年的数据来自 *Noelle-Neumann and Piel, Eine Generation später, Tab.* 42; 1993 年的数据来自 *Statistisches Bundesamt* 1995, 560.

[4] Scheuch, "Vereine als Teil der Privatgesellschaft", 169.

[5] Mayr-Kleffel, *Frauen und ihre sozialen Netzwerke*, 124f; 参见 also Diewald, "'Kollektiv', 'Vitamin B' oder 'Nische'? Persönliche Netzwerke in der DDR", 253。

[6] See Samuel H. Barnes et al., *Political Action: Mass Participation in Five Western European Democracies* (Beverly Hills, 1979); Ute Molitor, *Wählen Frauen anders?* (Baden-Baden, 1992); Beate Hoecker, *Politische Partizipation von Frauen* (Opladen, 1995).

[7] Molitor, *Wählen Frauen anders*, 157f.

[8] Christiane Ochs, "Frauendiskriminierung in Ost und West—oder: die relativenErfolge der Frauenförderung. Eine Bestandsaufnahme in den beiden ehemaligen deutschen Staaten", in Karin Hansen and Gertraude Krell, eds., *Frauenerwerbsarbeit* (München and Mering, 1993), 48.

员（见下文"女性在劳动力市场中的参与"）[1]。很明显，工作场所中的参与对于组织性而言具有很强的正面影响，这正可以补偿性别在组织性方面的消极影响。

尽管女性的参与程度尚不及男性，但两者之间的差距在过去40年已经缩小了。这一发展要归功于代际效应：更高的教育水平和配额政策对于女性（尤其是年轻女性）的参与率有正面的影响；非传统形式的参与（如70、80年代新兴社会运动所开启的参与）也为女性提供了她们乐于视之为社团活动场所的额外空间。

9. 女性在劳动力市场中的参与

一般认为女性在劳动力市场中参与水平的提高会对女性的和整体的组织性产生负面的影响。这主要缘于时间上的限制。全职工作在时间预算方面对女性强加了限制（不仅如此，考虑家务劳动在两性之间的分配，相对于男性，女性的时间限制更为严重），这使得女性很少或几乎没有空闲时间参与社团活动。然而，随着女性兼职工作的发展及工作时间的普遍减少，上述关系应该会有所削弱。另一方面，人们也可能会认为工作在对组织性构成时间限制的同时，也可以成为强有力的、充满活力的社交环境和焦点（社团活动会从中出现）。

投入劳动力市场对于所有阶层的女性参与的正式或非正式组织活动都具有强大的正面影响[2]。这种关联可由工作场所中人员与利益的多样性，同事提供的参与不同形式和众多领域的社团活动的机会，以及工作机构所必需的持久型社会交往来解释。与工作机构相比，邻里关系所提供的交往通常多样化程度较低，强度与持续性很可能也较低——因为此类交往与工作关系中的交往相比通常总面临着单方面终止的局面（至少在城市中如此）。

在东德，社团生活（不考虑自愿程度）总与企业而非娱乐性、文化性社团组织紧密联系在一起。这种模式与女性对劳动力市场的高水平参与（这种程度的参与表明事实上不存在"职业男性—全职主妇"的安排）一起为社团生活提供了一个很大程度上与性别无关的通道。1990年，民主德国政权及其"劳动—性别"模式崩溃后，随之而来的失业对于两性产生的影响大不相同，在统一后的头两年，女性失业率增长的速度是男性的两倍。基于已证实的就业对于组织性的影响，女性社团参与的急剧下降必然源于大规模、持久性、充满性别偏见的失业浪潮。因为民主德国居民的组织模式以企业为中心，这一情况将更为突出。

---

〔1〕 Priller, "Veränderungen in der politischen und sozialen Beteiligung in Ostdeutschland", 286f.

〔2〕 参见 Molitor, *Wählen Frauen anders*；Regina Berger-Schmitt, "Arbeitsteilung und subjektives Wohlbefinden von Ehepartnern", in Wolfgang Glatzer and Regina Berger-Schmitt, eds., *Haushaltsproduktion und Netzwerkhilfe* (Frankfurt am Main, 1986)；Mayr-Kleffel, *Frauen und ihre sozialen Netzwerke*, 121。

第三节 社会资本与治理质量

至此，我们已经讨论了影响我们核心研究兴趣的标准社会学变量：组织活动的发生率、关注及与之相关的公民信任。现在我们将焦点转向分析和总结社会资本可能带来的（通常是可欲的）效果。根据大量有关这一主题最近的相关文献，我们发现这些不可能的效果主要集中于对治理质量或经济发展水平的影响上，下文将依次讨论这两个因变量。

社会资本与优良政府之间的关系可以从两个层面分析。一方面关注为各类社团组织（它们产生社会资本）的发展提供空间，鼓励其发展并提高公共政策的质量；另一方面关注高度的组织化水平对民主的品质及民主治理品质（即效率、效应、回应性及公正）的影响。

关于这两种因果关系的第一种，我们可以区分（地方的、州的或者联邦的）政府、立法机关和政党可能对强化社团活动做出贡献的两种方式：一种是可以提供支持性的法律框架、税收刺激以及相关资源（如会议场所、咨询服务）；另一种是政策制定者要在公民社团组织能够有同样（经常是更好）表现的领域中，减少相关服务和活动的主动和过度国家供应和官僚式行政管理，以促成社团生活的出现和繁荣。这种要求国家自我限制并优先考虑更小单位（家庭，地方社区，自我管理的福利社团，或职业社团）发展的原则只是辅助性的，它在天主教教义中有深厚的渊源，也存在于不同形式的自由社会主义和绿色传统中。

由于受到普遍存在于各级政府中的财政危机的影响，信奉自由主义和保守主义的政治家和政策制定者们强烈呼吁（通常的口号是"从福利国家到福利社会"）减少政府干预、实行私有化（或是一种新的公私混合）。然而减少干预的典型后果（或有意或无意）往往是公共职能被转移到市场而并非转移到公民社团组织。信奉社会民主主义的左派强调这种转移在分配方面造成了有害的影响和社会不公正，因此强烈反对自由主义者和保守主义者所倡导的"反中央集权运动"；相反，他们常常呼吁保留国家的责任，保留由国家支持和资助的代理机构（如福利协会）的责任。

在毫无成效、例行公事的政治冲突框架中，争论双方在规划国家行政管理与公民社会的社团部门之间如何交流互动的议题上都忽视了更有前途的新方法——为志愿公民社团提供发展空间、充分使用他们所拥有的道德和物质资源，来打消保守主义者、市场自由主义者和社会民主主义者三方的疑虑。既非以市场为基础也不是国家体制一部分，甚至也不是纯粹私人俱乐部，这种"三不"集体活动形式，三方都会接受并给予支持。正因如此，德国治理体系在提供社会服务方面最根深蒂固的

230

231

组织模式便是福利协会，它们是德国福利法团主义的核心组成部分。[1] 最重要的这些法团主义社团深深地植根于天主教、新教以及其所支持的社会民主主义的传统中。它们负有提供各类社会和健康服务的任务和职责，在这些领域中几乎享有实质性的垄断地位。为了这些功能得以运转，所需三分之一的经费来自联邦和州的预算、三分之一来自社会保险部门的预算、三分之一来自捐献和会费。不过据观察，源自捐款和会费的收入只占福利协会预算实际比例的10%。[2] 这些组织在提供服务时所需人力的大部分由志愿者构成——约150万不领取（全额）经济报酬的志愿者。通过对福利协会的估算，它们的数量自70年代以来基本保持不变。[3]

福利协会中的工作之所以被认定为志愿性质的，是在工作人员中没有人是被强制履行的意义上说的。然而，在某种意义上它也不是志愿的，因为任务及其分配并非由参与者决定，而是由福利协会所雇佣的专家和管理者决定。这些管理者的数量从1970年的38.2万增加到1993年的93.7万（包括在"新州"地区）。[4] 因此福利协会实际可被视为半公共机构（而非志愿组织）。这种混合结构将志愿服务者的地位降格为从属性的帮忙者（而非成员），这种状况引起了志愿工作的危机和人力资源的大规模下降，福利协会因此动员能力受损。在广泛的社会和道德规范层面上，世俗化和后意识形态时代的变化趋势已经瓦解了政治和宗教环境，破坏了在等级制、父权制和威权主义结构下对慈善和团结的责任毫无疑问的接受，这是志愿行为的基础。

志愿服务也经历了复杂的结构变迁。[5] 首先，在自助行为（如健康团体或儿童照看合作组织）和传统志愿服务部门（如教会支持的慈善事业或福利协会

〔1〕 See Rolf G. Heinze and Thomas Olk, "Die Wohlfahrtsverbände im System sozialer Dienstleistungsproduktion", *Kölner Zeitschrift für Soziologie und Sozialpolitik*, 1981, 33（1）, S94 – 114; Rolf G. Heinze and Thomas Olk, "Sozialpolitische Steuerung: Von der Subsidarität zum Korporatismus", in M. Glagow, ed., *Gesellschaftssteuerung zwischen Korporatismus und Subsidarität*（Bielefeld, 1984）; Rudolph Bauer, *Wohlfahrtsverbände in der Bundesrepublik*（Weinheim, 1978）.

〔2〕 Eberhard Goll, *Die freie Wohlfahrtspflege als eigener Wirtschaftsfaktor. Theorie und Empirie ihrer Verbände und Einrichtungen*（Baden-Baden, 1991）.

〔3〕 Thomas Olk, Thomas Rauschenbach, and Christoph Sachsse, "Von der Wertgemeinschaft zum Dienstleistungsunternehmen. Oder: über die Schwierigkeit, Solidarität zu üben. Ein einführende Skizze", in Thomas Rauchenbach, Christoph Sachsse, and Thomas Olk, eds., *Von der Wergemeinschaft zum Dienstleistungsunternehmen*（Frankfurt am Main, 1995）, 13.

〔4〕 Holger Backhaus-Maul, "Vom Sozialstaat zur Wohlfahrtsgesellschaft? über organisiertes Engagement, Verbände und Sozialstaat", *epd-Doku-mentation 52/96*（1996）: 9.

〔5〕 Thomas Olk, "Zwischen Hausarbeit und Beruf. Ehrenamtliches Engagement in der aktuellen sozialpolitischen Diskussion", in Siegfried Müller and Thomas Rauschenbach, eds., *Das soziale Ehrenamt*（Weinheim and München, 1988）, 25.

的社会服务行为）之间无法划出清晰的界线加以区分。其次，激发个人参与志愿服务的力量也发生了很大变化。因此可以说，提供志愿服务的组织形式和支撑志愿服务行动的动机之源，已经和大型的、可见的组织发起和吸引参与的模式不同，是由广泛的对于共同体的共同义务感和责任感驱动的。[1]

这些女性变迁的结果被识别出来，是一种明显的错配：一方面是志在参与志愿社会服务与助人活动的典型动机倾向，另一方面则是动机得以激发和容纳的结构性机会，二者之间的关系不协调。[2] 随之而来的后果便是严重浪费或无法充分利用各种能够提供志愿服务的道德资源。

20世纪80、90年代中的多次调查都涉及上述错配，以及提供更合理结构的可能性。[3] 所有的调查项目都聚焦于一个发现，即给现存结构和政策带来挑战并阻碍潜在志愿者参与的并不是自我中心的个人主义，而是人们对于志愿行为的态度发生了变化。只有更合适的组织性机会被视为可得之时，志愿者才会怀有强烈的意愿来提供服务。

在现有调查的基础上，我们可以这样描绘现代志愿者的形象。第一，只有在

---

[1] See Deutsche Shell, Jugend '97; Martina Gille et al., "Das Verhältnis Jugendlicher und junger Erwachsener zur Politik: Normalisierung oder Krisenentwicklung?" *Aus Politik und Zeitgeschichte*, B, 1996, 19/96 (3): 12; Christa Perabo and Hessisches Ministerium für Umwelt, Energie, Jugend, Familie und Gesundheit, "Freiwilliges soziales Engagement in Hessen", *positionspapier, Wiesbaden*, 1996; Rainer Zoll et al., *Nicht so wie unsere Eltern*! (Opladen, 1989); Rainer Zoll, ed., *Ein neues kulturelles Modell* (Opladen, 1992); Thomas Ziehe, Zeitvergleiche. *Jugend in kulturellen Modernisierungen* (Weinheim and München, 1991); for the former GDR, see Lindner 1991.

[2] Claus Offe and Rolf G. Heinze, "Am Arbeitsmarkt vorbei. überlegungen zur Neubestimmung 'haushaltlicher' Wohlfahrtsproduktion in ihrem Verhältnis in ihrem Verhältnis zu Markt und Staat", *Leviathan*, 1986, 14 (4), 483f.

[3] 参见 Aktion für Gemeinsinn, e. V., *Was bedeutet Gemeinsinn heute?* (Bonn, 1995); Joachim Braun, Ulrich Kettler, and Ingo Becker, *Selbsthilfe und Selbsthilfeunterstützung in der Bundesrepublik Deutschland* (Köln, 1996); Braun and Kettler, *Selbsthilfe* 2000; Braun and Opielka, *Selbsthilfeförderung durch Kontaktstellen*; Warnfried Dettling, *Politik und Lebenswelt* (Gütersloh, 1995); Rolf G. Heinze and Matthias Bucksteeg, "Freiwilliges soziales Engagement in NRW: Potentiale und Förderungsmöglichkeiten", in *Ministerium für Arbeit*, Gesundheit und Soziales des Landes Nordrhein-West-falen, Zukunft des Sozialstaates. *Freiwilliges soziales Engagement und Selbsthilfe* (Düsseldorf, 1996); Hessisches Ministerium für Umwelt, *Energie, Jugend, Familie und Gesundheit, Expertengespräch: Freiwilliges soziales Engagement* (Wiesbaden, 1996); Karl Otto Hondrich and Claudia Koch-Arzberger, *Solidarität in der modernen Gesellschaft* (Frankfurt am Main, 1992); Ministerium für Arbeit, *Gesundheit und Soziales des Landes Nor-drhein-Westfalen, Zukunft des Sozialstaates. Freiwilliges soziales Engagement und Selbsthilfe* (Düsseldorf, 1996); Perabo and Hessisches Ministerium, "Freiwilliges soziales Engagement in Hessen"; Ueltzhöffer and Ascheberg, *Engagement in der Bürgergesellschaft*; Ueltzhöffer and Ascheberg, *Bürgerschaftliches Engagement in Baden-Württemberg*.

那些为成员提供服务和休闲活动的社团中（如体育俱乐部），而不是为组织外的人提供帮助与服务的社团中正式的成员身份（包括缴纳会费和贡献时间的义务）才更容易被接受。第二，如果对后者的参与出现，也较少由普遍、持久的责任感（社会的、政治的或宗教的）所驱动，而更多由"交换推理"（a quid pro quo reasoning）所驱动，即所期待的不是物质上的回报而是获得参与有意义的、创造性的自主活动（带有很强烈的社交与自我表达的意味）的机会，这种机会能给人带来满足感。第三，人们参与志愿活动是高度随机的，并且依社会结构和生活圈子不平衡分布，特别是在不同年龄阶段上的分布更不平均——时间上的分布模式与人们在青年、成年、为人父母时期及退休时期等不同阶段的典型波动和起伏相一致。另外，人们参与志愿服务活动的时机还受制于下列因素，一方面是具体的需要，另一方面是工作、婚姻状况、家庭状况、地理机动性等随机因素。正是由于这些感受和预期上的波动，要求潜在志愿者持续参与活动并加入（那些以持续奉献为先决条件的）社团组织显然是不明智和不可行的。

这些观察表明为处理好动机与组织机会之间的不协调，在组织机会上需要比福利协会的传统实践提供更多、更灵活的供给。更具体地说，国家各机关为了能够最大化地利用志愿活动动机上的潜力，必须避免以下两种错误。一是权威主义—官僚制和高高在上的结构，削弱了志愿者的作用使志愿者成为守本分的、从属性的帮助者；二是国家要避免"新"自由主义式（neoliberal）的全面退出。鉴于志愿活动的潜在动机具有高度随机性和波动性，关注的焦点必须放在人们参与有意义活动的机会，同时组织活动的交易成本必须得到补助，而且要以保证把对志愿者独立性的干涉降到最低的方式来进行。政府机构深陷"做太多"（强加一些只需志愿者简单执行的计划）与"做太少"（没有提供现代自助、志愿服务项目所必需的框架、信息与辅助设施）间的矛盾困境。[1] 顺便说一句，除了天主教的宗教与政治组织外，上述激发社会功能并使之运转起来的模式在某些左翼政党历史中也可以发现，其中既包括共产党（如意大利共产党），也包括社会民主党（如魏玛时期的德意志社会民主党）。鉴于这类政党支持的嵌入型组织模式在现代条件下不可能复活，创造和实验出相应功能的对等物就变成了更加艰巨的挑战。

提供辅助性服务的一个成功案例就是联邦家庭及老年人事务部所发起的针对自助团体的"汇合点"项目（"meeing point"project）。它旨在为志愿者提供咨询

---

〔1〕 Eckart Pankoke, "Subsidäre Solidarität und freies Engagement. Zur 'anderen' Modernität der Wohlfahrtsverbände", in Thomas Rauschenbach, Christoph Sachsse, and Thomas Olk, eds., *Von der Wertgemeinschaft zum Dienstleistungsunternehmen. Jugend- und Wohlfahrtsverbände im Umbruch* (Frankfurt am Main, 1995), 75.

服务、专业支持和仲裁服务，并提供医学和社会工作方面的专业人才、公共关系服务支持、场地、资金信息支持、继续教育支持，同时还在东德和西德的 37 个社区扶助新型自助团体的创建工作（1988～1991 年在西德，1992～1996 年在东德）。这一项目在实施过程中与乡村、城市、联邦各级政府及最重要的非政府组织德国联合福利协会（Deutscher Paritätischer Wohlfahrtsverband）进行合作。结果，自助团体的数量大幅增加，其中在小城镇和乡村增长最为明显，在西德平均增长率达到 52%、在东德平均达到 118%。[1] 巴登—符腾堡州社会事务部所发起的许多计划也取得了类似的成功。[2]

正如前文已指出的一样，治理的质量既依赖公民社会中的社团结构，同时又是它的前提条件。下文我们将转向社团结构的视角，自下而上的视角，希望区分出民主治理的质量取决于社团生活的密度和社会资本的存在的三种方式。

第一，我们可以相对放心地假设（尽管现有的调查数据很难提供结论性证据），成为一个政党、正式社团、俱乐部或志愿团体的成员，对个人具有某种塑造作用。通过在各自团体中的交往、讨论和信息传播，组织成员（公民）的以下两种能力将得到提升：处理内部冲突、维持社团生活的能力；做出有根据的合理判断及面对外部世界时认知与促进与所在组织相关利益和价值的能力。综合而言，这也就是"托克维尔假设"，即无论何种组织的成员身份（加上组织本身就是源于对公共事务一定程度的关注）都能通过教会人们文明地解决冲突的常规做法，并在公共事务上作出明智的判断，从而一步步变成更好的公民。这一假设只要不过于乐观就不会堕于无效，在此限度内，组织成员身份的塑造作用，以及他在进入其他领域时所产生的外溢效应，对于提升民主治理的质量就会带来明显的助益。与帕特南所指出的相反，[3] 丘萨克（Cusack）认为参与社团组织的公民对其（地方）政府更加满意并非实情。但是这不排除以下推测，即相对于那些在组织参与上更不积极的同胞，这些人恰恰更有理由表示不满。

〔1〕 Braun and Opielka, *Selbsthilfeförderung durch Kontaktstellen*, 236; Braun, Kettler, and Becker, *Selbsthilfe und Selbsthilfeunterstützung in der Bundesrepublik Deutschland*, 77.

〔2〕 See Konrad Hummel, ed., *Bürgerengagement. Seniorengenossenschaften, Bürgerbüros und Gemeinschaftsinitiven* (Freiburg, 1995); Klie et al., *Bürgerschaftliches Engagement in Baden-Württemberg*; Ueltzhöffer and Ascheberg, *Engagement in der Bürgergesellschaft*; Ueltzhöffer and Ascheberg, *Bürgerschaftliches Engagement in Baden-Württemberg*.

〔3〕 参见 1996 年 10 月 3～6 日在意大利米兰召开的"社会资本与欧洲民主研讨会"上 Thomas R. Cusack 提交的论文"Social Capital, Institutional Structures, and Democratic Performance：A Comparative Study of German Local Governments"，第 40 页。Putnam, *Making Democracy Work*, 76–82, 176, 182.

这仍然可以证明组织参与对治理有着积极的正面影响（同时也反对把满意度作为政府治理质量的可靠指标）。

第二，通过为自身成员和外部有关者提供集体性产品和服务，社团组织能够提高所有从这些产品和服务中受益之人的独立性与自主性。这些产品和服务被提供得越密集，分布更加平均，所剩越少，由于"减负"效应，需要政府做的事也就越少，而国家与公民之间的关系变成充斥着依附、父权主义及庇护关系的权威主义模式的可能性也就越低。因此，强大而密集的社团组织可能有助于使公民摆脱民粹主义诉求或其他"大众社会的政治"所带来的危险。[1] 另外，政府可做的余下之事越少，它在保护公民的生命、财产、自由等核心功能上就可能做得越好。再次重申密集的社团组织生活（及随之而来的社会资本）对于民主治理质量的积极影响十分明显。

第三，上述这些积极影响还必须和两个归纳而来的观察放在一起权衡。一方面，正如上文"社会资本的决定因素：德国案例"中所引用的数据所显示的那样，人们接触社团组织所提供公共产品的渠道和利用它的情况分布不均，社会地位较为不利的群体（如低收入者、受教育较少的人、妇女、失业者）参与公民社团组织并从相关活动中获利的可能性相对较低。另一方面，许多社团组织即使就规章制度而言并非排他性的，但在其实际运作过程中却表现出排他性（有时已经完全走向了歧视或卡特尔化）。综合而论，就社团组织覆盖的领域、涉及的议题，及其成员的社会构成而言，社团组织的整个图景给出的是一幅高度不均的画面。考虑到社团组织的这些特性，它们对于民主治理质量的积极影响也为上述偏差和不平等所限制，至少如果我们将保障公民的平等权利作为良好治理的一个标准来说是如此。总之，可靠地说（与一些公民社会理论的热情支持者有时所暗示的相反），民主治理质量并不是由公民组织性和社会资本的水平完全决定的。政府的法律、制度结构和基本的普遍公民权原则，对于弥补社团组织提供公共产品带来的不平等和存在的差距，仍然扮演着独立的、至少同等重要的角色。[2]

第四节　社会资本与经济绩效

社会资本与经济绩效（如较低的失业率和通货膨胀率）之间的正相关联系

〔1〕 See William Kornhauser, *The Politics of Mass Society* (Glencoe, IL, 1959).

〔2〕 See Thomas R. Cusack and Bernhard Wessels, "Problemreich und konflikgeladen: Lokale Demokratie in Deutschland fünf Jahre nach der Vereinigung", *Institutionen und sozialer Wandel*, FS III (1996): 96 - 203.

可以从四个方面加以概念化。在包含整个领土单位的总体层次上，较高的社会资本水平（即一个既定单位中密集的社团组织网络）对于良好的经济绩效可以说既是条件也是结果。同样在个人层次上，一个人密集的组织参与（包括通过与他人的接触来提供组织间和社交网络间的互动平台）既可以被看作是在经济生活中通过就业、职业、可支配收入水平达成稳定参与的条件，也可以视为其结果。而后者这个复杂的组合可以作为个人层面上经济绩效的一个指标。

在总体层面上，将社会资本解释为良好经济绩效的一个原因，是帕特南在意大利的案例中论证过的，"公民状况逐渐地但也势不可挡地与社会经济状况联系在一起，所以到20世纪70年代社会经济的现代化与公民共同体也就紧密地联系在一起"。[1] 信任、对于互惠原则的高度信任及合作能力的发展，通过人们自愿共享信息、非正式强制执行的规则及合作的"润滑"都有力地降低了市场行为的交易成本。[2]

关于社会资本与经济绩效之间另一方面的联系——即在总体层次上将社会资本解释为良好经济绩效的结果——也就是共同体的公民化程度与经济绩效之间的关系，可以从两个方面理解：首先，良好的经济绩效使人们能够参加生活中的活动而非以经济盈利为目标的活动，因为稳定的工作和充裕的收入允许人们将时间花费在社会活动上。其次，通常与良好经济绩效联系在一起与非零和互动的经济宽松的经历降低了分配冲突的水平，减少了社会经济中的边缘群体和对经济机会的敌对性竞争。作为良好经济绩效增进社会和谐的结果，组织性（尤其是建立在后物质主义价值观基础上的社团组织）的增长应该是可以预期的。

在个人层次，社会资本也可以作为经济成功的重要指标。社团成员身份及社团（或交际网络）间联系的享用权，都有利于获取工作及其他经济机会。反之，紧密的社会关系网络也可能就是来自工作组织或安全的市场地位的稳定成员身份。工作场所为组织性的发展提供了肥沃的土壤，许多社团和社交网络都由同一家公司中（长期的）一同工作的人和同事组成，有时甚至是由企业自身主动发起的。正如我们已经看到的那样，上述解释还得到了一个从反面发现的强烈支持，即长期的失业者、处于边缘的受雇者、不合法的受雇者、消极丧气的工人以及那些永远置身劳动力市场外的人（如家庭主妇），通常比积极人群更不经常参与社团活动。（见上文"女性在劳动力市场中的参与"）

237

---

〔1〕　Putnam, *Making Democracy Work*, 153.

〔2〕　Putnam, *Making Democracy Work*, 171.

　　同样可以理解的是，糟糕的经济绩效环境（即存在大规模、持续、高水平的失业）带来了普遍的不安全感，而人们为了应对劳动力市场的危机会转向各种形式的社团合作来作为物资、机会和服务的非市场供给的来源，如灰色经济中的以物易物和其他各种行为，其中一部分是非法的。同样，整个区域或部分人群在经济上的不安全感也可能有助于组织活动，正如失业工人会联合起来表达不满，以强化他们对雇主和政策制定者的诉求。在"新州"地区，许多自助团体（ABMs）在德国劳工市场中介机构的支持下建立起来，它们旨在（经常失败）提高相关参与者的技能水平、形成工作经验、提升就业能力并最终实现成员和被救济对象的再就业。物物交易网络和提升就业能力的自助团体得以形成，可能为受到失业影响的人们往往具有大量可自由支配时间这一事实所强化。[1]

238　　但一些观察者表示了怀疑，他们认为自助团体（ABM）的规划方案（尤其在高度依赖特定联邦政府计划的新州地区）并没有起到获得新工作的桥梁作用，而只是为"失败者"创造了一些集会地点，这种类型的组织活动充斥着因被边缘化而自怜自哀的绝望气氛。如果这种怀疑被证明成立的话，人们可能会设想：并非组织性而是组织内部结构的多样性程度才促成了社会资本在经济和政治方面的可欲效果。

　　相反，如果经济恢复、就业形势好转、收入的不稳定性减少、人们能够有保证地通过市场获得产品和服务，人们参与上述合作组织的获利动机就可能会消失。更进一步，我们也可以设想，高水平的组织性来源于人们对非经济活动的强烈偏好（并且前者也能反过来塑造这种偏好），以至于个人对经济增长的贡献可能会减少，因为他们认为除了通过遵循职业伦理上的严格标准以使自身收入最大化之外，还有更好的事情值得去做。

　　在德国案例中，没有发现证据来支持对于两者（社会资本与经济绩效）之间存在正相关联系的假设，在总体层面上两个可用的解释也是如此。有两项调查或能为经济（尤其是劳动力市场）绩效和组织密度之间的关系提供间接的线索。

　　第一项是在德国26个地区研究影响失业率的非经济因素的调查，[2] 26个地区中13个失业率较高，13个失业率较低。该调查在受访者对本地一般社团生

---

〔1〕　经济上的不稳定与被边缘化导致组织参与的另一个版本必须被提及，即有些作者〔如，Wilhelm Heitmeyer et al., *Die Bielefelder Rechtsextremismus-Studie*（Weinheim and München, 1992）〕相信在新州地区的经济衰落与高（青年）失业率是促发新法西斯主义团体和运动的一个重要因素——一个我们所谓"否定性"社会资本的典型案例。

〔2〕　Meinhard Miegel, *Wirtschafts- und arbeitskulturelle Unterschiede in Deutschland*（Gütersloh, 1991）.

活之重要性的认定与就业水平之间并未发现显著关联。而涉及对邻里间良好关系之重要性的认定时，在"强"与"弱"地区之间存在显著的差别，其趋向甚至有点违反直觉：受访者被要求回答是否准备在如房屋修缮和建造、照顾小孩和病人等方面帮助邻居解决困难，结果是在"强"地区人们认定良好的邻里关系的重要性反而不如"弱"地区。[1] 这项发现支持了下面的解释，即邻里间合作的组织活动类型是由替代效应驱动的（除这一因素外，在邻里合作中人们会有更多的自由时间可支配），也就是在不安全的经济条件下人们转向依赖相互帮助来提供各种服务，而这些服务在更加繁荣的经济条件下可以通过买卖来获得。

另一项调查也支持上述推理并将其延伸到多种社团，它们在可购买商品与服务的替代性供应中并没有什么作用。[2] 它比较了德国四个地区的失业率水平和那些致力于休闲活动的俱乐部（如保龄球俱乐部）的成员身份之间的关系。在失业率最高的地区（不来梅，1993 年的失业率达到了 11.3%），结果是居民们（男女都一样）最多地成为俱乐部会员，而在下巴伐利亚地区（1993 年失业率只有 7.3%）此类参与可以忽略不计。[3] 这样一来，高水平的组织性是否与经济上的糟糕表现联系在一起呢？进一步考虑的可能性是，对于社团活动强烈的地区性偏好是否与效率最大化和经济收益的偏好相冲突，甚至会削弱它？

至于个人层次方面，问题在于那些在参与社团组织及社交网络上排位较高的人，在涉及工作稳定和经济成功等方面时是否同样排位较高？如果是，因果联系的箭头到底指向哪一边？即使只有少量的数据，我们也能说明两者间存在着强有力的正相关关系。

首先，基于家庭、学校、邻里及社团的非正式联系都对找到（第一份）工作有明显的帮助。在 1980 年调查的一个具有代表性的样本中，多达三分之二的受访者无论是处于失业状态还是决定辞去先前的工作，都是通过多样的非正式联系而非通过劳动力市场管理部门下的正式劳务机构找到工作的。[4] 另一项研究关注的是初入劳动力市场的人的找工作行为及其成功对于非正式关系的依赖。再一次，结果显示这些资源对成功找到一份工作具有实质性的作用，44% 的受

239

〔1〕 Meinhard Miegel, *Wirtschafts- und arbeitskulturelle Unterschiede in Deutschland* (Gütersloh, 1991), 56.

〔2〕 Günter Tempel, "Regionale Kulturen in Deutschland—Ergebnisse einer Sekundärauswertung von Umfragedaten", *Universität Bremen*, ZWE Arbeit und Region, *Arbeitspapier Nr.* 11, 1993.

〔3〕 Günter Tempel, "Regionale Kulturen in Deutschland—Ergebnisse einer Sekundärauswertung von Umfragedaten", *Universität Bremen*, ZWE Arbeit und Region, *Arbeitspapier Nr.* 11, 1993, 35.

〔4〕 Heinz-Herbert Noll, "Arbeitsplatzsuche und Stellenfindung", in Helmut Knepel and Reinhard Hujer, eds., *Mobilitätsprozesse auf dem Arbeitsmarkt* (Frankfurt am Main, New York, 1985), 286.

访者是通过学校的老师、自己的父母、父母的朋友、邻居等关系找到了第一份工作。这些联系或者会提供有关机会的信息，或者会（占三分之二）提供获得某份特定工作的实质性帮助。[1] 这项关于初入者的调查表明，一个人所具备的交际网络对他在劳动力市场上的成功而言，与其说是结果不如说是重要的前提条件。

当然，假设社会资本——或更一般意义上的联系——是劳动力市场和其他经济方面成功的结果，也可以获得间接的证明。有一项针对失业者的调查，关注是被注册为失业的持续时间。[2] 结果显示长期失业对于人际联系（按一个人所能接触的交际网络的规模来衡量）的确有着很强的负面影响。正如许多研究已经证实的那样，失业的确会增加社会孤立的程度。[3] 那些失业 6 年以上的人相对于仅失业 18 个月左右的人来说，其接触的交际网络规模平均只有后者的一半。[4] 很明显，长期失业造成了一个恶性循环，在其中失业者逐渐丧失的不仅是工作技能，还有对再就业来说至关重要的其他资源（即非正式的联系）。

结　　论

在对德国社会资本的探讨中，所遇到的困难在于确定社会资本的强度是依赖公民的个人特性（如受教育水平），还是区域人群的集体特性（如共享的文化传统、行为榜样和机遇的存在），还是政治和经济体系方面整体的制度特性（及其所创造的效能感和为有前途、令人满意的参与类型所创造的机会）。

我们的发现表明，诸如受教育水平或就业状况等个人特性对社会资本的水平有显著的影响，而集体特性在这方面的影响则较难评估。在较小范围的社区中往往存在相当高的入会率，这一事实可能被视为"鼓励效应"的证据：由于准入门槛被认为是降低了，同时人们也相信不参与所造成的潜在机会成本（也

〔1〕 Heinz-Herbert Noll, "Arbeitsmarktressourcen und berufliche Plazierung", *Mannheimer Berichte* 22 (1983): 638f.; 参见 also Mark Granovetter, "The Strength of Weak Ties", *American Journal of Sociology*, 1973 (78): 1360 – 80; Mark Granovetter, *Getting a Job: A Study on Contacts and Careers* (Cambridge, MA, 1974).

〔2〕 Klaus Gröhnke et al., "Soziale Netzwerke bei Langzeitarbeitslosen. Duisburger Beiträge zur soziologischen Forschung", *Gerhard-Mercator Universität*, *Gesamthochschule Duisburg no. 2/1996*, 1996.

〔3〕 A. Goldsmith, J. R. Veum, and W. Darity Jr., "The Psychological Impact of Unemployment and Joblessness", *Journal of Socio-Economics*, 1996 (25): 333 – 358.

〔4〕 A. Goldsmith, J. R. Veum, and W. Darity Jr., "The Psychological Impact of Unemployment and Joblessness", *Journal of Socio-Economics*, 1996 (25): 49.

就是不能接触到一些信息和有用的社会联系）会相应增加，因此加入的人越多，他人就越会觉得加入很容易。

政治和经济体制的制度特性对社会资本水平的影响则更加复杂，有时甚至晦暗不明。很明显，在社会干预的极端案例中，官僚制—父权式的服务供给窒息和阻碍了公民活动，社会资本因此衰落；而在另一极端，自由放任的体制可能会对自助活动带来强有力的刺激，但也很可能导致产出的都是具有高度排他性的"俱乐部产品"——它只对组织成员开放，因此不同于服务整个社会或至少具有显著外溢效应的公共产品。正如上文"社会资本与治理质量"部分所论证的那样，从社会资本形成的角度来看，最理想的政体选择应处于上述两个极端之间。这种最佳选择可以通过各州或各部门内的制度安排来定位，如提供机会（如资助设备）、刺激（如税收豁免）和充分开放与多元化的道德诉求（如在政治上提倡志愿主义），以此来鼓励社团或志愿活动，同时又不施加过于严格的监督与规制。最近有关"新兴辅助性原则"以及"从福利国家到福利社会"可取的道路等讨论的目标都对准了这种最佳选择。[1]

就一个实质维度和实际参与者的社会类型来考察组织性和志愿行为的分布模式，存在着从企业、政党和教会支持的（嵌入型）组织向更加自主化、休闲类社团组织（如体育俱乐部）的明显转向。但后者也面临来自相关服务的商业提供者的有力竞争。与此同时，即使在那些追求休闲活动的俱乐部内部，参与者对于社团的关系也在朝着客户（只具有相对薄弱的责任并且更容易随时退出）的方向转化，与以宗教、政治甚至企业为基础的团体中更加忠诚的成员完全相反。

有些群体，如受教育程度和收入水平较低的群体，在当下组织参与方面表现不足，过去他们往往被工会及其相关社团等劳工阶级组织"捕获"并加以动员，积极参与其中。如今随着这些相对同质化的群体不再能够明确地被界定，过去大型支持者实际上也消失了，结果带来了不得不提的"剥夺效应"。因此，社团组织及其成员身份特性的变化很可能对社团参与的结构性分布产生影响。也就是说，过去比较容易被以传统社会背景为基础并由政党或教会支持的组织所动员的群体，现在已经被剥夺了方便和常规的渠道而从组织生活中获益，除非他们能获得中产阶级的技能，成为俱乐部精明的客户和消费者。很明显，具有上述社会背景本身就发挥着和这些高水平的中产阶级技能（部分是通过教育获得的）一样的作用。有趣的是，组织成员身份的阶级特性和文化上的选择性，

241

对于关注非语言嗜好（如体育、音乐和宗教崇拜）的社团组织来说，安全不重要——尽管哪个阶层更偏爱哪种类型的体育、音乐、宗教的风格和实践，存在相当明显的内在差别。然而，很多实践活动也可以是严格意义上的个人追求，而不涉及任何社团参与的意义，如慢跑、礼拜或"独自打保龄球"。

社团实践上的许多差异还必须归结到性别上。的确，由于女性接受更高的教育、参与劳动力市场的比例持续上升，家庭规模不断缩小，相应地，女性在社团组织成员中所占的比例自 50 年代以来也持续上升。而且，新兴社会运动（包括女权运动）的兴起也改善了女性在组织参与方面的机会结构。不过在组织参与的水平及其典型领域方面还是存在着性别差异（参见性别分析部分），这可能由于新兴社会运动的衰落；也可能是缘于女性对带有强烈个人风格的、小型的和非正式的社交网络有一种持久性的偏好。[1]

人们所偏爱的组织模式也正经历着一次整体上的结构性变迁。有证据显示当前（尤其在年轻人中）社团组织活动呈现出"非正式化"的趋向。首先，即使在更为正式的社团类型中，参与的方式也变得更不具约束性。这由多方面原因造成，一方面人们参与社团组织的持久性在下降；另一方面，组织成员与社团的关系也逐渐向"客户"的方向发展，他们对组织所关注的议题往往只有短暂和有限的兴趣。而且作为成员与组织间更强有力纽带的往往是他与其他成员的个人关系而非组织所关注的事项。[2]

其次，不仅在与正式组织的联系方式上越来越缺乏约束性，而且联系、交流与合作的类型也变得很普通，完全背离了成员、准入程序和正式的等级制度等方面具有明确界线的组织模式。这种多少具有持续互动性的平面（组织性）网络明显受到一些人的需求的限制，也受到了忠于事业的期望的限制，这些人在某一个时间觉得与这些平面网络联结在一起，而不是成为任何实际意义上的成员。另一方面，这种非正式性并未妨碍与之相关者去帮助他人并与（得到组织认可的）其他成员分享资源的强烈意愿。这类网络的凝聚力更可能是由人格化的纽带和共享的经历而非明确界定的主题塑造出来的。在涉及年龄、性别、职业以及受教育水平等因素时，这种交际网及其成员相互之间的忠诚往往是高度同质化的（因此有时也是排外的）。

最后，当这类网络涉足公共事务时，这些事务往往局限于一个半私人化、有限的范围，而不去涉及具有强烈政治性、社会性和意识形态性的事务。这种

---

〔1〕 See Mayr-Kleffel, *Frauen und ihre sozialen Netzwerke*, 124f.; Molitor, *Wählen Frauen anders*, 175.

〔2〕 See Deutsche Shell, *Jugend '97*, 324f.

略显无形的组织性所具备的诸多特征在最近一次针对青年人的调查（1997 年）中展露无遗，在其中年青一代对参加传统政治活动相当节制，却非常积极地参加非正式社交网络。

我们通过为未来的进一步研究提出一些意见来结束本文，它们既适用于德国研究，也适用于本书其他各章的比较研究。首先，对已经讨论过的不够正式的组织活动，我们十分缺乏相关的数据。鉴于它们在运行方面的性质和模式不明显，很难有条理地做出解释。其次，我们尚不清楚到底在何种程度上，对社团社团和社交网络的参与是个人性情问题；或反之，在何种程度上这种性情是社团生活的经验及对他人参与活动的观察培育和激发出来的（这是社会资本理论本身所隐含的观念）。这方面还需进一步的研究。对组织化活动的扩散和强度起决定作用的因素既可能自上而来，即公民生活广阔的制度背景；也可能自下而来，也就是公民个人的性情。最后，谁获益（cui dono）的问题应该成为社会资本研究的核心焦点之一，因为社会资本及其所带来的有益结果的运作状况在整个社会结构中的分布显然十分地不均。

第六章

西班牙：从内战到公民社会

——20 世纪 30～90 年代的社会资本

维克多·佩雷斯-迪亚兹

追随詹姆斯·科尔曼（James Coleman）的脚步，罗伯特·帕特南近来已将"社会资本"打造成流行的术语，并指出社会资本在美国正处在下降之中，其他国家的情况也可能如此。[1] 不过"社会资本"这一术语仍需进一步澄清，社会资本对于自由社会具有良性效应的假定也需要细致地予以说明。这个术语指一系列有关合作的网络和规范及信任感的结合，它在社会中有与众不同的特性，承担着许多不同的功能。本文中我的目标是区分两种可能存在的不同社会资本类型：公民型社会资本与非公民型社会资本（civil and uncivil social capital）[2]，同时我将在西班牙近 60 年发展的背景下进一步探索它们相关的效用。不过首先要花一点笔墨来说说这些问题产生的历史背景和理论背景。

---

〔1〕 James Coleman, *Foundations of Social Theory* (Cambridge, MA: Harvard University Press, 1990).
而罗伯特·帕特南的贡献是 "Bowling Alone: America's Declining Social Capital" [*Journal of Democracy*, 1995, 6 (1): 65 - 78, 在这篇文章中他讨论了美国社会资本的概念——他在更早的时候将这一概念应用于意大利, 见 Robert Putnam, Robert Leonardi, and Raffaella Naneti, *Making Democracy Work: Civic Traditions in Modern Italy* (Princeton: Princeton University Press, 1993) ——应在有关经济与社会间相互影响的文献日益增长的背景下考察。相关例子如肯尼斯·阿罗关于"为了合同的实现而需要信任"的理由以及他所谓"企业道德"的重要性, 收录 Richard Swedberg, *Economics and Sociology* (Princeton: Princeton University Press, 1990), 139。

〔2〕 Civil and uncivil social capital, 本书中译为"公民型和非公民型社会资本"，civil 一词除了公民的含义外，还包含了"文明"（进步）、文职的含义。依据作者在第一节的理论解释和文中的广泛使用，这一区分含有适合/不适合托克维尔或结社民主的含义，文明/落后的含义，涂尔干的有机/机械团结类型的含义，以及奥克有特公民社团/事业社团的含义。我们以"公民型"和"非公民型"这一相对而言价值中立的译法来指代这些丰富的内容，其中的丰厚蕴涵尚请读者品读。——译者注

西方自由社会正处于后极权时代，正在学习如何与市场经济共存，其特点是全球化、（部分的）经济自由化、私有化，直至当前仍处在大繁荣的浪潮之中。国家和法团主义制度规制强烈影响下的福利改革以及某种类型资本主义的终结也是学习经验的一部分。在许多国家人们已经将福利国家、"管制资本主义"（managed capitalism）下的组织安排与"二战"后长期的繁荣与稳定联系在一起；一旦失去这些，由它们的缺失而引致的不适感将无法避免。可以理解的是，受不适感的影响人们看到过去的社会妥协被改变，他们可能会倾向于戏剧化地看待诸多事件，并认定社会结构正在被撕裂、社会凝聚力正在被削弱。他们满腹狐疑，为什么曾经达成这些妥协的政党、工会、其他专业社团以及教会如今缺乏支持妥协的意愿和能力，同样他们明确指出，人们如今脱离正式社团亦是基于过去支持它的原因，因而他们可能会使用"社会资本正在下降"来描述他们相应的焦虑状态。

不过一种替代性的观点认为，不适感仅是转向相对同质化的欧洲和世界社会经济秩序过程中长时期过渡阶段的阵痛，因此应以更积极的态度来面对它。不是将市场经济的扩展看作势不可当的世界商品化进程（带着异化和拜物教与之相连的消极意涵），而是倘若我们能够通过留心新形式的社团或给予老社团以新气象来学习如何适应它，或倘若我们能将此视为重新定义社会团结的一次机会，那么我们可以将不适感视为通往自由秩序及与之相伴的新型社会凝聚力的阶段性步骤。

这一适应的实践进程已经依据各自独特的传统在一个接一个的国家中发生：如百年来西欧福利体系有自由传统（英国）、民主传统（北欧）、基督教民主传统（欧洲大陆）。正如弗里兹·沙普夫（Fritz Scharpf）所认为的，调整欧洲福利体系来适应产品和资本市场（此时还应包括劳动力市场）国际一体化的问题有多种解决方式，取决于不同国家的不同政策遗产和地方制度（还有文化的约束）。[1] 然而，与此同时每个国家都可以学习他国的经验，尝试任何国家的成功经验，混合不同传统的成分，最终形成混合型制度以及支持它的复合型正当性理据。而一旦解决方案在一国确立，它即会通过文化传播的方式传送到其他国家，并转换成当地道德话语，适应当地环境，其结果是汇聚了各式各样因素、兼容并包的多样性。[2]

---

[1] Fritz Scharpf, "The Viability of Advanced Welfare States in the International Economy: Vulnerabilities and Options", *Max-Planck-Institut für Gesellschaftsforschung Working Paper* 99/9, September 1999.

[2] 一场争论反映出在关于福利国家四个支柱（家庭、国家、营利性团体、非营利组织）认知上有限的聚合，这场混合了自由主义与共产主义观念的争论可以在以下地方找到：Víctor Pérez-Díaz, Elisa Chuliá, and Berta álvarez-Miranda, *Familia y sistema de bienestar: La experiencia española con el paro, las pensiones, la sanidad y la educación* (Madrid: Fundación Argentaria/Visor, 1998).

247 　　这一进程应当与社会资本理论的发展携手并进，需要对不同类型社会资本作出明确的区分，因为它们与不同形式的社会团结相关联，同样需要探索社会资本理论与现代社会在社会整合过程中所遇到的经典难题之间的联系。这就是我在本章中通过参考一种公民社会理论尝试将社会资本区分为公民型社会资本和非公民型社会资本时所做的工作。

　　我感兴趣的是，每一种社会资本在特定社会中经历过多个历史阶段后如何转换到自身对立面的过程：特别是西班牙这个从内战到自由民主其间又经历过威权统治的国家。我发现帕特南聚焦于合作的网络和规范及信任感的研究对于西班牙十分有用，但我不满意的是他关于社会资本（以及狭义上的公民社会）的相关著作中普遍倾向于将关系网络简化为正式团体的社会结构，以及将回答问卷时口头方式陈述（对于人或组织的）的信任与缺乏信任作为评估社会资本道德维度的主要基础。相比之下，一个宽广的关系网络概念应包括我所谓的社会交往的软形式（如家庭、家庭中心型网络、同侪群体、庆典等）。出于同样原因，我感兴趣的是表达出态度、价值、规范等隐性意涵的实际行为，同时也感到对附着于各种类型社会资本之上的正当性论述（道德推理和解释）的观察同样不可或缺。最后，我认为应该对经济和政治在这些发展中所起到的作用给予一定的关注。[1]

第一节　公民型社会资本与非公民型社会资本

　　构成社会资本的网络、规则、情感以不同的方式存在，同时它们的作用也因我们提到的社会资本的类型而不同。一般来说，很难想象任何稳定的社会分

---

　　〔1〕 政治角色的评估是一个平衡的问题和一项经验性的研究，因此帕特南认为社会资本与公民参与（或参与城市事务）的传统有关，同时他相信他已发现这样一个传统：北意大利城市中基于社会资本的公民人文主义（与此形成鲜明对比的是南部意大利的情况）。虽然这不是讨论意大利情况的场合，但"秩序井然"这个词仍是针对批评而为帕特南进行的有效辩护，尽管可能如悉尼·塔罗所言帕特南对关于中世纪、当代以及两者间关系的结论提出得略显匆忙，他也没有对国家（和政治性阶级）的影响和社会资本形成的经济性予以充分的重视〔参见 Sidney Tarrow, "Making Social Science Work Across Space and Time: A Critical Reflection on Robert Putnam's 'Making Democracy Work'", *American Political Science Review*, 1996, 90 (2): 389 - 97〕。毫无疑问任何希望解释如意大利情形一样复杂的现象都需要对那些政治、经济因素进行通盘考虑，但这些批评对照帕特南理论的主要关注点而言是离题的：当解释公民参与传统时，帕特南主要关注的是社会资本的角色。因为这些批评会导致社会结构的缩小并认为文化（网络、规范以及情感）仅是政治、经济因素的副产品，我们因而可能被这些批评带入歧途，从而陷入社会整合问题中大量不相干的论辩之中。

层不具备这种或那种社会资本，不具备信任的黏合，以及合作的规则。微观社会（家庭）和宏观社会（国家）同样不能离开这些条件，甚至如黑手党、家长制家庭、极权主义政党也都有某种形式的社会资本。但关键问题是这些社会资本属于何种类型。

在许多案例中这一问题已经或正在与社会规范性整合的一般性问题联系在一起。它的解决方案为能够同时适用于"传统"和"现代"社会以及从一方转换至另一方的过程而始终对变化中的社会整合保持敏感性。在本章，我将通过一种公民社会理论的视角来处理社会整合问题。 **248**

广义上公民社会的理想特质是混合型的，包含了以参与者在追求各自目标时达成的共同规则为基础的"公民社团"（civil association）和以参与者对一般性目的的接受为基础的"事业社团"（enterprise association）（这是奥克肖特的两个概念），［或者换言之它们分别是"规则统治的秩序"（nomocratic order）和"目的统治的秩序"（teleocratic order）］，而奥克肖特显然对前者有更多的偏爱。[1] 不过适用于这两种秩序的信任与团结的类型是不同的。

一方面，有一种以市场、志愿性社团、开放的公共领域、公共权威服从法治、多元社会为特征的信任类型，这种信任适用于那些由遵守个人行为规则及相互尊重、互惠互利规则的自由人构成的共同体，需要自发形成秩序。[2] 另一方面，有一种适合于个人联合的共同体的信任类型，在这种共同体下，人们紧密联合在一起达到了这样的程度，为了共同目标而协同进行集体行动，人们服从公共权威，只要它命令他们那样去做。

同样地，哈耶克以相似的论证方式坚持认为，对于家庭或小团体很典型的利他主义情操和传统，与扩展秩序中典型的情操和传统截然不同。小团体的团结以成员间在集体目的、实现手段等方面以相当大程度的同意为先决条件，因此这种团结对由习惯相似的人组成的小团体来说至关重要，但不可预知的环境却使得基于规则而非共同目的（那些目的只能在危机时刻才用以联合复杂的社

---

〔1〕 Michael Oakeshott, *On Human Conduct* (Oxford: Clarendon Press, 1990). 对广义市民社会的区分见 Ernest Gellner, *Conditions of Liberty* (New York: Allen Lane, 1994)，其在狭义或限定性意义上基本等价为"第三部门"一类非国家性、非营利性社团，见 Víctor Pérez-Díaz, "The Possibility of Civil Society: Traditions, Character and Challenges", in John Hall, ed., *Civil Society: Theory, History, Comparison* (Cambridge: Polity Press, 1995), 56–79, and Pérez-Díaz, "The Public Sphere and a European Civil Society", in Jeffrey Alexander, ed., *Real Civil Societies: Dilemmas of Institutionalization* (London: Sage, 1998): 211–238。

〔2〕 Friedrich von Hayek, *Law, Legislation and Liberty*, Vol. 2 (London: Routledge and Kegan Paul, 1976).

会）的扩展秩序中社会协作的形式必然是多种多样的。[1]

适当的利他类型（的团结）同样因团体规模和特质而不同。在小团体中，利他与团体成员共享的目的相一致，即照顾到知情者可见的需求。但"市场道德引导我们使他人受益不因为这是我们有意而为之的，而是因为这些道德引导我们以这样方式行动将会对追随我们行动的人产生影响"，以便"扩展秩序使我们利他的努力达到其效果"（也因此提供给我们每个人增强这方面意图的可能性）。[2]

249   当提到将这两种道德和情感结合起来之时，哈耶克限定自己只提供一些可能很谨慎又相当模糊的建议：他警告我们如果将微观世界的规则应用于宏观世界，我们将会摧毁扩展秩序；但相反的做法，则将彻底摧毁微观世界。所以他建议我们应同时学习两个世界的生活艺术。

与其带着哈耶克的建议面对价值问题，我觉得不如通过它促使我们转向社会资本讨论中的核心问题：将两类道德结合在一起是否必要？如果必要，怎么办？一方面我们有扩展秩序的道德（以及情操和社会关系网络），它应盛行于公民社会，因为它特别有利于通过规则联合而成的公民社团。这是在经济市场中的道德（以对实现承诺的信赖及互利交换的对等原则为基础道德），也是知识和科学辩论所属的市场的道德。另一方面我们有许多"作为事业的社团"的道德，换句话说是小团体的道德或"部落"团体的道德（在更大的意义上）。在后者中可以发现家庭道德、志愿社团道德（如工会或商号）、地方的道德情感（省、地区的）、宗教或族群的团结及社会"作为一个集体"的国家道德，可能是国家的也可能是多元的。[3]

这些"部落"道德与公民社会可能兼容，也可能不兼容。这意味着开放社会或抽象社会的道德暗含了一种公民类型的社会资本的存在，同时就这一点而言部落道德（及相应的合作网络、信任感）有更多模糊不清的含义。

这一点可以进一步通过回溯涂尔干的理论以及帕森斯的相关评论来详尽阐释：涂尔干认为机械团结（指一个国家共同体以分享经验与价值为基础结合起来）是传统社会的典型特征，有机团结（指一个国家的相互依赖性由专业分工创造）是现代社会的典型特征。[4] 帕森斯相信在涂尔干的思想中（同样在他自

---

［1］ Friedrich von Hayek, *The Fatal Conceit* (Chicago: University of Chicago Press, 1989), 19.

［2］ Friedrich von Hayek, *The Fatal Conceit* (Chicago: University of Chicago Press, 1989), 81.

［3］ Talcott Parsons, *Sociological Theory and Modern Society* (New York: Free Press, 1967).

［4］ Emile Durkheim, *De la division du travail social* [Paris: Presses Universitaires de France, 1967 (1893)]; Parsons, *Sociological Theory and Modern Society*.

己的思想中）有机团结不是机械团结简单的对立面。在修正和发展涂尔干理论的过程中，帕森斯得出有机团结是高度分化的社会的典型特征，在那里交换通常以市场交换（或扩展秩序中交换）为主要形式，需要机械团结来补充。对于帕森斯而言，交换的规范应该是制度化（包括惩罚和强制执行机制在内）和内在化的。强制执行涉及某种社会边界的界定，社会作为一个共同体（有其成员身份的规定），有共同的目标，有致力于这些目标的政府通过使用武力来保证规范的履行，如果有必要的话。反过来，规范的内在化涉及社会化进程和共同的文化，也就是说信念和情操要为社会成员所共享。

250

在我看来，帕森斯在两个相关假定的基础上推理过度了。首先他相信作为共同体的社会需要其成员共享他们渴望的理想社会的概念：关于"美好社会"由什么构成的共同定义。[1] 对于多元社会而言，帕森斯似乎有些过度和不合时宜，因为在多元社会中人们通过各有期待或热望，就会有许多不同版本的"美好社会"定义，它们可以互相比较和参照各方观点并显示出相互间的宽容。同样地，它可能暗含着一个过分强大的国家或政府，它的主要角色将会是掌控社会以实现假想的（为何不是全体一致的？）理想社会理念下的集体目标。其次，帕森斯所理解的那些情感和信念或至上价值，与适用于社会不同部门的规范相关，其中不同的社群（以较小的范围）和个体（如帕森斯指出的处于他们的社会角色中）都处于规范必须系统性地服从至上价值这一方式之内。这一景象意味着对于在开放社会的社会整合进程中"指望什么"以及特别是"应该指望什么"的一种过于僵硬又不充分合理的解释。

当然，如果各种集体坚持定义"美好生活"的标准是彼此不相容的，并将自己的意愿强加在他人身上，这将会是引起内战的处方——西班牙的例子将会证明这一点。不过这并不排除各式各样甚至截然相反的世界图景的存在，同时关于什么是"美好社会"的不同版本意味所处的正是现代的、复杂的社会。关键在于它们是否可以彼此共存，而为此需要的将不是一系列共同的实质性价值，而仅仅是一系列共同的程序性价值。

说过了上面这些，必须承认帕森斯的下面两个坚持是对的：他既坚持了调和两种类型团结的必要性，又表达了对机械团结在扩展秩序下的社会整合中的积极作用的兴趣。这使他强调了仪式的重要性，它是人们恪守价值的戏剧化形式，当这些价值在现代社会中表现和强化了（机械）团结之时他们就共享了它们。

251

---

〔1〕 Parsons, *Sociological Theory and Modern Society*, 8.

我必须进一步补充的是，上面提到的仪式的重要性给我们提供了线索去观察有关扩展秩序（和有机团结）的社会团结感的强度，和有关集体（帕森斯的话语）或小团体（哈耶克作品中广义上的乐队或部落）的社会团结感的强度之间存在差别这一有趣现象。经验告诉我们，通常情况下只有涉及特殊目标时情感才会强烈。机械团结的情感是有关家庭和集体（如部落、民族、教会甚至是国家）的情感，所有的集体都可以通过情感渲染的方式被感知，如同巨型家庭一样。这意味着成员可以感觉到他们之间似乎存在着准家庭性质的纽带（像大家族或兄弟会一样）。这种准家庭性质的结合促进了（机械）团结的情感从严格意义上的家庭群体向更广泛的大量群体传播。因此在古典地中海社会的记录中，作为陌生人为其贸易而抵达一个共同体的海上商人，被当地接受是因为他采用了当地人士（无论是他的保护人、赞助人还是保证人）家庭中客人、顾客或成员的身份，正是透过这种家庭式的热情好客，外地人在当地社会获得了某种形式的成员身份。[1]

因此，最常见的情感似乎出现在爱（或恨）那些离我们最近的（人、事、物）上，此后它逐渐向外扩展到一系列扩展物（人、事）之上，但仍保持了部分原始的家庭特征。理论上，这一感情似乎可以扩展至全人类，就像伟大的普遍宗教图景之中的"巨大家庭"。确实媒体很了解，吸引如第三世界苦难中的人们走向团结的最佳方式是将舶来品本土化。它可以通过电视中特写镜头下直接的场景来实现，以至于新闻条目中的主角可以突然与家庭亲密无间，坐在客厅的桌子旁或沙发上，在那一瞬间变成家庭共同体的一分子。事情的另一面是，最为需要的这种团结也许确实要通过扩展性秩序去排除所有人过于强烈的情感，它需要的是允许和促进信息在所有方向上的流动传播及提供所有类型人之间便于接触的"弱联系"。[2]

这最终带给我们一种复杂且存在潜在矛盾的功能：不同形式的宗教生活可以起到现代社会中社会整合的作用。当帕森斯（和涂尔干）强调仪式（宗教性的或其他的）和社会的机械团结之间的联系，后者处于特殊的、受限制的共同体的范围之内，哈耶克更关注普遍的宗教与社会的联系，后者是扩展秩序的一部分。不过这两种路径都倾向忽略宗教的负面影响（宗教会有而且确实经常有负面影响）：宗教强化了与扩展秩序相反的"部落主义"，当社会团结染上了宗

---

[1] Julian Pitt-Rivers, *The Fate of Schechem, or the Politics of Sex: Essays in the Anthropology of the Mediterranean* (Cambridge: Cambridge University Press, 1977), 94ff.

[2] Mark Granovetter, "The Strength of Weak Ties: A Network Theory Revisited", *Sociological Theory*, 1983 (1): 201–233.

教狂热之时它便会被撕裂。

换句话说，国家既可能以文明的方式也可能以富有侵略性的方式行动，宗教可能宽容也可能不宽容。因此我们不仅要对有机团结和机械团结做出区分，更要进一步区分出机械团结中与公民社会兼容的和不兼容的两种类型。

第二节　第一幕：西班牙内战及胜利者的世界，非公民型社会资本（20 世纪 30~50 年代）

接下来的章节，我将分析 60 年间西班牙各种类型社会资本的发展与转型。我希望通过回顾社会资本与西班牙历史进程中其他维度的关系（政治、经济、社会结构）来揭示这一发展与转型进程。更特别的是，我打算探索政治事件、政治决定及长期的国家行为对社会资本变化和积累过程的影响。

整个这一历史时期可以被视为一部三幕戏或三个历史阶段。我的出发点或第一幕是"零团结"（zero solidarity）的时刻，也就是非公民型社会资本的典范时刻。这一时刻是 30 年代西班牙内战——一个可以被视为公民社会对立面的事件。不过我仍然认为于内战时出现、在战后社会——胜利者的世界（victors' world，指 40 年代到 50 年代早期政治镇压、经济独裁、社会孤立的时期）盛行的社会资本类型在本质上与战争本身的性质是一样的。第二幕是经济快速增长、社会文化急速转变、部分自由化的时期，大致从 50 年代中期延续到 70 年代中期。在这一幕中，剧情开始向公民型社会资本模式演进，尽管仍与继承自内战时期的社会资本共存，但民主化进程将是旧类型社会资本最后的谢幕演出。因此在第三幕中，西班牙驶入了西方社会的正常轨道——相对发达的市场经济与自由民主政治的结合体。

253

当下分析西方社会 20 世纪 50 年代社会变迁的一个趋向是忽略二次世界大战及其后果。这些分析因此大体集中在两个不同的时段：60 年代晚期的政治骚乱（尤其是对越战和"五月风暴"的反应）和 70 年代早期的经济危机。他们把社会视为市场经济运作和自由民主政治的整合完好的国家共同体。最后，他们无视对外（内）战争中或威权统治下早期的参与阶段，但很多社会团体正是从中诞生的。

就个人而言我很怀疑，如果我们忽略了起点，即二战、内战、威权统治及阶级间协议，我们是否能够理解战后的资本主义民主社会，换句话说，我们不考虑特定类型社会资本的起源问题就不可能理解这些社会，这些社会资本在那个时代发展并在下一个时代显山露水。[1] 在西班牙的案例中，一定不能忽视早期阶段，我在文章起始部分提到的两种类型的社会资本都是在这一时期涌现出来的。

一 内战

由于自相残杀的经历，西班牙内战已成为不信任的神话、共同体崩塌的典型，结果是社会团结的瓦解。与此同时，它也是两方各自部落式团结的典范。两种社会资本类型中有机团结退出舞台，机械团结繁荣昌盛。

务必谨记的是，西班牙内战不仅仅是科学的观察者在回溯这段历史时所认定的社会资本积累的出发点。事实上它也是人民这一集体形象参与每一段社会资本积累进程的关键参照点。人们的政治叙事、制度、社会实践都深受战争记忆的影响，也受到了混合多种惯常情感和议题的记忆的影响。战争不仅是出发点，也是塑造几代人的决定性经历。它关乎人们创造其社会资本并在塑造公民参与之时颠倒这些资本的方式，也是他们这么做的理由。例如对于一位 70 年代中期从威权统治向民主转型时期的领导人（最可能生于 1930 ~ 1950 年间）来说，内战变成了以露骨而肤浅的方式支持他们决策的反面教材。它是被克服和避免的反例。这也是为什么他们一开始就鼓吹一致、和解、把国家及其机构"结合在一起"的计划。

内战包含了敌对的双方，他们被互相的仇恨所驱动，但每一方都蕴涵着重要的社会资本。截至战争爆发（在经过几年的社会政治的激化和文化的冲突后），任何一方都没有具备公民型社会资本——尽管双方的差别不容忽视。

冲突的一方自称为国家主义者，其几种类型的团结（大部分为机械团结）在这一时期得到巩固。其事例包括教会的团结、军队的团结、长枪党/运动（the Falangist Party/movement）的团结及北部支持佛朗哥派武装的大量小农组成的合作农庄（和天主教耕种协会）的团结。此外还存在商业部门的团结，他们倾向于支持贸易保护主义和干涉主义的国家，反对外国的竞争和工人的要求。所有这些集合在一起组成了广泛的社会政治联盟，或明或暗地支持国家法团主义（statist-corporatist）的社会设计，而这一设计方案结合了许多不同的历史结构性特征。这一设计以强烈的国家团结为基础，依赖于天主教的教义和权威与等级制度之间的强大联系；但它同样以平等、友爱、同志关系（平等的邻里、军中

---

〔1〕 例如美国"二战"后一代人的社会资本；见 Michael Schudson, "What if Civic Life Didn't Die?" *The American Prospect*, March-April 1996, 17 – 20。

的弟兄、党内同志、神秘组织成员）为基础。这是"目的统治的秩序"（teleocratic order）的设计，任何活动都以服从共同善为目的，处在国家和教会联合领导之下，至少在文化（如信念、情感、道德等）领域中是如此。在这一秩序下没有自由民主的空间，至少在原则上如此（如果实践中仅有一些的话），而市场经济也必须服从威权国家的共同善。

在共和派一方，几个"部落"（或"部落"联盟）可以依据更复杂和多姿多彩的背景来区分。各"部落"间的紧张程度甚至高到时常带来内战中的"内战"（如1937年5月在巴塞罗那、1939年3月在马德里）。它们中的一个部落是无政府—工团主义者（anarcho-syndicalists），其团结类型暗示了一种没有国家（或非常有限的国家）的秩序。在这种秩序之下，工会和工业团体或农村团体将其权威强加给个人〔这使得个人主义无政府主义者的亚部落（subtribe）陷入绝境〕。另一"部落"是相当不稳定的共产主义及其社会主义盟友间的联盟（由卡瓦列罗及其继承者胡安·内格里恩领导）。他们的团结理念建立在这样一种关于社会运动的看法之上：由一群浸透在国家权力中的政党核心分子所领导，致力于社会秩序的变革，导向一种新的集体主义秩序。[1] 尽管共和派方面这两个"部落"彼此争斗，但双方都希望推动各自所谓的社会革命，即转变到由关键的少数执掌领导权的集体主义社会秩序，全国劳工联合会—伊比利亚无政府主义者联合会（CNT—FAI）这个无政府—工团主义的小党、共产党、革命的社会主义者都作此想。

在关于美好或可欲的社会之设计以及赋予"团结"一词的重要意义方面，内战的双方站在共同的基础之上，尽管他们彼此攻讦：国家主义者或右派被其敌人贴上了"叛徒"的标签，而共和派或左派被冠以"赤匪"的标签，但他们美好社会的版本共享了许多共同的元素。

双方都认定自由民主是处于危机中的政治体制。它被他们的核心领导所鄙夷并视之为过时的、准备被取代的体制。他们对资本主义和市场经济抱持同样的观点：它们需要被压制（左翼的观点）或应该从属于共同善并被置于国家的督导之下（右翼的观点）。法治国家只有在与西班牙变革的宏大计划（拯救、再生、革命，双方都乐于此道）相一致的范围内才被容忍与维持。很明显，双方都雄辩滔滔地诉诸团结、利他、为共同体牺牲等（我们可以称之为后个人主义的）道德责任。

战争期间，双方阵营内都有相当可观的社会资本流通。但竞争双方的公民参与并没有变得更多。团结的情感在双方阵营内都十分强烈，尽管他们不能完

---

[1] 这里仅仅出于这一目的，我忽视了由 Indalecio Prieto 和 Manuel Azaña 领导的政治派别，他们是温和的社会主义者和左翼共和派。战争爆发之后，他们的作用相对微小，但是他们留下的证据对于理解导致战争的常规性冲突而言非常重要。

全压制像共和派内部那样的派系斗争。大多数被使用的各式各样的道德准则都来自团结公民参与的道德，社会合作网络也是紧密相连的。在最差的情况下，它也是非公民型的社会资本所能达到的极致。

256　　　社会和政治组织所经历的合纵连横水平，印证了社会资本的过剩。战争前夕，全国劳工联合会（CNT）和总工会（UGT）这两个主要无政府主义和社会主义工会会员人数估计接近 200 万人，算上其他小型工会，全国工会成员人数达到 250 万（全国劳动力规模在 850 万上下，受薪人口估计在 550 万～600 万）。天主教耕种协会成员约为 50 万人[1]。天主教已成为一个如"天主教行动"（Acción Católica）、信仰圣母玛利亚集合、天主教各界、合作社、工会、储蓄银行等社团网络的中心，包含了很大一部分社会团体。主要的政党（保守党、社会党、共和党）都是拥有大量狂热追随者和积极党员的大众型政党，再加上影响力与日俱增的少数派政党如共产党和长枪党，它们都在战前有了长足的发展。

　　因此，内战不是无法无天的国家制造了数百万孤立个体间的彼此冲突，而是（在一定程度上，后文我将说明）两个具有强烈内在团结意识（尽管这种团结是非公民型的）的群体之间的斗争。他们的内在团结被引向谋杀大量反对者并征服幸存者。双方在三年间互相残杀（1936～1939 年），致使全国 1800 万人口中 50 万人死亡。值得注意的是，死者分为两类：前线部队与后卫部分，其中后卫部分的死亡人数在共和派控制地区接近 2 万，并且我们有理由相信国家主义者控制区的死亡人数会更高[2]。

　　大多数后卫部分的死亡起因于当时所谓的"散步"（paseos）。当前线往前推进，胜利者便会到溃败者家中搜寻其党羽，武装的（长枪党、共产党、无政府主义者的）民团和军人来到房前、敲门、询问问题、将他带走，并只告诉其妻子儿女他仅是出去散步。通常他会被在城镇郊区墙边被射杀（例如为方便起见会在墓地墙边被射杀）或作为公开的例子在公共场所被枪决。选择散步之人的标准是加入同情左派或右派的社团（如工会、职业或宗教协会）、党员身份、参与政治活动或曾在政府部门工作。

　　换句话说，每一方内部团结的表达方式都与恐怖经历密不可分。而且，恐
257 怖不限于对方内部的少数人，更扩展到针对大部分人的普遍现象。共和国时期

---

[1] Juan J. Linz, "La realidad asociativa de los españoles", in Fondo para la Investigación Económica y Social de la Confederación Española de Cajas de Ahorro, ed. , *Sociología española de los años setenta* (Madrid：CECA, 1971).

[2] Gabriel Jackson, The Spanish Republic and the Civil War, 1931 – 1939 (Princeton：Princeton University Press, 1965); Richard Herr, *An Historical Essay on Modern Spain* (Berkeley：University of California Press, 1974).

的选举结果事实上表明，支持政党和派系占主导地位的投票在战争爆发之后只起到了次要的作用：天主教保守党是右翼，共和党和温和的社会党是左翼。它们的领导人对战争领导者采取默许态度做壁上观。其中很典型却相当可悲的例子是共和派领袖曼努埃尔·阿扎尼亚（Manuel Azaña）。1936 年春的关键时刻他通过成为国家的领袖而假装控制了局势。但事实上他对什么即将到来、什么已然成型所承担的责任有限，仅起到了象征性作用。

因此即使内战可以被解释为两个阵营的冲突，每一个都具备密集的合作网络，服从于强烈的灌输、内部分享（机械）团结的道德。这一解释仍然必须在一个社会背景中去理解，在这样一个社会中，不管多数人的政治理想和政治态度是什么，都抱持着相对温和的政治情感，并且很有可能是被卷入战争的（或者允许自己被卷入战争的）。在双方核心分子看来，大多数人都是需要被监视和恐吓的，而恐吓正是"散步"的作用所在。

因此，透过三个解释性的棱镜，社会感知到了内战的经验：双方中坚分子相对明确和简单，但多数民众却在双方之间摇摆。

每一方的中坚力量都对战争抱以摩尼教式的解释。对自命的国家主义者而言，它（战争）关乎将国家从"敌对势力"的分裂、阶级斗争、无神论中拯救出来。对左派而言，它关乎与叛军、反动牧师、资本寡头等敌对势力斗争中保卫自由、正义和法律。国家中大多数人对双方都缺乏热情，对他们而言战争是一场残酷的打击，他们试图从以下两种方式中选一种来理解战争：内战是一出希腊悲剧，在其中两个西班牙在经历了一个世纪的敌对后难免一战；或者，内战是一出可以避免的戏剧，如果政治人物们在 20 世纪 30 年代最终对冲突激化负上责任，以相反的方式行事的话。第一种对战争的解释在佛朗哥统治后期十分普遍，也最适合向民主转型时期的政治阶级和社会的利益。[1]

经历三年内战后，双方的中坚力量可能都被视为是他们在拖曳着他们身后的社会，他们试图塑造一个密集的社会合作网络并灌输高尚的（机械的）团结， 258 但大概只是饱受疲累渐增之苦。这也解释了国家主义者在战争末期占领马德里、巴塞罗那时这些共和派城镇相应的"解放"情感和热情。[2]

---

〔1〕 Víctor Pérez-Díaz, *The Return of Civil Society：The Emergence of Democratic Spain*（Cambridge, MA：Harvard University Press，1993）；Paloma Aguilar, *Memoria y olvido de la guerra civil española*（Madrid：Alianza，1996）.

〔2〕 参见加泰罗尼亚目击者的证词，并为 Josep Tarradellas 的博士论文所证实。Josep Tarradellas, in Elisa Chuliá, "La evolución silenciosa de las dictaduras：El régimen de Franco ante la prensa y el periodismo", Ph. D. thesis, Universidad Complutense de Madrid, 1997, 219.

二 胜利者的西班牙和溃败者的西班牙

在 20 世纪 40 年代西班牙舞台上,两个平行却相互矛盾的故事情节在舞台上下展开。舞台上演出的是成功者胜利的场景:社会依"目的统治的秩序"方式被组织起来,朝向伟大国家、一致(团结)、法团主义经济、保卫天主教信仰的方向前进。公共权威成为社会秩序的中心,安插了大批战时支持自己的社会政治和社会文化势力。

国家出于压制溃败者的需要做出特殊的决定,重置了法律体系:这是一个"(政治)算计的国家"而非"规范的国家",[1](1939 年、1940 年和 1941 年)出台的一系列法律为禁止组党和禁止自由结社提供了法律基础。至少在 1941 年前(关于组党和结社)尚没有固定的保证程序。政府保持对省际旅行的监控,并闭关锁国直到 1947 年战争状态结束。战争在 1939 年 4 月结束,但当年 12 月记录在册的被关进监狱的人有 27 万,这一数字在 1940 年是 84000,1945 年是 35000,1950 年下降至 16000。[2] 因此恐怖时期仍在内战结束后持续了十到十五年,[3] 但它给人民在政治和异见的态度上留下的印记将延续更久。它也使人民充满了愤恨,并教给他们苦涩的教训:激进政治的危害,由受害的一代传给下一代。

与此同时,作为国家的补充和辅助者的教会和长枪党尽力吞噬社会。他们一方面是牧师、僧侣、修女和修道士,另一方面又是社会积极分子:那些结合了英雄主义和机会主义情感的青年或不再年轻的人被鼓励加入这一行列。这是"天主教行动"和信仰圣母玛利亚的集合(两个天主教社团)的重要契机,也是女子组(Sección Femenina)和"教育与休闲"(Educación y Descanso)(两个亲佛朗哥的社团)的重要契机。[4]

同时在台下,一个非常不同且更复杂的场景在上演,伴随着与我论述有关的三个支线情节:首先,经济生活事实上在混合管理休制下运行。国家大范围地干涉和管制:它控制着物价和薪酬标准,对解雇劳工、进出口执照、新的产业投资都施以严格的规定。但一个法团主义结构依然通过公务员和私企经理之间的部门性安排网络在国家与市场之间建立起来。少数大银行成为这一结构中

---

[1] Massnahrenstaat versus Normenstaat; see ibid. , 174.

[2] Amparo Almarcha et al. , *Estadísticas básicas de España 1900 – 1970* (Madrid: CECA, 1975), 446.

[3] 恐怖活动在国家一部分地区较多,另一部分地区较少;但许多案例显示这一政策一直延续到 20 世纪 60 年代。参见 Ronald Fraser, In Hiding: *The Life of Manuel Cortés* (New York: New American Library, 1972)。

[4] Linz, "La realidad asociativa de los españoles" .

关键和决定性的力量。在一个高度管制的资本主义体系中，资本流通需要通过特权性信贷渠道，一个重要的农产品——谷物——为国家小麦服务机构（Servicio Nacional del Trigo）所垄断。在大多数经济部门，庇护（patron-client）关系蔓延。总而言之，这些状况导致20世纪40年代半闭关自守状态下经济磕磕绊绊地运行。

其次，尽管教会在20世纪40年代与佛朗哥政权相分离，并开始出现紧张关系，但它在管理属于它的协会、在筹划自己带来了什么样的启示之时仍有了更大的自主权。

最后，此时的西班牙主要是农村和农业占主导地位的社会，拥有超过50%的是工作人口。从事农业这部分人中的大多数（尽管不是全部）生活在半传统式合作农庄和公耕制结构之中。尽管旧制度下的合作农庄已经适应了社区和教区土地的出售、领主权和什一税的终结和铁路的修建，但它们仍然停留在与上世纪（19世纪）最后30多年相同的样子。[1] 社会结构依赖于与我之前论述到的相关团结类型，一是因为它将有机团结的许多方面与机械团结结合起来，适应了一个支离破碎的社会。农村中的生活是家庭式的和地方导向的，但人们遵守荣誉与和睦的伦理，这使他们与爱德华·班菲尔德（Edward Banfield）所观察的同时代南意大利人明显不同。[2] 二是因为它并未被完全整合进教会和国家支配的社会之中。三是因为尽管它在经济上被纳入了国家控制的主要产品和谷物的生产和分配体系，但仍保存了与相对开放的地区和国家的农业市场之间的传统联系。

第三节　第二幕：大转型和公民团结的新形式
（20世纪50～70年代）

佛朗哥时代的西班牙不是只包含了一个时期而是包含了两个时期：停滞与匮乏期（20世纪40年代到50年代中期）以及随后的动荡与成长期（从20世纪50年代中期开始）。这是多种社会、经济、文化还有政治因素的结果，那时做出的关键决定改变了经济和社会生活的游戏规则，也让国家走向对外开放。 260

这一时期，西班牙政治、经济、文化都经历了深远的变迁。佛朗哥政权新的伟大战略、与众不同的公共领域和全新的政治人物都出现了。西班牙经济实现了以工业和服务业为基础产业（农业雇佣劳动力人数1960年是470万、1975

---

〔1〕　Víctor Pérez-Díaz, *Structure and Change in Castilian Peasant Communities: A Sociological Enquiry into Rural Castile, 1550 - 1990* (New York and London: Garland, 1991).

〔2〕　Edward Banfield, *The Moral Basis of a Backward Society* (Glencoe, IL: Free Press, 1958).

年是 300 万、1995 年是 110 万），对世界市场也更加开放。[1] 随之而来的是高强度的迁徙过程，大多数人迁入了城市（1950 年 40% 的人口居住在城市，1970 年达到 55%，1991 年达到 65%）。[2] 无论是城市生活还是农村生活都彻底转变了，与之伴随的是新的社会习俗和新式的宗教生活。

这一系列变迁与两种类型社会资本的积累密切相关：一种与扩展秩序的功能相联系，它较少去调节市场、带来更大的社会流动性和文化交流（所有这些都意味着社会自我调节能力的增加，限制公共权威并给公民异议留以余地）；另一种与公共空间中从事公共事务的社团和社会运动网络相联结。社会资本的积累（两类）使 70 年代民主转型成为可能，这种社会转型被认为既未制造赢家也未制造输家——就像内战的颠倒镜像。

社会资本的发展是许多因素的结果。其中首要因素是一系列改变国家—社会关系、经济、文化等制度框架的政治行动。佛朗哥政权在 50 年代为了生存不得不适应国际环境，它打破了 40 年代的外交孤立政策，感到自己更加安全，缓和了国内的镇压政策。如前文所述，1940 年有 84000 人在监狱里、1945 年有 35000 人，而在 1955～1970 年间降至 4000～11000 人。[3] 因内战获刑的最后一次判决发生在 1963 年。国家尝试使其政权正常化（或制度化）并完全转向法治国家。这使它的行动能够更容易地被预知，并开放空间给各种类型社会活动包括表达公民异见的社会活动，特别是在 50 年代中期以后。到此时，以减少行政权的自由裁量的行政改革已经进行，关于集体性劳资谈判的法律（1958 年的《集体协议法》）允许企业主与工人（在一定限度内）直接进行工资协商，刑法改革也使得罢工非刑事化。[4]

这些立法行为结合经济政策上的急速改变使国家朝着加速自由化和欧洲经济一体化（1970 年关于欧洲共同体的协议签字生效）道路前进。政策的变化导致经济的增长，1962～1974 年间西班牙经济年增长率达到 7%。随着资源分配到福利部门，实际工资、利润和私人消费迅速上升；公共医疗网络建成，大学生数量增长了 4 倍。

政治制度化和经济自由化双重策略结合私人和公共福利的增长改变了佛

---

〔1〕 CECS, *España 1995. Una interpretación de su realidad social* (Madrid：CECS/Fundación Encuentro，1996)，196 - 197.

〔2〕 CECS, *España 1994. Una interpretación de su realidad social* (Madrid：CECS/Fundación Encuentro，1995)，687.

〔3〕 Almarcha et al.，*Estadísticas básicas*.

〔4〕 Chuliá，"La evolución silenciosa de las dictaduras".

朗哥政权确证其合法性基础的路径：此前政权合法性基础仅仅停留在内战胜利及国家宣称自己（连同教会）处于一个（等级制的、威权的）"目的统治秩序"（teleocratic order）的道德中心，而如今它试图在这种合法性上加入新成分。它诉诸新兴中产阶级和工人阶级的利益和情感，假设他们对经济发展成果满意，就会增加对法律与秩序的需要。国家如今声称它是经济和法律体系正常运行的保证。同时，国家也开启了有限的政治自由化。它允许独立候选人参加所有企业都有的十人雇员工作委员会的选举。另一部法律（1966年通过的《国家权力组织法》）为议会内 1/5 席位的公开选举扫清道路。关于宗教自由的法律 1967 年被通过。特别是一部新法（《新闻法》）结束了新闻审查。

政府采取这种做法在于它相信能够处理不同意见，因为它不得不适应国内外的压力，同时这一策略也与其意识形态前提相一致。"有机民主"（或法团民主，与自由个人主义民主相对立）的意识形态使国家很难反对议会中某些席位及大学学生会、工作委员会（工人的委员会）中某些职位的自由选举。作为天 262 主教国家，它不得不容忍教会和天主教社团的自治，同时也开始感到有必要允许私人空间中对公共事务的自由讨论。1954 年，佛朗哥政府的信息部部长加布里埃尔·阿里亚斯－萨尔加多（Gabriel Arias-Salgado）如是说："很有必要区分个人自治领域中的表达自由和公共利益领域中的意见传播自由，要后一个领域必须置于国家的管控之下。"[1]

国家决定采取亲西方的外交政策，而选定胡安·卡洛斯·波旁（Juan Carlos de Borbón）为国家领袖的继承者与这一基本国策相一致。这些行动已经勾画出长远图景，尽管略显模糊，却暗示了国家本身深远的转变。而佛朗哥政权的眼前目标是强化权力基础并在实质上增加其合法性，但这些目标并未达成。大体说来，西班牙历史按照"托克维尔方式"予以回应：国家对自身改革越多，社会越会进一步要求新的改革。20 年间，不同团体利用新的制度框架来增加其社会资本、从事公民事业并对体制不断施加压力。

这些年头里，我们可以观察到属于扩展秩序和属于公民结社的两类社会资本的增长，它们似乎相互强化。结果是一个良性循环：社会团结得以增长，佛朗哥政府处于守势。西班牙走上了民主转型和新宪法的道路，它们都被视为国家和解的象征。

社会资本扩散形式在增加，信任的存量也在增长，这与扩展秩序的功能发

---

〔1〕　Chuliá, "La evolución silenciosa de las dictaduras". 330.

挥相关。经济增长（人均收入在 1960～1975 年间实现了翻番）发生在国家减少经济干预的背景下[1] 1964～1974 年间出口总额增长了 2.6 倍、进口总额增长了 3.2 倍[2] 劳动力充分就业（大部分男性人口），集体性劳资谈判持续进行并达到了很高的比例。人口持续在国外（100 万西班牙工人移居欧洲其他国家）、国内（200 万人跨省定居）流动。基于以上原因，西班牙人开始更频繁地出国：1959 年 100 万、1966 年 400 万、1973 年 700 万。许多家庭拥有了自己的房屋（1960 年 50% 家庭拥有自己的房屋，1970 年为 63%，1981 年为 73%）。许多人购买了汽车（1960 年西班牙有 67000 辆汽车，而 1970 年达到 492000 辆）。人际联系和交往也在增加。信件及邮包数量从 1950 年的 110 万件增长至 1960 年的 200 万件及 1970 年的 400 万件。电话的数量从 1950 年的 60 万部增长至 1960 年的 170 万部及 1970 年的 460 万部[3]。

教育和大众媒体同样得到了改善的机会。1964～1974 年间，中小学学生数量增长了 1.4 倍、专科学校学生数量增长了 1.9 倍、大学生数量增长了 4.3 倍。新出版法允许传播范围更广的出版社形式。《变迁 16》（*Cambio 16*）是一份热衷于社会和政治报道的独立期刊，销售量从 1972 年的 2 万份上涨至 1977 年的 34.7 万份[4] 对国外出版物的阅读也在增加。据调查，截至 1965 年马德里 1/3 有大学背景的人通过阅读外国刊物获取新闻[5] 同时，60 年代还是电视机大举进入西班牙家庭的时期。

社会的巨大开放由迈向更加市场导向和更具流动性的步伐带来，人们目睹了社会参与方式的戏剧性变化。社会互动越来越频繁也越来越自由，日渐被开放社会中的个人行为规则塑造出来。

随着这些变迁而来的大部分西班牙人的行为是由道德认识所塑造的，而道德认识部分受到了法律体系的影响。他们对司法部门在民商法、行政法、劳动法（如它明确的在劳动纠纷中主张工人的权利）等大多数非政治性领域中的常规性实施产生了一定的信任。他们也受到了具有多种根基和来源（可以参见许多这个时

---

〔1〕 Enrique Fuentes Quintana, "El modelo de economía abierta y el modelocastizo de desarrollo económico en el desarrollo económico de la España de los 90," in Julio Alcaide et al., *Problemas económicos españoles de la década de los 90* (Barcelona: Círculo de Lectores, 1995), 123.

〔2〕 Juan Velarde, "Evolución del comercio exterior español: del nacionalismo económico a la Unión Europea", in Julio Alcaide et al., *Problemas económicos españoles de la década de los 90* (Barcelona: Círculo de Lectores, 1995), 392.

〔3〕 Almarcha et al., *Estadísticas básicas.*

〔4〕 Chuliá, "La evolución silenciosa de las dictaduras", 443.

〔5〕 Chuliá, "La evolución silenciosa de las dictaduras", 445

段的地方研究）的互惠道德的影响。[1] 同时，这些规则与家庭和朋友网络机理相一致，促使了许多半公共空间如辩论公共事件的论坛被利用起来（如《纽约时报》通讯员赫伯特·马修斯在 50 年代末期报道中所暗示的那样）。[2]

传统上，大多数年轻人（不限于青少年）都始终是相当爱交际的，他们组织自己的"帮派"或同侪团体以结伴去酒吧、舞会和庆典。但他们的策略筹划和自我调节边界的扩张对时代变迁产生了相当大的后果。由于道德变得更加宽松，代际关系及家庭内部关系在某种程度上也变得更平等，家长放松了过去一贯的对年轻人行为的控制，年轻人利用这一点得以获得更开放的感情和性关系，特别是在受旅游业影响的地区。道德自由的增长被佛朗哥政权保守派视为无益之事，批判享乐主义和消费社会的持不同政见的社会和公民积极分子组成的混合体也加入其中。

这些年同样见证了以献身于各类社团为形式的社会资本的增长：它们是以准政治性的或公民维度为标志的政党、工会和宗教团体。这些团体性参与的最终结果为下个时代的民主转型奠定了重要的基础。同时这一结果却非预料之中的。事实上许多人参加社团和公共参与的直接意图很混乱：他们想要从威权主义的政治体制（佛朗哥主义）那里获得自由，但是与此同时，他们中的许多人却被一种集体主义哲学所鼓舞。这种哲学在许多方面——比如在其马克思主义的版本中——与自由的秩序相矛盾。但关键是无论目标如何混淆，其实践活动最终有助于"规则统治的秩序"（nomocratic order，奥克肖特意义上的），自由的秩序。这就是为什么他们通过公民和团体性的事业而积累起来的社会资本加强了与扩展性秩序的运作机制联系在一起的弥散型社会资本，尽管通常是其效果而非其意图的结果。

一般而言，20 世纪 50 年代、60 年代及 70 年代早期在教会和社会内出现的（甚至在佛朗哥政权内部出现的持不同政见的佛朗哥派）社会运动都导向了结合政治异见和社会批判的公民担当和献身。他们严厉地批判资本主义的社会模式，认为资本主义导致了道德无涉的或不道德的消费至上主义。这其中两个异见团体都来自佛朗哥阵营，分别是牧师和长枪党。

〔1〕 Susan Tax Freeman, *Neighbors: The Social Contract in a Castilian Hamlet* (Chicago: University of Chicago Press, 1970); Stanley Brandes, *Migration, Kinship and Community* (New York: Academic Press, 1976); Víctor Pérez-Díaz, *Estructura social del campo y éxodo rural. Estudio de un pueblo de Castilla* (Madrid: Tecnos, 1972); Michael Kenny, *A Spanish Tapestry: Town and Country in Castile* (London: Coehn, West, 1961); M. Weisser, *The Peas ants of the Montes* (Chicago: University of Chicago Press, 1972).

〔2〕 Quoted in Chuliá, "La evolución silenciosa de las dictaduras", 329.

内战中国家主义阵营的胜利强化了牧师通过圣礼的施行和言辞的说教在象征和道德意义上统领信仰的传统地位。与此同时，他们享受了宗教权威的准垄断（在国家权力的保护下）并成功地推广了圣礼的施行（洗礼、圣餐、婚礼、涂油礼及最后的宗教性葬礼）。不过言辞说教则是另一回事。

在 50 年代中期和 60 年代社会变迁及个人更加自由的条件下，牧师的福音不得不适应各种不同社会集团的需要。他们的福音也受到内部意识形态或代际张力的影响：老牧师被描绘为后托兰多公会的虔诚之士，他们好斗、充满十字军精神，立足于内战的记忆并支持佛朗哥政权。中年和年轻牧师像欧洲其他教会一样，正在适应现代世界。一些牧师和基督教民主类政党联合，还出现了一群改革派的牧师。

在这一进程中，起作用的机制由选择性的紧密关系和试错法构成。年轻的牧师（与温和的中年一代和仍支持佛朗哥主义的老人相对抗）趋向于进步主义。他们发现进步主义能使他们更成功地影响新生代的工人、学生、雇员和农民——这些是他们现实或潜在的"羊群"。年轻的牧师们支持他们的社团并加入他们的运动，尽可能地起到精神领袖和顾问的作用。这些社团视自己为反抗旧体制、追求更公平（也更平等主义）的社会秩序的斗士，同时他们提出许多理论证明自由诉求的正当性，这些证明部分是工具性的、部分是本质性的（作为自主这一自然权利的表达）。然而比这些主张（这些主张在某种程度上是教士提出的，而且混合了多种理论，相当令人困惑）在理论上的正当性证明更加重要的是这样一种事实：参与到这些运动中来的教俗两界人士有效地利用了个人自由，并且变得习惯这些个人自由，他们养成了践行这些自由的性情，将这些习惯和抵抗政治和宗教权威联系在一起，也将这些习惯与其他同谋求大众支持的社团的常规性竞争（这种竞争必须遵循一些游戏规则）联系在一起。

这些关于牧师的观察同样可以适用于长枪党中的持不同意见的人士中。尽管 40 年代长枪党可能已成为新兴佛朗哥政权的关键因素，但即使在那时，他们只占据了次要的位置。他们从未掌权过经济事务部门，而随后也很快丢掉了对教育、文化部门的控制权，被降级为褴褛中的福利国家的执行机构。除此之外，由于需要和"二战"胜利的民主国家改善关系，佛朗哥使长枪党的标志不那么引人注目。

50 年代后半期存在一次长枪党的复兴，人们可以据此回溯其反资本主义的根源。这场复兴的领导人物一方面是那些控制福利国家部门并使之与佛朗哥政权中的其他政治派别展开竞争的长枪党人，另一方面是发起异见性社会运动的年轻长枪党人。两者之间的关系相当模糊。由于 50 年代后期已经施行了新的经济政策，那些国家体制内的人物部分支持新兴的工会运动，目的在于把它作为对抗其他政治派别（被青年长枪党人视为保守派的人）的盟友（或工具）。此后，长枪党内开始宽容工会领域中的一些不同意见，以及作为福利国家扩展的结果而出现的部门当中的不同意见：包括公立医院，尤其是高等教育体系，它在 60 年代迅速扩张，在其中学生运动的发展更是为新兴政治反对阶级提供了训练场。

在高等教育案例中（或在医院、城市社团以及其他案例中），事态的发展遵循了已经分析过的模式。学生运动的核心由热心分子组成，他们是反佛朗哥主义、反资本主义意识形态的承载者，是英雄和道义品质的承载者，这些品质适合追求下述目标的人们：对现实进行激进的改革并建立一个公平、平等、"团结"的社会（具有支离破碎社会所特有的团结特征）。不过异见团体内的宽容和多元主义以及与团体外更温和的人们（他们构成了异见团体动员对象的主体）有达成妥协的需要，要求温和的反资本主义策略，并助长了那种最终消除集体主义意识形态的习惯和性情。

类似的事情也发生在工会运动当中，那里存在着意义重大的社团组织、集体行动和公民献身的因素。经济增长使传统经济转型为工业经济（例如 1960 年有 260 万工人，而这一数字在 1975 年达到 340 万）[1] 这一发展与城市化进程同步展开。城市内及周边集中的移民及工业、建筑业、服务业领域中的工人为社团和集体行动提供了肥沃的土壤，国家更为宽容的行为和法律体制的改变同样鼓励了上述行动。法律改革允许了企业中工会代表的选举、集体性工资谈判和出于经济目的的罢工。工作委员会（jurados de empresa）自 60 年代早期起已多次选举。它们的许多委员加入非法但（时而）被半宽容的工会，其中最重要的是西班牙劳工委员会，由天主教徒、长枪党员及共产党积极分子创立。集体性工资协议最终每年覆盖 400 万～500 万工人。罢工次数在 1967～1973 年间介于每年 350 次～1000 次之间（峰值在 1970 年达到 1600 次），致使每年损失 250万～1100 万小时工作时数。[2]

西班牙社会的社团组织结构在如劳资关系、宗教、政治异见等不同领域日益丰满，与外国文化影响的上升和更加开放、宽容的道德携手并进。因此，同步发生的社会文化变迁和政治、经济自由化进程为从非公民型社会资本向其他各种类型的公民型社会资本转变提供了舞台，有助于即将来临的民主转型。

---

〔1〕　CECS, *España 1995*, 196.

〔2〕　Juan Muñoz et al. , *La Economía Española 1974*（Madrid: Cuadernos para el Diálogo, 1975）.

第四节　第三幕：自由民主、社会团结的
软形式与管制的结构性收缩
（20世纪70年代中期至90年代后期）

民主时代从 1977 年第一次自由选举（或从 1975 年佛朗哥将军逝世几个月后开始）一直延续至今。民主政治为西班牙人生活的制度框架带来了巨大的变化，结果，社会资本积累的条件也发生了改变（正是在这一时期或某些案例的略早几年，我们才开始掌握大量合理的统计证据）。

民主来临的经历是内战双方实现国家和解的机遇，从一定程度上说，这是重新创造西班牙共同体的机遇。人们意识到达成和解必须艰难地做出妥协。尽管佛朗哥政权统治的最后 20 年社会经济和社会文化发生了巨大的变化，但内战的记忆仍缠绕着社会，仍需努力以避免可能重回内部冲突的各种对抗。因此一旦 1981 年二月政变被平定之后，民主明显成为"最重要的事情"之时，过渡时期（大致从 1977 到 1982 年）就被打上了共识的标签，反映在许多政治和社会协定之中。

在过渡时期共识以大量实践、象征和对话的形式表达出来：宪法被认为是社会和解的基石；国王成为从佛朗哥政权向自由政府和平转型的和解的象征；教会已为它在内战中的部分责任道歉，这与他们最初将内战描述为十字军讨伐无神论形成了非常鲜明的对比，同时它也成为参与协商的不同政党间居中调停的重要角色。

一个新的中—右政党（由阿道夫·苏亚雷斯领导）在第一次自由选举后上台并执政近六年，这部分归功于西班牙的成功转型和该党温和与和解的修辞。事实上，整个政治阶级都使用这种语言，并且在选举中西班牙人会惩罚那些胆敢使用对抗论调的政党。工会运动中也发生了和选举类似的事情：未来的工作委员会选举导致更激进的强调阶级斗争论调的工会被边缘化。

这些包括宪法、地区和社会的妥协在内的协定是 30 年代冲突中不同阵营的子孙后代之间妥协的结果：右派与左派、雇主与工会、教会与世俗知识分子、中心与边缘、军方与文职权力。正式的社团（政党、工会、专业社团等）享有各自社会基础和公共意见的广泛支持，因此果断地达成了这些妥协。

协议的主要内容是重建国家团结，它不是基于一个一般性计划，而是建立在不同观点和利益的人之间对妥协必要性的认识之上。他们不得不在自由秩序的制度框架内共同生活。左派与右派间的妥协导致建立自由民主制的宪法的诞

生（带着对左翼政府与右翼政府间和平轮替的期望），也导致了对法治的承认（分权和宪法法院）。文职权力与军队间的妥协致使后者服从前者和宪政秩序，同时文职权力效忠于国家的统一。宗教妥协导致对宗教自由和多元主义的正式承认及教会与国家的分离。中心和边缘（人士）之间的妥协由"有自治共同体的国家"这一复杂的设计精巧实现，也就是建立一个将权力委托给地区性权威的权力下放体系。社会经济妥协（在宪法和许多社会协议下）导致市场经济作为经济活动的基本框架被承认，以及对工会运动的正式承认。269

把这段历史作为研究的出发点，我现在遵循西班牙最近 20 年从社会资本观点中采用的路径。我将分析西班牙公民妥协的结果与其社会资本（也就是其社团或包括家庭在内的合作网络）之间的关系。我把这些妥协的结果视为积极的，视为社会资本的重要标识。它们不仅是解决集体问题的方式，也是学习和平地忍耐结构性张力或悬而未决的集体性难题的能力的证明。

一　社团和社会交往的软形式

20 世纪 50～70 年代的政治、社会、经济变迁为之前已经出现的公民型社会资本的积累廓清了道路。当时社会已出现了社团活动稳定增长、工会活动和政治生活中有限却意义重大的参与、相当强有力的家庭、引人注目的非正式社会生活，以及有助于解决可能危及自由秩序基础的政治和经济危机（高失业率、金融和政治丑闻）的某些准备。这些经验带来了社会情感，在某种程度上更接近有机团结或文明的机械团结的特征。

认为西班牙缺乏强大的社会结构来促进经济发展、社会凝聚力、文化创造性及自由民主政治的说法在当时学者间已是老生常谈。[1] 这类论述的证据通常依据两类数据的混合体：登记在册的正式社团成员数量被解释为赢弱的社团网络；对民意调查的回答被解释为社会不信任感的弥漫四野。我下文会回到大众道德情操的问题，但首先得聚焦于社团性纽带方面的有效证据。

一般来说，人们可能会认为西班牙人似乎更倾向于参与到非正式的网络中而不是正式的组织中，因此更加偏爱社会联系紧密的软形式而不是更大的组织，在这种更大的组织中个人参与通常更加有限和更加标准化。因此那些关注带着强烈传统色彩且被定期指派领导人的群众组织（如政党、工会和教会）270

---

〔1〕　见 Joan Subirats' introductory remarks in Joan Subirats, ed., *Existe sociedad civil en España? Responsabilidades colectivas y valores públicos* （Madrid：Fundación Encuentro, 1999），不同的观点则见 Víctor Pérez-Díaz, *Spain at the Crossroads：Civil Society, Politics and the Rule of Law* （Cambridge, MA：Harvard University Press, 1999），46ff。

的社会学家和政治学家误解了西班牙社会的社团性基础，才将它描绘成利己主义的或道德沦丧的。进一步可以说，人民缺乏对领导有力的大型社团（如可以假定为政党、工会、教会等情况）的热情可与他们更乐于参与如社会性社团（如多种多样的体育、休闲、文化和教育性协会）等另类社团的倾向密切相关。

近来的研究表明无论在比较意义上还是绝对意义上西班牙的非营利部门（第三部门）都已成为相当强健有力的部门。约翰·霍普金斯比较非营利部门项目（Johns Hopkins Comparative Nonprofit Sector Project）估算出西班牙非营利部门总收入（不算志愿投入）在1995年已达到了257亿美元，而西班牙当年GDP为5590亿美元[1]这与法国相对于1.5万亿美元GDP的573亿美元第三部门收入及德国相对于2.4万亿美元GDP的944亿美元第三部门收入形成了对比。三个国家中，第三部门收入占GDP的约4%。此外，私人捐助占收入份额的比重相对于法国（7.5%）和德国（3.4%）而言，西班牙的相当高（32.1%）。相比之下，来自公共部门的拨款约占西班牙第三部门收入的32.1%，约占法国第三部门收入的57.8%，约占德国第三部门收入的64.3%；会费及收费的比重在西班牙为（第三部门收入的）49%、在法国为34.6%、在德国为32.3%[2]

西班牙第三部门总共雇佣了475000名全职职工，约占全国非农业工作人员的4.5%，同时9.8%的成年西班牙人曾为非营利组织贡献过时间（约可转换成另外253000位全职职工）[3]在就业方面，西班牙的数字（4.5%的非农业劳动力）与德国、法国（均为4.9%）和奥地利（4.5%）相当接近，低于荷兰（12.6%）、美国（7.8%）和英国（6.2%），但高于日本（3.5%）、芬兰（3.0%）及其他拉美、中东欧国家[4]

即便在我们正在处理的可靠的统计和数据很难获取的研究领域中，约翰·271 霍普金斯项目的估算仍显示出非国家和非营利社团业已成为强大的部门，同时这一估算也证实了西班牙20世纪90年代各类社会性社团处于增长趋势的整体

---

〔1〕 Lester Salamon et al. , eds. , *Global Civil Society*: *Dimensions of the Nonprofit Sector* (Baltimore: The Johns Hopkins Center for Civil Society Studies, 1999), 480.

〔2〕 Lester Salamon et al. , eds. , *Global Civil Society*: *Dimensions of the Nonprofit Sector* (Baltimore: The Johns Hopkins Center for Civil Society Studies, 1999), 480.

〔3〕 José Ignacio Ruiz Olabuénaga et al. , "Spain", in Lester Salamon et al. , eds. , *Global Civil Society*: *Dimensions of the Nonprofit Sector* (Baltimore: The Johns Hopkins Center for Civil Society Studies, 1999), 163ff.

〔4〕 Salamon et al. , *Global Civil Society*, 478.

印象。[1]

事实上，近 30 年西班牙新生社团数量显著增长。民主转型前的 20 世纪 70 年代前期，年均新生社团数量为 1000 个；而在 70 年代中期至 80 年代中期，年均新生社团数量达到 5000 个。后来在 90 年代，年均新生社团数量增长至 11000 ~ 13000 个。[2]

基于以上背景，我们可以认为西班牙人很少加入政党、工会等组织并不意味着政治和社会事务的参与水平低，而这更多是因为民主转型以及工会、经济社团的涌现这一历史大环境影响了他们的行为。这些历史大环境既包括长期佛朗哥体制下及转型过程中政党只发挥了有限的作用，也包括当代西班牙的地方工会主义传统相当微弱。[3]

西班牙人加入政党的程度事实上相当低。一份 1980 年进行的调查显示出仅有 6% 的成年人加入政党，而这一数据在 1985 ~ 1993 年间的几次调查中降至 2% ~ 3.4%。[4] 不过 90 年代主要政党似乎某种程度上增加了其成员的数量，这可能是围绕失业和政治、金融丑闻这一对孪生议题而强化了党际竞争的结果。[5] 但无论如何，西班牙人似乎深深地依附于政治体系，在这个政治体系中，政党继续发挥决定性作用并且具有明显的影响力、拥有还算忠诚的选民。

---

[1] 约翰·霍普金斯项目的西班牙相关章节的估算中作者们只为其来源和进程提供了一个相当模糊且最普通的参考（Salamon et al. , Global Civil Society, 490），而且由于原始资料（特别是在内政部或其他部门的登记数）质量低，到目前为止对于估算的争议仍未平息，他们的著作需要为进一步的研究所证实或否定。同样参见 Fabiola Mota, "La realidad asociativa en España", in Joan Subirats, ed. , *Existe sociedad civil en España? Responsabilidades colectivas y valores públicos* (Madrid: Fundación Encuentro, 1999), and for some subsectors, Gregoria Rodríguez Cabrero and Julia Montserrat, eds. , *Las entidades voluntarias en España* (Madrid: Ministerio de Asuntos Sociales, 1996) and Luis Cortés Alcalá, María José Hernán, and óscar López Maderuelo, *Las organizaciones de voluntariado en Españ* (Madrid: Plataforma para la Promoción del Voluntariado en España, 1999)。当前一些研究已经在红十字会和社会事务部的赞助下系统地描绘出了社会服务社团部门的轮廓。社会性社团增长中的利益似乎为 90 年代中期的调查数据所证实，见 Francisco Andrés Orizo, *Sistemas de valores en la España de los 90* (Madrid: CIS, 1996)。

[2] Víctor Pérez-Díaz, "Sociedad civil, esfera pública y esfera privada: tejido social y asociaciones en España en el quicio entre dos milenios", ASP Research Papers 39 (a) /2000, 2000.

[3] 进一步了解这一点，请参阅 Pérez-Díaz, Spain at the Crossroads, 16 – 33。

[4] See Richard Gunther and José Ramón Montero, "Los anclajes del partidismo: Un análisis comparado del comportamiento electoral en cuatro democracias del sur de Europa", in Pilar del Castillo, ed. , *Comportamiento político y electoral* (Madrid: CIS, 467 – 548) and Rafael Prieto-Lacaci, "Asociaciones voluntarias", in Salustiano del Campo, ed. , *Tendencias sociales en España*, vol. 1 (Madrid: Fundación BBV, 1993).

[5] Pérez-Díaz, *Spain at the Crossroads*, 137.

工会也只有很少的会员。它们始于 1977 年，成员占工薪阶层人口的 27.4%，而在 1990 年已下降至 11%。自 80 年代早期开始，两个主要工会（劳工委员会和劳工总会）的候选人已垄断了劳资协议会四分之三的选票，他们是每年一轮的中央或部门劳资谈判的领袖，偶尔也能够唤起总罢工（如 1988 年取得的令人惊讶的成功）。工人拒绝加入工会并与其保持着微妙的关系：他们支持工会，但支持是有限的，对工会的依附也大部分是工具性的。[1]

272 相比之下，西班牙社会资本似乎更强健地基于家庭网络和其他非正式合作网络。这可以被称为社会交往软形式，其特征是弱联系。它可能包括许多不同种类的居民共同体，从合作农庄、类合作农庄（存在于西班牙乡村许多地区，保留了某种传统特征）到半城市、城市社区和城市公寓业主协会。它同样包括针对地方庆典的临时共同体（再一次结合了传统与现代特征）、朋友网络、谈话共同体（聚会）、漫步在街头或聚集在酒吧以及其他地方的一帮青年人，当然还有家庭（和大家庭）和家庭网络。

没有关于同侪团体或帮会的统计数据，但尽管统计学家可能不了解它们，对于任何非正式的观察者而言都十分容易看到（和听到）。我们知道这些团体通常在体育活动、体育协会、大量庆典活动和更多的活动中发挥了领导性作用，而无论是体育活动还是庆典活动近年来都在急剧地增加：1968 年间有 12% 的人参与体育活动，而在 1990 年则上升到 35%，同期体育类社团的数量增长了 4.5 倍。[2]

地方庆典的重要性在 80 年代和 90 年代得到了长足的发展：参与者和活动的数量、活动过程的精彩程度以及费用支出等都显著增长。年轻人几乎总是处在它们的中心位置，我所指的活动不仅包括瓦伦西亚的火节、塞维利亚的"圣周"、潘普洛纳的圣佛明节、前往洛格罗尼奥朝圣等大事件，也包括其他大中型城市和小村庄的庆典（纳瓦拉地区的奔牛活动已变得非常普遍，甚至令动物保护主义者感到绝望）。我们同样见证了派对的传播，即人们一群一群没完没了地从一个酒吧逛到下一个，从一个夜总会逛到下个。这种情况在各类市镇的周末都很明显（宽泛的说，周末通常在周四傍晚即拉开帷幕）。实际上西班牙每 9000~10000 人中就拥有一间酒吧，这至少在欧洲是人均最高的。[3]

---

〔1〕 Pérez-Díaz, *The Return of Civil Society.*

〔2〕 Manuel García Ferrando, *Aspectos sociales del deporte. Una reflexión sociológica* (Madrid：Alianza, 1990)，183；INE，*España. Anuario estadístico 1969* (Madrid：INE, 1970)，363；INE, *Panorámica social de España* (Madrid：INE, 1994)，748；INE, *España. Anuario estadístico 1995* (Madrid：INE, 1996)，325.

〔3〕 Mario Gaviria, *La séptima potencia：España en el mundo* (Barcelona：Ediciones B. Gaviria, 1996), 170 [source：UNESCO, Statistical Yearbook (Paris：UNESCO, 1991)].

正如前文指出的，家庭和家庭网络是西班牙社会整合体系中的关键机制，也是社会资本的主要成分。家庭缓和了失业的影响，管理并调和了成员与福利国家间的关系，为代际与性别间的妥协提供了场所。已有充分的讨论和足够的证据表明家庭构成了西班牙福利体系的主要支柱。[1]

西班牙家庭既养育子女到相当大年纪，也赡养年长的家庭成员，对于孩子来说，与家庭同住直到成年的情况相当常见：1994 年，16 ~ 24 岁间 95% 的男性和 88% 的女性与父母同住（25 ~ 34 岁间 41% 的男性与 29% 的女性与父母同住）。同时这一比例在近 20 年来仍在明显地上升：1960 年以前出生的人群中 11% ~ 15% 在 20 岁离开父母的家，但相应的比例在 1970 年后出生的人中只有 4.5%。[2] 男性结婚年龄从 1975 年的平均 26.5 岁延后至 1993 年的平均 28.3 岁，相应的女性数据为 23.9 岁和 26.2 岁。超过 65 岁的老人中仅有 19% 独居（其中 5% 居住在"老人之家"），其他老人都与亲属居住在一起。[3] 尽管家庭规模近年来缩小了，但仍比大多数欧洲国家大得多：1991 年西班牙平均家庭规模为 3.3 人，意大利为 2.8 人，法国为 2.6 人，德国为 2.5 人，丹麦为 2.2 人。家人围绕家庭将他们自己组织起来的比例在西班牙比其他欧洲国家高，达到 81%，在意大利和法国为 70%、德国和丹麦为 59%。[4]

西班牙人保持着与其大家庭（extended family）中其他成员间的紧密联系：1993 年 64% 的成年人宣称与亲属每天或至少每周一次保持着某种形式的联系，同时与邻居保持这种关系的比例达到 74%，与工作之外的朋友间的该比例为 75%。据此我们可以得出结论，西班牙是一个高度喜爱社交或群居的社会，在其中隔离感和孤独感似乎非常罕见：根据 1971 年的一份调查，79% 的成年人宣称自己近期并无此类感觉，而 20 年后的另一份调查的结果保持着这一比例。[5]

各种类型的社团、家庭和社会网络都反映出相当密实的社会结构。这似乎可以确证西班牙保持着世界最低的自杀率（自杀率是考察社会失范的一个传统

〔1〕 Pérez-Díaz, Chuliá, and álvarez-Miranda, *Familia y sistema de bienestar*；Víctor Pérez-Díaz, Elisa Chuliá, and Celia Valiente, *La familia española en el año 2000: Innovación y respuesta de las familias a sus condiciones económicas, políticas y culturales*（Madrid：Fundación Argentaria-Visor, 2001）.

〔2〕 INE, *Panorámica social de España*, 136 – 138.

〔3〕 Inés Alberdi, ed., *Informe sobre la situación de la familia en España*（Madrid：Ministerio de Asuntos Sociales, 1995）, 313.

〔4〕 EUROSTAT, *Demographic Statistics 1996*（Luxembourg：Office for Official Publications of the European Communities, 1996）, 215ff.

〔5〕 CIRES, *La realidad social en España*（Bilbao：Fundación BBV, Bilbao-Bizkaia-Kutxa y Caja de Madrid, 1992）.

指标）：1989～1993 年每 10 万人中仅 4 人自杀（丹麦为 15 人，法国为 11 人，瑞典为 10 人，德国为 9 人）。西班牙的谋杀率也相当低：每 10 万个居民中仅有 1.2 起谋杀案（瑞典为 1.7，意大利为 3.6，美国为 13.3，巴西为 29.4）。[1]

二　观念化的内容：规范性冲突的文明化

西班牙的社团已经改变了其任务，倾向于提供要求更低的目标、更加宽容的态度和更加宽松的成员标准。家庭对于妇女和年轻人而言变成了压制性更少的环境；天主教会减少了对教众信仰、实践和私人生活的控制；左、右翼政党都缓和了他们的意识形态，降低了对党员政治义务的预期；民族本身已变成许多地区多元民族身份（如巴斯克地区和加泰罗尼亚地区）考虑到的松散的共同基准点。[2]

尽管经济因素是导致儿女与父母同住的重要原因很明显，但西班牙家庭自身相当平等和非权威模式的结构、道德和内在机理同样很重要。1966～1980 年间家庭内部决策机制明显趋向于夫妻共同决定，主要涉及以下领域：访问亲属或朋友（从 35%升至 80%）、高额开销（从 21%升至 75%）、在生病的情况下叫医生（从 26%升至 70%）、假期活动安排（从 26%升至 80%）、饮食上的花费（从 6%升至 35%，而 1980 年由妻子单独决定饮食消费占到了 54%）。[3] 在宗教、政治、道德事务上，家长与子女的规范性共识似乎已经增加，一定程度上弱化了家庭生活的压制性特征。[4] 尽管主要的家务劳动和照顾病人的责任依然落在妻子或母亲身上，但西班牙家庭在许多方面仍然相当的平等。

教会与国家间关系的根本转变归因于民主化，它削弱了神职人员在公共领域的吸引力和影响力。世俗化过程同样倾向于削弱宗教在西班牙家庭中的影响（特别是在避孕的事情上，目前相当低的出生率就是很好的证明）。因此，宗教对西班牙人公共和私人道德的作用已经大幅度减弱，同时由于教会远离了政治

〔1〕　Gaviria, *La séptima potencia*, 159, 387.

〔2〕　关于最近 60 年来围绕地区、教会、左/右对立、法治和西班牙民族国家等主题的规范性冲突之"民间化"的详尽讨论，见 Víctor Pérez-Díaz, "Iglesia, economía, ley y nación: la civilización de los conflic tos normativos en la España actual", in Peter Berger, ed., *Los límites de la cohesión social: Conflictos y mediación en las sociedades pluralistas* (Barcelona: Galaxia Gutenberg-Círculo de Lectores, 1999), 547－625 (English version: "The Church, the Economy, the Law and the Nation: The Civilization of Normative Conflicts in Present-day Spain", ASP Research Papers 32 (b) /1999), 1999。

〔3〕　Alicia Garrido, "Autoridad", in Salustiano del Campo, ed., *Tendencias sociales en España* (1960－1990) (Bilbao: Fundación BBV, 1993), 2: 98.

〔4〕　Javier Elzo et al., *Jóvenes españoles 94* (Madrid: Fundación Santa María, 1994).

并向更宽容的道德靠拢，它对于西班牙人的告诫也已经转变。[1]

个人对于政党所负的义务也变得不再苛刻：从要求个人去冒生命的极端风险变成了仅仅只需要投票。如今左、右翼政党的立场是长期节制和向政治光谱中心聚拢的结果，共产党在60年代从列宁主义演化为欧洲共产主义；社会党在70年代从马克思主义演化为某种形式的社会民主主义，而少数佛朗哥政权政治人物组建的政党也已发展为中间偏右的选项。向心竞争（Centripetal competition）有望在更远的未来使中右和中左政党间的观念化区分变得模糊。

今天，即便是国家认同也允许更为宽松的参与。西班牙的国家象征，如国旗或圣歌（或佛朗哥政权的标语"西班牙，唯一伟大，自由"）在民主转型过程中都被改变，这些符号在时下日常生活中迅速销声匿迹。1978年宪法是建立权力下放、准联邦制行政体制的长期过程的起点，也是在巴斯克和加泰罗尼亚等边缘地带重建（在某种情况下甚至是重新建设）国家传统的起点。这一进程已经承认了相当大部分西班牙公民所要求的混合了地区、国家及某种程度上欧洲情怀的多元认同。

三　信任感

（无论在西班牙还是别的地方）都有大量有关信任的口头意见的调查文献，包括对各类社会和政治机制的信任，以及对包括领袖和普通群众在内的人的信任。基于这些（纵向和横向信任的）迹象，信任和缺乏信任的一般态度被推论出来，进而多个国家被加以比较，这些态度的演化也被追踪很长一段时期。但是即使我可以认识到这些数据的潜在价值，也会留有余地地使用它们，因为在我看来它们的意义明显依赖于我们区分那些口头陈述背后两种不同元素的能力。

一方面，这些陈述是流行于受访者所属的圈子或共同体中的陈词滥调、老生常谈、旧规老套。他们可能想要显示出他们正当地从属于这些相关群体，并不断重复合适的答案（道德正确或政治正确的）。如果是这种情况，民意调查只能反映出当时的主流道德或政治话语。同时我们也可以推测，在一个像西班牙这样的国家中，我们在文化精英中发现传统天主教文化残余与极左文化残余的奇特结合，且二者均指向现代社会的不正义，主流话语充斥着对那样一个世界的道德的不信任感。信任或者缺乏信任的表达可能仅仅只是一种意见。另一方面，尽管这些意见可以（或多或少）表达鲜明的态度，但在这种情况下，我们可以假定他们将会与体现在实际行为（伴随着价值持守和对规划的尊重）中的

---

[1]　Pérez-Díaz, *The Return of Civil Society*, 140–183.

显示出来的偏好保持一致。当然，对这两种元素进行区分的方法是混合式民意
调查、对实际行为的观察以及对人们尝试保持其口头陈述与实际行为一致的辩
护性话语的分析。不过由于缺乏这样的工作，我只能提出问题并尽可能地研究
它，同时选择性地使用数据并把数据置于背景环境当中。

　　事实上，前文提到的与公民的社会联系相关的经历似乎影响了西班牙人的
信任感、归属感和责任感，这一点似乎在近来的许多民意调查中非常普遍。
1996 年 4 月完成的一份调查显示，88% 的成年人认为"有基本规则需要遵守"，
91% 认为"长远来看诚实一点更好"，87% 相信"一个人如果努力总能找得到朋
友"，70% 不同意"如果想与他人相处得好就必须假装"这一观点，63% 不认为
他们的"未来是悲观的"，另外 63% 认为"如果真的努力打算这样做，任何人
都能改善他们的生活"。[1]

　　这些关于信任感和公民生活的基本规则的资料似乎被属于民族共同体和宗
教共同体的归属感所强化。不过在这两者中的情感都不是极端的，也不意味着
任何强烈的战斗性。尽管存在内战的记忆和西班牙出了名的历史上对暴力的偏
好（事实上在 19 世纪，许多地区地方性内战盛行，军事政变也十分频繁），这
些依附感仍有助于表面上成为一体的及和平的社会的稳定。[2]

　　在调查中，西班牙人传达出了作为西班牙人程度相当高的骄傲：在 1981 年
为 83%、1990 年为 85%，这比其他国家的人的国家自豪感都强，这两个年份中
欧洲平均数是 76% 和 77%。不过西班牙人的国家认同与强烈的地方和地区认同
同时存在，特别是在巴斯克地区和加泰罗尼亚地区，主流民意通常宣称他们的
认同是多元的和共享的。[3] 进一步而言，一方面西班牙认同与强大的欧洲共同
体主义情感相容；另一方面众所周知它和民族狂热的主张之间没有任何强联系，
这些主张因为与佛朗哥政权的联系或者与任何其他形式的进攻性或防守型民族
主义的联系而完全被非法化了。民族主义的防御性特质不存在，大众不愿意承
担强制性军事义务证明了这一点，这也最终导致义务兵役制度的废除。

　　至于宗教的重要性，尽管其仪式的强度、人们参与礼拜的次数及教会的组
织机构都已大幅萎缩，但过去 20 年间绝大多数西班牙人继续宣称他们是天主教

---

〔1〕　CIS, "Demanda de seguridad ciudadana. Estudio CIS 2200, diciembre 1995-enero 1996", *Boletín del Centro de Investigaciones Sociológicas*, 1996 (4)：2-4.

〔2〕　撇开巴斯克恐怖主义事件，西班牙已在 90 年代发展起相当程度的和平运动。见 Víctor Pérez-Díaz, "Iglesia, economía, ley y nación".

〔3〕　Francisco Andrés Orizo, *Los nuevos valores de los españoles*：*España en la Encuesta Europea de Valores* (Madrid：Fundación Santa María, 1991), and Orizo, *Sistemas de valores en la España de los 90*. See also Pérez-Díaz, *Spain at the Crossroads*.

徒，这可以告诉我们宗教感情持久性的一般特征。1970 年，西班牙成年人中 64% 宣称他们是实践的天主教徒、32% 是非实践的天主教徒、3% 是宗教冷漠或无神论者，只有 1% 人口宣称信仰其他宗教。说来奇怪，近 20 年来信仰其他宗教的比例并未发生改变，在 1993 年仍维持在 1%，但此时实践的天主教徒仅剩 31%、非实践的天主教徒达到 54%、宗教冷漠或无神论者升至 14%。最重要的变化发生在 70 年代后半段这一民主转型时期，因为 1978 年相应的数据已与 1993 年的数据非常接近。[1]

20 世纪六七十年代社会经济、文化和政治变迁使天主教徒重新定义了对教会的态度，不仅导致宗教仪式减少，也导致选择宗教职业人数的实质性下降。1992 年整体神职人员数量（111000 人）与 1962 年大体相当（126000 人），但新授职神父数量从 1962 年的 825 人跌至 1992 年的 220 人，神学院学生数量从 1962 年的 7972 人跌至 1992 年的 1947 人。[2] 同样，主要的变化也发生在 70 年代。

四　社会凝聚力的行为检测：管理三种结构性张力

把这些零碎的证据加在一起，尽管略显不足和破碎，我们仍能得出这样一个总体印象：西班牙人感到自己归属于一个有着光明未来的更宽阔和多元的共同体。他们坚持参加要求更少时间投入的组织，偏爱非正式社会联系和社会共同体而不是正式组织，并且当他们从属于正式组织时只建立起工具性关系。

其结果是我们正在处理一种社会资本的特殊类型，它囊括了不同于大多数人通常认为的作为社会资本承载者的社团（如环境协会、足球俱乐部、教会、工会、家长—教师协会或兄弟会）。进一步，这些社团同样不同于涂尔干所设想的现代有机社会的支柱：法人团体（corporations）。[3]

278

对比涂尔干的假定，即有机团结需要强大的旧法团主义或新法团主义类型的正式团体来维护，社会资本在西班牙 20 世纪晚期的积累并没有任何此类制度性支柱，却仍相当成功地应对了世纪末许多棘手的结构性张力。失业、民主的

---

〔1〕 José Ramón Montero, "Las dimensiones de la secularización: Religiosidad y preferencias políticas en España," in Rafael Díaz-Salazar and Salvador Giner, eds., *Religión y sociedad en España* (Madrid: CIS, 1993), 180.

〔2〕 INE, *España. Anuario estadístico 1969*; INE, *España. Anuario estadístico 1995*.

〔3〕 在《社会分工论》关于有机团结的部分，涂尔干带着焦虑地描述了一个更加破碎但更加独立的社会的出现；他希望在适合当代市场的国内或国际性专业公司中制度化这种新型团结。在一个基于经济活动相互依赖的社会中，职业团体（又译法人团体）将会被期望来提供避免公开利益冲突或失范的道德律令，也被期望成为国家与社会交流的主要渠道。

运行、政治丑闻的处理是西班牙社会近30年来面临的三个关键问题。[1] 我认为找出解决这三个张力的方法或学会与它们共存，是存在大量公民型社会资本的标志，就像上文提到的社会交往的软形式和正式社团那样。

1. 失业

作为严重的经济危机和对开放的和更具竞争性的市场环境反复调整政策的结果，1980年到90年代晚期西班牙失业率急速超越了西欧其他各国，对国家的社会稳定构成了挑战。对照60年代的经济成长期，民主转型发生在1973年经济危机开始之后的时段。尽管不景气持续到80年代中期并在1991~1994年间越发严重，西班牙1994年扣除物价因素后的GDP比1975年高出60%，但当年就业人数却比1975年还略有减少：1975年全国1310万人就业，而1994年只有1260万人就业。[2] 这20年间经济政策的特征是逐渐去适应由西班牙融入竞争性全球经济所创造的新条件。集中控制通货膨胀的政策传统最终形成：起初在70年代并不严肃认真，但自80年代充满活力（通货膨胀，作为消费物价指数上的年度增长在1977年达到24%，比目前低3%）。支出政策更加反复无常，公共支出在90年代早期结束了连续增长（1993年占GDP的49.7%）并在此之后得到了抑制（1995年占国内生产总值的46.9%）。[3]

无论中右还是中左政府的宏观经济政策都遵从了该领域主要国际组织的普遍哲学，尽管其间为不引起工会的反弹也尽了相当大的努力。大量外资的涌入使政策制定者走在正确的道路上（尽管事实上大量外国投资被用来负担公共债务，财政赤字部分来自政府安抚工会的策略）。这一经济政策传统包括在过去五六年间国有公司的私有化（由左、右翼政府进行）以及实现经济自由化（资本市场和大多数商品市场、劳动力和房地产市场则更加缩手缩脚）。

经济政策为选民一次又一次的投票所认可，却出乎意料且不受欢迎地引起了失业率大幅上涨的结果。佛朗哥时代几乎不存在失业，民主转型时期失业率也仅为4%，但到1985年升至21%，1991年回落到16%，1994年又升至21%。[4] 失业率在年轻人和妇女中甚至更高（1994年的比例相应为45%和31%）。不过虽然这些数据在西班牙仍是争论的主题，它还是获得了大多数西方国家所使用的类似

---

〔1〕 巴斯克问题除外。见 Pérez-Díaz, Spain at the Crossroads, and "Iglesia, economía, ley y nación"。

〔2〕 BBV, *Informe económico 1995* (Bilbao: BBV, 1996), 238.

〔3〕 BBV, *Informe económico 1995* (Bilbao: BBV, 1996), 274.

〔4〕 European Commission, *Employment in Europe 1995* (Luxembourg: Office for Official Publications of the European Communities, 1996), 192. In 1997, the rate stayed around 21−22 percent.

应对方法。[1] 如考虑到地下经济，失业率或许可以下降 3 ~ 4 个百分点。[2]

大问题仍然没有解决：西班牙社会怎么可能在保持如此高失业率下存活了 10 ~ 15 年并没有产生社会结构的严重分裂？该问题的答案或许为解决有效社会资本性质和数量的难题提供了线索，在我看来，答案必须包含三个部分：一是与福利国家相关，二是与工会的作用相关，三是（根本性的）与家庭的制度相关。[3]

第一，福利国家意义重大的扩展已经提供了补偿和预防机制：失业津贴（已覆盖注册失业人口的近一半），学校教育（延迟了年轻人就业时间，如大学生数量自 1975 年起已增长三倍），对失业者家庭其他成员的财政补助（退休金和伤残金无论在受益人数还是人均所得上都实现增长）。

第二，工会（主要通过稳定的契约来代表工人的利益）成功抵制了使劳动力市场更灵活并允许企业通过工资调节需求与成本的措施。此外，工会设法取缔了一种替代性话语，这种话语表达了适合年轻人的策略（这种策略致力于上文提到的调整）并使之正当化，他们过去一直通过诉诸团结的价值来尽可能阻止这一话语得到巩固。这种分化和迷惑青年人的策略在一定程度上取得了成功。　280

第三，以上机制（福利国家和工会策略）的成功依赖于它们与家庭策略的兼容性。基于代际与性别间团结的默认和解在家庭内部已发展起来，据此，妇女接受了逐步而缓慢地进入相较于男性劳工条件更为恶劣的劳动力市场，16 ~ 65 岁女性就业率在 1990 ~ 1994 年间维持在 41% ~ 45%（同时期的男性就业率为 75%），接受了固定期限劳动合同的女性达到 38%（男性劳工相应比例为 31%）。年轻人也已接受忍受未来失业（25 岁以下劳动力的失业率为 45%）[4] 与固定期限劳动合同（1984 年后签署的劳动合同中 90% 以上是固定期限的）相结合的现实。作为补偿，妇女和年轻人分享了各式各样的家庭收入（工资、养老金和失业津贴）、家庭公寓或住宅、与男性户主（通常为就业的）和家庭其他成员在一起的归属感。家庭从其（几乎）所有成员中聚拢资源并依据个人需要进行再分配。因此它似乎有助于减少代际、性别之间的冲突，至少也会有助于延缓此类冲突。

2. 民主的运行

尽管多数西班牙人声称对政治缺乏兴趣并对政治阶级有一定的抵触，但选举的高投票率、两次逆转选举后政党体系的相对稳定以及对民主和政党体系持久的公共支持都是政治体系强而有力的证据。

---

[1] See, for instance, Gaviria, *La séptima potencia*.

[2] See also *The Economist*, May 3, 1997.

[3] Pérez-Díaz, *Spain at the Crossroads*, 103 – 121.

[4] European Commission, *Employment in Europe* 1995, 92, 192.

西班牙人的选举参与率仍保持相当高的程度，特别是在考虑到选举的高频率及投票的自愿性等特点后更是如此。选民在大选中的缺席率平均为26%，其中在80年代后半段的程度高于在竞争激烈的90年代。地区选举的缺席率变化幅度更大：如在加泰罗尼亚，最低的缺席率为36%，而最高的缺席率达到46%（在1980年、1984年、1988年、1992年、1995年选举中）。五次地方选举的缺席率从最低30%到最高40%，三次欧洲议会选举从最低32%到最高45%（低于法国、荷兰的欧洲议会选举投票缺席率，与德国的数据近似）。[1]

除了民主中间派联盟（UCD）这一70年代末、80年代初起领导作用的中间政党显著衰落外，西班牙人对政党的忠诚度相当的稳定。西班牙政党体系是一个不完美的两党体制：一个中左的优势党（dominant party）西班牙社会主义工人党（PSOE）和另一个中右的优势党，两侧分别是左翼政党（共产党，目前领导着左派联盟）和一些民族主义政党［尤其是加泰罗尼亚的民主融合党与民主联合党联盟［CiU］和巴斯克地区的巴斯克民族党（PNV）］。一般而言，整个左翼和民族主义诸党的选票非常稳定。而民主中间派联盟在80年代早期出现严重危机并最终导致瓦解，则可能反映了其选民因党内领导层严重的派系主义不再对它抱有幻想。民主中间派联盟在中右光谱上的后继者是人民联盟（Alianza Popular），后来又变为人民党（Partido Popular，PP），它的得票率从1982的26%上升至1996年的39%。

对民主和政党体系的公开支持非常稳固。支持民主政体作为法定政治制度并认为它优于其他任何制度的人占比相当高（对成年人的调查中几乎80%的交流者这样认为）。大部分西班牙人宣称自己对目前民主的运行感到满意，其幅度从80年代早期的40%～45%升至90年代早期的50%～70%。尽管入党的人占比不高，但公众认为政党是民主体制不可或缺的要素。这一点在调查中以不同的方式被表达出来（"没有政党就没有民主"，"感谢政党使人们可以参与政治生活"，"政党对于保护社会不同集团的利益是必要的"），同时在1980～1992年间这样的判断仍稳定在60%～70%的高水平。[2]

成年人中宣称自己对政治事件见多识广的比例1980～1989年间在24%～31%之间浮动。这可能意味着西班牙人对自身公民能力信心的上升；认为自己理解政治事

---

〔1〕 Pilar del Castillo, "El comportamiento electoral español en las elecciones al Parlamento Europeo de 1989", in Pilar del Castillo, ed., *Comportamiento político y electoral* (Madrid: CIS, 1994), 389ff.; Manuel Justel, "Composición y dinámica de la abstención electoral en España", in Pilar del Castillo, ed., *Comportamiento político y electoral* (Madrid: CIS, 1994), 90; and the newspaper Anuarios El País, several years.

〔2〕 Manuel Justel, "Edad y cultura política", *Revista Española de Investigaciones Sociológicas*, 1992 (58): 83.

件（或相当不同意"政治复杂到人们难以理解"这一论断）的人口比例同一时期从 22%升至36%，而在1996年更有37%的成年人宣称"他们对国家最重要的政治问题 282 理解得相当透彻"。[1] 不过人们感觉他们的政治影响力并未相应地增加，1996 年只有24%的人认为普通公民对政治生活有很大影响力。[2]

缺乏政治影响力的感觉与对待政党和政治阶级的矛盾情感相一致。一方面 政治人物为投票所产生，并被认为是不可或缺的；另一方面人们认为政客们对 人民反应迟钝——"政客们并不真正关心人民（像受访者）之所想"（1989年 同意这一观点的达到65%），当选的代表们"不会努力实现选举期间的承诺" （1996年持这一观点的人占到60%）。[3]

由于认定政治人物们不会倾听民众的声音，西班牙人合乎逻辑地宣称自己 对政治兴趣不大。1981～1990年间"经常谈论"政治的民众比例从15%跌至 9%；[4] 1988～1996年间对政治"很感兴趣"或"相当感兴趣"的人数比重维 持在22%～24%。很明显的是，在25%～29%的成年人中，政治引起了积极的 情感；在4%的成年人中，政治引起了消极的情感；对政治漠不关心的人则占成 年人的55%～64%。[5] 如果聚焦于年轻人，他们宣称对政治感兴趣在民主巩固 后的80年代（1982年和1989年分别为11%和18%）低于民主来临前的60年 代（1960年和1965年分别为21%和19%），而在民主转型关键期间（1975～ 1977年）宣称对政治感兴趣的年轻人达到了30%～45%的高水平。[6]

3. 政治丑闻

90年代，政治和金融丑闻占据了公共空间的中心。这些丑闻与国家恐怖主 义、政党的非法献金、内幕交易以及其他各种形式的腐败有关。首先，国家机 构的核心成员似乎参与了1983～1987年间对28名恐怖分子嫌疑人的杀害——他 们参与了谋划，为行动大开绿灯，动用公共资金并在事后掩盖真相。其次，证 据表明，各政党系统性地从事非法募款，可能自民主转型时代就已开始，而且 蓄意违反了禁止此类活动的（他们自己制定出来的）法律。最后，内幕交易、

〔1〕　Ibid.；CIS, "Los ciudadanos y el estado. Estudio CIS 2206, enero 1996", *Boletín del Centro de Investigaciones Sociológicas*, 1996（4）：6.

〔2〕　CIS, "Los ciudadanos y el estado", 6.

〔3〕　CIS, "Los españoles ante la Constitución y las instituciones democráticas：11 años de Constitución （1978－1989）", *Estudios y encuestas*, 1990（23）；CIS, "Demanda de seguridad ciudadana".

〔4〕　Orizo, *Los nuevos valores de los españoles*, 150.

〔5〕　Orizo, *Los nuevos valores de los españoles*, 150.

〔6〕　Manuel Navarro, "Juventud", in Salustiano del Campo, ed., *Tendencias sociales en España*（1960－1990）（Bilbao：Fundación BBV, 1993）, 1：125.

283   偷税漏税、假账、公共建设中的巨额贿赂在社会党长期执政（自 1982 年起）时期变得司空见惯。[1] 在连续四年不间断的丑闻后（并部分作为丑闻的结果），政权得到轮替、大量司法诉讼拉开帷幕。

虽然丑闻的性质改变了，它们仍通过定义和履行游戏规则来影响精英的责任，包括政客对其选民、企业家对其股东及二者对法律的责任。就这点而言，这些丑闻提供给我们三个重要的洞见。

第一，它们解释了在不明确的制度中庇护网络运作的不成文规定。这些网络囊括了金融界和整个政治光谱，特别是中左政党（在1982～1996 年间掌权）、国家文职及警察机构的大量分支、大量中小企业，也可能被追溯到数不清的腐败行为和诈骗福利体系的个人行为。这或可被解释为传统模式在 80 年代新的金融和政治条件（金融市场的弹性和执政党的免责感）刺激下的病态发展。除了国家恐怖主义外，其他进程都与在法国、意大利、德国或日本（有着不同的政党）所观察到的十分相似。

第二，这些丑闻既不是被政党也不是被其他社团（如工会、教会）所揭露，而是由一些法官［以意大利"干净的手"（mani pulite）行动的精神］和记者间的联合行动揭露出来。

第三，法官和记者可以动员公共意见。原因基于两个因素：一是我们之前指出的公众对于政治阶级的矛盾心理，这使他们对政治责任的问题相当敏感。二是公众对于更多的法律和秩序的一般问题也越来越敏感。在 80 年代，1982～1987 年间同意"我们应当遵守法律即使这违背了自身利益"这一表述的人增加了（从61% 升至 65%），同意"个人处境不是违法的借口"的人增加了（从 53% 升至58%），同意"无论结果如何都应在法官面前实话实说"的人增加了（从65% 升至 70%），同意"绝大多数犯罪都无法逃脱惩罚"的人增加了（从 53% 升至66%）。[2] 而这些公共情感的演化与可觉察的不安全上升存在矛盾：1978～1996

284   年间在生活中受到某种程度犯罪事件伤害的人数从 11% 升至 46%。[3]

容忍广泛的失业、建构新的民主政体、清除国家腐败和犯罪事件是三个严峻的考验，西班牙社会略显艰难地面对这些考验并取得了一定的成绩。尽管我故意忽略这些考验背后的规范性冲突，但我认为管理这些结构性张力的能力是社会资本在当前社会不同层面中水平与质量的指标。

---

〔1〕 卷入这一类行为的公务人员包括西班牙银行行长和民防卫队总指挥。

〔2〕 CIS, "Los españoles ante la administración de justicia", *Estudios y encuestas*, 1988 (13).

〔3〕 CIS, "Informe sobre la encuesta de victimización（julio de 1978）", *Revista Española de Investigaciones Sociológicas*, 1978 (4): 223 - 278; CIS, "Demanda de seguridad ciudadana".

结论：公民型社会资本与非公民型社会资本转换的反讽

西班牙表明了社会资本这一主题的复杂性。需要我们处理的不仅是一般意义上的社会资本，也包括许多截然不同的社会资本类型。我们有与扩展秩序团结（涂尔干称之为有机团结）相协调的公民型社会资本类型，但同样也能找出与"事业社团"的规则网络和情感相联系的公民型社会资本，而"事业社团"〔在奥克肖特的意义上，与涂尔干"机械团结"的一个"公民型变种"（civic variety）相当〕所提供的观念内容和内在规则使它们与公民社会兼容。因此，各种类型的组织（教会、工会、政党、社会团体、社会运动及其他，如经济企业）都可能属于公民型或非公民型社会资本类型；甚至可能有不同的"公民性程度"（degrees of civility）。[1] 它们可以从公民型社会资本类型转换成非公民型社会资本类型，反之亦然：如教会、政党和工会在内战期间明显以相当非公民类型的方式行事，但其中绝大部分到了民主转型时候以公民型社会资本的方式行事，并表现出基本的公民型特征。

换句话说，社团乃至整个国家都从非公民型社会资本占优势的情况转向公民型社会资本盛行的另一种情况。按诺贝特·埃利亚斯（Norbert Elias）的术语，这一现象可被称为"文明化进程"（civilizing process）。[2] 相反的情况可能同样会发生（并且在1900～1930年间，特别是1910年代的西班牙的确发生了）。但西班牙的案例仍表明从非公民型到公民型的转变方式可以是巴洛克式的和无意识的，佛朗哥统治的第二个阶段便可被解读为这种方式的注解。在某种意义上，佛朗哥派精英和反佛朗哥派异议人士所遵照的都是西班牙长期存在的传统。在这点上他们可以说是"兄弟敌人"（brother-enemies）。依此我认为他们在认知、道德和情感取向上对强而有力的"良好社会"的需要并无太大不同。在这层意义上，他们都是神职人员或神职人员的信徒，都习惯于权威式的布道并在各种伪装中享受之，无论右派或左派、宗教式或半世俗和半千禧年信徒都如此；他们倾向并试图通过这种强大而有纪律的组织方式来行动。

285

---

〔1〕　关于公司的"公民性"（civility）的详细讨论见 Víctor Pérez-Díaz, "Legitimidad y eficacia: Tendencias de cambio en el gobierno de las empresas", *ASP Research Papers*, 28（a）/1999, 1999。

〔2〕　Norbert Elias, *The Court Society*, trans. Edmund Jephcott〔Oxford: Basil Blackwell, 1983（1969）〕, 339-344.

不过理性的狡计是通过市场的运行、消费者保护主义、经济增长、外界影响、代际变迁以及其他机制，使人们被转化为温顺、驯化、"文明"的样子，为好好生活并让他人好好生活做准备。这一过程的完成，并非由于人们在50、60、70年代所加入的正式社团在观念内容上有自我反思和明确转向，并以此引导西班牙人走上节制的道路，因为这些社团观念本身一点也不节制。当然，他们的"文明化"取决于选举领人、彼此间及与对手间的讨价还价、尝试通过说服扩大社会基础、静静等到大事件（佛朗哥之死）的到来等许多事实一起到来。与此同时，他们也适应了上述因素的背景：市场、经济增长、外界影响和代际变迁。换句话说，尤其是体现在宽容的实践和（适时的）习惯、在生活并让他人生活的态度上的"默会的智慧"（类似于迈克尔·波兰尼的"默会的知识"）[1]使这些变迁成为可能，并引领了非公民型社会资本转向公民型社会资本。[2]

当自由民主最终来临时，我们发现公民型社会资本的份额已经积累起来。这是"善意"的储备，70年代末政治和社会领袖因之取得了民主转型及民主巩固的成功。

同时，西班牙的案例同样显示出自民主转型的20年来，即使公民型社会资本内也可能采用不同形式并允许多种社会交往和社团模式（的存在）。因此我们现在所发现的不是新社团的爆发或现存社团的增长，而是围绕家庭、家庭中心型网络、同侪团体以及临时社团等社会交往的软形式模式的大发展。当人们聚集在一起为了将一个事件变成仪式性的展示和交融感的升华之时，临时社团就形成了。仪式性展示和交融感升华的失缺，或者任何工具性取向的缺失，被这段时期地方庆典的频率和重要性的明显上升充分地展现出来。而这些庆典实现了直接的（通常也是高强度的）参与增长。[3]

反讽的是，这些从公民型社会资本形式转向非公民型形式（反之亦然）的转变，以及这些团结的有机形式和机械形式之间的变种，显示出了对各种关于从传统社会转型到现代社会的大多数传统观点的修正。社会交往的软模式、家庭中心型网络以及庆典文化暗示了前现代合作农庄的文化形式的复兴，及更一般意义上的北地中海具有双重属性的亲族文化形式的复兴。[4] 它允许家庭单位

---

〔1〕　Michael Polanyi, *The Tacit Dimension* (London: Routledge and Kegan Paul, 1967).

〔2〕　对在实践中及在天主教会的观念内容中的复合变迁的更进一步的分析见 Pérez-Díaz, *The Return of Civil Society*, 108 - 183。

〔3〕　Victor Turner, *Dramas, Fields and Metaphors* (Ithaca: Cornell UniversityPress, 1974).

〔4〕　Pitt-Rivers, *The Fate of Schechem*, 72ff. 94 See Pérez-Díaz, *Structure and Change in Castilian Peasant Communities*.

的一部分进行意义重大的自治，也允许占重要份额的社会资本（属于公民类型）在地方层面相当大程度上主导社会稳定，它在许多地区几乎持续了近两千年。此外，合作农庄——如卡斯蒂利亚的合作农庄——的团结由于可以适应某些重要的经济、社会及象征性市场，并维持与外在世界间复杂精妙的联系而未沦为机械形式。虽然有其局限，但这种乡村生活形式在许多方面比存在意识形态政治、权威型政党和工会、狂热并组织有序的教会的现代都市世界的生活形式更加文明。[1]

当然，任何位置在任何时间下都显示了光明和黑暗，以及二者各自的潜能与极限，这与公民型和非公民型以及各种不同社会资本的混杂相一致。在 90 年代末的此时此刻，社会资本的积累，包括所有谈过的组成部分，已经提供了意义重大的社会凝聚力。网络和社团的社会结构，与社会信任感相结合，携手缓和了过去渐渐成熟的规范性冲突。这使国家足以迎接意义重大的结构性张力带来的挑战。西班牙严峻的失业问题显然与尚存的社会凝聚力和充满希望的心态相容（尽管 90 年代末，归功于一波经济繁荣，失业似乎处在明显减少的过程当中）。西班牙的民主制度活下来了，并且运行良好，至少在比较意义上，这个国家似乎就要渡过将法治运用到其政治阶级上的危机（更不用说如此之多的恐怖主义事件加在它身上的考验）：它有一半/一半的机会或者得到善终，或者沿着含糊的妥协、增长的进步、非法/半合法政党献金和其他滥用权力的周期性转换（如法国、德国、意大利、比利时这些西欧国家的政治一样）的道路走下去。

278

最后，公民型与非公民型社会资本的潜能相混合，在今日西班牙总是存在，如同在任何历史时段一样。公民社会是脆弱的机制性和文化性行动，我们越多地献身于将这些行动转化成现实的道路，献身于建造公民社会的道路，我们就会越清楚地意识到它的根基立于不断变化的根据之上。它们也是新一代人被重新社会化的不断变化的根据，是深层次的权威主义、怨愤和对自由怀有恐惧的不断变化的根据。它们可能是旧（和新）一代人性格的一部分，并且至少部分地得到了广为接受的惯例和制度的支持，这些惯例和制度见证了一种长期存在的非公民类型的机械团结的传统。

---

〔1〕　See Pérez-Díaz, *Structure and Change in Castilian Peasant Communities.*

第七章

瑞典：社会民主主义国家的社会资本

博·罗斯坦*

没有一个西方国家像瑞典一样，社会民主党产生了如此重大的政治影响。在过去的69年里，社会民主党执政时间长达60年，它不但是所有社会民主党里面最成功的，而且是迄今为止最成功的民主政党之一。以比较政治学中使用的诸多标准来衡量，瑞典都表现异常优异，此乃其政治左派的独特力量使然。[1]举例而言，在公共支出和税收、工会化程度以及投票率方面，瑞典在经济合作与发展组织（OECD）中均居首位。除了这些纯粹的定量标准之外，据称，瑞典与其他旗鼓相当的国家比较而言，其政治和经济体系存在质的差异。从20世纪50年代到20世纪90年代早期，总体而言的瑞典社会，尤其是其劳资关系体系，被许多观察者贴上了一个特殊的标签："瑞典模式"（Swedish model）。[2]这个模式更为重要的特征之一是在公共政策

* Ylva Norén 在本项目中一直是一位非常有帮助的和有经验的研究助理。我在哥德堡大学政治科学系的同事，特别是迈克尔·伊尔亚姆（Mikael Gilljam）、索伦·霍姆伯格（Sören Holmberg）和玛瑞亚·奥斯卡尔松（Maria Oskarson），给我提出了我力所不及的好意见。非常感谢托尔利夫·佩特森（Thorleif Pettersson），他慷慨地准许我查阅世界价值观研究瑞典部分的数据。还有托尔斯滕·奥斯特曼（Torsten Österman），他给我提供了来自 FSI 调研的数据。尼尔斯·埃尔万德（Nils Elvander）、劳瑞·卡尔沃宁（Lauri Karvonen）、米歇尔·麦克莱蒂（Michele Micheletti）、罗伯特·帕特南·乔纳斯·蓬图森（Jonas Pontusson）、迪特琳德·斯道勒（Dietlind Stolle）和菲律普·维克斯特姆（Filip Wijkström）对这个报告的早期版本提出了建设性的意见。

[1] See e. g. , Wallace Clement and Rianne Mahon, eds. , *Swedish Social Democracy*（Toronto：Canadian Scholars' Press, 1994）；Tim Tilton, *The Political Theory of Swedish Social Democracy*（Oxford：Clarendon Press, 1990）；and Jan-Erik Lane, ed. , *Understanding the Swedish Model*（London：Frank Cass, 1991）.

[2] See, e. g. , Andrew Shonfield, *Modern Capitalism*（Oxford：Oxford University Press, 1965），and Peter J. Katzenstein, *Small States in World Markets*：*Industrial Policy in Europe*（Ithaca：Cornell University Press, 1984）.

的准备阶段和执行阶段，国家和主要的利益集团存在异乎寻常的亲密关系。

目前可被称为社会资本"标准理论"的主要观点是：正式的和非正式的社会网络创造出了信任和互惠的规范，反过来，这种信任和互惠的规范又使得解决集体行动的问题，诸如提供多种形式的公共产品，变得没那么困难。假如某 290 社会或某团体的社会资本存量很低，一种被形象化地称为社会陷阱（social trap）的情况就有可能发生。社会陷阱的逻辑如下所示。[1]

1. 假如几乎所有人都选择合作，每个人都会受益。

2. 但是如果某人不相信其他的几乎所有人都会合作，那么对这个人而言，合作会成为毫无意义的事情，因为将会带来的收益需要几乎所有人的合作。

3. 这意味着，假如一个人不相信其他所有人将会合作，就这个人而言，不合作是理性的。

4. 因此，为了共同目的而进行的有效合作将只会在如下情况下出现，即个人相信几乎所有其他人将会选择合作。

5. 没有这种信任，社会陷阱就会占上风。这意味着成员会陷入更坏的处境里，尽管他们都意识到如果合作的话就会有所收益。

陷入社会陷阱的成员也被认为是处于社会两难困境（social dilemma）。诸如此类的情况非常普遍，所涉及的范围从决定垃圾分类（或不分类）以保护个人生活的城市环境，到通过交税以提供公共产品（或对纳税体系弄虚作假），再到避免一国之内不同族群间发生冲突（或对这样的冲突推波助澜）。假如一个人确信其他大多数人都不会进行垃圾分类、交税或是克制自己不进行种族歧视，那么仅该人单独行事是毫无意义的，因为本应该被生产出来的公共产品并不会被生产出来。

社会陷阱情景的一个有趣部分是，关于理性的标准理论是不起作用的。在这些标准理论里，人们在对自己的偏好进行排序后，进行理性选择以实现功利最大化。但是在社会两难困境下，什么才是理性选择根本不取决于个人偏好。[2] 相

---

〔1〕 John Platt, "Social Traps", *American Psychologist*, 1973（28）：641-651. 这类问题在社会科学中还有许多别的名称。在博弈论中，社会陷阱作为"囚徒困境"或"保证博弈"为人所熟知。其他术语还有"社会困境"、"公地悲剧"、"集体行动难题"、"公共物品难题"。See Elinor Ostrom, "A Behavioral Approach to the Rational Choice Theory of Collective Action", *American Political Science Review*, 1998（92）：1-23.

〔2〕 当然有一些成员喜欢做搭便车者，他们希望其他人为他们交税、替他们进行垃圾分类，而他们自己则不用付出任何成本就能从产出的公共物品中获益了。然而，大部分的经验调查数据显示，大多数的人并不承认是该类型的"经济人"。See David Sally, "Conversation and Cooperation in Social Dilemmas：A Meta-Analysis of Experiments, 1952-1992", *Rationality and Society*, 1995（7）：58-92, and Ostrom, "A Behavioral Approach to the Rational Choice Theory of Collective Action".

反，对其他人将会做出何种选择的预期成为选择合作还是不合作的决定性因素。因此，避免社会陷阱的关键变量，是一个社会或团体内部的信任水平。依照社会资本的相关理论，信任水平取决于社会互动的类型和数量。正是从这样的互动中，人们才可能学会哪些人值得（或不值得）去信任以及建立合作关系（或避免合作）。

瑞典为研究社会资本理论提供了一个卓有成效的案例，而原因是多样的。

第一，瑞典高水平的公共支出和雄心勃勃的福利国家项目同瑞典公民社会的健康之间的关系。瑞典数量繁多且无所不包的福利项目是否已经使得志愿组织和其他形式的非正式的人际社会关系变得不必要，并由此导致了社会隔离和社会失范？是否存在这样的"互斥"（carving out）效应，即越多的社会项目意味着越少的公民社会和越少的社会资本？[1]

第二，政府与主要国家利益组织之间紧密的协作关系，是怎样影响了结社的生命力呢？在20世纪70年代，数位政治科学家就争论说，这种新法团主义（与多元主义相对）将使这些组织的行动背离志愿部门的范畴，因为这些组织大部分的资金和工作是从政府获得，这使得它们更像是政府机构而非任何公民社会的组成部分。[2] 新法团主义研究中的一个标准设想一直是：政府对利益组织的支持、与利益集团的协作，已使得组织精英更加职业化，且对组织成员所抱有的责任感日益减退，而这反过来导致了成员活动的减少。[3] 另一方面的情形是，政府的支持强化了利益集团组织潜在成员的能力。[4] 因此，瑞典可能会为新法团主义是创造还是破坏了社会资本这一问题提供一个答案。

第三，在这个社会民主政体里，社会资本一直以来的长期发展趋势是什么？罗伯特·帕特南和其他人的研究报告显示，在过去20年里，美国几乎所有主要类型的社会资本都出现了令人吃惊的急速下滑。[5] 在国土规模、

---

[1] For a superb (and short) overview of the debate, see E. J. Dionne Jr., "Why Civil Society? Why Now?" *The Brookings Review*, 1997 (15): 4 - 8. 根据最近有关瑞典福利国家的大型调查项目，瑞典的20世纪对公民社会来说是一个失落的世纪，因为福利国家完全垄断了公民社会。see Hans Zetterberg and Carl-Johan Ljungberg, *Vårt land—den svenska socialstaten* (Stockholm: City University Press, 1997, 253. 但项目未能提供支持其设想的任何数据。

[2] See, e. g., Jean L. Cohen and Andrew Arato, *Civil Society and Political Theory* (Cambridge, MA: MIT Press, 1993).

[3] See, e. g., Michele Micheletti, *Civil Society and State Relations in Sweden* (Aldershot: Avebury, 1995).

[4] Bo Rothstein, *The Social Democratic State: The Swedish Model and the Bureaucratic Problems of Social Reforms* (Pittsburgh: University of Pittsburgh Press, 1996).

[5] Robert D. Putnam, "Bowling Alone: America's Declining Social Capital", *Journal of Democracy*, 1995 (6): 65 - 78; and Robert D. Putnam, *Bowling Alone: The Collapse and Revival of American Community* (New York: Simon and Schuster, 2000).

人口数量以及政治和经济诸方面的不同，使得瑞典和美国之间的比较研究——在比较方法论里，这被称为"最大差异性设计"（Most Different Design）方法——颇具意义。两国在主导政党的意识形态和许多公共政策之间的差异十分明显。[1] 这就意味着，假如美国和瑞典在社会资本上的变化是相同的，那么我们可以推断国家层面的政治在解释这种现象时重要性甚微，相反，我们应该去检验诸如全球意识形态风向的变化之类的假设。然而，假设我们将会发现这两个国家在社会资本的形式和趋势方面都存在非常大的不同，那么这很可能成为"政治解释社会资本，社会资本也诠释政治"的恰当实例之一。

第四，在有关社会资本的讨论中，最重要的论点之一是在社会资本和运行 292 良好且稳定的民主制度之间存在着正相关关系。假如，像我接下来要议论的那样，瑞典民主在一些重要方面的表现存在着衰退的话，那么我们应该可以预期无论以哪个标准来衡量，社会资本也已经出现了下降。

第一节　从样板民主到问题民主

像其他斯堪的纳维亚国家一样，瑞典社会民主党在 20 世纪 30 年代的危机中掌权。它解决严重社会和经济危机的计划获得了广泛的支持，这使得它在 44 年间一直是执政党，从未被轮换（1932～1976 年）。在二战期间和1951～1957 年间社会民主党领导了联合政府，但是首相职位仍然由社会民主党控制。瑞典社会民主党的支配地位大概是在 20 世纪 60 年代晚期达致鼎盛。这不仅是因为它在 1968 年以略高于 50% 的支持率赢得了一直以来最为成功的一次选举，也正是在这个时期"瑞典模式"这个术语被国际所认可。对于许多观察者而言，瑞典的社会民主制度似乎已经找到了行之有效的方法，去解决现代资本主义面临的许多顽疾。[2] 以民主为基础的稳定、大众化的合法性、显著的经济增长、协作性劳资关系体系以及普遍而慷慨的福利制度相结合是这种模式的核心部分。

瑞典模式这一概念涵盖了一个广阔的领域，而不仅指瑞典的政治体系。可以说，瑞典式的民主代表了战后时期这一模式独特的政治结构。依照很多外部观察家的看法，这同时也是瑞典人树立的自我形象，既存在于纵向（普

---

〔1〕　See Donald Granberg and Sören Holmberg, *The Political System Matters*（Cambridge：Cambridge University Press, 1988），5–7.

〔2〕　Shonfield, *Modern Capitalism*；Katzenstein, *Small States in World Markets*.

通公民和精英之间）又存在于横向（个人之间）的高度信任是瑞典社会的特征。在这一时期，诸如共识、协作和合作之类的概念是瑞典社会重要的意识形态标志。因此，20世纪60年代和70年代的这种"样板民主"的形象，是公民们在不同的全国性大众运动中，如在戒酒运动、独立教会运动、农民组织运动和工会运动，进行大规模合作。劳动力市场中的各方在组织融洽劳资关系方面进行合作。处于执政党地位的社会民主党，尝试着与持有相反意见的各方以及主要的利益集团在达成一致意见的基础上制定公共政策。[1]

293　　如今，瑞典民主制度的总体图景已然大变。瑞典模式的大多数因素已经被抛弃或者处于危机状态。[2] 最明显的是，在20世纪80年代晚期，劳动力市场中的主要利益集团和政府间充满信任的协作关系消失了。[3] 利益集团参与政府部门的公共政策创制过程已变得不那么重要了，而且，即使它们确实参与了，可行的妥协也很少达成。

　　有什么证据可证明瑞典民主的质量已经恶化？在1995年，一群政治科学家（包括作者）进行了一次以瑞典民主状况为调研对象的调研活动。通过对13项指标的检测，调研报告得出结论说，在过去二十年里，瑞典民主运行的方式出现了质的恶化，特别是在对政治议程和经济资源进行民主控制方面。[4] 而我将把讨论限定在三种类型的数据之上，这三类数据与社会资本概念紧密相关，它们显现出瑞典民主质量的持续恶化。

一　对中央政治机构的信心

　　一个运行中的民主制度，其基本原则之一就是使政府和管理具有合法性。[5] 像索伦·霍姆伯格所指出的，瑞典是那些对政客的信任急剧下降的国家之一。在1968年，38%的受访者同意"政党只关心人们的选票，不在意人们的意见"这一论述。在1998年，这个数字已经升至75%。这一结果为其他类似的

〔1〕 For a very good case study, see Steven Kelman, *Regulating America*, *Regulating Sweden* (Cambridge, MA: MIT Press, 1981). See Jörgen Hermansson, *Politik som intressekamp* (Stockholm: Norstedts, 1993).

〔2〕 *Demokrati och makt i Sverige* (Stockholm: Allmänna förlaget, 1990).

〔3〕 Leif Lewin, "The Rise and Decline of Corporatism", *European Journal of Political Research*, 1992 (26): 59 – 79.

〔4〕 Bo Rothstein et al., *Demokrati som dialog* (Stockholm: SNS Förlag, 1995); Olof Petersson et al., *Democracy and Leadership* (Stockholm: SNS Förlag, 1997).

〔5〕 Pippa Norris, ed., *Critical Citizens: Global Support for Democratic Governance* (Oxford: Oxford University Press, 1999).

调查数据所支持。[1]

人们可以争论说，这只是反映了从 20 世纪 60 年代后期开始的一种时代潮流，公众对权威的怀疑态度日益增加，尤其是与媒体报道政治的方式有关。当然也有争论说，日益增长的不信任是由一系列的政治丑闻导致的，或者是由选民和政治家之间日益增长的距离感导致的。在"社会·意见·媒体"（SOM，Society，Opinion，Media）独立调研机构自 1986 年开始进行的年度调查里，受访者会被问到他们对瑞典国会（Riksdag）和中央政府的信心。在 1986 年，47% 的受访者表示他们对瑞典国会有信心，但是到 1999 年，这个数字下降到 27%。在 1986 年，44% 的受访者认为他们对政府有信心，而这个数字在 1999 年下降到 22%。[2]

上述瑞典人对其中央政治机构信心下滑的证据，与一个国际研究项目所得出的结论差别极大，后者以对西欧国家政府的信任为研究主题。这个项目的数据从 1981 年跨越到 1990 年，但"没有显示出公众的信心出现普遍的下滑"。[3] 294 瑞典也是北欧国家中唯一在政治信任上出现下滑的国家，这说明我们有必要找寻瑞典案例的特定国别解释。换句话说，有一些特殊的因素导致了瑞典政治信任的下滑。[4]

二　政治参与

对于任何一个运行中的民主制度而言，一个至关重要的方面是民众在既定的政治活动形式上花费时间和精力的意愿。社会资本这套理论体系的核心发现是社会资本加强了政治参与。尽管对于老一代人而言，这样的参与可能关乎习惯和社会压力，然而对年轻人来说，参与可以被看作一种更为深思熟虑的行为。在这里我们发现两种相反的趋势。一方面，一些调研显示人们对政治的兴趣在不断增长，另一方面，人们从一些传统的政治参与渠道如政党和利益组织转向关注暂时性组织以及专项议题组织，这些组织为着特别的缘由（如阻止产生核

〔1〕　Sören Holmberg, *Välja parti*（Stockholm：Norstedts, 2000），34；see Sören Holmberg, "Down and Down We Go：Political Trust in Sweden", in Pippa Norris, ed.，*Critical Citizens：Global Support for Democratic Governance*（Oxford：Oxford University Press, 1999）．

〔2〕　Sören Holmberg and Lennart Weibull, *Det nya samhället*. SOM-report 24（Göteborg：Göteborgs Universitet, 2000）．

〔3〕　Ola Listhaug and Matti Wiberg, "Confidence in Political and Private Institutions", in Hans-Dieter Klingemann and Dieter Fuchs, eds.，*Citizens and the State*（Oxford：Oxford University Press, 1996），320．

〔4〕　Holmberg, "Down and Down We Go"．

废料工厂的建立或是为受虐妇女建立避难所）而对民众进行动员。[1] 因此，政党中的青年社团组织的成员人数出现了大幅度的下降，从 1972 年多于 22 万到 1999 年低于 5 万。[2] 政党的成员人数也出现了一定程度的下降。在 1984 年，年龄处于 25～44 岁之间的人中有 13% 是党员，然而，10 年之后，这一比率下降到 6%。[3] 分析这种趋势的政治科学家表示，政党的性质已经出现了变化：从人民运动和成员型政党转为投票型政党。在很大程度上，志愿者的工作已为专业人士所接管。相对于内部意识形态辩论、群众动员以及学习团体而言，专业化运动和媒体活动变得更加重要。研究结果表明，在过去的 20 年间，党员数在减少，党员在老龄化，而且其积极性在下降。[4] 因此，尽管越来越多的瑞典人声称自己对政治的兴趣比任何时候都要高，但实际上政治在瑞典已经成为"观赏性项目"。[5]

到目前为止所给出的论证，并不是说瑞典的民主稳定性处于深深的危机状态，而是说有明确的迹象显示，瑞典人对中央政治机构的信心以及政治参与都存在着质的恶化。假如高水平的社会资本预示出运作良好的民主过程和人们对政治系统的信任，那么我们可以预估到瑞典的社会资本已经出现了恶化。

第二节　公民社会和大众运动

虽然调研数据能向我们展示出诸多现实图景，并能告知我们信任在个人层面上与其他变量的相关性，但是一个国家或地区特殊的社会资本有着长期的历史根源，因此有必要对瑞典的公民社会与国家之间的特殊关系发展历程做一个历史性分析。公民社会是一个宽泛的概念，有时也包括市场和家庭关系。在这里，我采用的是对这个概念加以限制的定义，即处于国家、家庭关系和以市场为基础的经济交易之外的志愿协会和其他正式或半正式的网络。由此，在社会资本方法中，公民社会被理解为社会信任的发源地。

---

〔1〕 See e. g., Demokrati och makt i Sverige, and Åke E. Andersson et al., *70 – talister om värderingar förr, nu och i framtiden* (Stockholm: Natur och Kultur, 1993).

〔2〕 Source: Data received from Statens Ungdomsstyrelse (National Board for Youth), Stockholm.

〔3〕 Source: SCB, *Politiska resurser och aktiviteter 1978 – 1994* (Stockholm: Statistics Sweden, 1995), 66. 应该指出的是，世界价值观调查中瑞典部分的数据显示 1981～1996 年之间党员人数并未下降，但是它选取的样本相当小。

〔4〕 Mikael Gilljam and Tommy Möller, "Från medlemspartier till väljarpartier", in *På medborgarnas villkor: en demokratisk infrastruktur* (Stockholm: Fritzes, 1996).

〔5〕 Rothstein et al., *Demokrati som dialog.*

一个以 19 世纪的瑞典作为研究对象的重要历史研究项目称 19 世纪后半部分为"结社时代"。[1] 自 19 世纪 60 年代以来，在这些结社中，所谓的大众运动（popular mass movements，瑞典语是 folkrörelser），诸如劳工运动、农民运动、戒酒运动和独立教会运动，[2] 在国家—公民社会关系中扮演了相当特殊甚至极为重要的角色。[3] 为了了解这点，认识到如下情况是很重要的，即在斯堪的纳维亚，在过去（并且现在仍然是），大众运动在一定程度上是与许多其他国家所理解的志愿组织不同的。首先，尽管大众运动有着强大的地方分支机构来保证群众参与，但这类运动在过去是一个联合起来的全国性实体，它把个人以及地方性的分支机构同国家联系成为一个整体。其次，从历史上看，大众运动视自身为抗议运动，对象是在世纪之交掌控瑞典的官僚精英、教士精英、贵族精英以及资产阶级精英。运动的理念是社会应该被改变，而改变的动力是处于下层的群众组织。再次，大众运动不是由一个，而是由整个的组织网络所构成。举例来说，劳工运动不仅包括工会和社会民主党，也包括消费者组织、租户组织、工人教育组织、退休者组织、童子军组织以及工人葬礼组织等。[4] 此外，作为抗议性的和自助性的组织，大众运动与中产阶级和上层阶级所主导的慈善组织有着很大的不同。最后，在官方的瑞典神话里，大众运动是对民众进行民主培训和组织化训练的主要学校。[5]

似乎瑞典，以及其他的斯堪的纳维亚国家，它们的独特性在于在国家和大众运动之间发展出了非常紧密的协作关系，与此同时，后者的自治也没有被破坏。[6] 为了说明这一历史的模式，我将关注瑞典国家和劳工运动关系的一个方面，也即 1912 年国家社会事务委员会的建立。依照为成立这一委员会而准备法

<hr />

[1] Lars Pettersson, "In Search of Respectability: Popular Movements in Scandinavian Democracy", in Lars Rudebeck and Olle Törnqvist, eds., *Democratization and the Third World* (Uppsala: Uppsala University, Seminar for Development Studies, 1995).

[2] "独立教会"运动是和瑞典教会对立的，后者曾是瑞典的国教。

[3] See Micheletti, *Civil Society and State Relations in Sweden*.

[4] Gunnar Olofsson, *Mellan klass och stat* (Lund: Arkiv, 1979).

[5] Tommy Lundström and Filip Wijkström, *The Nonprofit Sector in Sweden* (Manchester: Manchester University Press, 1997); Michele Micheletti, "Organisationer och svensk demokrati", in *På medborgarnas villkor: en demokratisk infrastruktur* (Stockholm: Fritzes, 1996).

[6] Kurt Klaudi Klaussen and Per Selle, "The Third Sector in Scandinavia", Voluntas 7 (1996): 99 - 122; Bo Rothstein, Den korporativa staten (Stockholm: Norstedts, 1992); Bo Rothstein, "State Structure and Variations in Corporatism: The Swedish Case", *Scandinavian Political Studies*, 1991 (14): 149 - 171. 这也不能说与国家的紧密合作没有为组织造成问题; see Per-Ola Öberg, *Särintresse och allmänintresse. Korporatismens ansikten* (Uppsala: Almqvist and Wiksell International, 1994).

案的筹备委员会的观点，国家社会事务委员会的主要工作并不是济贫。济贫是地方政府的职责，而国家社会事务委员会主要处理所谓的劳工问题。筹备委员会认为，问题主要集中在城市，快速发展的工业化导致了潜在的政治性危险局面，而在这一局面下工人大众与传统地方社区以及其他社会纽带日渐疏离。失业状态下，工人经济的困窘、社会保障系统的缺乏以及众多的劳资纠纷已经成为主要的政治问题。用国家社会事务委员会的话来说：

> 工人阶级中出现了休戚相关的感情，这种感情本身值得赞扬，但是它只限于工人阶级内部；工人们并不想把这种感情扩展到整个社会中，虽然他们在社会中分担了责任并且发挥了作用。显然，这造成了一种全国性的危险，这一危险必须从大众共同利益中被去除。因此，政府时时面临着缓解利益冲突以及修复社会结构间裂痕的艰难任务。[1]

因此，国家社会事务委员会建立起来，它通过在工人安全、劳务交流和社会住房领域进行改革，以及对地方当局管理的贫困救济体系进行监督来解决上述问题。它的任务是解决劳工问题，其首要方法就是将这一具备威胁性的新的社会阶级的代表吸收到国家机器中去。委员会提议的结果是，瑞典工会联合会（the Landsorganisationen，LO）主席和瑞典雇主联合会（the Svenska Arbetsgivar Föreningen，或 SAF）主席均在委员会中被给予席位；遵照法团主义原则，来自297 工会和雇主联合会的其他代表在各个分委员会中被给予席位。委员会做出这种安排的理念在于，来自这些组织的代表

> 将不仅作为特殊利益的监护人，也作为个人利益的监护人、作为整个社会的监护人而行动……如下的情况是肯定可以被预期的，即按照这些原则组成的代议机构，是出于责任感而运行的官方机构，它将会对新式社会福利管理提供有价值的支持。[2]

这种建立国家和组织间关系的模式并非是中央主导的精英工程，因为这种模式在1902年公共雇佣交流所创立运行之时，就已在地方层面上建立起来。因而一种通用的模式被创立，在这些地方委员会中，半数代表来自劳工运动组织，

---

〔1〕 Quote from Rothstein, "State Structure and Variations in Corporatism", 162; see also Rothstein, *Den korporativa staten*, 89.

〔2〕 Qoute from Rothstein, "State Structure and Variations in Corporatism", 164.

半数代表来自当地雇主联合会。委员会不仅仅扮演了建议者的角色，而且在市议会之下对劳务交流负有全部责任。公共的和法团主义的劳务交流体系很快在瑞典占据了主导地位，这在欧洲大陆是个例外。举例来说，在德国，当雇主想把罢工的工人列入黑名单，而工会想封堵雇主的劳动力供应时，控制劳务交流在此类劳资纠纷中被用作主要的武器。瑞典的劳务交流问题于 1895 年在斯德哥尔摩的市议会第一次被公开提出来。在这一案例中值得注意的是，当地的调查委员会明确反对德国的发展模式。就当时德国的情况而言，对劳务交流的控制已经成为劳资间纠纷的主要起因。另外，斯德哥尔摩当地的工会声称，假如双方的交流正常进行的话，这些交流必然会被雇主和组织化劳工所信任，因此代议制形式的法团主义模式是必要的。[1]

　　国家社会事务委员会在 1916 年向政府做关于劳务交流实施情况的报告，宣称"公开实施的劳务交流建基于某种组织化的原则之上，而这些原则并没有受到任何反对"。相反，委员会认为，正是这些原则使得劳务交流体系的发展成为可能，正是这些原则关键性地增强了雇主组织和工会对劳务交流实施的信心。　298 "我们国家很幸运地避免了在社会斗争中把就业服务作为武器。在德国，这样的行为已经部分扭曲了整个劳务交流问题。"委员会也观察到：

> 　　尽管在公共生活的其他领域，在雇主阵营和工人阵营的成员之间出现了尖锐的社会冲突和政治冲突，但是在国家社会事务委员会的经验里，由上述人员组成的劳务交流委员会在客观利益的推动下仍然进行着切实的合作。[2]

　　这种法团主义关系迅速蔓延到瑞典的其他领域，进而作为瑞典模式不可分割的一部分主导着瑞典的政治文化。不仅工会被组织到了国家中来，许多其他的志愿组织也被整合进来。举例来说，戒酒运动组织承担了政府的宣传责任——反对普遍存在的酒精滥用；农民运动组织则承担起处理农业津贴事务的责任；小商业组织承担扶持小商业津贴实施的责任；等等。在"二战"时期出现了质的突破，当时战时管理机构的几乎所有部门都合并了各个政策领域主要的利益组织。[3] 被反复提出的论点是，在执行争议性政策的过程中，这会在组

---

〔1〕　Rothstein, *Den korporativa staten*；see Öberg, *Särintresse och allmänintresse*.

〔2〕　Quotes from Rothstein, "State Structure and Variations in Corporatism", 163 – 165.

〔3〕　Gunnar Heckscher, *Staten och organisationerna* (Stockholm：KF Förlag, 1946).

织的成员和追随者之间创造信任。[1]

这表明，瑞典志愿组织和国家间的关系大体上是紧密的合作关系，合作远多过直接的竞争或公开的冲突。[2] 更重要的是，在 1917 年民主体制实现突破之前，大众对国家施加影响的法团主义方式已经被大众运动和统治精英所接受了。在 20 世纪 80 年代以前，保守党、自由党和社会民主党均已把该类型的"民主法团主义"作为解决社会经济问题最有效的政治途径，并认为它能使相关的各部分间相互信任，在政策形成过程中产生可行的妥协，这进一步使平稳顺畅地实施公共政策成为可能。[3]

20 世纪初期，这种类型的民主已经成为斯堪的纳维亚国家的特征，而大众运动对这种类型的民主起到的重要性，再怎么高估也不为过。[4]

299 　　首先，作为以民主的方式进行大众动员的学校，它们使"成员们学会了如何对待主席决议，如何使自己适应多数的决议"。其次，旧财产秩序的没落遗留下了巨大的社会与政治真空，大众运动作为中介性、现代主义的组织通过创造集体认同填补了在民族国家和公民之间出现的空白。[5] 假如在瑞典社会资本有"主人"的话，那就是大众运动。

应当补充的是，大众运动的主导地位意味着，既不是"互助会"（friendly societies）也不是慈善组织在现代瑞典形成的关键时期主导了局势。这并非说后两类组织不存在，只是它们的作用很小。还需要补充的是，许多慈善组织的领导人快速占据了为解决"社会问题"而建立的政府机构中的重要位置，这种情形在国家社会事务委员会中尤为明显。[6] 慈善组织起到很小作用的另一个原因是它们的"国家友好"立场（state-friendliness）。在解决社会问题时，它们并非小心翼翼地保护自身权利，而是对公共权威的介入持一种乐观的立场。

存在于国家和志愿组织间的紧密协作关系，有时会令观察家们质疑在瑞典

〔1〕 Rothstein, *Den korporativa staten*.

〔2〕 Per Selle, "The Transformation of the Voluntary Sector in Norway: A Decline of Social Capital?" in Jan Van Deth et al. , eds. , *Social Capital and European Democracy* (London: Routledge, 1998); see Öberg, *Särintresse och allmänintresse*.

〔3〕 Lewin, "The Rise and Decline of Corporatism"; Rothstein, *Den korporativa staten*.

〔4〕 Per Selle and Bjarne Øymyr, *Frivillig organisering og demokrati* (Oslo: Samlaget, 1995); see Selle 1998.

〔5〕 Pettersson, "In Search of Respectability".

〔6〕 Lennart Lundqvist, Fattigvårdsfolket. *Ett nätverk i den sociala frågan 1900 – 1920* (Lund: Lund University Press, 1997), 137 – 194; Tommy Lundström, "The State and Voluntary Social Work in Sweden", 1996 (7): 123 – 146.

是否存在公民社会。[1] 就像在下两节中将要讨论的那样，这种质疑很大程度上建立在对瑞典国家—社会特殊构造的误解之上。而这种误解建立在下列方法之上：它常常强调存在于国家和志愿组织之间的冲突和竞争，是以两方合作的损毁为代价。在任何情况下我们都难以断言，相对于那些避免与政府联系的志愿组织，与国家关系紧密的志愿组织在其成员间创造的信任更少。事实上重要的问题在于组织的类型和成员活动的质量，即是否它是志愿性的以及其成员是否出于"正当的"原因而活跃。

第三节　组织状况：概述

与绝大多数其他国家的公民相比，瑞典人是高度组织化的。1992 年一次对约 6000 名受访者进行的大规模调研得出的数据显示，在所有瑞典成年公民中，92% 的人参加了至少一个志愿组织。调研显示，每个人的成员身份平均数目在 2.9 ~ 4 个之间。超过半数的人（52%）认为自己表现活跃，29% 的人在志愿组织中被选举成为代表。只有 8% 的成年人没有参加任何组织。在资本主义经济中，瑞典的工会化程度是最高的；粗略来讲，85% 的劳动力参加了工会，这相当于 62% 的成年人口。体育运动组织在成员人数上仅次于工会，占 33%，差不多所有的运动俱乐部都被组织进了体育运动组织。接下来是消费者合作社（32%）、租赁者组织（27%）和文化组织（12%）。[2]

当然，成为组织成员和在志愿组织中表现活跃是有区别的。体育运动组织在所有组织中是最成功的，1/5 的瑞典人在其志愿协会里表现活跃。当然"表现活跃"是一个宽泛的用语，但是它指明了个人在组织中拥有附带责任性的正式身份或定期参加组织的活动。具有较高动员水平（相对于整体而言这被定义为积极组织）的其他组织有工会运动组织（10%）、文化组织（6.9%）、租赁者组织（5.9%）和娱乐组织（5.4%）。动员水平在 1% 之下的有环保组织、妇女组织、戒酒组织和独立教会组织。瑞典教会的动员水平是 1.8%，所有在瑞典出生的公民直到最近才悉数成为它的成员，孩子父母有不同意见的除外。

300

---

[1] John Boli, "Sweden: Is There a Viable Third Sector?" in Robert Wuthnow, ed., *Between States and Markets: The Voluntary Sector in a Comparative Perspective* (Princeton: Princeton University Press, 1991).

[2] SCB, *Välfärd och ojämlikhet i 20 – årsperspektiv 1975 – 1995* (Stockholm: Statistics Sweden, 1997), 327 – 329.

"信任让我们打开心胸，多听多看，进而确保了交流与对话"，芭芭拉·米兹太尔（Barbara Misztal）写道。[1] 假如这是正确的话，那么可能存在着一种特殊的组织民众的瑞典式方法，这种方法应该对建立社会资本有着特殊的意义。它就是所谓的学习小组，在群众运动中这种学习小组十分流行。学习小组由一小部分成年人组成，他们经常在每周的某个晚上聚会一次，这种聚会持续一个学期，目的是就一个给定的主题展开自我教育。最近的报告显示，平均参与人数是8.6，花费在每个学习小组上的平均时间是35.6小时。[2] 学习小组由国民教育协会（Associations for Popular Education，它们是大多数大众运动组织的组成部分）来组织，学习的主题从外语到烹饪、计算机知识、欧盟问题和摇滚音乐。当然，许多人参加学习小组主要是出于对学习主题的兴趣，但是多达40%的人声称他们是出于社交原因而参加的。[3] 最近的一项研究表明，75%的成年人在某些时候参加了一个学习小组，约10%的人定期参与。这种活动类型的重要性日益显现，每年有大约40%的成年人参加了某个类别的一个学习小组。[4]

301

就像可以预见的那样，参加学习小组、志愿组织里的活动、投票与公民态度之间存在着大体上的正相关关系。[5] 不像大多数其他形式的成人教育那样，普及教育的协会看来更能招募那些拥有很少教育背景的人到它们的学习小组中去。在瑞典，这种活动被看作使民主生存的基石之一，因此，大约一半的经费是由政府基金负担的。[6] 普及教育协会也组织一些公开演讲、晚间辩论和各种形式的文化活动。

我引用最近一次基于广泛的定性和定量研究做出的评估作为总结："学习小组除了拥有持续学习的价值以及参与者所说的社交功能之外，它们还有一项重要的社会功能。很明显，学习小组跨越所有的社会界限而维护了公民网络。"[7] 基于此，政府对学习小组和教育协会的经济支持可以被看作创造社会资本的例子。

社会阶级、性别和年龄与组织活动之间存在怎样的相关性呢？关于大众运动最珍贵的论点之一，在于大众运动组织赋予较低的社会阶层以组织方面的资

〔1〕 Barbara A. Misztal, *Trust in Modern Societies* (Cambridge：Polity Press, 1996), 95.

〔2〕 *Folkbildningen—en utvärdering* (SOU 1996：159) (Stockholm：Fritzes, 1996), 18. Figures from 1994.

〔3〕 *Folkbildningen—en utvärdering* (SOU 1996：159) (Stockholm：Fritzes, 1996), 18. Figures from 1994, 35.

〔4〕 Rothstein et al., *Demokrati som dialog*, 59.

〔5〕 *Folkbildningen—en utvärdering*, 37, 123.

〔6〕 *Folkbildningen—en utvärdering*, 19.

〔7〕 *Folkbildningen—en utvärdering*, 134.

源，相对于较富有的公民所掌控的资源而言，这种资源将以补偿的方式起作用。[1] 采用 1986 年数据所做的一项研究表明，情况更为复杂，甚至在一定程度上和既有的说法相左。一方面，对许多政治性强的大型组织如工会和消费者合作社而言，工人和中产阶级（即薪酬雇员和自雇的人）所参与的组织活动并无不同。另一方面，在其他几个大组织诸如文化和体育组织中则存在着显著不同。来自中产阶级的人往往加入更多组织（3.8∶2.6）。在所分析的 25 种组织类型里，不存在工人阶级人数多于中产阶级人数的情况。[2]

当谈及成员身份时，性别差异大体上是很小的。男性平均参加了 3.0 个组织，女性平均参加了 2.8 个组织；男性在组织里稍微更加活跃一些（56%∶46%）。这些差异似乎主要是由代际效应引起的，因为在年轻的男性和女性（年龄为 16 ~ 44 岁的群体）之间没有什么差异。然而，在男性和女性喜欢参加的组织类型上存在着一些值得注意的差异。正如所料，举例而言，男性更活跃于机动车组织和志愿性防卫组织，女性则更多地参加一些教会和慈善组织。[3] 表 7 - 1 显示了 1992 年进行的一次调研活动所报告的不同社会群体在一些组织里表现活跃的百分比。

302

表 7 - 1　不同社会群体的组织活动（1992 年）

类　别	在组织里表现活跃的百分比（%）	类　别	在组织里表现活跃的百分比（%）
所有（年龄 16 ~ 84）	51	高教育水平人员	64
工人	41	年轻人（年龄 16 ~ 24）	58
薪酬员工/自雇人员	60	持家人士	45
低教育水平人员	42	有收入的雇员	55
中等教育水平人员	51		

资料来源：Lars Häll, Föreningslivet i Sverige (Stockholm: Statistics Sweden, 1994), Table 3∶4.

从表 7 - 1 可以看出，在不同社会阶级之间以及不同受教育水平的人们之间存在着重要的差异。拥有较高教育水平的人和处于较高社会阶层的人在组织里往往更加活跃。和传统观念相反，年轻的瑞典人相对于整体来说在组织里更加活跃。实际上，在这项研究中，16 ~ 24 岁的人在所有年龄段中拥有最高百分比的活跃成员。同时，我们也确实发现了性别差异，表现活跃的年轻男性比年轻女性多出了 15 个百分点。但仅对女性而言，年轻的女性是最活跃的年龄群体。还值得注意的是，只有 45% 的

[1] Olof Petersson et al., *Medborgarnas makt* (Stockholm: Carlssons, 1987), 216.

[2] Olof Petersson et al., *Medborgarnas makt* (Stockholm: Carlssons, 1987), 251.

[3] Lars Häll, *Föreningslivet i Sverige* (Stockholm: Statistics Sweden, 1994), 11.

瑞典持家人士表现活跃，而就整体而言表现活跃的百分比为51%，被雇佣人士中表现活跃的百分比为55%。也许还应该补充的是，在瑞典，这个群体非常小；在这项研究里，只有2%（124人）的人表示其属于持家人士范畴。

第四节　组织状况的变化

关于志愿协会和社会资本的许多讨论都不是关于绝对水平的，而是围绕随着时间所发生的变化而展开。罗伯特·帕特南对美国组织成员和组织活动急剧下降的研究，在对社会资本的学术的和公共的讨论中引起了广泛关注。[1] 尽管在美国和瑞典之间存在着很大的政治差异，但瑞典属于快速接受了美国文化和生活方式之大潮流的欧洲国家之一。因此有理由相信帕特南关于美国的组织生活在衰退的研究将会同样适用于瑞典。实际上，数据显示了不同的情况：在战后时期，志愿组织在规模、活动水平和财政资源方面一直在增长。[2] 当然，这种增长并没有平均分布。妇女组织、独立教会组织和戒酒运动组织的成员数量减少了，与此同时，体育组织、退休公民组织、工会组织和环保组织却一直在增长。体育运动组织的增长一直特别引人注目，它从20世纪30年代的约20万人增长到90年代的约300万人。表7-2显示了在1950年和1988年对一个典型的瑞典中等城市卡特琳娜霍尔姆市（katrineholm）所进行的两次研究的数据。

从1950年到1988年发生了一些明显的变化。首先，有越来越多的人成为更多组织（比如，多于5个）的成员。其次，尽管男性是更多组织的成员，但性别鸿沟在慢慢缩小。对卡特琳娜霍尔姆市的研究发现，不同类型组织的成员变化很小，戒酒运动组织是个例外，它失去了大部分成员，但是其他组织的成长比失去的要多。[3] 总体的形势仍然是，几乎没有瑞典人被摒弃在组织世界之外，且从20世纪50年代早期以来，成员减少的情况并没有出现。1981年、1990年和1996年世界价值观调查的瑞典部分显示，慈善组织、体育运动俱乐部和环保组织的成员出现了相当大的增长，与此同时，党员并未减少。

---

〔1〕　Michael Woolcook, "The Place of Social Capital in Understanding Social and Economic Outcomes", ISUMA: *Canadian Journal of Policy Research* 2 (2001).

〔2〕　同样的情况也发生在挪威 (see Selle and Øymyr, *Frivillig organisering og demokrati*, 173) 和丹麦 [see Jorgen Goul Andersen, Lars Torpe, and Johannes Andersen, Hvad folket magter (Copenhagen: JoF Förlag, 2001)]。

〔3〕　这项研究询问受访者是不是工会成员、政治组织成员、运动组织成员、戒酒组织成员、宗教组织成员或是"其他"组织成员。See Marek Perlinski, "Livet utantör fabriksgrinden och kontorsdörren", in Rune Åberg, ed., *Industrisamhället i omvandling* (Stockholm: Carlssons, 1990), 228.

表 7 – 2 卡特琳娜霍尔姆的组织成员占总人口的百分比，以社会阶层和性别为划分依据（1950 年和 1988 年）

单位：%

组织数目	工人				薪酬雇员			
	男性		女性		男性		女性	
	1950 年	1988 年	1950 年	1988 年	1950 年	1988 年	1950 年	1988 年
0	—	—	—	—	—	—	2	2
1 ~ 2	62	36	100	43	29	15	63	30
3 ~ 4	33	43	—	44	43	31	34	51
5 +	5	21	—	13	28	54	—	17
总　计	100	100	100	100	100	100	100	100
（N）	337	258	39	191	68	79	41	18

资料来源：Marek Perlinski, "Livet utanför fabriksgrinden och kontorsdörren", in Rune Åberg, ed., Industrisamhälle i omvandling（Stockholm：Carlssons, 1990）。

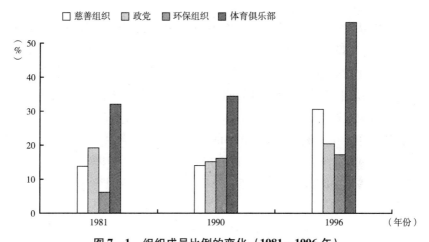

图例：□ 慈善组织　▨ 政党　▦ 环保组织　■ 体育俱乐部

图 7 – 1　组织成员比例的变化（1981 ~ 1996 年）

资料来源：Swedish section of the World Value Studies。

有人看到了瑞典志愿组织的弱化，他们评价的标准并不是正式的成员身份或是资源水平，而是成员的活动。就像在美国一样，许多传统的大众运动组织被指责说有着大量的"纸上"成员[1]一些组织如工会，至少在一定程度上，通过运用多种选择性激励手段来增加成员数目，从而使成员身份成为经济理性的工具而非公民参与的

---

[1] See Olof Petersson, *Politikens möjligheter*（Stockholm：SNS Förlag, 1996）, and Micheletti, "Organisationer och svensk demokrati"。

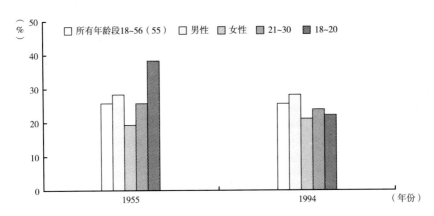

图 7 - 2　在志愿组织中工作的兴趣

资料来源：Data from Forskningspruppen för samhälls-och informationsstudier（FSI），Stockholm（N 1955 = 2，050，N 1，994 = 650）。

305　途径。[1] 但是从图 7 - 2 中可以看到，从 20 世纪 50 年代到 90 年代，人们在参加志愿组织的意愿方面没有出现总体的下降；如果说有些什么，那就是更多人回答说，他们在 90 年代比在 40 年前参加志愿组织的意愿更强烈。其中主要的变化在于女性参与志愿组织的意愿上升了，而十分年轻的群体（18~20 岁）参与的意愿下降了。

在世界价值观调查的瑞典部分，人们也被问及他们是否曾经在志愿组织里做过非付酬工作。在 1981 年和 1990 年的调查中，受访者就 16 种不同类型的组织来回答调查问题。从图 7 - 1 中可以看出，在 1981 年和 1990 年之间，在参与志愿组织这一方面，并没有呈现全面的下降。相反，人权组织、环保组织特别是体育组织似乎在 1990 年比在 1981 年吸引了更多的人参与其中。也许应该补充一点，1988~1991 年这段时间是瑞典经济极度繁荣时期，这一点造成了劳动力市场的供应短缺。人们可能认为这应该会降低人们做不付薪酬工作的热情，但是世界价值观调查的成果显示了相反的情况——没有检测到参与意愿的全面下降。

这个结果也被瑞典生活标准调查（Swedish Standard of Living Surveys）的数据所支持。1968 年、1981 年和 1991 年的瑞典生活标准调查数据显示，在 1968 年和 1991 年之间，不参加志愿组织的人数并没有增加。[2] 如上所述的学习小组在这个

〔1〕　Rothstein，"Labor Market Institutions and Working-Class Strength"，in Sven Steinmo et al.，eds.，*Structuring Politics：Historical Institutionalism in a Comparative Perspective*（New York：Cambridge University Press，1992）.

〔2〕　Johan Fritzell and Olle Lundberg，*Vardagens villkor. Levnadsförhållanden i Sverige under tre decennier*（Stockholm：Brombergs，1994），241.

时期有了大幅度的增长。每年参加学习小组的成年人从 1960 年的 15% 增加到了 1975 年的约 40%，这个比例到 20 世纪 90 年代中期都相当稳定。[1] 在 1987 年和 1992 年进行的两次调研问及相同的问题时，结果却显示在这些年份里，大多数的志愿组织在成员身份和成员活动方面都有着相当大程度的下降。据这两次调研报告称，在调查的 25 个组织里，平均每个组织的动员水平（即在组织中表现活跃的成年人口的百分比）下降近 1 个百分点。要知道 1987 年这些组织平均的动员水平是 3.7 个百分点，在如此短的时间里，其动员水平的下降幅度是相当大的。[2]

这两项研究也显示出主要的组织类型和大众运动组织"亲和力"（affinity）的减弱。表 7-3 显示了 1987 年和 1992 年两项调查的结果，在调查中人们被问及他们在多大程度上感受到了不同组织和/或大众运动的亲和力。

306

表 7-3 不同组织和运动的亲和力

单位：分

组织类型	1987 年	1992 年	差异
体育组织	5.2	4.3	-0.9
环保组织	5.6	3.8	-1.8
国际援助与团结组织	4.9	3.7	-1.2
和平运动	5.8	3.1	-2.7
普及教育组织	3.6	2.7	-0.9
瑞典教会	3.3	2.6	-0.7
消费者合作运动	3.3	2.3	-1.0
妇女运动	3.7	2.0	-1.7
戒酒运动	2.6	1.6	-1.0
独立教会	1.3	1.0	-0.3
平　均	3.9		
	(N=2701)	2.7	
	(N=5902)	-1.2	

受访者被问道："在瑞典社会存在着不同类型的组织和运动。在多大程度上你感受到……的亲和力"。受访者在 0~10 分的量度内打分。0 分表示"觉得……没有亲和力"，10 分表示"觉得……有十分强的亲和力"。

资料来源：Lars Häll, Föreningslivet i Sverige (Stockholm: Statistics Sweden, 1994), p. 26。

[1] Rothstein et al., *Demokrati som dialog*, 59.
[2] Häll, *Föreningslivet i Sverige*, 63. 总之，这意味着这些组织对全体人的动员程度下降了约 20%。然而，人们在比较这两项研究得出结论时应该谨慎为之。理由是，尽管问题是相同的，但这是两种不同类型的调查。1987 年是关于权力和民主的调查，而 1992 年是关于生活标准的调查。可能正是因为存在着不同的语境，在前一次调查中受访者过度报告了在志愿组织中的活动。

可以看出，所有的这些组织/运动在这个时间段都丧失了部分支持，最显著的是和平组织、妇女组织和环保组织。这些组织的亲和力的平均指数从3.9下降到2.7，在如此短暂的时间里，这是一个相当大的变化。对上述数据做何解释，亲和力究竟测试了社会资本的哪些方面，这些都是很难解答的问题。调研结果已经被数个研究者视为瑞典志愿组织重大危机的显著标志。[1]

我相信人们能够给予这些组织亲和力的数据以不同的解释。发生变化的与其说是人们参加志愿组织的意愿，不如说是他们总体的集体认同观念，以及传统上作为大众运动标志的集体归属感。这种论点建立在对数个不同的实证研究的解释上面。首先，对卡特琳娜霍尔姆市的研究指出在蓝领工人中存在的有趣转向。在20世纪50年代，工人视自身为工人阶级的成员，同时也是致力于改变社会的劳工运动的成员。在20世纪80年代晚期，工人视自身为中产阶级的成员，而非有着共同目标的劳工运动的成员。研究报告称，在劳工运动中，存在着群众/精英的分裂。其次，1990年出版的一项重要的调研报告声称，具有更多知识和资源的新型公民已经出现，这些公民的受教育水平使得他们有能力质疑专家的意见。[2] 根据这项研究，瑞典公民所认为的最高德行是不依靠其他人而形成自己观点的能力。[3] 再次，"社会·意见·媒体"独立调查机构（SOM）的年度调查询问了工会、体育组织和"其他组织"关于成员身份和会员活动的问题，调研报告显示，在1987～1998年之间这些组织的成员和成员活动几乎没有任何下降。[4] 这个结果已为另一项以在志愿协会的工作为对象的研究所确认，后者与政府最近对瑞典民主状况的调查联合展开。[5]

因此，似乎在瑞典公民中，个人自治的观念已经得到普及；众多证据均表明了向这一方向发展的趋势。认为自己有能力写一封针对官方决定的上诉信的公民比例，在1968～1987年之间从45.1%上升到了68.5%。在对欧洲价值观进

〔1〕 Micheletti, "Organisationer och svensk demokrati", 205, and Petersson, *Politikens möjligheter*, 57–59.

〔2〕 *Demokrati och makt i Sverige*, ch. 11.

〔3〕 Olof Petersson et al., *Medborgarnas makt* (Stockholm: Carlssons, 1989), 262.

〔4〕 哥德堡大学的SOM研究机构进行了以社会、意见和媒体（这是命名为SOM的原因）为主题的年度全国调查。这个机构部分上是由哥德堡大学的政治科学系管理的。为了这个项目，关于信任的问题被添加到已经进行了的从1996年到2000年的5次调查里。想要得到更多的关于样本、回应率等的信息，请访问www. som. gu. se 或联系 som@ jmg. gu. se.

〔5〕 Bo Rothstein, "Förtroende för andra och förtroende för politiska institutioner", in Sören Holmberg and Lennart Weibull, eds., *Ljusnande framtid* (Göteborg: Göteborg University, 1999); Eva Jeppsson Grassman and Lars Svedberg, "Medborgarskapets gestaltningar. Insatser i och utanför föreningslivet", in *Civilsamhället* (Stockholm: Allmänna förlaget, 1999).

行的更大规模的研究中，托尔利夫·佩特森（Thorleif Pettersson）的工作表明，1990 年的瑞典公民从根本上比 10 年前更具个人主义色彩，他们憎恨对个人表达方式施加强制和限制。[1]

人们也许认为这种价值观的变化仅局限于接受过高等教育的中产阶级，确实，个人主义的态度在这一社会阶层中最为集中。然而，有趣的是，在 1981 ~ 1990 年之间，价值观的显著变化只发生在蓝领工人中；相反，在接受个人主义价值观方面，不管是在白领雇工中的上层还是下层都大体上保持了之前的高水平。[2] 相应地，在总体上持有个人主义观点的工人比例在 1981 ~ 1990 年间由 39% 上升到了 53%，那些对其工作生活表达了个人主义见解的工人比例从 17% 上升到了 43%。[3]

人们可能猜测说，这种新的个人主义将会削弱集体行动的模式（也包括对普遍性福利国家的支持）；然而，具有个人主义思想的公民并不一定是利己主义的公民。佩特森（Pettersson）和赫耶尔（Geyer）认为新的个人主义者并不持有新自由主义者所假定的价值观：

> 此外，与具有更少个人主义倾向的人相比，他们并未表示出任何更强烈的兴趣去增加目前工资的差异，他们并未表现出以"咎由自取"的态度去看待穷人的更大倾向，他们同样并未显示任何更强烈的倾向认为自己的同事缺少信任和友谊的精神……他们既非新自由主义所想象的无法控制的企业家，也非社会民主党所猜想的自私的利己主义者。[4]

308

---

〔1〕 Thorleif Pettersson, "Välfärd, värderingsförändringar och folkrörelseengagemang", in Sigbert Axelsson and Thorleif Pettersson, eds. , *Mot denna framtid* (Stockholm: Carlssons förlag, 1992), 51.

〔2〕 Thorleif Pettersson and Kalle Geyer, *Värderingsförändringar i Sverige. Den svenska modellen, individualismen och rättvisan* (Stockholm: Brevskolan, 1992), 13. 当一个人拥有下述 4 个特征中的 3 个及以上的时候，调查就把这个人界定为具有一般意义上的个人主义态度：（1）建议把个人自由置于经济平等之上，（2）倾向于牢牢坚持，并且试着去说服他人，（3）渴望更加强调个人发展，以及（4）期望对权威没有那么尊重。

〔3〕 Thorleif Pettersson and Kalle Geyer, *Värderingsförändringar i Sverige. Den svenska modellen, individualismen och rättvisan* (Stockholm: Brevskolan, 1992), 13. 对工作持有个人主义观点意味着一个人至少拥有下述四个方面中的三点：（1）一个有效率的秘书挣得多是公平的；（2）雇员们只有在管理人的指导和他们自己的观点一致的情况下才服从管理人；（3）在工作中采取主动是很重要的；（4）对工作负责任是很重要的。

〔4〕 Thorleif Pettersson and Kalle Geyer, *Värderingsförändringar i Sverige. Den svenska modellen, individualismen och rättvisan* (Stockholm: Brevskolan, 1992), 28 – 31. 对上句话的强调被去除了。认为斯堪的纳维亚公民有着两种不同维度的观点也为尤根·古尔·安德森（Jörgen Goul Andersen）所论述，"Samfundsind og egennytte", *Politica*, 1993（25）.

因此，这显示出在瑞典人中间，集体主义/个人主义和利他主义/利己主义代表了截然不同的和相当独立的价值谱系。举例而言，这些大体上比较年轻的且接受了高等教育的公民，并不比他们具有更加集体主义思想的兄长和姐妹们对普遍性的福利项目有更多的批评。[1] 对这些发现的一个合理解释是一种团结的而非利己的个人主义已经出现。诸如"团结的个人主义"这一概念可能看起来是自相矛盾的术语，但是它表明了团结并不一定意味着集体主义。使用"社会连带的个人主义"，我的意思是个人愿意对其他人给予支持，但同时也接受他们之间有着不同的价值观，接受他们出于不同的原因投身于不同的事业当中。然而，这种支持，只有在他们相信其同伴也会给予自己的独有的生活方式和组织化的努力以同样支持的条件下才会出现。从其他来源得到的一些实证证据也表明，个人自治和社会责任是结伴而行的。欧洲价值观研究小组认为，当个人主义在增长的时候，"个人主义可能包含了对其他人的认同以及代表其他人的利益而行动"。[2]

因此，理解瑞典人对大多数的运动/组织慢慢丧失亲和力的一个方法，是不把这种行为看作对志愿组织兴趣的下降，而是看作个人自治意愿的增强，看作期望独立于大集体来建立自身生活方式和世界观的意愿的增强，这种大集体就包括大众运动/组织。因此，我的结论是，对主要组织/运动的亲和力水平的下降，并不一定标志着参加志愿组织意愿的下降，也不意味着瑞典社会资本总量的下降。相反，它可能反映了建立已久的组织在创立过去曾存在过的集体忠诚方面面临的问题。假如在社会资本的产生方面存在危机，那么危机必然会在活动类型的变化中表现出来，而非仅仅表现在态度的变化上。

亲和力水平的降低并不必然等同于社会资本的减少，这方面的证据也可从对生于 20 世纪 70 年代的人所进行的调研上得出。这项调研表明，尽管这代人在一定程度上已经从传统、等级制形式的组织活动中脱离，但他们参加临时性组织（如团队、行动小组、地方音乐俱乐部等）的可能性增强。[3] 就像佩特森的研究显示的那样，人们更加个人主义化了，但仍然很可能投身到志愿组织中去；发生变化的是人们想要参与的组织的形式（因而产生了这些形式）。因此，

309

---

[1] Pettersson and Geyer, *Värderingsförändringar i Sverige*, 28 – 30。这也为芬兰的研究所支持。Helena Blomberg and Christian Kroll, "Välfördsvärderingar i olika generationer—från kollektivism mot en ökad individualism?" *Sosiologia*, 1995 (32): 106 – 121.

[2] D. G. Barker et al. , *The European Value Study*, 1981 – 1990 (Tilburg: Gordon Cook Foundation of European Values Group, 1992), 5.

[3] Andersson et al. , *70 – talister om värderingar förr*, 144 – 146.

另一个对如下结论——即较低的亲和力意味着较低的组织参与，因而意味着组织的危机——质疑的理由是，即使在蓝领工人中，工会运动对工人的亲和力在 0～10 分的区间内也只得到了 3.5 分的平均分，而年轻女性对妇女运动的亲和力指数在同样范围内只有 1.7 分那么低。[1] 总之，我认为已经做出的对亲和力问题的解释存在问题，并且它不是衡量参加志愿组织或支持志愿组织的一个非常好的指标。可用数据似乎表明，当成立很久的大众运动，诸如独立教会运动和戒酒运动，在成员不停减少的时候，与其说这表明了志愿主义的全面下降，不如说这反映了瑞典组织生活构成的变化。

这种新的组织状况应该如何被描述？在对挪威的志愿组织（它们显示了和瑞典志愿组织同样的总体趋势）进行广泛研究的基础上，珀·赛立（Per Selle）和本贾尼·厄里米尔（Bjarne Øymyr）提出，自 20 世纪 40 年代以来，北欧国家志愿部门的构成已经发生了引人注目的变化。第一，组织的等级化减弱；即是说，地方机构的活动更加独立于全国性的组织，在组织理论里这种现象被称为"松散联合"。第二，存在着从宗教组织、戒酒组织和纯粹的女性组织向休闲性、文化性组织的转变，而经济性组织（工会和合作社）在很大程度上保持着它们最初的高水平。第三，组织的多样性和密度都增长了。20 世纪 90 年代相对于 40 年代而言组织数量更多、类型更复杂。第四，20 世纪 90 年代组织世界里生气勃勃的许多组织消失了，但是更多的新组织被创立。第五，如今更多的人加入组织是出于满足个人兴趣的目的，而集体意识形态的运动，如戒酒运动和独立教会运动，甚至包括工人运动，已经变弱了。描述这种变化的一种途径是，斯堪的纳维亚国家已经从集体式的群众运动转为"有组织的个人主义"。[2] 有充分的理由相信，在组织状况里发生的变化与上述个人主义的类型相关联。时至今日，选择加入一个组织，与其说是认同既有的组织化的意识形态集体，不如说是与个人有意识地创造一种特殊的生活方式有关。

310

一　瑞典工会：一个特殊的案例

在所有的瑞典组织中，工会运动组织拥有的会员最多，体育运动组织紧随其后，它参与活动的人数最多。假如瑞典的大众运动观念存在着全面的危机，我们应该能够在工会运动中观察到这种危机。上文已经提到，瑞典的工会化程度很高，高于85%。事实上，工会化程度上的差异，是西方资本主义国家间最

---

[1] Häll, *Föreningslivet i Sverige*, Table 2：10.

[2] Selle and Øymyr, *Frivillig organisering og demokrati*, 241.

特殊的区别之一。它的特殊之处有两点。第一，几乎没有任何其他重要的政治变量能说明这种差异，即法国的工会化处于最底部，仅有不到10%的人是工会成员，瑞典则处在顶端。假如成为工会成员是理性的，那么为何瑞典的理性雇工是法国的8倍多？或者说，按照集体行动的标准理论，假如成为工会成员是个人的无理性行为，那么为何单就瑞典人是最不理性的人民呢？第二，在整个战后时期，工会化水平有着戏剧性的变化。举例来说，在20世纪50年代，瑞典的工会化水平和美国的工会化水平间的差异比现在（目前瑞典的工会化程度是美国的5倍多）小很多。最近广为讨论的全球化和资本主义国际化的影响，与不断扩大的工会化程度的差异同时出现。[1]

对这个谜题的回答是，在很大程度上存在着"选择性激励"。在一些国家，个人如果想成为工会的成员，要付出更多。就像我在别处所示的那样，这样的选择性激励在本案例中似乎有着特殊的重要性，即工会所拥有的对失业基金的控制程度。20世纪80年代晚期关于18个经济合作与发展组织国的数据显示，拥有最高工会化程度的5个国家（瑞典、丹麦、芬兰、冰岛和比利时）都有失业保障体系，在这一体系中，工会控制着对失业保险计划的管理。然而在其他国家里，这项工作由政府机构承担。多重回归分析得出的结果显示，这一变量解释了工会化程度中18%的差异。[2]

311　给予工会以控制失业保险计划的思路，很好地说明了瑞典的志愿组织和政府之间的关系。一方面，工会有了十分强大的选择性激励，这帮助它招募成员。另一方面，工会也得处理十分棘手的问题，它得决定谁应该被认为是真正的失业者，即一个人不得不接受什么类型的工作，否则他就有失去利益的风险。因此政府就从承担解决这些棘手问题的责任中解脱出来。这种做法可能增加了计划的合法性。首先，因为是工会的工作人员而非政府的官僚做出的这些决定；其次，因为工会的工作人员对于劳动力市场的每个环节很可能知道得更多，因此工会成员有着更多的机会去找到合适的工作。[3]

还需要补充的是，这并不是瑞典政府赋予工会的唯一一种选择性激励。大量的产业法律法规给予地方工会在如下事务上的发言权：工作条件、工作安全法规的执行以及在职位稀缺的情况下分配工作职位。总之，这意味着对许多雇工——假如不是绝大多数——来说，"自愿"加入工会，仅具形式意义。[4]

---

〔1〕 Rothstein, "Labor Market Institutions and Working-Class Strength".

〔2〕 Rothstein, "Labor Market Institutions and Working-Class Strength".

〔3〕 Rothstein, Den korporativa staten.

〔4〕 Rothstein, Den korporativa staten.

另外，这并不意味着工具性的动机是成为工会成员的唯一原因。20 世纪 70 年代晚期和更近一些年份的调研都显示，当工会成员被问及他们参加工会的原因时，工具性和团结性的动机同样强烈。[1]即便如此，参加工会的工具性动机可能在下一个阶段转变为行动，从而产生出社会资本。本着生产社会资本的立场，把参加组织活动的工具性和非工具性原因结合起来，这种做法实质上并不坏。毕竟，大多数人加入合唱团也为的是追求非常工具性的个人爱好，满足个人的对歌唱的热爱，而不是为了创造人际信任或是使民主制度运转起来。

那么，在过去的 20 年里，工会活动经历了什么？瑞典的工会只是由消极的"纸上成员"组成的吗？这些人把工会看作由职业官僚控制的、类似于公共保险公司的机构吗？或是说工会使其成员参加到活动中去，而这些活动很可能产生人际信任？在我试着回答这些问题之前，我将首先强调一下瑞典工会运动的多样性。尽管蓝领工会的组织遍布全国，是最大的工会组织，但是在专业雇员的瑞典联盟（Tjänstemännens Centralorganisation，TCO）内组织的薪酬员工工会，以及在专业协会的瑞典联盟（Sveriges Akademikers Centralorganisation，SACO）内组织的学术教育专家工会也都有着几乎同样高的工会化程度。其次，与大多数其他经合组织国家相比，瑞典工会运动既更加集中化，也更加分散化。中央的组织十分强大，然而在大多数情况下，每个工作场所的地方性俱乐部也非常强大。依据传统，也依据规范劳资关系的法律，瑞典的工会更直接地存在于工作场所。在这种情况下，保护地方工会工作人员权利的法律和共同决策机制的法律一直尤为重要。

1993 年的一项调查显示，在过去的 12 个月里，36% 的雇工参加了至少一次工会会议，19% 的人曾在会议上发言。1988 年的一次相似研究显示了这类工会活动出现了轻微的下降（45% 和 20%）。这项研究同样显示出在所有工会联合会成员中 14% 的人被选举成为代表，在另外两个全国性的工会组织中这个数字稍微高些。在瑞典极其高程度的工会化条件下，这意味着总人数中相当大一部分（13%）在工会运动中是活跃的，或担任了被选举出的代表职务。[2]

瑞典生活状况调查报告中包含有从 1995 年开始的调研数据，这份报告提供了相似的结论。在所有的成年人中，36% 的人在过去 12 个月中曾经参加了一次工会会议，11% 的人自称是活跃的工会工作人员。然而，在 1976 年和 1995 年之

312

---

〔1〕 Rothstein, "Labor Market Institutions and Working-Class Strength".

〔2〕 Sven Nelander and Viveka Lindgren, *Röster om facket och jobbet. Facklig aktivitet och fackligt arbete* (Stockholm：LO, 1994).

间数据则呈现出负值（-7.6%）。[1] 对这一数据的解释之一，可能是在20世纪70年代中期，大量重要的新劳资关系法律出台，如共同决策机制法、工作安全法等，这些法律法规暗示了地方性活动的增加。另一个可能解释工会活动减少现象的重要原因是1992年失业率的急剧增长。

总之，如果把瑞典工会活动组织描述成一个充满活力的组织，它的大部分成员活跃其中，这是不正确的。但是如果无视瑞典36%的成年人每年参加一次工会会议，且11%的人一年参加四个以上的会议这一事实，同样是错误的。声称自己表现活跃的人的百分比在20世纪70年代晚期下降了，但是自从1980年后比例一直相当稳定（10%~12%）。[2]

二 非正式的社交网络

对瑞典社会的普遍印象是瑞典人有相当弱的社会纽带。这或者是因为瑞典人的国民性，或者是由于其从摇篮到坟墓的福利制度。[3] 我将把国民性的问题放在一边，而专注于后一个问题，即一个普遍的福利制度对非正式的社交网络产生了什么影响？非常有趣的是，左派和右派均认为，这两方面之间存在着反比关系。政治右派的观点是，当利他主义和社会问题均由政府来管理时，人们就会停止为别人考虑；人们表示同情心的唯一渠道是交税，非正式的社交网络将被弱化。一个最近的关于瑞典福利制度的主要研究项目（由雇主联合会出资）得出结论，除其他事情外，"20世纪对于公民社会而言，是一个失落的世纪"。[4]

事实上，左派的言论与上述非常相似。按照尤尔根·哈贝马斯（Jürgen Habermas）的说法，福利制度已经"殖民"了公民社会，并且削弱了他所称之为团结的"自然"形式。阿兰·沃尔夫（Alan Wolfe）称斯堪的纳维亚型的福利制度"挤压了家庭、社区和社交网络"。[5] 沃尔夫进一步讨论说，可能存在这样一个历史的反讽——当社会责任变成公共问题时，私人交往纽带会变弱，并"因此将会疏远人与人之间的关系，进而削弱福利制度所展示出的道德力量"。[6] 但奇怪的是，这些观点几乎从未被经验证据所证实。

313

---

〔1〕 SCB, *Välfärd och ojämlikhet i 20 - årsperspektiv 1975 - 1995*, 335 - 339.

〔2〕 SCB, *Välfärd och ojämlikhet i 20 - årsperspektiv 1975 - 1995*, 335 - 339.

〔3〕 See Boli, "Sweden: Is There a Viable Third Sector?"

〔4〕 Zetterberg and Ljungberg, *Vårt land—den svenska socialstaten*, 266.

〔5〕 Alan Wolfe, *Whose Keeper? Social Science and Moral Obligation* (Berkeley: University of California Press, 1989), 22.

〔6〕 Alan Wolfe, *Whose Keeper? Social Science and Moral Obligation* (Berkeley: University of California Press, 1989), 142.

　　假如普遍存在的福利制度一直在危害着非正式的社会关系这种观点是正确的话，那么我们应该观察到瑞典自 20 世纪 50 年代以来非正式社会关系的弱化。然而数据显示，非正式的社交纽带在这个时期一直在增强。对卡特琳娜霍尔姆市的研究数据取自 1950 年到 1988 年，这项研究得出结论说："卡特琳娜霍尔姆的人们在社交方面变得更加的活跃。他们成为更多组织的成员，并且和他们的同事、邻居和朋友们更频繁地交往。"[1] 瑞典生活水平调查报告是由瑞典统计局发布的，它建立在 1975 ~ 1995 年间从大约 7000 名受访者身上所得数据的基础上，对上述问题它给出了同样的答案。在这段时间内，每周和朋友聚会的人的百分比增加了 12 个百分点（从 45.5% 到 57.5%）。数据显示，除了介乎 55 ~ 64 岁间的群体只增长了 3 个百分点之外，这种积极的变化在所有年龄群体身上都十分显著。在 65 ~ 74 岁的年龄群体中出现了 12% 的显著增长，而最大的增长幅度出现在 25 ~ 34 岁的年龄群体中（23.5%）。让人感兴趣的是，持家女性的数据（51%）低于女性的总体数据（56%），这个数据也低于全职工作女性的数据（56%）。另外要补充的是，声称自己没有一个亲近朋友的人数比例，从 1979 年的 26% 降到了 1985 年的 19%。数据显示，这些变化对所有的年龄群体而言都十分显著[2] 这个结果被另一项研究的数据所证实，如图 7 - 3 所示。这项研究中 314 受访者的人数远远少于上面所引用的瑞典生活水平调研中受访者的人数，但是它的时间跨度更大——从 1955 年到 1995 年。

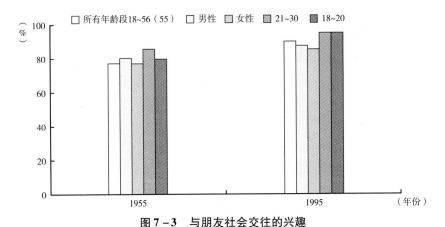

图 7 - 3　与朋友社会交往的兴趣

资料来源：Source: FSI surveys. 1955（N = 1509）and 1995（N = 1388）。

---

〔1〕 Perlinski, "Livet utantör", 231 - 233.

〔2〕 SCB, *Välfärd och ojämlikhet i 20 - årsperspektiv 1975 - 1995*, 287 - 301（significant levels are. 05）.

可以看出，在 20 世纪 90 年代，不论是男性还是女性、年轻还是年老，似乎在和朋友交往方面都比 20 世纪 50 年代中期案例中的人们更有兴趣。在 20 世纪 90 年代，几乎没有人声称自己对与朋友交往不感兴趣。

然而，人们可以争辩说，上述关于福利制度的批评重点不在于人们交往得太少，而在于在窘迫时，人们将不会帮助与他们交往的人。按照这种批评，身处普遍性福利制度下的人们，将不会对身处困境的人们施以援手，而会冷心肠地把帮助这些人的责任归之于福利当局。[1] 高额的税款从道德方面使他们从更多传统意义上的社会责任中解脱出来。可惜的是，到目前为止，没有数据能验证这样的一个假设；然而，在最近的一项研究中卡琳·布希·泽特伯格（Karin Busch Zetterberg）报告说，在 1994 年进行的对 2749 个成年瑞典公民（16～89 岁）所进行的调查中，超过 1/5 的成年人（将近 22%）定期地对病人、残疾人或者老年人进行志愿护理。[2] 在这近 22% 的人中，只有约 5% 的人是对自己家里的人进行护理，约 18% 的人是对他们家庭之外的人进行护理。男性和女性之间的差异小得令人惊奇，瑞典女性中的 23% 和男性中的 20% 参与志愿服务。年龄的影响也很小，在不同群体间的变化范围是 20%～25%。然而，社会阶层方面存在差异，上层的志愿人数比例是 31%，工人阶层的比例是 20%。当然，护理的类型不同，有时涉及相当艰难的工作，如帮忙处理个人卫生和进行药物的护理。

"尽管如此，目前没有并且永远也不会有任何保证说，公民社会里更强的联系，会创造出使人们为抽象的他人的命运承担起个人责任的实践"，阿兰·沃尔夫写道。[3] 我倾向于同意这点，但我要补充的是，沃尔夫的担忧，即斯堪的纳维亚型福利制度的力量会摧毁这样的道德责任，看起来是毫无根据的。当然，从这项研究中很难认定瑞典志愿护理的总量是高还是低，但是得出普遍的福利制度并没有消除这种类型的行动这样的结论，似乎是合理的。

在大多数的欧洲国家，喝酒的场所也是社区成员交往的场所。然而，在瑞典没有类似于英国的酒吧（pub）、德国的酒馆（keneipe），或者是法国的小酒馆（bistro）这样的地方。在历史上，对于售酒的严苛规定使得这样的社交地点

〔1〕 See e. g., Zetterberg and Ljungberg, *Vårt land—den svenska socialstaten*; see also Wolfe, *Whose Keeper*.
〔2〕 Karin Busch Zetterberg, *Det civila samhället och välfärdsstaten* (Stockholm: City University Press, 1996).
〔3〕 Wolfe, *Whose Keeper*, 258.

变得极其少。然而，在过去 30 年间，在这方面出现了相当显著的变化。在 1967 年，许可出售酒类的餐馆只有 1249 家（大约每 6400 人一家）[1] 30 年后，这一数据已经增长了 7 倍之多；即现在瑞典有将近 10000 家被许可出售各种酒的餐馆（大约每 900 人一家）[2] 这种增长并不是瑞典议会所颁布的法律导致的结果。相反，按照相关专家的说法，它很大程度上反映了文化的变化（瑞典人的生活方式变得更加大陆化），这反映了行政管理实践的变化[3] 此外，在这段时间里酒的消费量并没有上升，这意味着被许可出售各种酒类的餐馆数量的大幅度增加，并非是由对酒的需求增长引起的。相反，它反映了社会习惯的改变，即对酒的消费已经从私人兴趣转向公众爱好。调研数据也显示，去餐馆已经成为目前瑞典最受欢迎的休闲活动之一。事实上，这是在 1982～1995 年之间增长量最大的休闲活动；在 1982 年，有 25% 的瑞典人声称在过去的一年里他们去餐馆的次数超过 5 次，而在 1995 年，这个数字是 41%（只有 9% 的人说一年内参加宗教仪式的次数超过 5 次）。尽管年轻人最经常去餐馆，但所有年龄群体在这项活动上都呈现出显著性增长。最大的增长幅度出现在 45～54 岁的年龄群体中，在这一群体中增长的幅度逾 1 倍（从 16% 到 34%）[4]

316

然而，这种类型的活动对社会资本的影响仍然是不明晰的。长期以来在戒酒运动组织活动的减少，与瑞典人在公共场所消费酒的兴趣的增加之间似乎存在着有力的联系。关于这种变化对创造信任和社会资本是有利还是不利，我留给读者去做判定，但它毫无疑问表明了瑞典非正式社会联系数量增长。然而，在"社会·意见·媒体"独立调查机构（SOM）为这项研究所收集的调查数据中，我们发现（我们得承认，这种发现使我们沮丧）在高水平的信任和去餐馆的高频率（无论是被许可出售各种酒的餐馆还是其他类型的餐馆）之间不存在任何相关性。

另一种可作为非正式社会纽带指标的数据，是由对社会隔离及人们活动水平的调查得出。像在图 7-4 中显示的那样，被认为是生活在社会隔离状态中的人数，或被动参与休闲活动的人数，从 1968 年到 1991 年大幅度减少了。

因而，认为现代社会和福利制度的扩张创造了消极公民和社会孤立的公民

---

[1] Kontrollstyrelsen, *Alkoholstatistik* (Stockholm: SCB, 1968).

[2] Socialstyrelsen, *Alkoholstatistik* (Stockholm: SCB, 1997). Figure from 1997 by personal communication from Anders Edin at the National Alcohol Board, January 8, 1998.

[3] Personal communication from Anders Edin at the National Alcohol Board, January 8, 1998.

[4] SCB, *Välfärd och ojämlikhet i 20 – årsperspektiv 1975 – 1995*, 119.

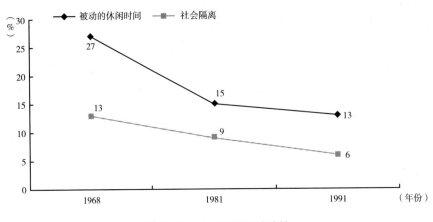

图 7-4　社会隔离与被动性

资料来源：Johan Fritzell and Olle Lundberg, *Vardagens villkor* (Stockholm: Brombergs, 1994), p. 226。

的观点，似乎与这些实证发现并不一致[1] 但是这种乐观的图景必须要考虑到大幅度增长的暴力犯罪。瑞典生活水平调查显示，在 1978 ~ 1995 年间，成为某类身体暴力的受害者或受恐吓者的人数增加了 35%[2] 总之，认为高水平的社会交往创造高存量的社会资本，而这反过来又会降低社会犯罪的水平，这种假设没有为瑞典的数据所证实。

第五节　比较视野下的瑞典公民社会

到目前为止，我们已经尝试着去发现长期以来瑞典志愿部门以及较为非正式的社会关系所发生的变化。结论是，尽管志愿部门在组成和趋势上发生了变化，我们未能发现战后时期会员身份或会员活动的总体下降。但是关于这个问题的时间序列数据必须要以比较数据为补充。与不同的和/或较不发达的福利制度国家以及政治体系更多元化的国家相比，瑞典的志愿部门是怎样的呢？

多亏两个有关非营利部门和志愿部门的不同比较项目，我们有了研究这个问题的数据。在有关公民社会的争论中最常见的观点之一，就是一个无所不包

[1]　Fritzell and Lundberg, *Vardagens villkor*, 256.

[2]　SCB, *Välfärd och ojämlikhet i 20 - årsperspektiv 1975 - 1995*, 303.

的福利制度将使人们更不情愿在志愿组织中从事无偿劳动。假如是这样，在有着普遍福利制度的国家里，志愿工作的比率将会非常低。然而，在近期对 8 个欧洲国家进行的比较调研中，这样的假设并未被证实。[1] 拥有着最广泛的福利政策的两个国家——荷兰和瑞典，在志愿协会的无偿劳动数量上得分最高。[2] 面对如下问题："在过去的一年中，你是否为了一个组织或在某个组织中从事过任何无偿工作或活动，而这个组织和你所从事的付薪工作没有任何联系，而且你所做的不仅仅是为了你自己的利益或是你家庭的利益？"36% 的瑞典人的回答是肯定的，而在其他欧洲国家中，肯定性回答的平均值只有 27%。[3] 这里谈及的和频率有关，而与志愿工作的总数量无关。也可能存在着如下情况：人们每年都做志愿工作，但是总量很小。然而，依照这项研究，瑞典人每月花在志愿工作上的时间并不比其他 7 个国家的人少。就志愿工作所属的组织类型而言，瑞典人在体育和娱乐、工会和专业组织、民防、国际发展以及人权和和平组织上得分相对高，正如所料，瑞典人在健康、社会福利事业、儿童教育和社区发展组织上得分低。令研究者吃惊的还有，瑞典人在宗教组织中活跃度稍高。[4]

318

考虑到社会资本重要性的一般性理论，瑞典人也似乎因为正当（即非工具性）的理由而从事志愿活动。在所有从事志愿工作的瑞典人当中，62% 的人说他们从事志愿工作是为了"接触人和交朋友"。与之相比，欧洲其他地方的平均数是 36%。而且只有 6% 的瑞典人说他们从事志愿工作是因为"它给了我社会认可以及在社区中的地位"，而其他地方的平均数是 18%。[5] 同时，只有 11% 的瑞典人同意下述说法："假如政府履行了它所有的职责，人们就不需要去做无偿工作。"与之相比，在其他欧洲国家，平均数是 37%。最后，在瑞典 74% 的人同意"从事无偿的工作帮助人们在民主社会中扮演积极角色"。与之相比，其他地方的平均数是 62%。这些结果被近期另外一项比较研究所确认，它发现瑞典志愿工作的人均量比法国、德国或是意大利都高得多。[6]

〔1〕 Katherine Gaskin and Justin Davis Smith, *A New Civic Europe? A Study of the Extent and Role of Volunteering* (London: The Volunteer Center, 1995), 28.

〔2〕 其他国家分别是比利时、保加利亚、德国、爱尔兰、荷兰、斯洛伐克、英国。

〔3〕 采访者对那些作了否定回答的人进行了提示，方式是给他们看了一份其他人所做的不付酬劳动的种类，以确认他们是否做过这些劳动。瑞典未被提示的人的比例是 32%，其他国家的平均数字是 23%。

〔4〕 Gaskin and Smith, *A New Civic Europe*, 35.

〔5〕 Gaskin and Smith, *A New Civic Europe*, 50.

〔6〕 Lundström and Wijkström, *The Nonprofit Sector in Sweden*; see also Lester Salamon et al., *The Emerging Sector: A Statistical Supplement* (Baltimore: Johns Hopkins Institute for Policy Studies, 1996).

这项研究课题也提供了志愿组织资金来源的资料。以支出占国内生产总值的百分比来衡量，尽管在 1990 年瑞典非营利部门的规模只占 4.1%，但这项研究中 8 个国家的平均值是 3.6%。按照这项经济指标，瑞典的非营利部门比美国或是英国的小，但是比德国、法国或是意大利大。[1] 更加令人惊奇的是，尽管其他国家从政府支出上得到的平均收入占到了总数的 42%，但是瑞典的非营利部门从政府得到的收入只占它的资金的 29%。[2] 相应的，瑞典非营利部门从有收入的公民那里得到了 62% 的资金，这是 8 个国家中最高的（平均是 47%）。对这个情况的解释是，并非瑞典人更加利他主义（瑞典人并非如此）或瑞典的非营利部门在依靠自身筹集资金上更加成功。隆德斯特姆（Lundström）和维克斯特姆（Wijkström）的观点是，其他国家的非营利部门更加依赖公用资金去投资社会福利事业、健康服务以及初等教育。另外，由于普遍性的福利制度，瑞典的非营利部门较少受到人们的关注。

在非正式的社会关系方面，布希·泽特伯格（Busch Zetterberg）对帮助有需要之人的志愿者数量的研究，使瑞典和英国的比较成为可能。关于英国的比较研究数据建立在自 1990 年以来的调研的基础上，数据显示在这种类型的志愿活动方面，瑞典（22%）多于英国（15%）。假如我们比较那些帮助家庭外之人的数量占比，瑞典是 18%，而英国是 12%。[3]

在不同国家间进行比较调研总是很困难的，原因在于提问的措辞可能被做差异解释。在这个案例里，调研之间还存在着 4 年的时间跨度。但是从另一方面来看，这不是一个关于态度的问题，而是关于实际行动的问题，它意味着方

319

---

[1] Lester Salamon and Helmut Anheier, *The Emerging Sector: An Overview* (Baltimore: Johns Hopkins Institute for Policy Studies, 1994), 35.

[2] Lundström and Wijkström, *The Nonprofit Sector in Sweden.* 研究包括了法国、意大利、日本、匈牙利、瑞典、美国、英国和德国。这个项目中的非营利部门被定义为在如下领域中正式的、私营的、自治的以及志愿的组织：文化、娱乐、教育、健康、社会服务、环境、发展和住房、公民教育和宣传、慈善、商业、专家以及"其他"。宗教集会、政党、合作社、互助储蓄会、互助保险公司以及政府机构被排除在外。See Salamon and Anheier 1994, pp. 13 - 16. 这项研究的经济指标的一个问题是工会被包括在内了。在瑞典，工会被国家给予对雇工工作条件的很大的控制权。例如，当有裁员的时候，选择什么人首先失去工作。在实践中，地方工会对哪些雇工是工会成员拥有决定权。在许多案例中，成员身份只在形式上是自愿的。按照这项研究，瑞典的工会占志愿部门经济规模的比率是 17.6%，因而在一定程度上，瑞典的数字可能被夸大了。但是即使工会没有被计算在内，瑞典非营利部门的相对经济规模与英国、法国和意大利等国相比并不小，甚至更大。

[3] British data from Office of Population Census and Surveys, Monitor 17, General Household Survey: Careers in 1990 (London: The Government Statistical Service, 1992), quoted here from Busch Zetterberg, *Det civila samhället och välfärdsstaten*, 197.

法论的问题应该是比较少的。而且，英国福利体系的普遍性远远不及瑞典，且英国也因其有许多的慈善组织而闻名。因此我们预料英国的数据应该要高于瑞典，然而资料显示了相反的情况。因此可以得出如下结论，即瑞典和英国的比较研究并未证实福利制度越具有广泛性和普遍性，基于道德责任感的志愿活动就越少。当然这并非说一种更为普遍的福利制度体系产生更多的志愿主义活动，因为我们不能控制其他变量。因果机制在这里如何发生作用是一个更为复杂的问题。[1]

总之，与大多数其他的西方工业化民主国家的志愿部门相比，瑞典的志愿部门在成员、活动和资金方面毫不逊色，而且瑞典的政治参与居于前列。此外，与其他多数国家相比，瑞典的非营利部门更少依靠政府资金，更多依靠自身筹集资金。使瑞典以及其他斯堪的纳维亚国家的志愿部门独具特色的原因在于其结构。由于历史和政治的因素，瑞典的志愿部门在诸如社会福利事业、医疗保健以及初等教育等领域很弱小，但它在体育、娱乐、文化、成人教育以及劳动力市场领域则很强大。[2]

第六节　信任的场景

按照社会资本的一般理论，作为志愿组织中活跃的成员、拥有许多非正式的社会联系，均会提升社会信任的水平。从1981年第一次世界价值观调查中可以看出，瑞典和其他斯堪的纳维亚国家是高度信任的社会。与其他国家国民相比，更多的瑞典人同意"大部分人是可以信任的"的陈述，不同意"当与其他人打交道时再小心也不为过"这一陈述。[3] 如图7-5所示，最近的瑞典调查　320
并未显示出"大多数人是可以信任的"的数据有所下降。相反，在1981～1997年之间，用这种方法得出的普遍信任的数据是增长的。[4]

在"社会·意见·媒体"独立调查机构（SOM）自1996年进行的四次年度调查中，我们不止问了如上所示的信任问题。我们在问其他人是否可以被信任这一问题时，要求回答问题的人在0～10的区间内标记他们的观点。这四次调

〔1〕 See Bo Rothstein, "The Universal Welfare State as a Social Dilemma", *Rationality and Society*, 2001 (13): 213 –233.

〔2〕 Stein Kuhnle and Per Selle, *Government and Voluntary Organizations* (Avesbury: Aldershot, 1992); see also Lundström and Filip Wijkström, *The Nonprofit Sector in Sweden*.

〔3〕 Ronald Inglehart, *Modernization and Postmodernization: Cultural, Economic and Political Change in 43 Countries* (Princeton: Princeton University Press, 1997), 172 –175.

〔4〕 The same goes for Denmark; See Goud Andersen, Torpe, and Andersen 2001.

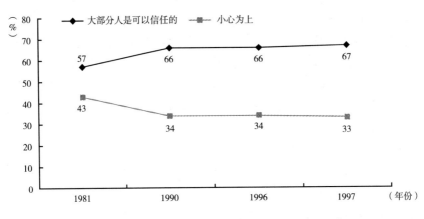

图7-5 关于他人是可以信任的观点（1981～1997年）

资料来源：1981年和1990年的数据来自世界价值观调查的瑞典部分（N＝876和994）。1996年瑞典有两个不同的调查问了这个问题，即第三次世界价值观调查（N＝957）和哥德堡大学的"社会、意见、媒体"独立调查机构所做的调查（N＝1707）。数字显示的是这两个研究的平均值。1997年的数据来自Forskningsgruppen för samhälls-och informationsstudier所做的调查（N＝1640）。

研的结果非常稳定，这也说明了答案具有高度的有效性。这些年的平均数是，12%的人可以被认为是"低信任者"（评分0～3），29%是"中等信任者"（评分4～6），55%是"高信任者"（评分7～10）。[1]

我们还用"社会·意见·媒体"独立调查机构（SOM）自1996年来的调查，去分析是否存在其他变量，能对在0～10的区间检测出的信任水平差异加以解释。对这四种数据进行的定量分析结果显示，如下的变量对个体信任有着最大（即最正相关）影响：教育、收入、组织活动、对民主的满意度、对难民的接受度以及个人生活满意度。控制所有这些变量，我们还发现对司法系统和警察的信心对个体信任具有显著的正面影响。[2]换句话说，说自己相信大多数人的人很可能有如下特征：与普通人相比，他们赚更多的钱、有更良好的教育背景、对自身的生活更满意、对移民更加宽容以及对瑞典民主制的运作方式有着更加正面的评价。在控制这些变量的条件下，他们对警察和司法系统运作的方式也更有信心。这个结果和美国以调查为基础的分析相一致，因此我们可以

321

---

[1] Bo Rothstein, "På spaning efter det sociala kapital som flytt", in Sören Holmberg and Lennart Weibull, eds., *Det nya samhället*? (Göteborg: Göteborg University, 2000).

[2] The multiple regression model is presented in Bo Rothstein, "Social Capital and Institutional Legitimacy", working paper presented at the annual meeting of the American Political Science Association, Washington, DC, Aug. 28 – Sept. 2, 2000.

得出结论，解释个体信任的方式存在着重要的跨国相似性。[1]

当然，特别重要的是信任和人们如何看待政治系统之间的关系。如上所示，在信任和人们对瑞典民主的满意度之间存在着显著的相关性。在表达高度信任的群体中（7～10区间），72%的人说他们"对瑞典民主的运作方式十分满意"，相比而言，42%的人说"非常不满意"。[2]

四次"社会·意见·媒体"独立调查机构（SOM）的调查也包含了对专门的政治机构的信心问题。人们被问到是否对一些机构（议会、公共医疗卫生系统、公立学校、工会、大企业、法庭、军队、银行、瑞典教会、政府、警察、王室、媒体和欧盟委员会）有很高、高、中等、低或非常低的信心。为了捕捉到个体的社会信任（即对其他人的信任）和对机构信任之间的关系，我们分析了变量之间的相关性。通过数据分析得出的结果可被归纳为下述要点。

● 60个相关分析中的每一个都指向了同样的正方向，所以一个人越是信任其他人，他或她就越是信任机构。

● 所有的相关性都很弱，这意味着一大群人并不适用于这一解释。

● 这些正相关的存在并未说明因果机制是如何运转的，或者究竟是否存在因果机制。情况很可能是对其他人的信任导致了对机构的信任，但也可能是对机构的信任导致了对其他人的信任。或者这些变量间根本就没有联系，即是说，两者均被一些其他变量所导致。[3]

一个值得注意的结果是，我们所发现的最强相关性出现在社会信任与对 322 法律和秩序的机构即法庭和警察的信任之间。然而，没有原因表明为何在信任其他人与信任这两个特殊机构之间应该存在一种因果机制。也有可能因果联系朝着相反的方向运行了，即是说，假如你信任理应维护法律和秩序的那些机构，你也会信任其他人。这种观点是按照如下的逻辑运行的：在一个文明社会，法律和秩序的机构（警察和法庭）有一个特别重要的任务：侦察和惩罚"背信弃义之人"（traitors），也就是那些违约、偷盗、谋杀以及做其他诸如此类不合作之事以致不能够被信任的人。因此，假如你认为这些机构以

〔1〕 Eric Uslaner, *The Moral Foundations of Trust* (New York: Cambridge University Press, forthcoming).

〔2〕 Data from the 1996 SOM survey.

〔3〕 The statistical analysis is presented in Rothstein, "Social Capital and Institutional Legitimacy".

公正和有效的方式做了它们应该做的事情，那么你也就有理由相信，人们从这种奸诈的行为中逃脱的可能性很小。[1] 如果是这样的话，你将会相信，人们有理由去约束自身，避免以奸诈的方式行事，那么你就会相信大多数人是可以被信任的。[2]

对于什么促使人们相信其他人这一如此明白的推理性解释，确实改变了人们通常认为的因果联系运行的方式——信任是由社会因素促成的，如志愿组织的活力以及公民社会中其他类型的网络。假如上面的理由是正确的，那么，对其他人的信任可能与这种类型的政治机构的运行方式存在更强的关系。[3] 假如人们相信负责处理恶行的机构公正高效，并且这些人也相信其他人对这些机构的看法与自己相同，那么他们也将会信任其他人。那么社会资本的起源更在于政治机构而非社会因素。[4] 这种对促成信任之因素的解释为下述研究所支持：对社会信任的跨国调查数据，已经和不同国家的腐败程度以及司法效率的数据联系起来了。结果显示，高水平的社会信任是与低度腐败以及高效司法高度相关的。[5]

对"社会·意见·媒体"独立调查机构（SOM）数据所做的回归分析得出的另一结论是组织活动影响显著。在志愿组织和政治活动中表现活跃的人，比起那些表现消极的人更信任别人吗？就信任和有志愿组织的成员身份的关系而言，这种一般性的假设也得到了世界价值观调查中瑞典部分研究的支持。人们参加的组织越多，他们就越有可能信任其他人。[6]

---

〔1〕 博弈理论家经常使用"机会主义的行为"这个术语，就我而言，描述这些情况，这个术语太友善了。

〔2〕 See Sidney Tarrow, "Making Social Science Work Across Space and Time: A Critical Reflection on Robert Putnman's Making Democracy Work", *American Political Science Review*, 1996 (90): 389 – 397, and Margaret Levi, "Social and Unsocial Capital", Politics and Society 24 (1996): 45 – 55.

〔3〕 Bo Rothstein, *Just Institutions Matter: The Moral and Political Logic of the Universal Welfare State* (Cambridge: Cambridge University Press, 1998) . See also Inglehart, *Modernization and Postmodernization*, 173.

〔4〕 See John Brehm and Wendy Rahn, "Individual-Level Evidence for the Causes and Consequences of Social Capital", *American Journal of Political Science*1997 (41): 999 – 1023. Dietlind Stolle has shown that at the micro level, there is no evidence that over time, participation in voluntary organizations (in Sweden) increases generalized trust; see Dietlind Stolle, "Clubs and Congregations: The Benefits of Joining Associations", in Karen S. Cook, ed. , *Trust in Society* (New York: Russell Sage Foundation, 2001).

〔5〕 Rafael LaPorta et al. , "Trust in Large Organizations", American Economic Review 87 (1997): 333 – 38. See also Ronald Inglehart, "Trust, Well-being and Democracy", in Mark E. Warren, ed. , Democracy and Trust (New York: Cambridge University Press, 1999).

〔6〕 World Value Studies 1981 and 1990.

就目前情况总结而言，瑞典的整个图景呈现为一个相当充满活力的、生气　323
勃勃的和不断变化的公民社会。在大多数方面，社会资本的总量似乎自 20 世纪
50 年代以来一直是增长的。因此，我们可以暂时做出结论说，无论瑞典民主存
在着什么问题，通常认为的社会资本下降不可能是其原因。

第七节　普遍性福利国家和公民社会

那么，为何无所不包的瑞典福利国家并没有摧毁信任和社会资本？其中一
个原因可能是瑞典福利国家体系被制度化的方式。它主要的缔造者采用了一种
建立在"人民保险"这一理念基础上的社会政策，给所有公民（或者某些情况
下除了特别富裕的人之外的所有人）提供基本的资源，而避开了与济贫联系在
一起的污名。他们不仅避免了根据经济情况调查结果确定的济贫体系，也避免
了阶级隔离式的俾斯麦型社会保障。福利制度的普遍性特征可能对社会信任有
两个重要的暗示。其一，接受来自政府支持的人们不能被描绘成"他者"。其
二，与建立在经济情况调查基础上的项目相比，普遍性的福利制度极少可能产
生"人们在欺骗制度"的怀疑。[1]

我认为，在此处措辞是一个问题。"福利国家"这一术语不能对瑞典社会计
划进行全面的描述。福利一词——至少在美国——意味着以经济调查结果为指
标的定向计划，并且意味着接受者的不光彩名声。[2] 对瑞典来说，"社会保险
制度"将会是一个更准确的术语。

这并不是否认瑞典福利体系的某些部分已经对社会资本构成了危害。如同
其他西方国家，特别是在 20 世纪 60 年代晚期，强硬的计划手段和管理上的乐
观主义是瑞典福利政策的特征，这也确实带有一点家长制作风。在 20 世纪 90
年代早期，高失业率也增加了以经济情况调查结果为根据的社会救助人数。然
而，我认为大部分的计划，正是因为它们的普遍性而不可能对公民社会有负面
影响。实际上，假如仔细观察的话，公民社会的主要理论家是同意下述观点的：
一般的福利计划不能被看作是公民社会的威胁。举例来说，在关于公民社会的
政治理论的大部头中，琼·L. 柯亨（Jean L. Cohen）和安德鲁·阿拉托
（Andrew Arato）写道（在一处隐藏良好的尾注中）：

〔1〕　I have elaborated this theme in Rothstein, Just Institutions Matter.

〔2〕　Theda Skocpol, "America's Incomplete Welfare State: The Limits of New Deal Reforms and the
　　　Origins of the Present Crisis", in Martin Rein et al., eds., *Stagnation and Renewal in Social Policy*
　　　(Armonk, NY: M. E. Sharpe, 1987).

324

我们没有发现社会保障、健康保险、对失业者的工作培训项目、失业保险和诸如日托或产假之类的家庭支持是如何产生出依赖性而不是自治性的。即使说这类计划的特殊管理产生了依赖性，如对有未成年子女的家庭进行补助（简称 AFDC，例如男人持家规则），这种依赖性也带有侮辱性。但这些是实证性的问题。这些问题背后的理论问题是，社会福利和社会支持在何种程度上象征性地构成了对"失败者"的福利，或在何种程度上构成了对共同体所有成员的支持。[1]

尽管只是出现在尾注里，柯亨和阿拉托一致认为对公民社会来说，在一般性社会政策和以经济调查结果为基础的社会政策之间存在根本区别。可能普遍性的福利国家还有其他的负面（和正面）影响，但它并未阻碍人们参与志愿组织，或帮助处在困境中的其他人。

第八节　组织化社会资本和瑞典模式的消亡

到目前为止，我们对瑞典的研究与关于社会资本的传统知识相矛盾。瑞典民主中对政客和中央政治机构的不信任日益增长，这一问题被归因于人际信任的下降、志愿组织参与的下降或非正式的社会网络的下降。那么问题是，是否存在另一种方式，更加适合在瑞典语境中理解信任和社会资本的重要性。并非重复上述的看法，我将提出一种高度推理性的观点，即在瑞典，另一种类型的社会资本已经消失。

我的论点是，在主要的利益组织（工会、雇主联合会、农民组织等）和政府之间的协作为主要内容的法团主义政治文化中，公民与公民之间的信任并没有耗尽所谓的社会资本。为了使合作主义的政治体系运转，我们需要对垂直形式的信任加以更多的关注。这种类型的信任存在于三种不同的形式中：①组织中个人间的信任；②组织中领导者间的信任；③这些组织中的领导者和政府之间的信任。法团主义意味着凭借组织而来的权力，因此我把垂

---

[1] Cohen and Arato, Civil Society and Political Theory, 664。AFDC 代表了对有未独立子女的家庭的补助。在美国，这是一个主要的基于生活调查的社会救助项目。在这个项目中，"家有男人规则"是其中的一个条款。它规定，假如一个健全的成年男子生活于这个家庭（作为丈夫或者同居者），那么这个家庭将不能得到补助。按照这个项目的批评者的意见，这个规则促使男人抛弃家庭，从而造成了社会弱势群体中家庭解体率的急速增长。

直信任的这三种类型贴上组织化社会资本的标签。[1] 我的观点是，正是这种 　325
组织化社会资本的消失，使得瑞典模式变得过时，并产生了前述的瑞典民主
问题。

　　瑞典并不总是妥协和谈判的地方。从 19 世纪 90 年代到 20 世纪 30 年代中
期，瑞典经济因为所有西方工业国家中普遍存在的劳资纠纷而消耗了大部分的
生产时间。[2] 特别是在 20 世纪 20 年代，瑞典的特征是民主的不稳定和相对高
水平的劳资纠纷。当然，理解这种情况的方式之一，是从经典的马克思主义视
角出发，认为资本主义的生产关系导致了在资本家和工人之间特有的阶级冲突。
但是从另一个视角出发，劳动力市场也可以被理解为"公地悲剧"，也就是，身
处其中的各方都知道，假如每个人都合作的话，各自的情况都会变得更好，但
是在不能确信其他方也会合作的情况下，合作是不理性的。做不到用社会主义
代替资本主义，那么在工业生产中互相合作有可能得到两种收获：①假如劳动
者和资本家互相合作，通过技术合理化达到生产力的增长，那么双方都会获益；
②假如双方保持生产量的不断增长和产品的高质量，从而在消费者中赢得值得
信赖的可靠声誉，在竞争者中赢得潜在的竞争优势，那么双方都会获益。为了
实现这些益处，把资本主义从零和游戏变为正和游戏，在资本家或管理者和劳
动者之间的合作必须建立起来。[3] 但是缺少共同的信任，这样的努力就会失
败，走向社会陷阱，双方都会遭受损失。

　　以 20 世纪 30 年代发生的"历史性妥协"为开端，全国蓝领工会联合会
（LO）和全国雇主联合会（SAF），通过中央工资谈判体系牢牢控制了工资（从
而控制了通货膨胀）和劳资纠纷，从而解决了在劳动力市场中存在的关键的集
体行动问题。由于大量的劳资纠纷，1928 年是瑞典劳动力市场的一个特别黑色
的年份，从这年开始，政府邀请了工会联合会和雇主联合会来商谈如何做才能
建立一个更加和谐的劳动力市场。磋商和调研涉及了众多问题，也经历了许多
挫折，最终在十年后的 1938 年，双方对话达成了众所周知的基本协定。在瑞典

　〔1〕　See Johan P. Olsen, Organized Democracy: Political Institutions in a Welfare State—The Case of
　　　　Norway（Oslo: Universitetsförlaget, 1992）.

　〔2〕　Klas Åmark, "Social Democracy and the Trade Union Movement: Solidarity and the Politics of Self-
　　　　Interest", in Klas Misgeld et al., eds., Creating Social Democracy: A Century of the Social
　　　　Democratic Labor Party in Sweden（University Park: Pennsylvania State University Press, 1992）,
　　　　73.

　〔3〕　Gary D. Miller, Managerial Dilemmas（Cambridge: Cambridge University Press, 1992）; see also
　　　　Adam Przeworski and Michael Wallerstein, "The Structure of Class Conflict in Democratic Capitalist
　　　　Societies", American Political Science Review, 1992（76）: 215–218.

的政治文化中，这个协定非常有名，被赋予几乎是神话般的地位，它是以斯德哥尔摩外一个小胜地命名的，在这里进行了最后的协商并签署了协定（索茨霍巴根协议）。

326　　作为瑞典模式的奠基石之一，基本协定首先是关于协商及和平解决争议的象征性程序规则。然而，这一过程和协定的最重要结果是新的信任精神，工会和雇主认识到两者存在于和谐的劳动力市场关系中的共同利益。就像雇主联合会前任主席陈述的那样："协定是尝试解决劳动力市场中争端的一种努力，它依凭的是理智的自制而非暴力。"[1]

　　基本协定的许多最重要的方面事实上是非正式的。[2] 例如，雇主非正式同意避免雇佣破坏罢工的人，承认工会进行组织的权利，承认工会作为劳动力市场中平等伙伴的权利。工会联合会默认控制激进的（即共产主义）地方工会，对罢工和封锁实施中央指挥。作为获得对劳动力无限制工会化这一权利的回报，工会承认雇主在组织中和生产方向上具有最后的决定权；即是说，工会同意不干扰生产经营的合理化进程（process of rationalization）。[3] 协定的象征性特征和非正式的内容，使得它的实施完全依靠这种组织化社会资本，即有名的"索茨霍巴根精神"（Saltsjöbaden）。正如雇主联合会前执行董事在他的备忘里所写："索茨霍巴根协商的重要性再怎么强调都不为过。夸大对手的恶意的观念消失了……人们也发现双方具有许多共同的利益。"[4]

　　包含在创立和维护基本协定的过程中以及它所需要的组织化的社会资本中的许多问题不应该被低估。双方的领导者不得不去说服他们更加激进的成员，使他们相信另一方是值得信赖的。有充足的证据证明，从阶级冲突转向阶级协作对双方而言都不是一件容易的事情。[5] 假如在双方的成员和领导者之间不存在高度信任的话，这些事情是根本不可能办成的。[6] 如同我在其他地方所说的那样，有充分的理由相信，政府对上述法团主义的安排，使劳动力市场中的双方借机在激烈

---

〔1〕　Bertil Kugelberg, *Från en central utsiktspunkt* (Stockholm: Norstedt, 1986), 95.

〔2〕　Some historians have even spoken of this as a "secret addition" to the agreement, e. g., Klas Åmark, *Facklig makt och fackligt medlemskap* (Lund: Arkiv, 1989).

〔3〕　Åmark, "Social Democracy and the Trade Union Movement".

〔4〕　Kugelberg, *Från en central utsiktspunkt*, 52.

〔5〕　Göran Therborn, "Socialdemokratin träder fram", Arkiv för studier i arbetarrörelsens historia, 1988 (41): 1 - 46; see also Åmark, "Social Democracy and the Trade Union Movement", and Sven-Anders Söderpalm, *Arbetsgivarna och saltsjöbadspolitiken* (Stockholm: Swedish Employers' Federation, 1981); Bertil Kugelberg, *Upp i vind* (Stockholm: Norstedt, 1985), 301 - 304.

〔6〕　See, e. g., Kugelberg, Upp i vind, 302 - 304.

的劳资斗争条件下学习合作，创造了达成基本协定所需的那种类型的信任。[1]

一个重要的动因是双方一致同意把政府排除出劳动力市场。雇主联合会加入 1938 年基本协定的原因之一，是工会联合会领导方明确表示，他们不想让社会民主党政府参与其中。当时的社会民主党首相以及社会事务部部长都被说服，认为劳动力市场需要通过政治手段来规范。尽管与他们有公开的冲突，工会联合会的领导人在关键时刻选择了这样的解决方案，即劳动力市场组织会依靠自己的力量解决问题。[2] 这使雇主联合会确信工会联合会不会使用政治权力（因为工会联合会和政府有着非常亲近的关系）去进行一场 2 对 1 的游戏。在劳动力市场出现的问题将会在无政治权力干扰的情况下被解决，这一原则成为基本协定的标志性核心。

由于在事实上协定的象征意义大于法律约束，所以它依赖组织间领导者之间的高度人际信任。索茨霍巴根协议的许多重要因素建立在这样一种共同理解的基础上，即这项新政策只有在双方都被信任会出于良好意愿而行动的条件下才能被实施。在备忘文献中有许多例子描述了这种信任的重要性。雇主联合会的常务董事贝蒂尔·库尔贝格（Bertil Kugelberg）在他的备忘里这样描述他的对手工会联合会主席阿恩·耶伊尔（Arne Gei jer）：

> 在我和阿恩第一次会面后，我坚信我见到的是一个意志坚定的、有辨识能力的人，他的话可以被信赖。在谈判桌上以及旅程中多年的相伴，从未给我任何理由让我去质疑我的第一印象。他知道他想要什么，他的陈述很直接，并且他信守自己的诺言。[3]

从 20 世纪 40 年代晚期到 1966 年，库尔贝格和耶伊尔主导了劳动力市场的局势，并且私交良好。在库尔贝格的备忘录以及其他人的备忘录中，随处可见这种人际信任的证据，也随处可见对国外雇主及国外工会成员到瑞典来访时惊讶于这

---

[1] Rothstein, Den korporativa staten. For a very instructive comparison between Germany and Sweden, see Sheri Berman, "Path Dependency and Political Action: Re-examining Responses to the Depression", Comparative Politics, forthcoming.

[2] 建立这种信念的原因之一是著名的 1933 年危机方案中的一大部分不能实施。这些危机方案是由社会民主党和农民党提出的，目的是应对失业问题。不能实施的原因在于建筑工业领域中出现了长达九个月的冲突，而冲突被认为是由这个领域中部分共产主义化的激进工会引起的。see Åmark, "Social Democracy and the Trade Union Movement", and Anders L. Johansson, Tillväxt och klassamarbete (Stockholm: Tiden, 1989).

[3] Kugelberg, Från en central utsiktspunkt, 112.

种情形的描述。在精英层面的信任之上，有着充分的证据显示，工会运动组织和雇主联合会都投入了大量努力去说服它们的普通成员接受这种有益的合作。[1]

第九节　组织化社会资本的崩溃

早在 1970 年，组织化社会资本崩溃的第一个标志就出现了。社会日益激进化，罢工也越发不受控制，在这种压力之下，工会联合会的领导层抛弃了不把（社会民主党）政府纳入规范劳资关系过程中的原则。相反，他们要求制定（并得到了）大约 20 种新的劳工法，目的是要加强在与雇主对抗中的地位。蒂姆·蒂尔顿（Tim Tilton）是研究瑞典社会民主党意识形态的杰出学者，他强调了目前做法对先前原则的违背：

> 可是，改革并不只是代表了注重实效的中间路线或是共识政治；当劳动法委员会在 1974 年没有能力提供一份毫无争议的报告的时候，社会民主党政府把它的提案建立在了工会联合会和瑞典联盟（TCO）代表的少数派报告的基础上。[2]

因此，索茨霍巴根协议在 1976 年遭到公开的抨击。在这个激进时期，来自工会联合会的影响最深远的提议是建立雇佣劳动者的基金。这些基金的原始形式，是将瑞典所有的重要企业实现社会化，手段是强迫这些企业把其利润的一部分转入基金，从而工会可以用这些资金购买股票。[3] 按照蒂尔顿的说法，这项提议"并非只是作为另一项渐进式改革而被提出；它被看作一个更加独特的社会主义新纪元的开始"。[4] 在经历了 7 年非比寻常的激烈政治斗争后，在 1983 年，这项提议的一个打了相当大折扣的版本被确定，不过在 1992 它被保守派领导的政府废除。

工人运动组织改变的策略有两方面的影响。首先，关于雇佣劳动者基金的

---

[1] 应该补充的是，在 1945 年，他们从一次大的冲突中得到了巨大的帮助。共产党领导的金属工人工会在这次冲突中扮演了中心角色，而斗争以工会的失败告终。就像欧佛森（Olofsson）在 Mellan klass och stat 中指出的那样，内在于工会运动组织的改良主义策略，是确保共产主义的激进策略在斗争中失败，从而"证明"只有他们自己的合作策略可以成功。

[2] Tilton, *The Political Theory of Swedish Social Democracy*, 224; see also Nils Elvander, *Den svenska modellen*（Stockholm: Publica, 1988）. TCO is the confederation of the white-collar unions.

[3] Rudolf Meidner, *Employee Investment Funds*（London: George Allen and Unwin, 1978）.

[4] Tilton, *The Political Theory of Swedish Social Democracy*, p. 229.

争论持续越久，对这项提议的民众支持就越弱，特别是在工会联合会成员内部。在 1976 年，大约半数的工会成员支持这种想法，然而到了 1983 年，支持率下降到约 17%。[1] 其次，也是最重要的，工会联合会的新的对抗策略引发了可以预计的雇主联合会策略的变化。雇主联合会放弃了中央工资协商体系，转而进行充满活力的并且相当成功的支持新自由主义经济原则的运动，并且从所有的法团主义的委员会和机构中退出。对目前双方形势的最恰当描述是，普遍的不信任，明确的迹象有两个。[2]

第一，在 20 世纪 70 年代中期到 20 世纪 90 年代中期之间，并无工资协商体系在运作。虽然工会联合会想要回到中央协调，但是雇主联合会想要下放到各个企业的层面上去。按照雇主联合会主席的话，这种僵局产生的原因在于"对于瑞典的劳动力市场信心太少。而当没有信心的时候，不信任就会增长"。[3] 他对情况的描述是和工会联合会反对地方设定工资标准的原因相一致的。工会害怕专断式的解决方法，因为工会不信任雇主，认为雇主将会从弱小的地方工会中获取利益。

329

协调工资制定程序的失败导致了通货膨胀的螺旋式上升以及一系列的货币贬值，这损害了瑞典经济的国际竞争力。结果是，在经济合作与发展组织对人均国民生产总值进行的排名中，瑞典的经济排名从 1970 年的第四位下降到了 1997 年的第十八位。[4] 瑞典经济的急剧恶化可能是对政治机构和主要政治家信任下降的主要原因，因此，就像我们已经看到的，社会资本仍然保持着稳定。

第二，在使劳动法适应对更加灵活的生产组织的新需要上，任何妥协都未达成。尽管社会民主党政府对达成某种形式的一致做出了长期的努力，但是委员会并未完成这项任务。而且，尽管做出了这些努力，并且用到了在劳资关系、劳动法和劳动经济学方面的专业技能（瑞典这方面的知识很丰富），但委员会的代表们甚至对问题都未能产生共识。结果是，政府做出了备受批评的改变，这不仅引起了工会联合会的公开抗议，也被雇主联合会以不充分为由所拒绝。[5]

当然，对瑞典模式的消亡有着其他的解释。其中之一是劳动力市场组织形势的变化导致了模式的失效。当组织增加，即当游戏不局限于工会联合会和雇

〔1〕　Mikael Gilljam, *Svenska folket och löntagarfonderna* (Lund：Studentlitteratur, 1988), 176.

〔2〕　Bo Stråth, *The Organisation of Labour Markets：Modernity, Culture and Governance in Germany, Sweden, Britain and Japan* (London：Routledge, 1996), 99–106.

〔3〕　Bert-Olof Svanholm, interviewed in Svenska Dagbladet, October 23, 1994.

〔4〕　Assar Lindbeck, *The Swedish Experiment* (Stockholm：SNS Förlag, 1999).

〔5〕　Svenska Dagbladet, May 6, 1996.

主联合会，而是包含进许多公共部门的雇主组织以及许多代表公共部门白领工人的工会时，协调工资和劳资纠纷会变得更加困难。[1] 这种解释可能包含了一些真实的情况，但是我有两点要说明：首先，事实上有独立工资合约的工会数量在 20 世纪 30 年代更高；其次，其他有很多劳动力市场组织的国家，如德国和挪威，就有能力协调工资制定。

另一种解释指向生产、技术、国际贸易和金融的变化："福特生产模式的终结"、对"弹性专业化"的需要以及/或是"资本的国际化"削弱了瑞典模式。[2] 技术和经济领域的变化显然很重要，但是这些解释不能揭示这些特殊变化中的哪些地方导致了劳动力市场中的对抗而非妥协。与瑞典相对比的国家中的工会和雇主，如挪威、丹麦和荷兰的工会和雇主，就有能力控制工资和通货膨胀，而正是在同一时期，瑞典模式在这一至关重要的领域中失败了。

我为瑞典模式的消亡提出一个不同的、明白的推理性解释。它不是因为在技术或是国际经济领域发生的变化而终止；它的消亡乃是因为它赖以立足的组织化社会资本这一基石的消失。

在瑞典模式的消亡和瑞典民主的问题之间的联系不是很容易就能被发现的。我的假设是，在瑞典模式的消亡和瑞典民主的问题之间存在着间接的因果联系。论证如下：瑞典模式建立在政府作用有限的基础上。政府让劳动力市场中的双方依靠自身解决它们的问题。在 20 世纪 70 年代，劳动力市场中政治方面的有限作用被放弃。工会联合会和社会民主党政府给选民这样一种感觉，即政治体系有能力通过扩大福利国家来增加社会公平，通过雇佣劳动者基金引入经济民主，通过新的劳动法体系建立产业民主，通过积极的劳动市场政策和凯恩斯经济学确保充分就业，等等。上述每一个领域的举措产生的结果都导致了一种后退，或走向了彻底的失败了。就像乔纳斯·蓬图森（Jonas Pontusson）所示，改良主义有明确的限度。[3] 初步的结论是，瑞典的政治体系不被信任，因为在 20 世纪 70 年代，工会联合会和社会民主党的政治狂妄导致它们抛弃了瑞典模式，这反过来又引发国家经济表现的急速滑坡。

然而，我争论的目的，不是为了瑞典组织化社会资本的崩溃而指责工人运动组织。因为有可能是因为来自下层的强大压力以及雇主不愿意接受在协商过

---

〔1〕 Elvander, *Den svenska modellen*; see also Lewin, "The Rise and Decline of Corporatism".

〔2〕 Jonas Pontusson and Peter Swensson, "Labour Markets, Production Strategies and Wage Bargaining Institutions", *Comparative Political Studies*, 1996（29）: 223 – 250.

〔3〕 Jonas Pontusson, *The Limits of Reformism*: *Investment Politics in Sweden* (Ithaca: Cornell University Press, 1993).

程中变化的强大压力，工会才不得不转向它们政治上的盟友。但必须要指出的
是，两面包围的策略，即工会联合会和社会民主党通过雇佣劳动者基金追求经
济民主/社会主义，通过新劳动法立法追求产业民主，在瑞典也是前无古人。似
乎雇主（及其政治联盟）战略的戏剧性变化让工人运动组织大吃一惊。但如果
信任和其他这样的社会规范，就像乔恩·埃尔斯特（Jon Elster）主张的那
样，[1] 必须被理解为非工具性的行为，那么 20 世纪 70 年代工会联合会的马克   331
思主义和 20 世纪 80 年代雇主联合会的新自由主义就是近亲。两种意识形态建
立在同样的假设之上，即利益永不说谎。因此，从博弈论中可以得出如下主要
反思：假如所有的行动者都出于这样的工具理性而行动，那么依照"公地悲剧"
模型建立起用以解决问题的社会资本将不会产生。

〔1〕 Jon Elster, "Rationality and Social Norms", *Archives Europennées de Sociologie*, 1991（31）：
233－256.

第八章

澳大利亚：成就幸运国家[*]

伊娃·考克斯

本章要考虑的是社会资本怎样在澳大利亚通过建立一种特殊形式的民主，而致力于赋予澳大利亚多样化的人口以协同工作的技能和激励。数据表明，这种能力可能出自公民社会和政府独特的结合方式，这种结合方式把公共部门和政治置于为了创造更加美好的国家而进行努力的中心位置。

复合型的机构设置、工会和宗教组织的体制角色，以及在正式的和非正式的社区团体之间的联系，为在 1901 年新独立的澳大利亚提供了社会架构。这一社会架构在经历了对外战争、大萧条、移民潮以及种族主义浪潮后，顺利挺过了 20 世纪。

澳大利亚如同美国，是一个移民社会。然而，英国王室宣称澳大利亚为无主的土地（terra nullius），正式否认了本土居民的土地所有权。联邦经由公民程序诞生，而非任何独立战争，亦非任何内战。作为政府主要部门的联邦众议院，是由地方性单议席选区（single-member electorates）选出的，而联邦的参议院则大体上追随美国的共和国模式由各州选举产生。[1] 大多数的州有两个议院，这表明全国的 1900 万人民可能处在过度管制之下。强制性的投票确保了投票参与

334

---

* 在我第一次草拟本章之际，澳大利亚的悉尼举办了 2000 年奥林匹克运动会和国际残疾人运动会。在 9 月的那四周，50000 名志愿者导游、人们对运动会的广泛关注，以及到达运动场的免费公交，都带来了比灾难或战争时期更为开放的陌生人之间的关系。运动会进行得很顺利，因为它们使我们记起我们历史中美好的一面。来自政府与其反对派之间显见的跨党派互相支持，与在开幕式和闭幕式中展示的多样性相结合，也与对外界的自发性友好态度相结合，共同建立起了良好的社会风气。这种观点是和本章的论点相符合的——澳大利亚的社会资本是政府和非政府部门独特混合的合法产物。

然而，来自此前的亚特兰大奥林匹克运动会的报告，未记录下任何礼仪或友谊的增长，因此上述功效可能为澳大利亚所独有。不幸的是，尽管政府的说辞中欢呼新的公民时代到来，呼吁志愿精神持续下去，然而努力并未见成效，存留的是同样的政治争吵，同样的乡村和城市居民的冲突以及在与原住民和解问题上同样的争端。然而即使这样，在 2000 年 11 月，近一百万人步行过桥支持与本土居民的和解。

〔1〕 在澳大利亚，术语"electorate"特指选举一名议员的地理区域。

率，并将政府代表人民利益行事的预期带给了大众。最近的一次民意测验显示，70%的人支持一种善意看待政府的观点，即政府是为人民服务的。[1]

澳大利亚和英国19世纪的历史几近相似：互帮互助、协同提供地区服务以及广泛参与和建制成熟的劳工运动，而后者与澳大利亚工党联系紧密。但是，它没有像英国那样的世袭贵族阶层，也没有像美国那样雄厚的私人财富，这使得居民定居点和主要基础建设的费用大体上一直由公共基金出资。

与英国、美国相比，澳大利亚的政治和制度更多依赖于政府。因此新联邦政府和法院在1907年设立了工资和工作环境的最低标准，[2] 在1901年制定了养老金制度，在1902年规定了女性的选举权，从1926年开始发放遗孀抚恤金。政府被看作改革的载体，由政党、社区和教会团体提供推动力。

澳大利亚在20世纪30年代的大萧条中受到重创，直到第二次世界大战的时候经济才得以完全恢复。战后对失业和随之而来的社会分化的恐惧，促成了扎实的国家福利体系，而战后重建让澳大利亚也分享了发达国家的经济繁荣。进步似乎是不可避免的，它使得澳大利亚成为那些已定居之人和移民的理想之乡。它是"幸运的国家"。直到20世纪70年代，对这种幸运的质疑之声才渐渐增多。

战后的澳大利亚自视人力不足，因而设立了重点移民项目，后者对人口的增长产生了重要影响。在1947年到1999年间，人口增长了11501442人，其中约700万是移民及其子孙们。第一波移民来自饱受战争蹂躏的英国和其他北欧国家。到1997年为止，已有16%的澳大利亚人出生于非英语国家，而本土居民仅占总人口的2%。[3] 大多数的早期欧洲移民为初兴的制造业所急需，他们投身于基础设施建设。然而，随着这些部门对劳动力需求的降低，继续接受移民是否明智开始受到质疑。

自20世纪80年代以来，澳大利亚追随英国和美国，转向减少公共支出和市场管制。然而，在澳大利亚，政策是由在1983～1996年掌权的澳大利亚工党（ALP）制定的。鉴于澳大利亚工党总是和工会运动联系紧密，它按照新古典主义的药方减少政府控制和政府支出的做法，引发了对政治和国家角色认知的混乱。这点在本章随后要援引的民意测验中会有体现。也正是在这一时期，数据

335

---

[1] Australian National University, Social Science Data Archives, Referendum Study no. 1018, 1999. 当人们被问到，按照性质政府是促进社会整体利益的最好的工具，还是威胁到人们的权利因而是不可信任的这个问题的时候，70.5%的人选择了前者。

[2] F. G. Castles, *The Working Class and Welfare* (Wellington: Allen and Unwin, 1985).

[3] Australian Bureau of Statistics, Australian Social Trends (Canberra: Australian Bureau of Statistics, 1998), 2.

显示了对诸如工会和政党这样的正式机构不信任和不参与的显著增长。同时，与上述情况矛盾的是，来自社团组织的压力导致了政府在维护人权方面行为的增加：政府传达出了社会包容和公民责任的新信息。

1996 年的一次选举使全国政府发生了更替；随之产生的联合政府是保守的，经济思想上倚重新古典主义，这重新引起了关于政府、企业和志愿部门各自角色的辩论。日趋明显的新式分化，存在于富人和穷人之间，以及城市精英和普通乡村居民（也称乡村"勉强维持生计的人"）之间。

在过去的 30 年里，澳大利亚接纳了许多新移民，似乎一直存在着新移民和本土居民关系改良的缓慢运动。对同性恋的广泛接受以及女权主义取得的进步，表明公共政策和社会文化一直在齐头并进。然而，鸿沟也正在出现。"幸运国家"的标签已成为平等主义社会——人们得到公平对待的社会——通俗叙事的一部分。那现在面临的问题是，这种乐观主义的失去以及政治不信任程度的增加，是否正在影响着民主进程。

第一节　公私结合

在澳大利亚的整个公民社会历史中，在政府和社团或是公事与私事之间从未有过明显的区分。对于一个仅有 1900 万人口的岛屿大陆而言，人口规模而非国土面积在形塑我们的国家构想、社团意识以及政府机构和社团的互相依存关系。许多政府机构和志愿团体平行运作，它们或是相互合作，或是相互替代。正式的政治结构和公共服务，总是与社团服务和社团支持相渗透，并且紧密关联。政治文化将政府视为在独特的澳大利亚式共和国设想中代表了公民意愿，尽管这种代表性差强人意。

最近的一个例子，是从 1973 年到 1990 年，代表诸如妇女、本土居民和移民等特殊利益群体的公共服务部门建立起来。[1] 这些部门最初被设计旨在提供一种内部的游说机制，并被看作代表少数派观点的重要的正式方式。它们处在体系内部，连接社团和政府，显示出人们期望政府代表疆域内的多样性而非单一的多数观点。

在过去的 25 年里，这些特殊部门担负起对多元文化的公共承诺，发展出对抗种族主义和男性至上主义的机制，甚至和同性恋群体一起致力于艾滋病工作。直到最近，澳大利亚都可以被看作通过社团和国家间的紧密联系而向着公民社会进步的国家。然而，随着政府对这些领域干预的减少，这些部门慢慢失去了影响，在过去的几年里这些特殊利益部门渐渐淡出人们的视野。为回应来自

---

〔1〕 H. Eisenstein, *Inside Agitators* (Sydney：Allen and Unwin, 1996).

"勉强维持生计之人"的强烈反对，一些部门已被废除了。选民在最近的政府选举中表现出的变化，已经被认为是对特殊利益群体的反对，使得（政府的）关注重新转移到了主流群体上。越来越多的种族主义迹象已经出现，这种新的不宽容暗示了社会融合新的不确定性。[1]

1997 年举办的一次主题为"检验发展"的会议，关注澳大利亚的生活质量和目前客观测量标准的可靠性。[2] 更好的教育、更高的收入以及获得物质产品的更多渠道，与频繁报道的居民对国家和未来的负面情绪相矛盾。受大会委托，在 1997 年 6 月进行了一次民意测验，人们被问及，"考虑到目前澳大利亚人民的总体生活质量，考虑到社会、经济和环境的状况和趋势，你认为在澳大利亚的生活，是变得越来越好，还是越来越差，或者没有什么变化？"超过一半的人认为生活质量在变差，只有 13% 的人认为变得越来越好。如表 8 - 1 中显示的，虽然高收入的人和年轻人更加乐观，但是他们中持消极观点的人仍是持积极观点的人的 2 ~ 3 倍。其他的民意测验同样显示出人们对未来的不安感在增加，这些在本章中会进一步论及。

本章数据表明，社会资本总体上可能在减少，这由最近对变化的抵制情绪和总体焦虑感的增长显示出来。政治上的犬儒主义在上升，正式的公民参与和政治参与在逐渐减少。然而，与此同时，其他形式的社会活动在增长，但并不包括需要长久参与的活动。人们看待社会关系和社会参与的方式已经改变了。 337
我们从如下的假定出发：在澳大利亚的情境中，人们的期望值、乐观主义和信任之积蓄的总体环境，被社团和国家的相互关系所影响。

表 8 - 1　关于未来的观点（1997 年）

单位：%

群　体	更　好	更　坏	没有变化
全　部	13	52	33
18 ~ 24 岁	15	44	39
50 ~ 64 岁	10	57	31
年收入少于 3 万澳元	9	59	31
年收入超过 5 万澳元	19	42	37

资料来源：R. Eckersley, "Perspectives on Progress", in R. Eckersley, ed., *Measuring Progress: Is Life Getting Better?* (Collingwood, Victoria: CSIRO, 1998)。

[1] P. Adams, ed., *The Retreat from Tolerance: A Snapshot of Australian Society* (Sydney: ABC Books, 1997).

[2] R. Eckersley, "Perspectives on Progress", in R. Eckersley, ed., *Measuring Progress: Is Life Getting Better?* (Collingwood, Victoria: CSIRO, 1998), 4 - 9.

在澳大利亚，政府结构对信任的形成和健康的公民参与很重要。与英国和美国这样的英语语系社会进行比较，可以为这样的调查——是否社会资本的波动，和社会资本在总体上的形成，是和这三个社会的政府—社团关系的差异相联系的——提供一个机会。

第二节 澳大利亚的社会资本在衰落吗？

社会资本，无论怎样定义，大体上被认为是社会固有的功能，因为它使得一个社会的成员共同行动，去解决他们的问题以及追求共同的利益。社会合作的网络推动了共同行动。因此去检验不同的社会结构的形式、本源和在弹性社交网络的增长率是有用的。

为了调查澳大利亚的公民参与在过去30年里是如何发生变化的，我们通过志愿行为和社团中的成员身份，来查看参与水平的分布状况。数据包括了可能获得的社会活动和政治活动的参与水平的数据，包括依赖于朋友间、邻居间及整个社区的社交性形成的非正式网络。数据表明，社会交往的水平可能在变化，那些拥有更多资源的团体，更有可能拥有参与组织活动机会的意愿和技能。因此，这些团体更有可能发展和保持以社会资本形式增长的信任度。日益增长的不平等还表明，在面对经济发展和共同体内部日益增长的多样性时，先前的社会资本分布越广泛，同质化的社会就越会被耗尽。政府在安全网中作用的逐渐萎缩，成为许多有关目前社会分化的辩论的焦点。

一 参与和合作

在政治活动和公共活动中的参与和合作，使公民们之间联系紧密，显然这对社会资本的积累是必要的。这些都属于社会资本水平最明显的指标。能力建设可以被界定为一种学习，这种学习培育出充足的信任感，使参与者对持续参与保持乐观的心态。问题是，各种形式的参与是如何提供学习民主过程的机会的。本章这部分的数据涵盖了志愿行为、组织中的成员身份和社会参与的其他形式。

1. 公民参与

收集到的数据表明，大多数的志愿团体正在经历成员的减少，男性和女性用在正式的志愿行为上的时间都减少了。我们的数据也表明，人们对要参与的活动货比三家，甚至对信仰也呈现出同样的特点。和前辈们相比，年轻人尤其会参与结构化程度非常低的活动。短期活动和社会运动可能会为合作行动提供不同经验，但是它们能提供的对通用社交技能持续学习的机会则不多。由于短期的参与有可能没有被记录，且当人们被问到他们在社团中的志愿行为的时候，他们也可能认为没有必要列举出来，因此数据应该被谨慎解读。

2. 志愿行为的水平

正式的志愿行为仍然对公民生活有着重要的贡献。澳大利亚统计局 1995 年进行的志愿工作调查是对于志愿工作的第一次全国性调查。它显示 17% 的男性和 21% 的女性，即 19% 的人口，在 1994 年为志愿工作花费了时间。[1] 然而，1982 年由昆士兰州和维多利亚州以及 1988 年由南澳大利亚州的统计局进行的以州为基础的调查，则显示变化一直存在。[2]

这些数据显示，在过去 13 年间，志愿者的人数几乎下降了三分之一，但并未显示是缓慢的下降还是急剧的下降。1988 年在南澳大利亚州进行的一次调查表明参与率是 28%，而在 1995 年参与率仅为 20%，[3] 而这些是参与正式社团的数据。1992 年一项关于"时间使用"的研究数据表明，非正式的互助行为使总百分比增长到 23%。[4] 现阶段还没有研究关注非正式的新式活动的参与，以及环保活动的参与。

表 8-2 正式志愿服务的水平，1982～1995 年，维多利亚和昆士兰州

单位：年

	男性		女性	
	1982 年	1995 年	1982 年	1995 年
维多利亚州	27	18	30	22
昆士兰州	26	18	31	24

资料来源：Australian Bureau of Statistics, *Voluntary Work Australia*, Cat. No. 4441.0（Canberra：1995）。

在 2000 年进行的进一步调查显示，自 1995 年开始全国志愿者比率持续上升，但是该数据没有可比性。这种上升趋势并不容易被解释，因为似乎没有一类团体对志愿者比率的上升做出了特别的贡献，但是趋势却明显逆转了。

---

[1] Australian Bureau of Statistics, *Voluntary Work Australia*, Cat. No. 4441.0（Canberra：Australian Bureau of Statistics, 1995），1.

[2] Australian Bureau of Statistics, *How Australians Use Their Time*, Cat. No. 4153.0（Canberra：Australian Bureau of Statistics, 1992）.

[3] Australian Bureau of Statistics, *South Australian Community and Voluntary Work Survey*（Canberra：Australian Bureau of Statistics, 1988）.

[4] Australian Bureau of Statistics, *How Australians Use Their Time*.

妇女进军职场的运动经常被解释为正式性志愿活动减少的一个原因。然而，数据同样显示，男性志愿者的数量也在减少。

表8-3显示，做兼职工作的女性中，志愿者的比率最高。下面这点可以解释这一现象，学龄前孩子和年幼的学龄儿童的母亲做兼职工作的比率更高，她们因为孩子而更有可能参与到志愿活动中去。抚养未成年子女的男性的参与率是23%，抚养未成年子女的女性的参与率是30%，分别在参与中占据最高比例。

表8-3 在不同工作状态和性别方面的正式志愿服务的水平（1995年）

单位：%

雇用状态	男性	女性	全部
全职工作	18	17	18
兼职工作	21	30	27
非劳动力	13	19	17
非劳动力	17	22	19

资料来源：Australian Bureau of Statistics, Voluntary Work Australia, Cat. No. 4441.0（Canberra: 1995）。

340

表8-4 在不同职业方面的志愿服务水平（1995年）

单位：%

职业	男性	女性	全部
管理/行政/专业人员	29	33	30
辅助专业人员	23	27	25
牧师	20	23	22
销售	17	17	17
商业	13	16	13
体力劳动者/非技术人员	12	18	13
全部	18	23	19
非劳动力	13	19	17

资料来源：Australian Bureau of Statistics, *Voluntary Work Australia*, Cat. No. 4441.0（Canberra: 1995）。

3. 志愿行为和不平等

一个人的职业地位越高，他或她就越有可能在正式组织中从事志愿工作。专业工人和白领工人，比那些从事商业或非技能性工作之人，或那些没有工作的人，更有可能去从事志愿工作。这可能反映需求，但它也说明，参与志愿工作的信心以及相应的信任度，并不是平均分布的。

志愿行为也和受教育水平相关联。1995 年的一次调查显示，受教育水平越低的人，参与正式志愿活动的可能性越低。在受教育水平最低的团体中，正式的志愿组织和社区组织的参与率是 8.3%，二级受教育水平的参与率上升到 14.7%，四级和五级受教育水平的参与率是 18.5%。[1]

1998 年对城市和乡村社区的一次调查显示，在社区组织中从事志愿工作既和人口密度有关，又和城市的社会经济状况有关。[2] 总体而言，居住于城市的居民比居住于乡村地区的居民更少参加社区活动。在城市中，生活于较高社会经济水平地区的人，呈现更高的参与水平。

这个调查也发现，失业者和移民——尤其是来自非英语国家的移民，在正式志愿活动参与水平上相对较低。这被另一项在阿德莱德市的调查所证明，同样的情况也出现在 1995 年澳大利亚统计局的研究中。[3] 休斯（Hughes）认为，这些结果表明，那些不被社会认可的人、那些本身抵御风险能力差的人、那些缺少进入社会之能力或机会的人，他们的信任度相对较低，这又影响到了他们对志愿活动的参与。[4]

341

总体来说，这些数据表明，志愿行为是和社会地位相关的，这带来了志愿行为和社会资本分布的问题。我们认为，就参与的选择和社会资本如何弥合差异而言，越是传统的公民参与形式，越有可能排除边缘群体，但这些边缘群体可能因而创立替代性结构。本章稍后关于日益增长的不平等的相关数据，可能解释在一系列公民活动中参与率的某些变化。

二 不同社会机构中的成员和参与

这部分着眼于社区团体和社会运动，以及它们在使人们参与公民活动中扮演的角色。由于统计数据的缺乏，我们不得不利用没有提供比较数据的调查和报告。然而，有着足够的资料去做出建立在良好基础上的关于模式和观念的推论。

1. 社区团体和社会运动

成员数量显示，许多传统的社区团体，甚至有些社会运动，都正在失去成员。

---

[1] Australian Bureau of Statistics, *Aspects of Literacy*, Cat. No. 4228.0 (Canberra: Australian Bureau of Statistics, 1996).

[2] P. Hughes and J. Bellamy, "The Distribution of Social Capital", unpublished paper, 1998.

[3] F. Baum et al., "Volunteering and Social Capital: An Adelaide Study", *Volunteer Journal of Australia*, 1998, 23 (3).

[4] Hughes and Bellamy, "The Distribution of Social Capital".

大规模的代表性组织如工会，传统的妇女组织如乡村妇女联合会，传统的年轻人运动组织如童子军和传统的教会，在过去 40 年都经历了成员数量的下降。

有些人争辩说，传统的社会运动正在输给最近出现的新兴团体，如妇女运动和环保团体。但是，这些组织也同样正在失去它们的成员以及一些公共支持。鉴于有关正式团体的成员变化趋势的记录很少，本章一些原始的数据是直接采集自组织自身。服务组织，如顶点（Apex）俱乐部和狮子（Lions）俱乐部，自它们在 20 世纪 50 年代达到高峰后，就开始了大幅下降。乡村妇女联合会（The Country Women's Association）成员从 1995 年的 110000 人下降到 1997 年的 48000 人。荒野保护协会（The Wilderness Society）从 80 年代中期的 9000 人下降到目前的 2000 人。全能女权主义组织（Generalist Feminist Groups）也失去了活跃的成员，但是有很多规模较小的以及专业性更强的团体没有被记录下来。然而也存在例外情况；例如，在新南威尔士州，志愿者消防队有 70000 名成员，自从 1994 年那次丛林大火灾吸引了广泛的媒体报道之后，新加入的志愿者数量大幅增加。

就社会资本而言，社会组织和社区组织成员的减少，必须被置于这段时间内
342 澳大利亚人口和生活方式变化的情境之中加以考量。整个国家，特别是在大城市中，种族构成发生的显著变化，已经影响到了人们活动的类型及内容，因为人口出生率不断下降，同时人口流动性不断增长。

有着大量人员参与的活动也在数量上有所增长，例如澳洲清洁日、公益长跑、同性恋狂欢节、庆祝日、龙舟赛和食品交易会，这些户外活动在澳大利亚温和的气候中蓬勃发展。它们所提供的参与，并不必然建立在亲密关系的基础上，但是提供了对公共社会活动的广泛参与，进而可能生发出人们相互间的承诺和信任。如同折叠用以出售的缎带以支持艾滋病项目这一工作，这些活动需要广泛组织以及亲密合作。它们提供不同类型的互动，和传统的组织相比，它们较少强调长期合作关系。

诸如澳洲清洁日这样的活动，提供了无成员结构的参与形式，吸引了成千上万的参与者去和陌生人一起工作上一天。社区绿化工程尤其依赖于源源不断的志愿者。爱护土地活动组织人们修剪灌木丛，尽管时间有限，但是它促成了环保组织成员和乡村农民的携手合作。致力于协调澳大利亚本土居民及外来移民关系的活动，涉及许多正式的和非正式的活动，也涉及众多地方性的以及全国性的活动。它们主要包括公共集会、定期研讨小组以及以搜集 250000 个签名的彩色掌印为内容的活动，这些掌印分别在不同城镇中采集到。[1]

---

〔1〕 澳大利亚土著居民以手掌印作为表达认同的方式。——译者注

这些大规模的新式活动引发了一个问题，经常性的短期接触到底提供了多少公民性收益。诸多有声报道声称，它们可以为人们提供信心和动力，使人们进一步投身于以社区为基础的活动中去。但是这种论断并未被检验。这些活动是如何增强了个体对陌生人的友谊和善意仍不清楚，但是它们的迅速传播，伴随着诸如和解庆典这样的大型公共活动的举行，表明新形式的社团政治可能正在形成。

许多这样的活动中都有媒体存在；活动之前它们被广而告之，活动之后它们被报道总结。这类活动往往吸引许多人，甚至数千人，去参与一项地方事务，因而它们代表了一种具备媒介意义的更为广泛的归属感。它们为善用媒体之人提供了曝光度以及正当性。一项公共推广活动往往被认为是合法的；而参与其中也是被承认和赞美的，人们会认为他们是在做好的事情。其他的活动可能只涉及有着共同的利益和资源的人。这些活动中的一部分通过社区艺术项目而得到公共基金的支持，这些项目在社区和州政府之间建起了合作伙伴关系，州政府提供资金庆贺节日、资助人们进行其他参与性娱乐活动，进而使人们能在工作之余享受共同生活。探讨这些行为可能创造出什么联系是很有趣的。 343

由我的学生在 1997 年进行的一次调查表明，社区组织中的成员格局是不断变动的，有人进入组织，有人离开。[1] 对参与到各自社区活动中的 200 多人进行的一次调查显示，他们平均是 3 个组织的成员。然而，80% 的人承认，在过去的 10 年间，他们舍弃了两个成员身份，这表明伴随着人们的兴趣变化，人们在变换不同的组织。

"澳大利亚非营利数据项目"（Australia Non-Profit Data Project）收集的数据显示了一些非营利团体最近的活动。[2] 数据覆盖了 1995～1996 年，涵盖了同时雇佣受薪雇员及志愿者的 3 万家非营利组织。现实中存在更多的完全志愿性质的非营利组织，但是调查只包含了"雇佣的"非营利组织，因为后者一般被强制要求记录相关业务，而前者的相关数据则是空白。然而，结果显示，在 1995 年有 373000 个小时和超过 20 亿澳元的现金被志愿捐献给该类团体——对于一个小国而言，这无疑是一笔可观的支出。

2. 宗教参与

澳大利亚没有国教，但是它的宗教构成一直是传统意义上的盎格鲁—新教

---

〔1〕 Unpublished student surveys, University of Technology, Sydney, 1998.

〔2〕 M. Lyons and S. Hocking, *Australia's Non-Profit Sector*: *Some Preliminary Data*（Sydney：Centre for Community Management, University of Technology, 1998）.

和爱尔兰天主教。这种主导模式正随着移民而转变。目前佛教是增长最快的宗教，紧随其后的是伊斯兰教；然而，居于首位的仍然是天主教。教会和它们的许多福利分支机构和政府紧密合作，提供卫生保健、教育和社区服务。至少就这些服务而言，它们均享受公共资助。表 8 - 5 显示了教堂出席率的整体下降，但是这可能主要与居于主导地位的天主教有关。

表 8 - 5　教堂出席率

单位：%

	20 世纪 50 ~ 60 年代	20 世纪 70 年代	1984
每周出席	25	20	17
很少出席/从不	61	67	64

资料来源: Mariah Evans, "World Wide Attitudes", Australian National University, Canberra, March 1995。

1996 年的国家宗教生活调查显示，大多数的宗教正在经历老龄化，同时成员也不断流失，但是五旬节教会正在吸引更多年轻的成员。调查也显示，经常去做礼拜的人更加社会化，有更多的外部关系，在教会内部也有更多的亲密朋友。这些人也最有可能在其信仰团体的内部接纳多样性，以及成为其他组织的成员。[1]

表 8 - 6 中的人口普查数据显示，宣称自己无宗教信仰的人有着显著增长。鉴于许多社区组织都是建立在教会的基础之上的，这就引发了如下问题，即一个更加世俗化的社区和成员日趋凋零的多数主义天主教之间，可能存在什么样的关系。然而，澳大利亚正在变化的种族基础，和对世俗化的日益看重，对于"宗教对社会凝聚力的贡献"这一说法提出了质疑。

最近一次对不同社区的社会信任研究发现，宗教信念并未对总体层面的或是地方层面上的信任做出贡献。[2] 事实上，宣称自己是无神论者的人，与那些称自己信仰上帝或是更高级力量的人相比，有着更高的信任度。然而，在不同宗教信仰的人之间有着显著性的差异，反映了不同的神学观点。那些认为在"基督徒"和"现世的人"间差异显著的宗教信仰人士，更有可能对那些不被他们定义为"基督徒"的人采取不信任态度。

─────────────

〔1〕 P. Kaldor et al. , *Winds of Change*：*The Experience of Church in a Changing Australia*（Lancer：The National Church Life Survey, 1994）.

〔2〕 Hughes and Bellamy, "The Distribution of Social Capital".

表 8-6 主要基督教信仰的认同（或者没有宗教信仰）（1947~1991 年）

单位：%

年份 教别	1947	1971	1991
英国国教	38	29	23
浸礼派	1	1	2
天主教	19	26	26
五旬节派	0.5	1	1
没有宗教信仰	0.5	6	12
总人口	8400000	13500000	17500000

注：Amalgamations of various other protestant groups make further comparisons difficult。

资料来源：Australian Bureau of Statistics，*The Census of Population and Housing*（1947，1971，1991）。

3. 工会成员

在过去 10 年，工会成员人数也在不断下降。澳大利亚统计局的官方数据显示，在 1984~2000 年之间，工会成员人数从占劳动力人数的 46% 降到了 25%。[1] 工会虽认为下降的速率已经减缓，但是这仍显示出了清晰的趋势。工会的角色目前已经改变，因为新的立法削弱了它们在工资设置和调解争端方面的官方作用。然而，大部分的下降是发生在工党执政时期，当时工会被看作对政府产生影响的主要来源。劳动力性别基础的变动和临时性工作的增长经常被认为是引发工会成员下降的其他原因，但是这些数据是和其他团体成员的下降趋势相一致的，这说明至少部分原因是重叠的。

如今集中化的工资制定体系已经几乎不存在了，企业协议正在被私人合同所取代，而工会已经被重新定义为只是谈判桌上的另一个参与者。然而，没有证据表明，对工会的信心随着成员数的下降而减弱。因为之前的起点低，现在人们对工会的态度似乎变得稍微积极些了。

工会在公务人员和一些较少技能的蓝领工人间拥有最多的成员数。工会以及工作结构的变化意味着在职场内发生的政治和社会行动比 30 年前少得多。

三 政治参与

澳大利亚有着强制性的选民登记和投票，因此投票率并不是政治参与的一

---

〔1〕 Australian Bureau of Statistics，*Australian Social Trends*，1994，109。

个可靠指针。强制性的投票现已被广泛接受。1996 年澳大利亚选举调查显示，86% 的登记选民将会去投票，即使投票并不是强制性的。只有 3% 回答他们将不会去投票。[1] 这被下述事实所证实：在选举中只有少数无效票，甚至在往往很复杂的偏好投票制中也有 95% 的有效票。

有关政治行为和态度的纵向数据缺乏，现只有 1987 ~ 1998 年澳大利亚国立大学的选举调查。这些调查横跨了 5 次选举，调查人们在空前变化的时期对政治程序的看法。调查表以邮件的形式被发送给从选民名册中随机选出的数千人。结果显示，在调查所涵盖的四次联邦选举中，积极参与的人数和党员人数呈现降低（和收缩）的态势。从 1993 年到 1998 年的新数据中，参与率从略高于 3.4% 下降到了 1996 年约 1.7% ，在 1998 年出现了小幅度的回升，参与率回到了 2% 。而 1996 年澳大利亚选举调查显示 10% 的人仅仅在某段时期是党员。[2]

表 8 - 7 对工会的信任度（1983 ~ 1995 年）

单位：%

	1983 年	1995 年		1983 年	1995 年
很信任	5	3	不是很信任	55	50
相当信任	20	22	一点也不信任	20	21

资料来源：Roy Morgan Research Centre, *World Values Study*（Melbourne：Roy Morgan Research Centre, 1983, 1995）。

1. 观看政治新闻

观看政治新闻是政治关注度的一个关键指标。大多数的人从电视上获得新闻信息，因此观看政治新闻人数的显著下降表明了参与的减少。澳大利亚国立大学的选举研究表明，在 1987 ~ 1996 年间声称对看新闻很有兴趣的人数有所下降，对选举不感兴趣的人数有很大程度的上升。表 8 - 8 的数据显示，即使是与其他近期的选举相比，1996 年选举也是一次关注度较低的事件。在 1998 年选举中，人们的兴趣甚至更少。对政治问题的关注正在减少。

---

〔1〕 Australian National University, Social Science Data Archives, *Australian Election Survey*（Canberra：Australian National University, 1996）.

〔2〕 Australian National University, Social Science Data Archives, *Australian Election Survey*（Canberra：Australian National University, 1996）.

表 8 - 8　观看电视上的选举新闻（1987～1996 年）

单位：%

年　份	1987	1990	1993	1996
很多	51	42	41	31
很少/从不	16	21	20	31

资料来源：Australian National University, Social Science Data Archives, *Australian Election Survey*
（Canberra：Australian National University, 1987, 1990, 1993, 1996）。

选举调查显示，在 1993 年或是 1996 年的联邦选举中，政党会议的出席率微乎其微，在 1998 年仅刚刚超过 2%。出席率的降低，可以由下列因素部分解释：选举职业化提升、直接邮件联系以及媒体操控。现在公共集会以及上门游说都很少，这些方式已经被有针对性的直接邮件联系所取代。

2. 过去和现在的参与

表 8 - 9 是在 1983 年摩根世界观调查数据的基础上制成，它显示出人们在政治领域的参与是增长的。这与先前的数据相抵触，除非政治参与在 80 年代晚期增长，而后又下降了。

表 8 - 9　政治活动的参与水平（1983～1995 年）

单位：%

讨论政治问题	1983 年	1995 年
经　常	11	16
偶　尔	54	54
从　不	35	31

资料来源：Roy Morgan Research Centre, *World Values Study*（Melbourne：Roy Morgan Research Centre,
1983, 1995）。

表 8 - 10 显示，人口中的很大一部分，特别是年轻人，并没有，或者并不想超越请愿阶段而成为激进分子，也并不想比老辈人更激进。

其他建立在 1995 年数据基础上的纵横列表则显示了有意思的差异。支持少数党如绿党和民主党的选民们希望更加活跃。而投工党（ALP）的选民，比投保守派联盟的选民要更加活跃，但是两类人在请愿问题上保持一致的态度。这些数据支持了如下的可能性，大党的专业化程度减少了参与。[1]

347

---

　〔1〕　Australian National University, Social Science Data Archives, *Australian Election Survey*（Canberra：
Australian National University, 1996）。

表 8 – 10　不同年龄段的政治活动参与水平（1995 年）

单位：%

	14～17 岁	18～24 岁	26～34 岁	35～49 岁	50⁺ 岁
已经做过					
签名请愿书	57	74	80	84	78
抵制	9	17	24	31	15
游行示威	5	16	17	27	13
非正式罢工	5	5	9	11	6
将来也不会做					
签名请愿书	2	4	4	3	9
抵制	28	29	27	29	49
游行示威	34	28	29	33	57
非正式罢工	24	41	54	57	76

资料来源：Roy Morgan Research Centre, *World Values Study* (Melbourne: Roy Morgan Research Centre, 1983, 1995)。

3. 实践民主进程？

影响参与的一个主要因素，是对整个社会和政治系统的效能感。南澳大利亚州的调查（见表 8 – 11）表明在效能感和志愿参与之间存在显著的相关性。[1] 虽然因果关系的箭头方向不明显，但是我们可以合理地假定，对其他人的信任和对体制的信任在某种程度上是与主观效能感（perceived efficacy）相关联的。348 这点十分重要，我在下节中将以对政治家的不信任为例加以阐述。

表 8 – 11　志愿者和非志愿者的权力感（1998 年）

单位：%

我可以影响我邻居的决定

	强烈同意	较为同意	中立	较为反对	强烈反对
志愿者（N = 331）	7	25	42	13	14
非志愿者（N = 2093）	3	17	41	19	20

〔1〕　Baum et al., "Volunteering and Social Capital".

续表

	强烈同意	较为同意	中立	较为反对	强烈反对
人们可以影响涉及邻里的决定					
志愿者 （N = 332）	26	40	26	4	3
非志愿者 （N = 2094）	18	36	34	7	5

资料来源：F. Baum et al., "Volunteering and Social Capital：An Adelaide Study", *Volunteer Journal of Australia*, 1998, 23 (3)。

四　信任和社会资本

前一节显示了政治参与的一些减退，本节将考察社会不同领域中的信任度。本节涉及范围既包括普遍信任和特别信任的表达，也包括对犯罪及陌生人的恐惧，还涉及我们对理想社会以及完善当前体系的期望。这些都是我们如何看待其他人的指针，它们提出了如下问题：我们的这些看法，将会如何影响我们和其他人打交道的可能性，以及参与集体行动以达成共同目的的可能性。

五　普遍的信任

表 8 - 12 依据"国际价值观研究"（International Value Study）的澳大利亚版本得出。在 1983 ~ 1995 年的 12 年间，信任出现了总体性显著下降。虽然 7% 的下降并不严重，但是在许多领域失去信仰的背景下，这些数据暗示了普遍性问题存在的可能性。

表 8 - 12　对他人的信任（1983 ~ 1995 年）

单位：%

	1983 年	1995 年
大部分人是可以信任的	46	39
小心为上	52	59

资料来源：Roy Morgan Research Centre, *World Values Study* (Melbourne：Roy Morgan Research Centre, 1983, 1995)。

表 8 - 13 显示，丧失信任的领域，是那些和政府、法律以及财政机构密切相关的领域。并不是所有的领域都发生了改变，因为对专业化服务职业如护士、

医生、教师甚至警察的高度信任仍维持不变，尽管在这些领域也出现了一些公共丑闻。

表 8 – 13　对所选职业真诚的信仰（1976～1996 年）

单位：%

职　业　＼　年　份	1976	1986	1996
会计师	—	51	46
银行经理	66	60	37
律师	43	39	29
企业主管	22	23	17
联邦议会议员	19	16	13
州议会议员	21	17	12
记者	12	12	7
学校教师	56	57	68
警察	52	56	55

资料来源：Roy Morgan Research Centre, Morgan Poll, No. 2893, 1996。

表 8 – 14a 和表 8 – 14b 显示了对政府和政治家信任度的下降。

对政治家的疑虑感在选举投票中被确证了。在 1996 年的选举调查中，只有 40% 的人认为联邦政府在大多数时间做了正确的事情，61% 的人认为政治家的道德标准在最近的年份里下降了。1998 年的选举研究显示了相似的结果，并再次证实了政治家低得可怜的支持率。[1]

1. 对民主本身的信任

大多数人依然支持民主制。对首选政府体制的调查中，84% 的人对民主制予以积极的回应，82% 的人认为它比其他任何一种政体都好；49% 的人认为它非常好，35% 的人认为相当好。然而，其他政体也有一定的支持率。41% 的人对专家治国给出了积极的回应，更令人担忧的是，24% 的人对由一个强有力的领导人领导、且抛弃议会或选举的体制表示出积极的态度。[2]

2. 对陌生人和其他人的信任

对陌生人和其他人信任的衡量，涉及了一个社会在互不认识者之间建立联系

---

〔1〕　Australian National University, *Australian Election Survey*, 1996, 1998.

〔2〕　Roy Morgan Research Centre, Morgan Poll No. 2892, April 1996.

表 8 - 14a 对政府的信任（1983 ~ 1995 年）

单位：%

	1983 年	1995 年
很信任	9	2
相当信任	47	24
不是很信任	36	53
一点也不信任	8	20
不知道	0	2

资料来源：Roy Morgan Research Centre，*World Values Study*（Melbourne：Roy Morgan Research Centre，1983，1995）。

表 8 - 14b 对政党和公共服务的信心

单位：%

	政党		公共服务	
	1983 年	1995 年	1983 年	1995 年
很信任	—	1	7	4
相当信任	—	15	40	34
不是很信任	—	64	45	50
一点也不信任	—	18	7	10
不知道	—	2	0	2

资料来源：Roy Morgan Research Centre，*World Values Study*（Melbourne：Roy Morgan Research Centre，1983，1995）。

的能力，在这些人之间无法产生"与我们相似"的主观感觉。各项证据并不一致。种族主义的兴起已被人们普遍察觉。同样有迹象表明，对移民特别是亚洲移民的反对之声越来越多。 349

而另一方面，表 8 - 15 显示，几乎没有什么证据表明人们对"外来人"（outgroups）的忧虑增长了。事实上，近些年，人们对"非我族类"的认同度在不断增加。这些数据表明，不存在根深蒂固的特定种族主义甚至种族歧视，这些态度可能只是焦虑感的广义表达，并没有和行动本身相关联。 350

3. 对犯罪的恐惧

缺少普遍的信任，可能是有据可查的对犯罪过度恐惧的一个主要原因。现在人们较为普遍的认知就是犯罪正在增加，世界失去了控制，进而对法律和秩序的呼求日益高涨。尽管事实上诸如人身攻击这样的犯罪在澳大利亚减少了，但调查表明人们的不安全感仍旧明显，从而多避免进入公共场所或夜间外出。 351

表 8 - 15　不希望与之为邻的群体（1983 ~ 1997 年）

单位：%

分　类　　年　份	1983	1995	1997
吸毒者	—	74	65
同性恋	34	24	17
艾滋病感染者	—	15	11
移民	6	5	2
不同种族	6	5	3

资料来源：Roy Morgan Research Centre, Morgan Poll, 1997。

这点在一系列的州选举中被一再利用，政党之间就此在法律和秩序问题上展开竞争。

名为《犯罪预期和现实》（Crime Perception and Reality）的文章，对人们害怕成为犯罪的受害人这一恐惧心理进行了大量的考察，并把它和实际领域的犯罪率联系在一起。[1] 对犯罪的预期比实际犯罪的可能性高出很多，它甚至与成为受害人的可能性不存在任何联系。那些最不可能有危险的人，如老年妇女，经常是最有恐惧感的人。作者得出结论说，媒体、对事件的政治利用以及社会变化可能最需要对人们表达出的忧虑感负责。

对孩子安全的担忧可能同样属于该类现象。在 1992 年，对一个相当普通的郊区儿童进行的一次调查显示，50% 的小学生家长和 12% 的中学低年级学生家长认为，让孩子在没有成人陪伴的情况下单独去学校是不安全的。[2]（家长们）对攻击和绑架的恐惧超过了对孩子穿过繁忙道路的恐惧，这表明忧虑虽然普遍但却并不理性。大约半数的人担心绑架，而绑架尽管被广为宣传，实际上却十分罕见。建立在同样数据上的另一篇文章指出，在维多利亚州对年轻人的攻击事件较之十年前减少了 35%。[3]

对躲避危险行为的类似态度，也出现在由我主持、由我的学生实际操作的一些研究项目中。[4] 对妇女的安全感进行的研究显示，妇女通常会避开那些她们认为是把自己置于危险境地的情况，她们避免在夜间外出、乘用公共交通工

〔1〕　D. Weatherburn, E. Matke, and B. Lind, "Crime Perception and Reality", *Crime and Justice Bulletin* (NSW Bureau of Crime Statistics and Research), 1996, (2).

〔2〕　H. Brownlee and P. McDonald, "A Safe Place for Children", *Family Matters*, 1992 (33): 22 - 26.

〔3〕　D. de Vaus and S. Wise, "The Fear of Attack", *Family Matters*, 1996 (43): 34 - 38.

〔4〕　Unpublished student surveys, University of Technology, Sydney, 1998.

具以及出入公共场合，尽管家庭暴力存在的风险更高。在人口老龄化的情况下，失去那些通向公共空间的路径可能会极大地减少信任，因为在公共空间里，人们本可以轻易跨越代际和性别进行交流。

4. 其他相关因素和社会预期

下述各项指标显示出人们期望社会承担的基本责任。提及这些是因为它们可能和信任的丧失有关。公平的观念与人们对自我的认知以及对其他人命运的认知都是相关的。

每个人"机会平等"会产生一个更加平等的社会，这个观念一直以来是人们对澳大利亚的未来持有的总体乐观态度的组成部分。民意调查显示，对"机会平等"的期望，与对获得这种平等的可能性的主观感受之间的差距越来越大。1989年 AGB McNair 公司的一次民意调查显示，83%的受访者同意"澳大利亚社会的公平性下降，在穷人和富人之间的差距日益增大"[1] 在为数不多的时间序列调查中，澳大利亚在 1987 年、1990 年、1993 年、1996 年和 1998 年的选举调查（见表 8-16）显示，政府仍然被看作是创造平等的主要责任者，同意这种观点的比率相对恒定。事实上，当政府公布缩减再分配的意图之时，不同意的比率下降了[2]

352

表 8-16 收入和财富应当向普通的工人群体重新分配（1987~1998 年）

单位：%

年 份	1987	1990	1993	1996	1998
同意	45	41	51	47	47
不同意	34	35	26	25	25

资料来源：Australian National University, Social Science Data Archives, *Australian Election Survey*（Canberra：Australian National University, 1987, 1990, 1993, 1996, 1998）。

在过去的 20 年间，收入分配已经改变了。市场收入变得更加不平等。虽然福利支出增加了，但有资格获得它们的人更少了。同时，工薪家庭比重有所下降。在 1979 年，23%的家庭没有挣工资的人，这个比率在 1995 年上升到 35%。在稍晚一些的调查中，位于收入群体中部那 40%的工薪阶层损失惨重，而位于前 10%的收入群体的收入份额却增加了[3] 1998 年联合国人类发展报

---

〔1〕 AGB McNair Pty. Ltd. , Australian National University, *Social Science Data Archives*, 1989.
〔2〕 Australian National University, *Australian Election Survey*.
〔3〕 National Centre for Social and Economic Modelling, University of Can-berra, *Income Distribution Report*, May 1996.

告基于收入将澳大利亚置于美国之后，列为第二位最不平等的发达国家。[1] 对平等的主观期望与日益增长的不平等之间的矛盾，可能是信任叙事中的重要因素。

六 影响参与的其他因素

如上所述，对政治家和政府其他方面信任的下降，以及对犯罪的恐惧，构成了目前澳大利亚总体生活叙事中最显著的部分。接下来将考察日常生活的两个方面，这两方面可能会影响到一些方面：媒体和使用媒体的方式，以及支配社会活动时间和空闲时间的方式。

1. 媒体

最近几十年，媒体的性质和范围都发生了复杂的改变。在80年代早期，电视台对新闻和时事的报道几乎翻了一倍，占播出时间的四分之一。报纸走了相反的路线，它增加了对体育和娱乐的报道，相关版面从20页增加到了32页。一些电台从只播出音乐节目转为只播出谈话类节目，反之亦有。[2] 1992年澳大利亚统计局的"时间使用"调查显示，阅读报纸的年轻人数量有所下降。在65岁以上的人群中，40%的人阅读报纸，但是在15~24岁之间的人群中，只有8%的人阅读报纸。[3] 影响大的报纸仍然保有它们的领地，但是小报正在失去阵地。

表 8-17 对媒体和电视的信任

单位：%

	出版物		电视	
	1983 年	1995 年	1983 年	1995 年
很有信心	3	2	—	4
相当有信心	25	15	—	22
不是很有信心	59	61	—	59
一点也没有有信心	12	22	—	15
不知道	0	1	—	1

资料来源：Roy Morgan Research Centre, *World Values Study* (Melbourne: Roy Morgan Research Centre, 1983, 1995)。

[1] United Nations Development Programme, *Human Development Report* (London: Oxford University Press, 1998).

[2] Davis and Associates, "News Ltd Submission to Media Ownership Inquiry", *The Australian*, Business Section, Dec. 3, 1996.

[3] Australian Bureau of Statistics, *How Australians Use Their Time*.

行业团体认为，自80年代以来它们失去了约30%的读者，但基于诸多其他报纸倒闭的现实，因此总体的局势仍不明朗。[1] 而事实是，受教育水平更高的人以及处于社会经济上层集团的人仍在阅读报纸，其他人则不然。一个商业时事类节目的取消以及该类型观众的日益减少，表明电视报道也正在失去观众。这再一次说明，在获取可信赖的政治和社会新闻的渠道方面，不平等在日益滋长。

2. 相信新闻

表8－17表明极少有人相信媒体，这可能和电视节目观众的减少，以及小报读者的流失有关。

民意测验显示，对媒体本就不高的信任一直在下降。对平面媒体的信任度是17%，对电视的信任度是26%。[2] 1996年摩根民调（Mopgan Poll）对职业的调查显示，新闻记者和电视台记者的道德排名并不高，仅为7%；在诚信方面排名也居于后位，仅为占12%。[3]

结　论

一　可能影响社会资本分布的因素

预判澳大利亚社会资本增减的多种因素正在浮出水面。本章探究了各种正式的与非正式的参与类型，并且提出了参与过程如何影响信任和相互关系的经验的问题。数据表明，机会和经验可能都存在不同的倾斜度，就像其他社会福利那样，这意味着社会中的特定群体进入某些形式的信任建设过程的渠道并不均衡。 354

另一方面，筹措资金和公开声明的活动，如清洁日、同性恋狂欢节、40小时禁食运动、为了无家可归的人而露营等，人们的参与度往往更高。

这些变化既向政府，也向其他认为信任的增长和社会资本的积累需要小心规划的人，提出了有趣的问题。假如社会变得更加不公平，各类参与以及信任建设越来越成为有能力、有信心之人的领地，那么社会凝聚力进而民主体制都将处于危险的境地。下文将更加详细地探究其中的部分领域。

---

〔1〕　Davis and Associates, "News Ltd Submission to Media Ownership Inquiry".

〔2〕　Roy Morgan Research Centre, *World Values Study* (Melbourne: Roy Morgan Research Centre, 1983, 1995).

〔3〕　Roy Morgan Research Centre, *Morgan Poll*, No. 2877, 1996.

1. 不平等

尽管物质生活总体改善了，但日益增长的不平等的现实以及相应的主观感知可能是信任度下降和社区活动正式参与率下降的原因。包括澳大利亚在内的大多数发达国家引入了以市场为基础对收入和物品进行分配的机制，这增加了不平等。纳克（Knack）和基弗（Keefer）也指出，相对平均的收入分配与高度信任以及公民规范相关。[1]

不平等可能也创造出恶性循环，因为无论主观感知的还是客观存在的经济差别都与社交方面的孤立以及技巧缺乏等社会因素有关。由于财政的或其他因素带来的压力，在社区网络和家庭关系中发生的变化可能会减少与处于直系社交圈外之人的社会交往。较少的社会经历，可能反过来又导致信心的丧失和社交能力的减退。参与志愿活动可能提供获得信心的机会，但是它需要一定程度的信任去推动。在家庭日趋缩小和孤立的当今，参与社交的机会和习得信任的机会均可能成为稀缺之物。

2. 社区团体中的变化

参与的问题由于志愿团体结构的变化而日益严重。那些主要的、曝高度高的团体经常变为雇佣者，它们接受大量资金资助以提供专业服务。正如莱昂斯（Lyons）及其同事认为的那样，这种"第三部门"已经成为主要的参与者之一，在整个系统中它是一个实体性经济要素。[2] 许多非政府团体正趋于专业化，原因是专业化已经成为人们对它们的期望以及政府资助它们的要求。这种变化不但对使用志愿者而且对鼓励缺乏专业技能的人去参与都设置了障碍。许多团体已经成为政府的订约服务以及"用户付费"的社区服务的主要提供商。

致力于参与游说而非为其成员提供服务的团体声称，政治过程需要一定的专业化水平。商业和政治团体雇佣专业的游说者和公关公司去推广其观点，这使得志愿团体更难以使用"业余人士"。政党和游说组织也已经变得专业化，这使得志愿者难以进入它们的高层，随之而来的是对其兴趣的减弱。

这些变化的实际效应可能是那些缺乏技能和信心的人很难获得，在正式团体中共同工作的经历。虽然诸如学校家长联合会之类的团体仍然存在，但它们可能往往是更具信心和能力的人的领地。较不正式的团体似乎正在增加，但是可能并不容易接近，原因正在于它们并不正式。因此，随着越来越多的人独居，越来越多的人生活在小规模家庭中，他们参与社交生活的机会越来越少，在本

---

[1] S. Knack and P. Keefer, "Does Social Capital Have an Economic Payoff?" *Harvard Journal of Economics*, 1997 (12), 1253 – 1288.

[2] Lyons and Hocking, *Australia's Non-Profit Sector*.

可以习得公民技能的社会实践中遭受了相当大的不平等。

3. 分享公共空间

参与体育和其他休闲、文化活动，经常被看作对社会凝聚力做出了贡献。空间、时间、爱好以及活动的分享，提供了从相互陪伴到深入参与的一系列过程。许多澳大利亚人习惯于在公共空间与陌生人相伴来消磨时间。然而，经济原因也可能导致了一些差异：博物馆和许多美术馆现在收费了，一些公园、运动场所以及其他曾经免费的设施也开始收费了。"用户付费"的服务以及进入公共空间途径的丧失，引发了有趣的问题：有多少社会资本是在公共空间内建立的？在哪里我们可以和陌生人一起在安全的空间里分享我们的快乐，并看到其他人分享我们的兴趣和爱好？虽然这些经历和共同工作相比集约化程度没那么高，但是这些空间的丧失可能使其他形式的接触更难出现。

356

二　制作社会资本脚本

社会资本的问题是它不是一个可以定义的实体，而是对人与人之间交际过程的衡量。因此只有借助诸如外显的态度、行为、结果以及团体过程的投入和产出这样的指标，它才能被定义。总体和一般的叙事以及个人脚本的概念，似乎提供了表达社会资本整体状况的最佳比喻。经验被解释，经验也创造出学习的可能性，这反过来又创造出积极或消极的期望。这一过程通过个人的和团体的社会资本叙事的观念，而被最好地描述出来。这些故事以文化价值和媒体画面为中介，把个人和团体安置于社会系统之内。

在大多数情况下，前述所列的各项条目并非社会资本的证据，但是它们一起构成了叙事，假如被清晰阐述，就可以显示团体行为的诸多可能性。假如人们日常生活的脚本是建立在被欺骗或是被利用的假定之上，无论在普遍意义上，还是在特定群体内，他们都不容易信任其他人。总是会存在这样的人，他们的生活经验、生活态度以及信仰限制了他们信任的范围，但是如果这种看法的比例和分布扩大，那么社会和社区均可能陷入缺乏社会弹性的危险之中。

创造叙事

媒体在使人们卷入公民社会活动和进程中的角色，已经被帕特南和其他人讨论过了。[1] 在一个只有少数媒体发出反对之声的岛国中，国家媒体在公共叙事发展中起了重要的作用。媒体是公共舆论的整体塑造者、解释者和叙述者；假如事情没有被加以报道，对多数人而言这件事就不存在。新闻被虚构和幻想

---

〔1〕　R. D. Putnam, *Making Democracy Work* (New Haven: Yale University Press, 1993).

加以改编，以塑造人们的世界观。

好公民的观念很可能被"有吸引力的"媒体术语加以重新定义。的确，通过媒体推动而参加组织和活动的人，似乎比通过传统形式参加的人更多。

三 数据表明了什么？

澳大利亚的数据显示了社会资本究竟是在下降、保持平稳还是增长的某些相互冲突的指标。本章收集的数据展示了人们对于政治运作及正式社团的运作日益增长的不信任感以及日渐明显的不参与。过去 15 年，对治理及财政相关机构的信任度都下降了，传统服务俱乐部的参与也减少了。同一时期突出的特点还有官方对政府积极角色的说辞增加，但政府的积极作用在减少。

由第三党得票的提高可以看出，乡村和城市外围的选民反对两个主要的政党，特别是反对减少政府服务和放松市场管制等方面。坊间一般认为，在经济变化对人们造成伤害的地域才存在着乡村及地区的问题。其他迹象，诸如对犯罪的恐惧、对排除风险或变化的期望，提出了上述倾向会对社会凝聚力产生何种影响的问题。下列问题也存在：经由数据确认的信任分布，是不是普遍感知到的社会凝聚力丧失的原因或结果。家庭很有可能只由一个人组成而且相对孤立化，因此与那些处在他们亲密圈子之外的人进行社会互动的机会很少。

在那些拥有更多经济选择的群体中，他们有能力从社会变化中获益，社会资本似乎也更能在其中发挥作用。也有迹象表明，人们仍然会期望来自他人的改善和善意。在社区庆典、环保活动和其他社区之间的活动中，参与一直在增长。这表明，使"二战"后期大多数澳大利亚人生活质量得到逐渐改善的善意及包容可能仍然存在。

澳大利亚在过去 30 年中呈现了一个国家融合了许多新移民且新移民和本土居民间关系逐渐改善的历史。过去 10 年它还见证了对同性恋更广泛的认同以及朝向和解的一些进步。这些都表明，直到最近，公共政策和社会文化是齐头并进的。然而，这种包容的政治化和对主流的重新肯定，意味着在所谓的城市精英和乡村"勉强维持生计的人"之间的政治空间正在扩大。政府对于这些差异的政治利用，连同以"政治正确"之名对于少数派政治的移除，都为社区与国家紧密联系的建立制造了矛盾。

数据表明，当一个国家没有足够的应变能力去应对诸如由技术及经济发展带来的变化时，危险就出现了。澳大利亚目前面对的挑战是，我们是否可以成功地应对在市场化过程中增长的不平等，达成人们对公正以及国家再分配的期望，实现社区参与形式的转变，而与此同时，仍然保持民主制。

国家的角色是至关重要的，目前地方政策制定者正积极地把社会资本的生产作为他们使命的一部分。一些人正在探索增加社会资本的政策。社会资本是好东西已成为共识，但是对社会资本的性质和生产的认识仍存在相当大的混乱。政府认识到它并非社会资本发展的主要代理人，它经常把自身的角色定义为对社区生活中日益萎靡的传统内容施加压力，以促使社会资本的发展。

在这方面公共政策是失败的，因为它并未认识到国家作为仲裁者，以及与社区联手成为市场的调停者和约束者的重要作用。社会资本可能是民主的主要推动器，但是为了检测可能使民主处于危险境地的不信任的临界水平，对各项指标做进一步研究仍十分必要。

这些趋势提出了如下议题，即各类参与和投入的机会在多大程度上需要官方来创造，而绝非任其自发产生。澳大利亚的经验表明，国家应该为那些被排斥在社会之外而不能自愿参与之人提供获得这些机会的渠道和激励。社会资本的建设，可能依赖于每个人都有公平的且文化上适宜的机会，去建立起相互联系以及跨群体合作的网络。

第九章

日本：拓宽社会资本的基础[*]

猪口孝

日本一直被当作社会资本丰厚的国家。在刚刚过去的半个世纪中，它的政治体系使得它在十分短的时间内，成功适应和应对了划时代的技术、人口、经济以及社会转型。同样的，同一时期，日本的经济体系使日本从战争和失败的满目疮痍和道德滑坡中走出来，跃居为世界第二大经济实体，也使日本的人均收入从亚洲最低变成位居世界前列。50多年来的这些民主以及经济成就，能否被归功于或至少部分归功于社会资本？或者归功于个人参与共同体事务的倾向？抑或归功于彼此信任以及定期的联系呢？[1]换句话说，高水平的社会信任和公民参与，能否用来解释日本民主体系和经济体系的杰出成就呢？

在本章中，我们应在牢记日本民主制度成熟与衰退的基础上，去检验过去50年中，被理解为公民参与网络的社会资本在日本的发展。这项研究将集中在两个问题上：一，社会资本的形式、性质、数量和分布是怎样的？二，哪些因

[*] 这项研究从原田四郎（Shiro Harada）、岩崎惠美子（Emiko Iwasaki）和松叶洋子（Yoko Matsuba）提供的数据分析的帮助中获益巨大，我对他们表示衷心的感谢。我也非常感谢蒲岛郁夫（Ikuo Kabashima）、高桥伸夫（Nobuo Takahashi）、田中爱治（Aiji Tanaka）和辻中丰（Yutaka Tsujinaka），他们在选举、组织和网络方面进行了富于启发性的研究。我从防卫厅和经济计划署收到的建议也非常有帮助。我还要说明，表9-4来自盖洛普集团于2000年秋季在东亚和东南亚以及西欧的18个社会中获得的亚欧调查数据。本项调查是由民主和政治文化项目策划的，由1999~2003年间的日本文部科学省出资赞助（项目批号：11102001，项目主持人猪口孝）。最重要的是，我感激项目的参与者对本文早期文稿建设性的严肃讨论。我必须向罗伯特·帕特南和沃尔克（Then Volker）致以特别的感谢，感谢他们极其有用的评论。

[1] Robert Putnam, "Bowling Alone: America's Declining Social Capital", *Journal of Democracy*, 1995 (6, 1), 65 – 78; Robert Putnam, "Tuning In, Tuning Out: The Strange Disappearance of Social Capital in America", PS: *Political Science and Politics*, December1995, 664 – 683; Robert Putnam, "Democracy in America at Century's End", in Axel Hadenius, ed. , *Democracy's Victory and Crisis* (Cambridge: Cambridge University Press, 1997), 27 – 70.

素可以解释社会资本的变化？

日本是一个有趣的案例，因为它是极少数实践民主政治达50年之久的非西 360
方国家之一。我想解决的问题是，社会资本是否真的在推动日本向民主转型和
巩固民主制度方面扮演了重要角色。检验分三步进行。首先，我会评估日本过
去50年社会资本形成的总体趋势。然后，我会检验对这些趋势所做出的合理解
释。最后，我将试着推测社会资本的本质和趋势，以指出日本政治文化中的新
兴特征。在本章中我将提出的主要论点有两个方面：①在过去的50年里，日本
的社会资本在民主制下平稳增长；②在过去几个世纪中，主要以面对面交流和
组建社团等方式积聚起来的社会资本，已变得更具个人主义色彩及更加广泛化，
因为在高度工业化的民主国家，这类关系往往十分错综复杂。

第一节　事业所统计调查显示的趋势

自1950年起，总务厅统计局（the Statistics Bureau of the Management and
Coordination Agency）每三到五年进行和公布一次事业所统计调查（The
Establishment Census），这种普查包含了非营利组织的数量及其成员数量的宏观统
计数据。事业所统计调查关注的是工业和商业组织，因此这种普查只显示了非营
利组织较为初级的概貌。在1996年，非营利组织的总数是670万，其中只有不足
20万的组织被归为宗教组织、社保组织、福利组织以及"未归类"组织。

1951年以来的发展趋势显示出了一系列特征。在1951年，宗教组织的数量很
大，有128440个。但是到了1954年，降到90000个，并且自那以后保持稳定。依
附于神道教的组织数目平稳下降，从1951年的55939个下降到1996年的11312个。
佛教组织在过去45年里数目保持在63000个。天主教组织数量稳步上升，从1951
年的1993个增至1996年的6280个。信徒的总体数目很难确定，因为日本的惯例
是在不同的场合遵循不同宗教的教义（婚礼庆典一般按照神道教或天主教的仪
式进行，葬礼和纪念活动则按照佛教仪式等）。神道教和佛教的信徒构成了绝大 361
多数，而天主教信徒只占人口的1%或2%（这是日本天主教始终如一的特征，
自16世纪中期它被从西方引入日本开始就已经如此）。

对社会保险和福利组织的统计是从1969年才开始的。在这个类别里增长最大
的是托儿所，1996年注册的托儿所有30273所。另一个值得注意的是为老年人以
及精神或身体残障人士开办的组织数目在显著增长，在1996年该类组织的注册数
目分别为8961个和4436个（与1991年相比分别增长了40.1%和33.5%）。

"未归类"的协会数目同样显示出若干特征。商业协会的注册数目稳定增长，从

1951 年的 5448 个到 1996 年的 14728 个。工会协会的注册数目稍有增长，从 1951 年的 2218 个增长到 1996 年的 5248 个。学术和文化协会从 1951 年的 349 个增长到了 1996 年的 942 个。政治协会从 1951 年的 201 个增长到 1996 年的 840 个。总之，该类别里的协会数目从 1951 年的 2002 个升至 1996 年的 16224 个，显示了令人瞩目的增长。因为专注于不同类别的组织化利益，这些协会也可以被笼统地称为"利益协会"。

首先，与美国的数据相比，日本的公民组织更有可能牵涉到商业协会，美国的数据则更为侧重公民协会及社会组织。近来日本的公民协会及社会服务协会的数量出现了戏剧性的增长，商业协会的主导地位持续下降。其次，暂不论美国协会的总体规模，仅就商业协会的绝对数量而言，日本要高于美国。美国的反垄断法不鼓励商业协会的形成，而日本商业和官僚机构的共生关系鼓励了商业协会的繁殖。

日本的政治发展存在三个独特的时期：1951 ~ 1957 年，1957 ~ 1972 年，以及 1972 ~ 1996 年。[1] 第一个是"阶级斗争"时期，表现为商业协会的减少和工会及其他组织相应的增长。这个时期见证了日本社会党（Japan Socialist Party）的鼎盛和群众示威运动的增长。第二个时期的特征是商业联合会数量的增长以及工会组织数量的下降；它也以执政的自民党（LDP）的主导地位为特征。在第三个时期，自民党更新了它的支持基础，从传统的对商业和农业部门的重视转向了对稍显松散的大规模中产阶层的关注。[2] 在第三个时期，商业联合会的数目停滞不前。相反，"未归类"组织的数目却在增长。这个类别包括了基金会、公民组织以及半官方组织。第三个时期也见证了非政府组织的增长。执政的自民党似乎雄心勃勃地要把非政府组织整合到它的控制之下。

让我们进一步检测"未归类"组织的数量和性质。[3] 在这个分类里有两个宽泛的种类：一类非营利组织（NPOs）是由私营部门创立的（NPOs/PSIs）；另一类是作为政府组织的附属机构而被创立的（NPO/SGOs）。前者总共有 18000

[1] Yutaka Tsujinaka, "Interest Group Structure and Change in Japan", University of Maryland, College Park/University of Tsukuba Papers on U. S. Japan Relations, November 1996.

[2] Yasusuke Murakami, *An Anti-Classical Political-Economic Analysis* (Stanford: Stanford University Press, 1996); Takashi Inoguchi, Gendai Nihon seiji keizai no kozu [Contemporary Japanese political economy], (Tokyo: Toyo Keizai Shimposha, 1983); Takashi Inoguchi, "The Political Economy of Conservative Resurgence Under Recession: Public Policies and Political Support in Japan, 1977 - 1983", in T. J. Pempel, ed., *Uncommon Democracies: The One-Party Dominant Regimes* (Ithaca: Cornell University Press, 1990), 189 - 225.

[3] Chikio Hayashi and Akira Iriyama, *Koeki hojin no jitsujo* [The reality of nonprofit organizations] (Tokyo: Diamond Sha, 1997).

个，后者有 7000 个。许多 NPO/PSIs 是在 1945 年到 1964 年之间被创立的，但自从 1965 年后，它们的数量一直保持稳定。从 1945 年开始，新成立的 NPO/SGOs 一直在稳步增长，在第三个时期最为显著。这和许多地方政府的下列行为有着直接关系：向这些组织转包维护公共设施以及管理特定事项的服务。换句话说，建立这些 NPO/SGOs 是为了在基层创造和保持公民参与的社会空间，这已经构成了地方政府赋权政策的重要方面，并且已持续了约 20 年。在日本，大约有 3000 个地方（都道府县级的、市郡级的、町级的和村级的）政府。

NPO/PSIs 也一直在重塑自己，以应对在第三个时期被称为后工业时代的隐忧。在 20 世纪 80 年代晚期，一家主要的中左翼/左倾周刊《朝日新闻杂志》（the *Asahi Journal*）用一系列文章来报道精选出的致力于社会改良运动的 200 个公民团体。这个系列的文章提供了关于这些公民团体的数目和特点非常有用的总结[1] 这些团体涉及的活动主题包括环境和污染（28 个团体）、核电站安全（6 个团体）以及和平与核武器（12 个团体）。有 27 个公民团体致力于推动人际交往与组织联络，有 20 个团体深深扎根于地方。有 2 个团体关注技术问题，有 14 个致力于解决福利和医疗问题，有 21 个团体的活动领域是教育和儿童，还有 14 个关注女性问题、18 个聚焦于农业和食品事宜，另外 17 个公民团体投身于第三世界和国际问题。在宽泛的社会领域活动的公民团体数目是 14 个，其中 8 个大体上是文化类的。就这些团体而言，最值得注意的事实是它们均立足于基层，其中相当一部分与有相同追求的国际组织存在跨国联系。在这里，我们不能深入探究这些公民团体的详细资料。读了这些文章能够确证我们的如下信念就已足够，即人们普遍认为日本是由政府组织（GOs）和非政府的个人（NGIs）组成，这并不是完全正确的，非政府组织（NGOs）以充满活力的形式实实在在存在着的。[2]

第二节　时间分配调查中显示的趋势

时间分配调查为人们参与公民活动的变化提供了有价值的观点。它由总务厅统计局主持，自 1976 年开始每五年进行一次［在 1976 年以前是由首相办公

---

[1] "Jidai ni tachimukau shimin undo no suimyaku—networking keisai dantai zen list" [*Currents of civic action groups confronting the times: organizations described in the feature articles*], Asahi Journal, December 9 and 12, 1988.

[2] See Takashi Inoguchi, Nihon: *Keizai taikoku no seiji un'ei* [*The governing of an economic superpower 1974 – 1993*]. Tokyo: University of Tokyo Press, 1993 (English edition forthcoming).

室统计局（the Statistics Bureau of the Prime Minister's Office）进行的]。调查勾勒
出的明显趋势如下所示。第一，人们在社区及较大区域的公民活动上花费的时
364 间一直保持稳定，在 1981 年有 19.6% 的可支配时间花费在上面，1988 年是
17.3%，1991 年是 19.8%，1996 年是 18.8%。第二，与社会福利相关的公民活
动这些年来基本未变，在 3.0%～3.1% 的区间内波动。这在很大程度上要归因
于女性的贡献。第三，为儿童、老人以及残障人士开展的公民活动快速上升，
1976 年是 1.7%，1996 年是 5.5%。在这个部分最活跃的是 30 多岁和 40 多岁的
女性。第四，在人口稀少地区和灾情多发地区注册的公民活动在这一时期缓慢
上升，从 1976 年的 1.1% 上升到 1996 年的 2.1%。

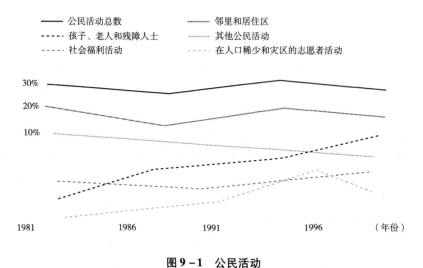

图 9 - 1　公民活动

资料来源：Management and Coordination Agency, Shakai Seikatsu Kihon Tokei（Basic
Statistics of Social Life, 1981 - 1996）。

　　参加公民活动人数的总体比例在这些年未发生实质性的变化。该类人在 1981
年占总体人口的比例是 26.0%，在 1986 年所占的比例是 25.2%，在 1991 年所占
的比例是 27.7%，在 1996 年则为 25.3%。邻近地区和社区的公民活动似乎未受到
城市化、工业化以及 50 年来市场自由化所带来的负面冲击。为儿童、老人和残障
人士所开展的公民活动的增长颇为引人注目。女性参与上升，特别是刚迈入 30 岁
的女性为近年来公民活动的上升做出了贡献。而在所有男性中，刚迈入 40 岁这一
年龄段的男性参与公民活动最多。在大城市中较少人参与公民活动，但乐于参
与的人会在公民活动中投入非常多的时间。在农村社区和小城市中有许多居民
参与公民活动，但是每个人投入公民活动中的时间较少。

第三节　民意测验中显示的政治信任

　　每五年进行一次的国民性调研直截了当地问道："你认为大部分的人可以被信任还是在与别人交往时再小心也不为过？"1978 年、1983 年和 1993 年的调研中显示的趋势表明，社会信任从 1978 年的 26% 稳步上升到 1983 年的 31% 和 1993 年的 38%。在同一个调研中一个相似的问题被提出："你认为当你表现出弱点的时候，其他人会试图利用你吗？"这一问题与上述问题显示出来的趋势几乎相同，1978 年的记录是 39%，1983 年是 29%，1993 年是 25%。[1] 似乎在过去 20 年的时间里，社会信任从一个相当低的水平一直在稳步上升。

　　相比于政治信任，在同一个调研中，关于民主的问题更为直接："你怎么看待民主？"选择"好"的人数的百分比在 1963 年到 1993 年间显著增加：1968 年是 38%，1973 年是 43%，1993 年是 59%。关于政治家的如下问题的答案则表明了对民主的信任的明确无误的趋势："人们说为了使日本变得更好，最好从候选人中选择好的政治家，并委托他们去解决问题，而不是让人们自己去讨论问题。你同意还是不同意这个观点？"在 1953 年，同意率是 43%；在 1958 年，同意率是 35%；1963 年为 29%；1968 年为 30%；1973 年为 23%；1978 年为 32%；1983 年为 33%；1988 年为 30%；1993 年为 24%。这些数据很明显背离了阿尔蒙德和维巴所称的"臣民型政治文化"（subject political culture）。[2]

　　同样的，对政治机构的信任度也很高。由绵贯让治（Joji Watanuki）、蒲岛郁夫（Ikuo Kabashima）和其他学者进行的调查声称，人们始终如一地坚信选举、议会和政党。[3] 但是从 1996 年开始所有的数据都在下降。对选举的信任，从 1976 年的 67.3% 上升至 1983 年的 77.9%，1993 年和 1995 年均为 82.3%。对议会的信任，1976 年是 58.3%，1983 年是 65.5%，1993 年是 65.9%，1995 年是 71.0%，1996 年是 64.1%。对政党的信任，1976 年是 56.5%，1983 年是 70.1%，1993 年是 68.2%，1995 年是 71.3%，1996 年是 66.1%。我们由上述

365

〔1〕　Ministry of Education, Institute of Statistics and Mathematics, *Kokuminsei no kenkyu* [*Studies of national character*] (Tokyo: Government of Japan, Ministry of Education, 1953 – 1996).

〔2〕　Gabriel Almond and Sidney Verba, *The Civic Culture* (Princeton: Princeton University Press, 1963).

〔3〕　Joji Watanuki, "Japan: From Emerging to Stable Party System?" *Research Papers Series no. A – 67*, Institute of International Relations, Sophia University, 1997.

数据得出的总体印象是日本议会民主的政治制度获得了牢固的合法性，对民主制度的公众信任度直到 1996 年都是很高的。

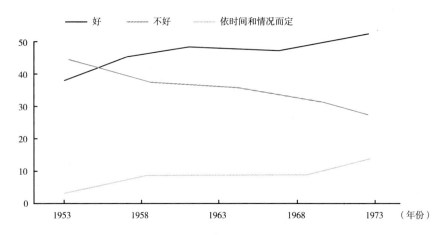

图 9 - 2a 对民主的信任

＊"你认为民主怎么样？下面哪个词语更接近您的观点（好，依时间和情况而定，不好）？请描述之。"

资料来源：教育部数据和数字中心，Kokumin sei no Kenkyuu（A Study of National Character），1963 - 1993。

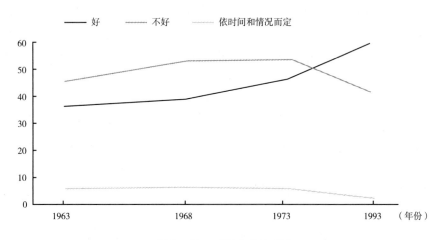

图 9 - 2b 对民主的信任

366　　　＊"你认为民主怎么样？下面哪个词语更接近您的观点（好，依时间和情况而定，不好）？请描述之。"（教育部，1963 ~ 1993 年）

资料来源：教育部数据和数字中心，Kokumin sei no Kenkyuu（A Study of National Character），1963 - 1993。

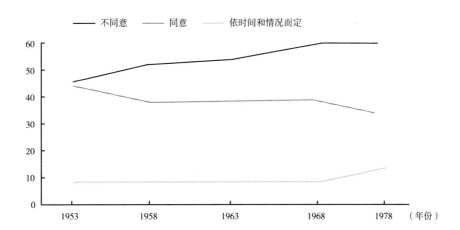

图 9 – 3a　在参与民主过程中对民主信念的增长 *

　　* "人们说为了使日本变得更好，最好选择候选人中好的政治家，并委托这些人去解决问题，而不是让人们自己去讨论问题。你同意还是不同意这个观点？"

　　资料来源：教育部数据和数字中心，Kokumin sei no Kenkyuu（A Study of National Character），1953 – 1973。

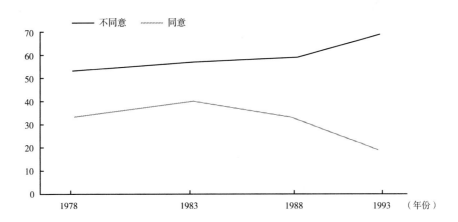

图 9 – 3b　在参与民主过程中对民主信念的增长 *

　　* "人们说为了使日本变得更好，最好选择候选人中好的政治家，并委托这些人去解决问题，而不是让人们自己去讨论问题。你同意还是不同意这个观点？"（教育部，1978 ~ 1993 年）

　　资料来源：教育部数据和数字中心，Kokumin sei no Kenkyuu。

表 9 - 1　与议会民主相关的制度的合法性

1. 选举使政治家能够听到人们的声音

单位：%

年份	同意	不同意	不知道/没有回答	总共(N)
1976	67.3	10.4	22.3	100%(1796)
1983	77.9	6.7	15.4	100%(1750)
1993	82.3	8.2	9.5	100%(2320)
1995	82.3	9.5	8.2	100%(2076)
1996	76.5	13.4	10.2	100%(2299)

2. 国会使政治家能够听到人们的声音

单位：%

年份	同意	不同意	不知道/没有回答
1976	58.3	11.7	30.9
1983	65.5	11.9	22.6
1993	65.9	17.6	16.5
1995	71.0	16.5	12.6
1996	64.1	20.7	15.2

3. 政党使政治家能够听到人们的声音

单位：%

年份	同意	不同意	不知道/没有回答
1976	56.5	14.3	29.2
1983	70.1	9.4	20.5
1993	68.2	15.3	16.4
1995	71.3	16.0	12.7
1996	66.1	19.2	14.7

资料来源：Joji Watanuki, "Japan: From Emerging to Stable Party System?" *Research Papers Series A - 67*, Institute of International Relations, Sophia University, Tokyo, 1997。

第四节　社会资本和社会/制度绩效

这部分使用两类指数来表明社会资本的趋势。一类称为公民社区指数，另一类是社会/制度绩效指数。分析所使用的数据基于经济企划厅社会政策局

（Kokumin Seikatsu Kyoku）每年的报告（1980～1995）。简要地说，数据是按照如下的框架组织的。八类数据集中于人们生活的方方面面：住房、消费、工作、护理（儿童）、健康、娱乐、学习和交往（社会活动）。每一种类都包含了四个评价标准——自由、公平、安全、舒适的数据。数据覆盖的时期从 1980 年到 1995 年，数据的单位是县。表 9 - 2 呈现的结果显示了公民意识是如何被社会/制度绩效所推动的。[1]

那些在消费和工作方面得分较高的人一般在公民意识上得分低。在此，公民意识是由交往种类来衡量的。在娱乐、住房和学习方面得分高的人一般在公民意识上得分高。更加明确地说，那些配备了良好的学习及娱乐设施、拥有宽敞住房的地区，一般在公民意识上得高分。为了促进公民意识，一个社区需要去创造公民参与的场地和时机，这才能让前述简略提过的 NPO/SGIs 有伸展之所。那些承接创造及维护基础设施等地方政府任务并承办一些特殊活动的非营利组织，似乎在促进公民意识方面起着很大作用。

表 9 - 2　作为公民共同体意识来源的社会/制度绩效表现

1. 公民意识 adj. $R^2 = 0.11$	社会/制度表现在居住方面的参数估计 $= 0.37$　　　　t - value $= 2.6$
2. 公民意识 adj. $R^2 = 0.46$	社会/制度表现在消费方面的参数估计 $= -0.72$　　　t - value $= 6.4$
3. 公民意识 adj. $R^2 = 0.37$	社会/制度表现在工作方面的参数估计 $= -0.82$　　　t - value $= -5.3$
4. 公民意识 adj. $R^2 = -0.02$	社会/制度表现在饮食方面的参数估计 $= -0.01$　　　t - value $= 0.1$
5. 公民意识 adj. $R^2 = 0.00$	社会/制度表现在医疗方面的参数估计 $= -0.17$　　　t - value $= -1.1$
6. 公民意识 adj. $R^2 = 0.20$	社会/制度表现在娱乐方面的参数估计 $= 0.45$　　　　t - value $= 3.5$
7. 公民意识 adj. $R^2 = 0.07$	社会/制度表现在学习方面的参数估计 $= 0.32$　　　　t - value $= 2.1$

资料来源：Economic Planning Agency, Social Policy Bureau, Shin Kokumin Seikatsu Shiryo（New Indicators of Popular Lifestyles），1980 - 1995。

---

[1] Takashi Inoguchi, "Social Capital in Japan", *Japanese Journal of Political Science*, 2000（1, 1），73 - 112.

从以上分析中，我们就培育和保持公民意识方面吸取的教训是，我们应当追求具有创新性、前瞻性的政策，这些政策旨在建立公民参与所需的物理空间、社会空间以及心理激励。那些人们工作时间长、支出金钱多的县在公民意识方面并未得高分。

第五节　社会资本和参与

到目前为止，我已经检验了汇总的统计信息或调查数据。这里我将检验把社会资本和参与关联起来的各组数据。依据克劳斯·奥菲（Claus offe）概念化的提法，社会资本可以被认为是由关注度（attention）、信任和社交性构成。[1] 我要尝试去做的是把关注度、信任和结社（affiliation）与参与相关联。社会资本理论的基本主张是，积累多年的优良公民传统有益于高水平的参与以及高水平的资源再分配，后者可以纠正不平等的趋势。我在这里将关注的是社会资本和参与之间的关系。

我通过观看电视新闻节目的频率来测量关注度。有关参与的数据在三个层面上被观测：国家的、都道府县级的和市郡级的。其中包含的内容有：在公民活动中的参与，在地方政府发起的团体活动中的参与，以表达不满和推动政策行动为名与民选政治家进行的互动，出席政治会议，参与政治运动。每个人都被问及关于参与模式的问题，然后我把受访者的回答与其在三级政治层面上的信任加以关联。我将 1987 年和 1991 年的调研数据以交叉列表的形式加以呈现，这一调研是由廉洁选举促进协会完成的。[2]

两套数据所呈现的关注度和参与之间的关系都相当明晰。那些关注电视新闻节目的人在所有层面和所有区域都倾向于高度参与。尽管在某些地区和某些层面上，关注度和参与之间的联系稍显微弱，但是从交叉列表中可得出的总体印象是，关注度强有力地决定着参与，反之亦然。大众传媒特别是电视的强大影响常被人提及，从此处看它似乎是有根据的。关注度与加入某个组织（在这里我指的是具有社区联合会、女性和青年人联合会、家长—教师联谊会、农业合作社、工会、工商业联合会、宗教联合会、娱乐联合会和其他种类组织的正

369

370

---

〔1〕 Claus Offe, "Social Capital: Concepts and Hypotheses", Humbolt University, July 1997.

〔2〕 Association for the Promotion of Clean Elections, *Dai sanjuhachi-kai Shugiin sosenkyo no jittai* 〔*The 38th general election for the House of Representatives*〕 and *Dai sanjukyu-kai Shugiin sosenkyo no jittai* 〔*The 39th general election for the House of Representatives*〕（Tokyo: Association for the Promotion of Clean Elections, 1987 and 1991）.

式成员身份）之间的关系并没有关注度和参与之间的关系那么强烈。这样的结果部分是由于成员所加入的这些组织和机构并不必然与政治有关。事实上，很多团体的日常活动和政治几乎并无关系。

表9-3 和在街上迷路的人说话

单位：%

主动和在街上迷路的人说话					
美国	英国	德国	韩国	法国	日本
60	46	43	38	34	29

当在街上迷路的人主动问路时才去说话					
美国	英国	德国	韩国	法国	日本
38	52	55	60	63	68

资料来源：Shigeki Nishihira, Yoron kara mita dojidaishi (Contemporary history as seen from opinion polls) (Tokyo：Brain Shuppan, 1987)。

信任和参与之间的关系也显示了同样清晰的模式，即信任的水平越高，参与的水平就越高。因此，当我比较1987年和1991年的数据时，可以明显看出在国家的层面上，1991年的信任度比1987年低得多，1991年的参与水平与1987年相比也低很多。1987年日本是由自民党的中曾根康弘（Yasuhiro Nakasone）领导的，而在1991年，尽管这个政党仍然执政，但形势日趋混乱。同样清晰的是，在较低级别的政治层面上，即在都道府县级和市郡级，1987年和1991年间的信任水平变化不大，信任和参与的关系一如既往呈现高水平。

信任和加入某类组织的关系没有信任和参与的关系明确，因为入会仅仅意味着潜在的可能性，而参与则已成事实。

在社会资本的框架内，把关注度、信任、入会和参与通过大量的交叉列表联系起来的尝试，使我得出以下结论。

第一，社会资本理论的初步假设，即公民意识的总体水平对民主的参与绩效产生正面影响，似乎得到了支持。关注度、信任和/或入会的水平越高，参与的水平就越高。

第二，当政治的地方特色更明显、基层体制更加稳固时，信任的水平会提升，而且不容易受到国家层面上政治变迁的影响。1987年的自民党可能是一个典型的例外。在地方上，信任水平一向很高，地方层面上参与和信任的相关度要比国家层面上更加高。

第三，日本的政治制度在总体上是被高度信任的，但具体到特定的政治角色和政治机构，情况则又不同。地方层面上的入会水平总体而言是高的，但并不一定在国家层面上也是这样。在国家层面上，关注度和信任的程度易受到大众媒体的影响，因为大众媒体强调国家政治中的特定事件。这点已经被绵贯（Watanuki）和三宅（Miyake）用 1983 年、1987 年和 1991 年的数据清楚地加以证明。[1]

371

第六节　社会属性和参与

我将试着把参与和一些社会属性相关联，后者包括收入、教育、地区、城市规模、家庭大小和电视的收看频率。此处使用的数据和前面提到的相同。构成这次尝试的初始假设是，尽管存在明显的例外，但这些属性或多或少都决定了参与水平。

（1）收入和参与。尽管相关性较弱，但在高收入和政治参与之间存在着正相关。

（2）教育和参与。就教育水平的四种类别而言，中间级别似乎与政治参与以及入会有着更强的正相关性。那些只完成义务教育（九年制）和那些完成大学教育的人似乎比那些完成高中教育或技术教育的人参与性更低，入会率也更低。那些教育水平更高的人似乎考虑到了诸如参与的机会成本等其他因素。

（3）地区和参与。参与和入会比率始终较高的地区只有位于本州岛中部的北陆地区，从福井到新潟。在此观察的基础上，可以提出两种假设。其一是建基于政治文化的解释，类似于帕特南对意大利中部地区强盛的公民传统的分析。[2] 北陆地区以它大量的净土真宗的佛教徒而著名，这些佛教徒以实用主义、节俭、勤奋、坚韧和诚实而闻名。另一种解释则认为在都市化程度较低的地区存在大量的高级俱乐部和其他类型的社区机构；这可能反映了有意识的政策制定。

（4）城市规模和参与。较小的城市规模与较高的政治参与和入会率之间存在明显的相关性，规模越小（在一定界限之上），社会越可能紧密团结，居民间

---

〔1〕 Joji Watanuki and Ichiro Miyake, *Kankyo henka to tohyo kodo*〔*Political environment and voting behavior*〕(Tokyo：Bokutakusha, 1997).

〔2〕 Robert Putnam, *Making Democracy Work：Civic Traditions in Modern Italy* (Princeton：Princeton University Press, 1993).

的信任与关注度也会越高。同时，都市地区存在着相当高水平的参与和入会率，因为都市为组织化的交流和活动提供了更多的空间。

（5）家庭大小和参与。总体而言，三代人的家庭存在最高程度的参与和入会水平。这样的家庭成员最有可能是某个地区的常住居民，因此更有可能投身到地方性活动网络和机构中。

（6）看电视和参与。在看电视和参与之间存在着明确的正相关。

基于对这些交叉数据的检验，我提出如下观点。首先，一个国家的总体 372 财富和知识水平高对其社会资本的积累是很重要的。以日本为例，国民的识字率在 17～19 世纪之间就已居于世界前列，并且保持了持续增长，现在已达到约 98%（这也是人们订阅报纸的百分比）。在财富方面，在过去的两个世纪中，特别是在最近的半个世纪，日本经济稳步发展，现在人均收入居于世界前列。

其次，理想的城市规模和家庭大小对避免这些已经积聚起来的社会资本被快速耗竭可能是必要的。过度强调自由及能动性、效率以及经济规模，容易导致社会凝聚力的弱化和团体意识的受挫。过度强调平等、安全以及舒适，易于产生不同种类的负面社会结果，如过度的财政赤字和创新精神的消失，这些将不利于城市和家庭保持自我更新的能力。北陆地区在总体的宜居度上居于日本首位，这种优越性可能为上述观点所解释，也可能与它长达五六个世纪的公民文化传统有关。

第七节　对观察到的趋势的合理解释

由上述汇总数据及调研数据测量得出的日本社会资本，在过去的 50 年里一直保持着韧性。既然对民主制度合法性的信心一直相当高，那么社会资本的韧性可以对帕特南所阐明的社会资本理论进行辩护。[1]

具体而言，非营利组织的数量一直在稳步上升，特别是处于基层的公民和社会组织。就时间分配而言，人们投入街道及较大社区的公民活动的时间一直居于首位。相比之下，在过去 10 年里投入到服务儿童、老人及残障人士方面的活动时间在快速上升。

从社会学上讲，日本人在公民社会中的参与可以被简单勾勒如下：女人在

---

〔1〕　Robert Putnam, *Making Democracy Work: Civic Traditions in Modern Italy* (Princeton: Princeton University Press, 1993).

30 岁这一年龄段的后半期中，往往表现出对社会活动高水平的参与；而男人则
是在进入 40 岁后的前 5 年中呈现出这种状态。在城市中，少部分的人投入了大
量的时间到公民活动中去，而在农村社区，大量的人投入了少量的时间到活动
中去。

关于社会信任和对民主的信任的两个问题的调查结果表明，两种信任都在
稳步上升。与之相反，在过去的多年间，把政治家看作权威人士的人数在持续
下降。

在同一时期，对选举、议会和政党的信任在稳步上升，然而其水平要低于
对民主的信任，对政治和政治家的信任则处在更低的水平之上。对政治制度的
高支持与对政治和政治家的明显不信任之间存在差异，对此必须加以重视。既
然这种差异一直是众多关注和分析的主题，我将首先总结如下三个概念，然后
试着进行一些归纳，以此作为迈向理解日本的社会资本和民主的一步。[1] 这三
个概念是绵贯（Watomki）的"文化政治"，法尔（Pharr）提出的"电视政
治"，以及我自己提出的"卡拉 OK 民主"。

一　文化政治

基于过去半个多世纪的调研，绵贯声称，文化因素可能导致在政党支持和
社会属性之间出现某些类型的不一致。[2] 绵贯聚焦于政党和政党体系的不发
达。与典型的欧洲国家相比，在日本，处于较低收入层次上的人并不必然支持
左翼政党；城市的居民更多地放弃投票；高教育水平的人弃权的更多；年轻人
也并不必然支持左翼政党。和美国相比，日本的政党认同并没有起到多么大的
作用，后物质主义的投票模式也并未显示出明显的代际效应，而在选区中个体
候选人的后援会（Koenkai）仍然是基层政治的活动场所。所有这些因素都与政
党的不发达（我所指的是政党总部在制定政策纲领以及训练它们的地区候选人
方面，能力相对不足）以及政党体系的不发达（我所指的是在执政党和反对党

〔1〕 On the discrepancy, see, for example, Susan Pharr, "Japanese Videocracy", *Press/Politics* 1997,
2 (2); Susan Pharr, "Public Trust and Democracy in Japan", in Joseph S. Nye Jr., Philip D.
Zelikow, and David C. King, eds., *Why People Don't Trust Government* (Cambridge, M. A.:
Harvard University Press, 1997), 232 - 257.

〔2〕 Joji Watanuki, "Japan", in Seymour Martin Lipset and Sten Rokkan, eds., *Party System and Voter
Alignments: Cross-National Perspectives* (New York: Free Press, 1967); Joji Watanuki, "Political
Generations in Post - World War II Japan: With Some Comparisons to the Case of Germany",
Research Papers Series A - 64, Institute of International Relations, Sophia University, 1995;
Watanuki, "Japan: From Emerging to Stable Party System?"

之间政策竞争的疲软）有关。政党和政党体系的不发达，导致了对民主的合法
性及民主体制的高度信心，以及对政治家和政治的低度信任共存的情况。

政党支持类型并不和经济状况一一对应。在欧洲，低收入阶层的人倾向于 374
投票给左翼政党，高收入阶层的人倾向于支持右翼政党。在日本，过去自民党
的长期战略是把基础建立在农民和小商业主之上。在工业化和市场自由化的第
一个阶段，农民和小商业主的数量收缩，但是自民党仍把它自身描绘成代表和
服务社会弱势人群的政党。这种战略在 20 世纪 70 年代和 80 年代表现出色，它
使得自民党在多数工业民主国家的一党独大体制颓势尽显之时能持续掌权。[1]
在日本，城市居民比农村居民更经常放弃投票，大概因为后者更有社区精神，
而且后者能够更加直接地把投票与公共政策中的利益相联系。[2] 高教育群体的
投票参与情况并不稳定，或者说是并不能始终保持一致。给右翼的投票中，年
轻选民而非老年选民呈现出明显的增长趋势，后者经历且铭记着战争创伤，因
而经常对自民党在安全问题上的立场保持警惕。

在美国，政党认同在决定政党支持类型上扮演了强大的角色。但是在日本，
单个的候选人而非政党这一标签是决定投票更为重要的因素，例外的可能是日
本的共产党和公明党（建立在佛教居士组织的基础之上）。另外，后物质主义投
票类型在日本有着稳步上升，这一投票类型对诸如自由、平等和环境的关心远
胜过对收入、法律及秩序等因素的关心，并且这一投票类型在所有年龄段选民
中的上升比例大致相当。再者，在日本，候选人的后援组织独立于政党，它们
在决定选举结果中起着主要作用，[3] 这与美国有着很大的不同。美国同时兜售
两党标签和个人候选人的电视广告内容巧妙且充满攻击性，它们对选举结果产
生实质性的影响。

二 电视政治

埃利斯·克劳斯（Ellis Krauss）和苏珊·法尔（Susan Pharr）写作了一篇
论文，主题是在过去 20 年里大众媒体对日本政治的影响。他们认为电视政治的
合法化确实在日本的政治中扮演了重要角色，而且能解释何以对民主总体上的

---

[1] Inoguchi, Gendai Nihon seiji keizai no kozu; Inoguchi, "The Political Economy of Conservative Resurgence Under Recession".

[2] Takashi Inoguchi and Tomoaki Iwai, Zoku-giin no kenkyu [A study of "legislative tribes"] (Tokyo: Nihon Keizai Shimbunsha, 1987).

[3] Takashi Inoguchi and Tomoaki Iwai, Zoku-giin no kenkyu [A study of "legislative tribes"] (Tokyo: Nihon Keizai Shimbunsha, 1987).

高信任与对政治和政治家长期的高度不信任矛盾性地共存。[1] 在准国有电视机构日本广播协会（NHK）制作的新闻节目中，高级别的政治家和官僚被描绘成以权威主义的方式在形塑日本的政治发展。日本广播协会从 20 世纪 20 年代开始就在国家建构过程中起重要的作用，主要表现为传播标准日本语以及培养忠诚和团结。它和印度尼西亚国有电视广播在国家建构中起到的作用并无显著不同，后者在 20 世纪后半叶培育出"想象的共同体"（用本尼迪克特·安德森的话来讲）。[2]

然而，最近我们看到政治被以一种新方式在电视上呈现出来。[3] 目前电视辩论节目大量涌现，重要的政治公众人物利用参加电视节目的机会来发表政治言论。另外，议会的全体会议及委员会会议目前也被公开报道，它有时以一种破坏性的方式暴露出政治家和官僚的不足。例如，在一次委员会会议中，一名内阁大臣没有回答反对党议员提出的问题，而是让一名同样是委员会成员的高级官僚去回答，他的理由是这个问题对他来说过于重要或过于微妙而不能回应。人们可能会说，这些发展对于这块政治土壤来说已经变得太过了，因为长期以来电视政治的合法性是以更含蓄的方式被实践的。[4]

三 卡拉 OK 民主

"卡拉 OK 民主"这一术语由笔者在 1994 年提出，它是研究日本政治中官僚主导地位理论的组成部分。[5] 在日本，官僚主导政策制定和执行乃是一种传统，至少可以追溯到 4 个世纪之前。它首先出现于德川时代（1603～1867 年）约 300 个地方政府中，从 1868 年开始运作于现代化国家的中央政府中。[6] 当议

---

[1] Ellis Krauss, "Portraying the State: NHK Television News and Politics", in Susan Pharr and Ellis Krauss, eds., *Media and Politics in Japan* (Honolulu: University of Hawaii Press, 1995); Susan Pharr, "Media and Politics in Japan", in Susan Pharr and Ellis Krauss, eds., *Media and Politics in Japan* (Honolulu: University of Hawaii Press, 1995).

[2] Benedict Anderson, *Imagined Communities* (London: Verso, 1972).

[3] Pharr, "Public Trust and Democracy in Japan".

[4] 然而，必须要说明的是，尤其从 2001 年 1 月新《行政法》生效开始，内阁成员与以前相比，开始更加直接地回答提出的问题。

[5] Takashi Inoguchi, *Sekai hendo no mikata* [Global change] (Tokyo: Chikuma Shobo, 1994) [English edition, *Global change: A Japanese Perspective* (New York: Palgrave, 2001)].

[6] Takashi Inoguchi, "The Pragmatic Evolution of Japanese Democracy", in Michelle Schmiegelow, ed., *Democracy in Asia* (Frankfurt: Campus Verlag and New York: St. Martin's Press, 1997), 217-232; Takashi Inoguchi, "The Japanese Political System in Historical Perspective: Political Representation and Economic Competitiveness", *Asian Journal of Political Science* 1997 (4, 2): 58-72.

会在 19 世纪晚期被建立之时，政党被定义为反对派，政府是由中央官僚来运行的。当时，政党和政治家并不被尊敬，很大原因在于政府把自己粉饰为代表着整个国家的普遍利益、中立利益以及开明利益，它超越于党派的利益之上。官僚主导模式意味着，议会在获取起草法律文件、政策执行、预算和行政指导方面的信息和支持上相当倚重官僚。除去那些在执政党中最有影响力的 5% 的人员外，大多数的政治家在高层政策的形成过程中作用甚微。相反，这些政治家更关注自己的选民，通过争取到"笼络民心的政治拨款"回应其支持者（实际的和潜在的）的感情和不满；他们参加会议、葬礼和婚礼；为他们选民的孩子找工作。他们的"家乡风格"需要他们把大量的时间花费在选民的身上，而非花费在议会或者东京的政党总部上。[1]

376

即使被任命为内阁大臣或首相，他们也经常迫于已建立的传统，而不得不倚重于官僚的汇报来准备议会发言及回应议员在议会中提出的质询。换句话说，政府事务的主要目录，是由官僚来准备的。然后政治家们从这个目录中，选择他们想要支持的政策。从此种意义上来讲，这就像卡拉 OK，可供选择的歌曲目录已被制定。即使某人并没有牢牢掌握某首歌曲，但是他（或她）可以读显示屏上的歌词、跟随音响发出的旋律唱歌，只要服从卡拉 OK 机器的领导就行了。依此类推，在政治领域，许多人因为这种设定都认为他们可以参与政治，并且几乎每个人都可以表现得相当好。虽说这种说法有些夸张，但是它确实抓住了日本政治的实质，即官僚在政治中是主导性的。

使卡拉 OK 民主与众不同的原因是，在过去的 50 年里，平等主义者和反独裁主义者一直非常强大，他们的强大程度甚至是英美的 10 倍还多。[2] 大多数的人对政治家都报以些许的轻蔑，也并不尊重他们的权威。人们认为，政治家和其他人并没有多大的不同，政治家们处于权威之位并非因为他们伟大或他们能感染人，他们处于那个位置是因为人们想让这些人在那个位置上为人们服务。在英美观察到的顺从型政治文化在日本并不强盛。这或许因为 15、16 世纪盛行于日本的个人主义遗产，受全球化浪潮的触动正在慢慢的复兴，而这种全球化浪潮自进入 21 世纪以来已渗透到世界的每一个角落。

通过对上述三种观点的比较，我们不难看到它们之间的相似性。这三种观点都指向了对民主合法性及民主制度的高度信任与对政治和政治家的长期不信

〔1〕　Richard Fenno Jr., *Home Style*: *House Members in Their Districts* (Boston: Little, Brown, 1979); Inoguchi and Iwai, *Zoku-giin no kenkyu*.

〔2〕　Shigeki Nishihira, *Yoron kara mita dojidaishi* 〔*Contemporary history as seen from opinion polls*〕(Tokyo: Brain Shuppan, 1987).

任之间的不一致。除了上述对不一致的解释外，我将引入西平茂树（Shigeki Nishihira）的跨国数据和山岸俊男（Toshio Yamagishi）对社会资本进行的跨文化比较的论文成果。在此基础上，我将逐步展开我自己的论述，即在过去的几个世纪中，在团体环境中面对面互动交流的基础上，日本的社会资本积聚起来，而现在它的基础正在变得更为宽泛、更加个人化，因为日本正在发展成为一个复杂的、高度个人化的民主政体。

四 跨国调查

西平茂树展示了他比较调查数据的发现，目的是阐述日本政治文化的特点。[1] 在包含了美国、英国、德国、韩国和日本的调查中，日本人对家庭生活、学校生活、职业生涯和朋友关系的满意度一直是最低或接近最低。这种类型的数据表明，日本人往往避开社交活动，对社交持消极态度。

调查显示，在特殊的情景设置中，例如面对一个看起来迷了路的陌生人，日本人的反应最为消极（见表 9 – 4）。而对社会机构的信任度表现为一种独特的类型（见表 9 – 4）。公众对司法部门、警察、教育部门和大众媒体的信任度稍微高于不信任度，占到 50% ~ 69%。对军队、政府中的行政部门及立法部门的信任较低，只有 30% ~ 39% 的受访者表示信任；对非政府机构，诸如工会、社团和宗教组织的信任是最低的，为 10% ~ 29%。在美国，对军事、宗教、警察和教育机构的信任是最高的，占到 60% ~ 79%。居于第二位的是政治机构（行政、司法和立法），占 50% ~ 59%。因此，与美国相比，日本对政治机构的信任度是非常低的，欧洲类型居于日本和美国之间。

2001 年名为"亚欧调查"（the Asia-Europe Survey）的跨国调查观察了人们对政治机构的信任，结果与上述图景有些不同（见表 9 – 4a、表 9 – 4b）。在 2001 年，日本人对大多数政治机构的信任趋向更低，反映了自 1993 年开始的一种趋势。从 1993 年开始的 3 年时间里，自民党并非执政党。警察和司法部门这两个机构在 1987 年获得了相对较高的信任，2001 年仍然保持了较高信任。2001 年人们对军事部门的信任也达到了一个高度。尽管有一些众所周知的腐败案件，2001 年公务员同样获得可贵的信任度。在所调查的 8 个亚洲国家中，对军事部门和公务员的信任度高的现象相当普遍，注意到这点是非常有意思的。在这方面日本也不例外。在受观察的 9 个欧洲国家中人们对军事部门和警察都有着高度的信任。2001 年数据显示的图景与现代日本无党派和党派一直以来的形象更

---

〔1〕 Nishihira, *Yoron kara mita dojidaishi.*

为一致。无党派机构（法庭、警察、公务员和军事部门）受到尊重，而党派机构（议会、政党、选举政府、政治领袖、大商业和大众媒体）受信任程度低。当帝国议会在 1890 年被建立时，大多数议会议员属于在野党。政府把自己描述为社会中唯一受公共精神驱动的、超乎党派之上的责任主体，而各政党的议会议员则被描述为受利益和名声等私人利益驱动的、具有门户之见因而本质上不负责任的人士。

379

表 9-4 对社会机构的信任度

单位：%

百分比	美国	英国	德国	法国	日本	意大利
80~90		警察 军事				
70~79	军事 宗教 警察		警察			
60~69	教育	司法 教育	司法	警察	司法 警察	警察 宗教
50~59	行政 司法 立法		军事 立法	教育 司法 军事 宗教 行政	教育 大众媒体	军事 教育
40~49	大众媒体 商业公司	宗教 商业公司 行政 立法	宗教 教育	立法 大众媒体		司法
30~39	工会		工会 行政 商业公司 大众媒体	工会 大众媒体	军事 行政 立法	大众媒体 商业公司 立法
20~29		大众媒体 工会			工会 商业公司	行政 工会
10~19					宗教	
不信任的平均分数	39.7	40.4	44.3	52.2	55.6	56.5

资料来源：Shigeki Nishihira, *Yoron kara mita dojidaishi* [*Contemporary history as seen from opinion polls*] (Tokyo：Brain Shuppan, 1987)。

359

无论是在亚洲还是欧洲这种对军事部门、公务员、警察和法庭的高信任度，以及对议会、政党、领导人和政府的低信任度都是非常普遍的。[1] 对政治机构的信任进行比较得出的总体图景表明，信任度在发达的工业民主国家有所下降。[2] 日本对政治机构的信任类型与欧洲类型非常相似，而在 8 个亚洲地区中，日本与韩国以及中国台湾更加相似，与新加坡以及马来西亚最不相似，与泰国以及菲律宾有很多共同点。

五 跨文化实验数据

山岸俊男在实验数据的基础上，提出了关于信任的跨文化比较的综合性解说。[3] 他的实验和囚徒困境类似，对于那些面对困境的人来说，自私的功利主义在最大化其净收益方面受到限制。换句话说，在他设置的实验里，合作或协作的计划对每个人来说都是最大化净收益的唯一办法。

在他的计划中，4 个人参与到实验中并因此收到了 100 日元。每个人都被要求对其他的参与者做出一些捐献。捐献数目的变化取决于每个人对其他人的信任程度。在日本的受试者中，高度信任其他人的人平均捐献出了收到的 100 日元中的 55 日元，而低度信任其他人的人平均捐出了 30 日元。在美国的受试者中，高度信任其他人的人平均捐出了收到的 50 美分中的 35 美分，而低度信任其他人的人平均捐出了 20 美分。在日本和美国的案例中，高度信任其他人的个人均捐献更多。换句话说，他的假设是高信任度培育了社会合作。

山岸继续检验了在信任和惩罚之间的联系，方法是建立对不合作的参与者进行惩罚的机制。他设定出对不合作的参与者进行惩罚的规则，进而对受试者如何在这种情景下合作进行了观察。得出的结果与从不包含惩罚的实验中得出的结果大相径庭。这种机制被建立后，低度信任其他人的人合作最多。换句话说，一个人对其他人的信任度越低，这个人在建立惩罚不合作参与者的设计中就越合作。

380　　为了解释低信任度的个人在设置了惩罚的实验中与其他人合作的热情，山岸

---

[1] Joseph S. Nye Jr., Philip D. Zelikow, and David C. King, eds., *Why People Don't Trust Government* (Cambridge: Harvard University Press, 1997).

[2] Susan Pharr and Robert Putnam, eds., *Disaffected Democracies* (Princeton: Princeton University Press, 1999).

[3] Toshio Yamagishi, *Shakaiteki jiremma no kenkyu* [*A study of social dilemma*] (Tokyo: Science Sha, 1990).

表 9-4a　对机构的信任度（亚洲）

单位：%

百分比	日本	韩国	中国台湾	新加坡	马来西亚	印度尼西亚	泰国	菲律宾
80~90				警察 法庭 政府 公共服务 领导人			军事	
70~79				议会 商业 政党 媒体		公共服务		媒体
60~69					政府 法庭 军事 领导人 公共服务	军事 媒体 政府 议会	商业 公共服务 媒体	
50~59		军事	公共服务		警察 议会 媒体 商业 政党	警察	法庭	军事 公共服务 政府 法庭
40~49	军事 法庭 警察 公共服务	媒体	军事 领导人 政府 商业			领导人 政党	警察	议会 警察
30~39		警察 法庭 公共服务	警察 媒体 法庭			法庭 商业	领导人 议会	领导人 商业 政党
20~29	商业 媒体 议会	政府	政党				政府 政党	
10~19	政府 政党 领导人	商业	议会					
0~9		领导人 政党 议会						

381

表 9 – 4b 对机构的信任度（欧洲）

百分比	英国	爱尔兰	法国	德国	瑞典	意大利	西班牙	葡萄牙	希腊
80 ~ 90									
70 ~ 79	军事		商业 公共服务					军事	军事
60 ~ 69	警察	警察 军事	警察 军事	警察		警察 商业		媒体 公共服务 商业 警察	
50 ~ 59		公共服务 法庭	媒体		警察 法庭	军事	警察 议会		
40 ~ 49	法庭 商业 公共服务	媒体	法庭 议会 政府	法庭 军事	商业	媒体	军事 法庭 政府 媒体 公共服务	议会 政府 法庭	警察 法庭
30 ~ 39	议会	商业 政府 议会		议会 商业 领导人	军事 议会 公共服务		政党 领导人 商业	领导人	政府 商业
20 ~ 29	媒体 政府	领导人 政党	领导人	政府 公共服务 媒体	媒体 政府 领导人	公共服务 法庭 政府 议会		政党	媒体 议会 公共服务
10 ~ 19	领导人 政党		政党	政党	政党	领导人 政党			领导人 政党
0 ~ 9									

资料来源：Nippon Research Center, *The Asia-Europe Survey*. Tokyo: Nippon Research Center for the Project on Democracy and Political Cultures in Asia and Europe, led by Takashi Inoguchi, funded by a grant from the Ministry of Education, Culture, Sports, Science, and Technology, for the period between 1999 – 2003 (project No. 11102000)。

382 借鉴了探索内在动机的实验[1] 在他们的实验中，幼儿园的小朋友被分发了马克笔画画。三分之一的小孩被告知，假如他们画了一幅好画，他们将会被奖励。

---

[1] Toshio Yamagishi, *Shakaiteki jiremma no kenkyu* [*A study of social dilemma*] (Tokyo: Science Sha, 1990).

三分之二的小孩没有被给予这样的引导。然而，没有被给予引导的小孩中的一半，或者说整个团体中的三分之一，在活动结束的时候被奖励了。另外三分之一没有被告知任何有关奖励的事情的孩子，在结束的时候也没有受到奖励。几天后，孩子们又一次被发放马克笔，以观察这一次他们是否渴望画画。结果非常具有戏剧性。在之前被告知了如何获得奖励的所有孩子中，40%的孩子在第二轮中渴望画画。而在之前未获得引导的所有孩子中，80%的孩子在第二轮中渴望画画。换句话说，被置于奖励性参与框架中的孩子，与没有被置于这样的奖励建构中的孩子相比，在第二次机会中相对缺乏动力。因此，缺乏内在动机，信任很难被培养出来。许诺奖励并不必然保证合作，除非合作的意义被清楚明白地理解。这个实验表明，一个开放的和自愿的框架在培养信任方面更有效。换句话说，如果合作是由胡萝卜加大棒的方法推动的，那么不但个人合作的内部激励会被削弱，而且这个人会认为其他人的合作只是因为他们被迫这样做。当这样的结构被用以推动合作时，信任度就会下降。因为缺乏这样的结构合作会更难达成，因而强化这样的结构通常是必要的，也是具有强制性的。

迈克尔·泰勒（Michael Taylor）进一步评价说，这样的结构就像药物。[1] 药物促进合作，但是它们减少了自愿合作的意愿，而且为了保持一定水平的合作，药物的剂量还得增加。换句话说，奖惩方法的使用，不但减少了自愿合作所必需的利他主义，也摧毁培育自愿合作的沃土，即承诺。政府和其他公共机构的发展会强化对个人行为的监视与规范，而家庭、亲属关系和社区联系则会因此被摧毁，私利往往取代自愿合作。

可以从三个视角对西平针对社会信任作出的分析和山岸的合作理论加以评论。第一个是非干扰性的纯粹方法论视角；第二个是信任的差异表达的社会文化学观点；第三个是规范化控制逐渐减弱的社会文化学视角。

六 非干扰性测量

383

采访和实验都是在一系列人造的和抽象的人为环境中进行的，记住这一点十分必要。就像社会学家滨口惠俊（Eshun Hamaguchi）所主张的那样，假如日本的社会信任是在面对面交际和团体环境中创立的，那么使用像采访和实验这样人造的和抽象的手段产生的结果，就不能被简单地凭其表面价值来

---

〔1〕 Michael Taylor, *Anarchy and Cooperation* (New York：Wiley, 1979)；Michael Taylor, *Community, Anarchy, and Liberty* (New York：Cambridge University Press, 1982).

衡量。[1]

举例来说，采访是通过询问问题来进行的，受访者通常被问及其信任的社会团体和机构，但是这些问题对已确立的一套社会关系并没有任何具体的设计或是明确的定位。在缺失了特定和具体联系的情况下，日本受访者的回答往往倾向于不信任。实验的数据仍然被干扰。用来进行跨文化信任比较的囚徒困境游戏，存在一系列对日本人来说最为不利的特征：第一，它们是和未知之人的相遇；第二，研究对象之间不允许互相交流；第三，规则建立在纯粹的效用而非基本的人际信任基础上。出于这些原因，日本人在囚徒困境游戏中往往倾向于不合作。因为日本人习惯于严重依赖社会互动的情境规则，在"无政府状态"下——囚徒困境游戏似乎是这种情况的典型——日本人表现出不信任就是很自然的事情了。缺乏特定背景和具体设定，再加上研究对象是未知的这一因素以及他们不能互相交流的规则，这就意味着该项实验不能成为人们对其他人的信任度的精确衡量方式。这项研究所得出的教训是：在对信任进行检验时，需要的是无干扰测量。[2]

七 信任的差异表达

在跨国和跨文化的比较中，有时必须考虑表达像信任这样的情感之时的社会文化因素。重新提起阿尔伯特·赫希曼（Albert Hirschmann）对一个美国犹太人和一个德国犹太人的比较将是有益的。[3] 他们认识对方很多年，分开多年后，他们偶然在纽约市重逢。德国犹太人问他的美国朋友："你最近好吗？"美国犹太人回答问题的方式，象征着不同语言及文化传统的人如何以不同的方式运用相似的词语。美国的犹太人回答，"我非常开心。Aber bin ich nicht so glueklich［但我并没有那么幸运］。"考虑到人们普遍认为上帝恩赐美国作为自由和机会的希望之乡，因而无论是涉及个人生活状况还是个人对其他人的信任的问题，美国人都不得不表现得积极，至少在公共领域是这样。一个人必须开心和积极。当碰到陌生人时，美国人必须积极地先打招呼，至少要说句话或发出肢体语言。人们不应该以不信任的印象来冒犯其他人，那可能是危险的。所

〔1〕 Eshun Hamaguchi, *Kanjinshugi no shakai*: *Nihon* ［*Japan as a society of relationism*］（Tokyo：Toyo Keizai Shimposha, 1992）.

〔2〕 D. T. Campbell and J. C. Stanley, *Experimental and Quasi-Experimental Designs for Research*（Chicago：Rand McNally, 1963）.

〔3〕 Albert O. Hirschmann, *Exit*, *Voice*, *and Loyalty*（Cambridge, Mass.：Harvard University Press, 1970）.

以他们必须听起来友好，好像他们信任其他人似的。

在日本，这种对于积极表现的要求并不存在。在相对同质化的背景中，在特定的、具体的、双边化、组织化背景中，信任易于在日本人中培育出来。日本人往往以相当谨慎的、笨拙的或怀疑的态度对待不熟悉的社会机构和不认识的人（除非陌生人正好和他们熟知的人、团体或机构有联系）。

就像在帕特南对日本人和美国人的反应的比较中看到的，在日本，特定情景下的行为和特定情景下的语言反应是高度可信的。[1] 在缺乏特定情景的情况下，日本人较少表现出信任。因此，美国和日本的差别是，与日本人相比，美国人倾向于展示相对广泛的信任。

八 规范性社会控制的逐渐减弱

社会资本不仅是一个社会学概念，也是一个政治科学概念。社会的组织原则和纪律规范在短短的半个世纪内一般很难改变。假如某人持严谨态度的话，那么这个人应该把观察的时间跨度延伸为50年的10倍。尽管我们不能使用汇总的和调查的数据去研究过去5个世纪社会资本的发展趋势，就像我们经常对20世纪晚期做的那样，但是认识到长时间跨度内政治文化的本质和变化的方向是十分重要的。

在探讨日本的政治文化方面，我想强调在过去的几个世纪里它经历的历史变迁。池上英子（Eiko Ikegami）用令人印象深刻的技巧描述了早期现代日本社会从名誉型个人主义（honorific individualism）向名誉型集体主义的变迁。[2] 她分析了在16世纪和17世纪社会组织原则和评价原则方面发生的转变。在中世纪，最重要的是个人战斗的能力，因此战争是以领导人宣告他们的名字、籍贯以及承诺为荣耀其姓名而作战作为开始。战斗就是一切，是以个人对荣誉的追求为驱动力的。

当日本的绝对主义在16世纪日渐式微时，取而代之的是分权的、准封建的、高度官僚的德川政权，它要求展开对荣誉的集体性追求。武士的个人主义为被解除武装的武士—官僚集体所取代，后者意在荣耀他们的集体组织，而这个组织建基于封建领主的领地及家族的规则和结构。不同于欧洲的绝对主义，日本的专制领主往往被其官僚所取代，这些官僚统治领土，以一种大家庭的精神为光荣。他们重视忠诚、正直、诚实、勤奋、对平民福利的承诺、节俭、身

[1] Robert Putnam, *comments on draft of this chapter*, October 1997.

[2] Eiko Ikegami, *The Taming of the Samurai: Honorific Individualism and the Making of Modern Japan* (Cambridge: Harvard University Press, 1995).

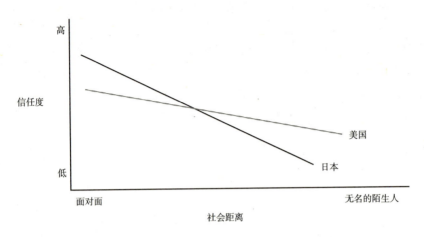

图 9-5　信任的差异化表达

资料来源: Robert Putnam, "Democracy in America at Century's End", in Axel Hadenius, ed. , *Democracy's Victory and Crisis* (Cambridge: Cambridge University Press, 1997), 27-70。

体和意志的健康，服务于集体的事业。这种精神在现代早期得到发展（从 17 世纪到 19 世纪中期），并被现代日本国家所继承。现代官僚制把这种精神进一步延伸和拓展到 19 世纪和 20 世纪的民族主义和集体主义精神中去。因此名誉型集体主义在现代日本被进一步强化了。

当建立在名誉型集体主义之上的政权在 17 世纪和 18 世纪被巩固时，德川将军和各藩领主面对的挑战是内部的团结和稳定。但是随着海军准将马修·佩里（Matthew Perry）在 1853 年到达下田市，日本面临的挑战变成了如何应对军事、经济以及制度上的外部危机。这对明治政权的领导人而言是个全新的挑战。他们勤勉地去创建"富裕的国家和强大的军队",[1] 而其中的关键在于以天皇的名义进行民族主义动员，并创立在全国范围内招募的国家官僚精英体制。明治官僚体制起初是由前武士及其子孙操纵的。这些人在明治政权废除阶级差别之后失去了他们的身份和职业，但他们往往受过良好的教育，他们的名誉型集体主义观念迎合了明治政权的需要，因此现代早期名誉型集体主义在现代得到了进一步的发展。

现代日本政权在 1941 年民族主义的爆发中失败了，但是日本领导人成功地使国家于 1995 年在财富和平等方面赶上了西方。平成时代的日本（即日本处于

386

---

〔1〕　Richard Samuels, *Rich Nation*, *Strong Army* (Ithaca: Cornell University Press, 1991).

明仁统治下的时期，从 1989 年开始）的问题是名誉型集体主义的堡垒在慢慢被削弱。国家的主导精神似乎正在发生缓慢但平稳的转变，转向某种既非名誉型也非集体主义的东西。不用说，这种新的主导精神不可能完全与美国的个人主义精神相一致。

然而，战后昭和政权在追赶西方上取得了成功之后，却开始降低国家驱动前进的强度。已经享受到成功果实的人们，变得更加谨慎、反对冒险。在安全问题上，他们基本的出发点是避免卷入纷争。在直接投资上，公司可能对一个投资机会研究 10 年而仍然不愿冒险。在国内政治上，他们憎恨实际领导权的运作，因为它破坏了既得利益网络。在政府和社会层面，这种松动更加明显，因为它和三种全球运动的终结相符合：冷战的终结、地理的终结和历史的终结。[1] 造成全球安全系统互设壁垒的两极对立已经终结，被无边界和全球化进一步授权的市场现在占有绝对优势。被威斯特伐利亚民族国家框架所无意间压制的社会力量和跨国力量已经被释放了出来。

简而言之，这些就是日本政治文化经历的三个方面的变化，而第四个即将发生。在这个过程中，个人主义将大面积复苏，组织将变得更加灵活、更具功能上的可塑性。这一切都多亏了 15 世纪和 16 世纪个人主义的遗产以及全球化的无情力量，后者至少从 1985 年七国集团的广场协议时已开始成型。

387

对日本政治文化的内容和方向所做的简单总结，可以为检验和评价日本的社会资本提供一个更广泛、更长期、更深厚的历史背景。时至今日，日本社会程式化的旧式形象已经不可能维持长久了。

第八节 走向新千年

理解新千年日本社会资本的性质主要有三大指标。第一是在过去 20 年间，社会和公民组织在数量和活动上令人瞩目的增长。一个很好的例子就是 1995 年的地震救灾。1995 年 1 月 17 日，一场大规模的地震在神户发生，导致了该地区数千人死亡，受灾面积巨大，大量的志愿者涌入了神户。这种现象令人印象深刻，但是它之所以更令人瞩目，乃是因为它和中央政府在行动上表现出的总体无能与迟缓形成了对比。

举例来说，亚洲医师协会（AMDA）是一个新类型的志愿团体，总部位于

---

〔1〕 Inoguchi, Global Change; Takashi Inoguchi, "Dialectics of World Order: A View from Pacific Asia", in Hans-Henrik Holm and Georg Sorensen, eds., *Whose World Order?: Uneven Globalization and the End of the Cold War* (Boulder: Westview Press, 1995), 119–136.

大阪和神户西部的冈山市一所小的天主教堂内，它名册上列出的 1500 名医生和工作人员遍布整个亚洲。在过去的 50 年间里，它在全球已经参与了超过 100 次的人道主义援助和灾难救援任务，范围包括神户、柬埔寨、伊拉克、菲律宾、埃塞俄比亚、孟加拉国、尼泊尔、索马里、印度、印度尼西亚、莫桑比克、卢旺达、车臣、库页岛（俄国）、前南斯拉夫、肯尼亚、赞比亚、安哥拉以及墨西哥。这些组织减弱了日本社会只是由政府组织和非政府个人组成的印象。

第二个指标是追求后物质主义价值的信徒人数平稳增长，这些价值包括参与和自由，而非秩序和经济。英格尔哈特（Inglehart）认为后物质主义和代与代之间有着紧密的关联，年青一代可能更容易受后物质主义价值观的影响。[1] 大多数工业民主国家在过去 20 年间的趋势似乎证明了他的观点。但是，按照绵贯横跨 20 年之久的追踪调查（panel surveys）所证明的，日本后物质主义的信徒人数一直在稳步增长（1972 年是 3.6%，1983 是 7.6%，1993 年是 14.5%），在不同代际的人中增长的百分比几乎相同。[2] 因此日本在这一指标上的变化既迅速又明显，并不需要等到后物质主义对年青一代的影响呈现出来之后。

第三个指标包括诸如秋季节日、冬季的防火巡逻、垃圾收集管理和红十字会捐赠等与邻里相关的公民活动，这些活动都已经得到了相当程度的恢复。尽管邻里和警察巡逻之间的配合在大城市的郊区变得越来越困难，但这在很大程度上是由于许多居民白天不在家。尽管花费在这样的公民活动上的频率和时间已经明显减少，但公民意识在很大程度上仍然保存完好。例如，垃圾收集管理被执行得相当好，尽管这占用了相当大的空间，而且每天产出的垃圾数量巨大。

尽管我们有了理解新千年日本社会资本性质的三个长期指标，但是我们仍然需要关注社会资本在历史意义上和比较意义上的复杂性。其中，下面三个问题应该被特别关注：第一，对日本和德国转变的主要决定因素进行历史的比较，这两个国家之前都是极权主义/威权主义的社会；看似不一致的福山和山岸的信任概念以及在中日和日美比较时概念的变化；在日本从名誉型集体主义向合作型个人主义转变时的短期困难。在本章中主要是和美国比较，因为相较于其他国家，美国是我最熟悉的国家。日本和德国与其他国家相比有所区别，因为它

---

〔1〕 Ronald Inglehart, *The Silent Revolution*（Princeton：Princeton University Press, 1971）；Ronald Inglehart, *Culture Shift in Advanced Industrial Society*（Princeton：Princeton University Press, 1990）.

〔2〕 Watanuki, "Political Generations in Post-World War II Japan".

们代表了极权主义/威权主义失败之后民主和公民社会的胜利。

一个明显的问题是：这些向公民参与发展的趋势，在多大程度上取决于社会经济的现代化、政治或其他因素？我的回答是，社会经济现代化，尤其从 19 世纪晚期开始，在培育公民社会方面已成为主要的促进因素。日本和德国都是 19 世纪经济发展的后来者，它们在追赶起步早的国家上都表现良好。在 20 世纪的前 20 年或 30 年，政治的和社会的自由主义在这两个国家均创造出明显的进步。没有经济发展和社会现代化的基础，这两个国家在后半个世纪的公民社会的兴起就不能被恰当地解释。然而在 20 世纪中期，等式中另一个同样重要的因素是两国在"二战"之后被同盟国占领。在占领两个被征服的国家期间，同盟国的领袖美国在政治经济制度以及人民思维定式的民主化和自由化方面产生了强大的政治影响。在大战结束之后，战败国统治政权的变化并不鲜见。政权的 389 权力基础通常会分崩离析，这可能因为战败本身，或者因为获胜一方、战胜国联盟的干预，或者因为国际支配性文化蔓延入战败国，渗透到它们自身的价值和规范体系中。此外，在 19 世纪晚期之前两国所具有的悠久历史遗产，即它们长期的分权的政治体系经验强化了压制性因素衰退之后公民社会的兴起。例如将民族国家作为时髦的组织原则（时代精神），以及将适宜大规模融资、集中使用劳动力的高效生产系统设定为主导产业。换句话说，历史资源在两国公民社会的兴起中都发挥了作用。

第二，虽然公民社会的蓬勃兴起是非常清晰的，一些局限性也值得注意。它们和已经创立的社会资本的类型有很大的关系。什么类型的社会资本是日本一直擅长生产的？为了叙述社会资本类型的特征，我们可以把弗朗西斯·福山（Francis Fukuyama）在中日信任类型之间所做的区别，与山岸俊男在美日社会资本类型之间所做的区别结合起来。[1] 福山比较了他所称之为高度信任社会和低度信任社会之间的区别，关注的一方是美国、日本和德国，另一方是法国、中国和俄国。为了使他的区别更加明晰，我将按照他所建议的条款来对比日本和中国。他认为，日本人超越了家族和血缘关系，尤其是在商业中，如经常出现让养子来执掌、发展公司的情形，而中国人则不太经常超越这样的关系，中国人更看重固守家族和血缘谱系。按照他的观点，日本的信任范围比中国更广，这使得日本人在诸如技术、资本和劳动力这样的因素之外，能够动员更大范围内的资源，并使商业本身蕴涵的风险最小化进而为繁荣做出贡献。

---

〔1〕 Francis Fukuyama, *Trust: Social Virtues and the Creation of Prosperity* (New York: Simon and Schuster, 1995); Toshio Yamagishi, "The Provision of a Sanctioning System in the United States and Japan", *Social Psychological Quarterly*, 1988 (51, 3): 265–271.

山岸是在日本人和美国人的信任之间做出比较的。在福山所称的高信任度的社会中，日本人的信任和美国人的信任可以被进行如下区分。美国人的信任更宽泛、更公开，而日本人的信任相对较窄，更加封闭。美国人的信任往往建立在普遍互惠的基础之上，而日本人的信任，即使不局限于小家庭或者血缘定义的群体，也限定在熟识的群体中。日本的社会资本在认识的小群体中的关键作用是使人消除顾虑，从而在群体中不确定和风险被缩至最小，当然信任和冒险并未扩展到群体之外。美国的社会资本的关键作用是表达信任，以使合作性及生产性的互惠可以产生出来。前一种类型的社会资本可以被称为非桥联性的（nonbridging），而后一种类型可以被称为桥联性的。在日本的案例中，对不确定的社会交往的风险评估和风险规避工作在团体内部才能达到最小化，而在美国的案例中，这项工作内在于任何类型的社会交往之中。从责任感方面来看，典型的日本人对由小范围内社会交际认识的人有非常强的责任感，然而典型的美国人虽责任感弱些，却心系普遍的"社会匿名"者。前一种类型的社会资本可以被称为内聚性的（binding），而后一种类型可被称为外展性的（extending）。

照此来看，在福山和山岸的社会资本的概念之间的差异可以用一致的方式加以评价。最初这些数据给日本的观察家和评论家造成的困惑，似乎由概念的澄清得到解决。

第三，对日本现在所面对的危机可以用同样的方式解释。日本可能处在从相对封闭的社会资本向相对开放的社会资本的转变过程中，从以寻求消除顾虑为导向的社会资本向产生信任的社会资本的转变过程中，从内聚性的社会资本向外展性的社会资本的转变过程中。这种转变大致上是与池上英子所称的德川—昭和时期（1600～1989年）的名誉型集体主义向涂尔干所谓的平成时代（1989～）及其后的合作型个人主义的转变相一致的。[1] 这种转变也是与生产方式的转变相一致的：从大规模使用资金及劳力的密集型生产方式向以技术的创新和资本的灵巧操控为基础的生产模式的转变。[2] 在全球化时代，日本在相对封闭的社会资本、寻求安心为导向的社会资本和内聚型的社会资本基础上获得的成功，对进一步的发展形成了阻碍。名誉型集体主义和国家主导的经济发展模式成为进一步成功的障碍。因此，在不远的过去日本所取得的成功，可能

---

[1] Ikegami, *The Taming of the Samurai*; *Emile Durkheim*, (Anthony Giddeas, ed.) *Selected Writings* (Cambridge: Cambridge University Press, 1985).

[2] Paul Krugman, "The Myth of Asia's Miracle", *Foreign Affairs*, 1993 (73, 6): 62 – 78; Robert Reich, *The Work of Nations* (New York: Knopf, 1995).

会延缓日本从相对封闭的社会资本向相对开放的社会资本的转变。这可能解释日本和德国之间的不同，尽管它们在 20 世纪有着相似的经历。在日本的案例中，社会集体主义和国家主导的发展在 20 世纪第二个和第三个 25 年中走向极端，然而在德国的案例中，两者都在 20 世纪中期终结。在德国，它仅持续了相对短暂的时期，国家主导型、集体主义的德国民主共和国局限于很小的领土范围内，到 1989 年的时候就解体了。

以寻求放心为导向的社会资本在日本的顽强程度，可以从坏账问题的解决以及选民在 1998 年 7 月 12 日和 2001 年 7 月 29 日参议院选举中的反应窥见一斑。[1] 在 1998 年，背负着最大坏账负担的金融机构有可能受到政府的照顾（利用税收基金），以使它们免于破产。政府的防御计划很明显是建立在以寻求保险为导的向社会资本基础上的。它的逻辑是，国家必须帮助处于困境中的金融机构，原因是每个人都会犯错误，同时这也为了使储蓄人的资金不受损失。日本选民在 1998 年投票中的表现显示，他们对以寻求保险为导向的一揽子计划深深地不信任。作为执政党的自民党由于把相当一部分的席位输给了反对党，特别是成立仅一月之久的民主党，以及共产党和公明党，而失去了它在参议院的简单多数。选民对于政府经济政策的失败十分愤怒，它未能改变经济衰退的加剧、失业率的持续增长以及日元兑美元汇率的持续下滑，选民也认识到老龄化社会正在到来，但同时普遍认为社会政策计划正在被慢慢销蚀。与 1998 年参议院选举进行的有趣对比显示，2001 年自民党在参议院选举中取得了绝对胜利，而这一时期经济表现仍然低迷。原因就在于首相小泉纯一郎利用强大的领导力说服选民放弃以寻求保险为导向的一揽子计划，转而接受结构改革的观念，尽管后者在短期内包含着高度危险的可能性。政府在 20 世纪 90 年代晚期实施的所有以放心为导向的政策，都没有显示出任何显著的积极作用。政府忙于处理破产和失业，出台政策花费大量金钱去拯救没有竞争力的部门，比如银行、公营公司和建筑公司，但是并没有能力推动经济增长。然而，由于这些政策并没有能够去除数额巨大的坏账，也没有使货币供应量增加，它们最终并没有产生任何重要的进步作用，反而使政府陷入了赤字。小泉致力

[1] Takashi Inoguchi, "The Political Economy of Japan's Upper House Elec-tion of July 12, 1998", *presentation at Public Seminar*, Australian National University, August 12, 1998. See also Takashi Inoguchi, "The Japanese General Election of 25 June 2000", Government and Opposition, 35：4（Autumn 2000）484 – 498. 有关 2001 年参议院选举的一系列问题已由猪口孝做出令人信服的解说。See Kuniko Inoguchi, "Kaikaku, Shimin Sankaku Unagase"（Promote Civic Participation for Reform）, *Yomiuri Shinbun*, July 31（evening edition）.

于使选民开始接受一种新的思维观念：人们较少寻求一种安心感，而更多关注于重塑日本社会。

392　　　日本以寻求放心为导向的社会资本似乎不可能在一夜之间消失，但是它已经显露缺点的事实却成为一个积极的指针，指明了在 21 世纪即将到来的更大变化。它也会使日本社会以一种缓慢但稳步的进程向着政治—文化变化的下一个阶段前进。解读新千年里社会资本的多维度、多层面的变化，将会是那些对民主的应变力和生命力感兴趣之人的主要研究任务。[1]

---

〔1〕 Takashi Inoguchi, Edward Newman, and John Keane, eds. , *The Changing Nature of Democracy* (Tokyo and New York: United Nations University Press, 1998). Ian Marsh, Jean Blondel and Takashi Inoguchi, eds. , *Democracy, Governance and Economic Performance: East and Southeast Asia* (Tokyo and New York: United Nations University Press, 2000).

结　论

罗伯特·D. 帕特南

为将本书中分散的文章更好地整合在一起，我从总结单个国家的分析开始，并重点突出每位作者给出的对各自国家描述的相同之处，以及他们理论视角的不同之处。在本章的后半部分，我总结了在我们的共同努力中发现的一般命题和问题。

第一节　各国特色

一　英国

彼得·霍尔讨论了英国社会资本多项指标的变化趋势。他总结道，自20世纪50年代以来，志愿社团的成员一直大致稳定，在60年代时有所增长，此后仅略微下降。近几十年来，虽然有些种类的社团在重要性方面逐渐消退（如传统女性团体、工会、教会和政党）；但其他社团（尤其是环保组织和慈善组织）却有所扩张，以至于英国的志愿部门依旧充满活力。尽管也许比六七十年代略微少一些，非正式的社交活动还是和20世纪50年代一样频繁出现在90年代。政治兴趣和政治参与保持了相对较高的水平。此外，霍尔并没有发现那种预示英国的公民参与会在未来几年发生实质变化（提高或降低）的代际差别。另外，他也陈述了社会信任严重的长期性衰退，这一点特别发生在年轻人群之中，同时政治效能感和政治信任也出现了一定的衰退。

霍尔将英国社会参与的总体稳定与美国社会参与的下降进行比较，力图解释大西洋两岸的这种差别。他挑出了特别重要的三个因素：①英国教育系统在20世纪50~90年代的大规模扩招，使其内部公民参与（尤其是女性）的总体层次大为丰富；②英国阶级结构的变化，即扩大中产阶级的同时还加强了它在英国社团生活中长久以来的优势；以及③英国政府的政策，培养第三部门并扩展福利国家。另外，霍尔发现了一些证据表明社会信任的下降可能暗示着更广泛

394

的英国社会关系从集体主义到个人主义（尤其是从阶级本位的团结到成就本位的机会主义和从尊重集体的团体到尊重个人的团体[1]）的大转变。总之，他提出了这样一种可能性："在社团成员的稳定的表面背后"，也许已经发生了对集体生活和公民参与质量的侵蚀。

霍尔写道，然而更令人不安的是，有证据表明英国正在加速成为"一个两极分化的国家，一边是出身良好、高度积极、过着普遍富裕生活的公民群体，另一边是社团生活和政治参与都十分有限的公民群体"。后者，即与社会优势不沾边的群体，不成比例地从工人阶级和年轻人中产生。霍尔还说，虽然年龄差距可能只是暂时的，但是阶级差距可能会不断拉大。因此，霍尔抛弃了近几十年来有关英国社会资本均匀下降这一主题的任何简单论点，而是表达了对社会资本的社会分布中变化的关注，以及对这样一种可能性的关注，即新兴的公民参与形式可能并不比它们所代替的那些形式更符合对公共产品的追求。

二 瑞典

博·罗斯坦分析瑞典社会资本变化趋势的背景是经典的社会民主主义"瑞典模式"——基于社会民主党霸权的野心勃勃的福利国家和新法团主义安排的结合体。在20世纪60年代，这一体制创造了一个令人羡慕的以民主为基础的稳定、大众化的合法性、经济增长和社会福利的结合，但在过去25年里，瑞典已经成为"民主的不满"[2]欧洲花名册上首当其冲的第一名。罗斯坦总结了瑞典人对公共机构逐渐增长的不满和对政治参与（尤其是政党和传统利益组织）的松懈，以及20世纪90年代间在经济绩效上的显著衰退的证据。他认为在政治动态中导致这一解体的一个关键因素，是他所称的"有组织社会资本"（即主要劳动力与企业组织内部和之间的信任）的崩溃。接着，他将这种崩溃溯源至20世纪70年代瑞典工会和社会民主党的"政治傲慢"，正是这种傲慢让他们放弃了渐进主义的、一致同意的瑞典模式。

但是即使这种有组织社会资本的特殊形式确实受到了侵蚀，也没有证据表明瑞典民主受到了损害。在大多数公民参与和社会联系的指标中，罗斯坦发现了一个令人印象深刻的在20世纪后半叶中表现稳定甚至是增长的证据。从全球视角来说，瑞典排在组织参与、政治参与（至少根据投票选举统计）和社会信任排名中处于顶端或靠近顶端的位置。另外，现有证据表明，正式和非正式的

---

〔1〕 他还假设，经济状况的恶化可能会导致社会信任的下降。

〔2〕 See Susan J. Pharr and Robert D. Putnam, *Disaffected Democracies*: *What's Troubling the Trilateral Countries?* (Princeton: Princeton University Press, 2000).

社会组织（如果有什么区别的话）在近几十年中表现出越来越多的活力。同样，有别于美国、英国和其他国家，瑞典的社会信任表现稳定甚至逐步增长。罗斯坦的确找到了个人主义不断增加的证据，因为年青一代厌烦了社会活动传统的多层级组织形式，然而与其说孤立于社会，不如说他们似乎在机动的、临时的社会活动中参与更多——也许就像罗伯特·乌斯诺在另一篇文章中提到的"松散的联系"[1] 那样。罗斯坦认为在瑞典的年青一代中代替集体主义的，不是自私的个人主义，而是社会连带的个人主义（solidarist individulism）。[2]

或许对非瑞典人来说最有趣的是罗斯坦对广泛出现的学习小组（每周见面探讨教育的小团体）的解释。这一惯例似乎每年都在增长，覆盖成年人口的比例已达到惊人的40%（毫不意外的是，其他研究表明瑞典人和其他北欧人花在看电视上的时间远少于其他发达国家的公民）。[3] 正如社会资本理论所说，参与这类学习小组似乎能够与更广阔的公民参与联系起来。同样有趣的是这样一个事实：这类学习小组整整一半的开销是由政府埋单的。

实际上，正如罗斯坦论证的那样，瑞典案例研究的所有方面都为反驳"福利国家必然会破坏社会资本"这一论点提供了强有力的证据。相反，瑞典（以及它的北欧邻居们）不仅在（培育）社会资本的许多措施方面引领世界，在公共开支和税收方面亦然。此外，正如罗斯坦有力论证的，瑞典国内在过去几十年中稳定甚至增长的社会参与和志愿服务水平，恰恰是反驳"大政府必然是社会资本的敌人"这一论断的有力证据。相反，罗斯坦认为，塑造了瑞典式的福利国家的那些普遍的（而非特定的）社会供给，是与高水平的社会资本完全兼容的。

三 澳大利亚

像美国一样，澳大利亚是一个相对较新的大陆型移民社会。在某些方面，伊娃·考克斯所描绘的澳大利亚社会资本变化的趋势图，和我自己的美国社会资本变化趋势图很相似。许多长期广为接受的志愿团体注册人数在减少，有正式的组织背景的志愿服务在近几年中也逐渐衰落。在20世纪60~90年代，工会成员和进教堂做礼拜的人数都显著下降。尽管其他数据显示政治抗议活动更加普遍，还是有最近数据显示政治参与在下降。社会和政治信任似乎在过去的10

〔1〕 Robert Wuthnow, *Loose Connections* (Cambridge, MA: Harvard University Press, 1999).

〔2〕 个人之间，非正式的、流动的社会联系形式被罗斯坦称为"社会连带的个人主义"，而被乌斯诺称作"松散的联系"。——译者注

〔3〕 Eurodata TV, *One Television Year in the World: Audience Report*, April 1999.

年或 20 年里都有下降。[1] 澳大利亚人像美国人一样，似乎会在看电视上比在社交上花更多的时间。尽管体育活动的参与增多了（在许多国家中都有这一现象），考克斯认为这一趋势反映的是个人健身活动，而不是团体运动。即使一些新兴的女权主义和环保主义团体丧失了地盘，不过一些偶发性的社区活动（例如节庆和募捐长跑）至少在一定程度上抵消了这一趋势。另一方面，考克斯认为这些新的共享公共空间的方式也许无法像参与更正式、更持久的组织那样，提供相同的社会和教育功能。

和其他作者一样，考克斯强调了澳大利亚社会资本分配中的社会不平等，她也特别在意我提出的"桥联性社会资本"可能会被她描述的那些衰退狠狠打击。尽管提到了对同性恋和非白人少数族群日益增长的容忍度，她还是忧虑地总结说，不信任和不参与所反映的（社会资本的）衰退或许与人们日益增加的对澳大利亚未来的普遍焦虑有关。

四 日本

猪口孝发现了日本的公民参与水平呈稳定缓慢增长，尤其是以传统的西方指标（如非政府组织）来衡量。社区组织（日本公民组织中最常见的形式）在20 世纪 90 年代末和 15 年前几乎一样重要，同时服务孩子、老人和残障人士的组织也在持续增加（可以推测的是，后者的增加部分抵消了传统日本社会安全网络的削弱）。在政治领域，猪口孝称在 20 世纪后半叶日本选民逐渐摆脱了他们恭顺的"服从"取向，转而成为更热心的民主主义者，尽管依旧对政治领导人的一些小缺点过于严苛。

猪口孝指出了一个令人震惊的事实：依据比较研究广义社会信任的传统方法，日本似乎是一个低信任的社会，而不是经常被外行观察者假设的那样是一个高信任的社会。由山岸俊男带领的其他研究者则指出这并不仅仅是一个语言问题，因为在实验环境下（例如，与陌生人面临囚徒困境时），相比处在类似环境下的美国人，日本的被试者大体上更不太可能合作而更有可能背叛。猪口孝还指出，相比美国人甚至欧洲人，日本人大体上更不太可能去自愿帮助路上有需要的陌生人。然而我们从其他资料中可以得知，在亲密圈子中，日本的社会凝聚力似乎比西方更高。理论上说，这一重要的反常暗示了（根据山岸俊男的说法）这样一种可能性，即日本的社会信任半径更窄——日本人的确在一个与

---

〔1〕 欲了解更多证明这一信任下降的证据，参见 Ian Winter, "Major Themes and Debates in the Social Capital Literature: The Australian Connection", in Ian Winter, ed., *Social Capital and Public Policy in Australia* (Melbourne: Australian Institute of Family Studies, 2000), 37。

其他熟悉的行为者共处的环境下信任他人（并以一种可信赖的方式行动），但是他们却并不相信广义的他人（也不值得广义的他人信赖）。无论那是不是日本人反常信任的正确解释，猪口孝记录了日本人对广义的他人之信任的缓慢增长，并提出同样在这一方面，日本可能正缓慢地向更加西方式的社会资本集中。

相比之下在其他领域，猪口孝对日本社会资本的描绘保持了与本书中其他国家情况的明显区别。在其他所有国家中，举例来说，公民参与和社会联系与社会经济状况密切相关，事实上，社会资本分配的不平等可能还在扩大。猪口孝认为，在日本，相对来说社会参与事实上在较低教育水平的人群中更为广泛。 398

部分是由于系统性数据的缺失，部分是出于和本书中的其他研究有可比性的原因，猪口孝提供了较少的证据来说明日本传统社会联系形式发展变化的趋势，例如亲分—子分（大体说来就是庇护）关系或者非正式的朋友、邻居、同事之间的关系。因此，基于现有的证据，我们不能明确说日本社会资本的累积水平是否在过去几十年里有所提高，反过来也不能肯定地说我们见证了公民参与从传统形式到西方模式的缓慢变化。

然而明确的是，像我们调查的其他地方一样，日本社会资本的动力更多取决于民族历史的独特性，而不是任何单一的全球现代化计时器。事实最为清楚的是，猪口孝对日本政治文化在过去五个世纪里的变迁（从中世纪日本的个人主义到德川幕府和明治天皇统治下的集体主义），即迅速而发人深省的连续场景变换做出了描绘。猪口孝总结道，日本可能正处在它的社会资本形态发生深远转变的初级阶段，伴随着公民社会以及参与和自由的后物质主义价值观的活力戏剧性地增长，从更加封闭的社会资本形式向更为开放的形式转变，可能在帮助处理后现代的、国际经济相互依存的相关问题时更加有效。

五 法国

让-皮埃尔·沃尔姆斯描述法国正面临着两个连锁的危机：一个是社会经济不平等的危机，在这个危机中，作为被社会排斥的受害者而感到绝望的少数人（穆斯林移民不成比例地集中在郊区贫民窟，尽管不是全部）逐渐增多，"与担惊受怕的大多数人相分离"；另一个是政治上的代表制的危机，在这个危机中民众与传统法兰西共和国的政治制度日渐疏远。各种各样公民社会的片段中，没有证据表明非正式联系的社会资本出现了净衰退。在一些重要的社会政治组织（尤其是工会、政党和教会）经历着减员之时，社团成员的总数却保持稳定。的确，与其他现代福利国家一样，社会服务的公共供给实际上已经强化了非营 399

利社会服务组织的明显扩张。[1] 20世纪的最后25年显然见证了在两个略微不同的方向上不成比例的增长：最初是维护部门性、自我导向型利益的组织的迅速增加，接着是目标更广的、利他的组织的增加，还有以文化休闲活动为形式的皆在促进个人发展的组织增加。一如二战后的英国，更广泛的社团参与的主要推动力似乎是战后法国教育的扩张，因为人们会看到在受教育程度较高的人群中，会员比例逐渐下降。讽刺性的是，这一趋势削弱了社会资本和更普遍的社会地位之间传统的强联系；沃尔姆斯总结了这种模式："教育程度最高的人们离开社团的速度比教育程度最低的人们加入社团的速度更快。"

就像在本书中被调查的其他国家一样，法国的典型特征不是全球性公民结社主义大衰退，而是发生了一种代际转变，从某些类型的结社活动（特别是传统的正式组织中的）转变为另一些类型的（特别是非正式、迅速变迁的联系），这也就是"社会资本结构私有化的一种类型"。相似的，沃姆斯注意到在被加速边缘化的法国下层社会中，黏合性社会资本这一重要的形式持久存在，却并没有为将这些群体整合到更广泛的社会之中而发挥作用。他总结道，结果是一个普遍的模式：自我导向的、碎片化的社会资本增加和制度化的、他人导向的社会资本减少。因此，尽管总体上社会资本水平比较稳定，沃尔姆斯还是断定连接私人社会交往与更宽广的公共领域的制度机制令人不安地缺失了。私人社会资本的富人圈与不被信任的公共制度之间"缺失的一环"构成了沃尔姆斯对法国相对良好的公民社会与处境艰难的制度两相分离的主要解释。

六　德国

根据奥费和富克斯的描述可知，更大的历史和政治力量对社会交往模式的影响在德国的案例中尤为明显，很大程度上这是因为20世纪德国独特的政治分裂。他们详细描述当代联邦共和国的社会资本的大背景，是纳粹和共产党政权对公民社会结构的强大影响力，特别是他们各自关于强制性参与国家组织的社团的相关政策。一般来说，西德在摆脱1945年"零时"[2]的同时也仓皇抛弃了长久以来强大的结社传统。20世纪前半叶的斗争留下了一个强大的"无我"的社会政治文化。

在那种衰落的水平之上，就不会惊讶于西德的社会政治参与度，至少直到20世纪90年代都保持了一种上升的趋势，这一点特别是发生在年轻一代

---

〔1〕　由于法国社团可用数据的特殊性，我们可以确定组织的"诞生率"，但我们缺乏关于"死亡率"的信息，所以围绕对社团总体规模的净变化值的估计存在大量不确定的偏差。

〔2〕　零时：1945年5月9日0时16分，德国无条件投降书正式生效。——译者注

和非正式的社交活动之中。对于这一趋势仅两个例外值得注意：①和过去几十年里的其他发达国家一样，我们熟悉的工会、政党和教会铁三角的成员减少；以及②在20世纪90年代，德国年轻人明显不愿意参与政治和社会组织。现在说这两个例外中的一个或者二者皆可能导致未来更广泛的不参与格局还为时过早，但是至少在20世纪后半叶，西德的趋势表明社会资本没有净减少，反而更可能有所增长。就像瑞典的罗斯坦（以及另一篇文章中美国的乌斯诺）那样，奥费和富克斯的确找到了证据证明一种走向：离开正式的成员组织，朝向更加短暂和人格化（但从某些方面来说同样有价值）的社会联系。[1]

在东德的案例中，1989年之后的十年中诸多带来创伤的事件似乎对大多数可衡量的社会参与形式都产生了很大的消极影响，一部分是由于国家运营的旧组织突然土崩瓦解，取代它们的又是自西方移植而来的、似乎具有半殖民色彩的组织结构；另一部分是由严峻失业率造成的典型的"绝缘效应"。[2] 奥费和富克斯总结说，在东德，社团生活的迅速常规化是不太可能的。需要再次强调的是，国家层次上的大规模事件对公民社会基本面貌的影响显露无遗。

奥费和富克斯还提供了对社会参与中的社会分配的全面解释，而且在所有关键的方面，他们发现的这一模式和美国的社会参与一样典型——在教育程度较高的、更富有的人群中，在劳动者中，在小镇的中年人中，以及在男性（尤其是在更公开的活动形式中，尽管性别差异随着时间变化而缩小）中有着更多的社团参与（尤其是一种正式的方式）。[3] 和本书中的其他作者一样，奥费和富克斯郑重地对这种社会资本分配不平等的含义做出了总结。

401

七　西班牙

维克多·佩雷斯–迪亚斯讲述了一个很吸引人的故事：西班牙的社会资本模式由内战向权威主义再向多元民主演变。那段历史凸显了他称之为公民型社

---

[1] 所有作者都强调了有关不太正式的社交网络中的趋势的现有证据远不及正式组织成员中的趋势。因此，从严格意义上说，非正式网络的扩大抵消了正式网络中的任何退化这一假设还有待验证。

[2] 这一影响在其他西方国家（包括美国）中更为有名，虽然讽刺的是，第一个对此影响的重要研究是20世纪30年代早期在德国进行的：Marie Jahoda, Paul Lazarsfeld, and Hans Zeisel, *Marienthal*〔Chicago：Aldine-Atherton, 1971（1933）〕.

[3] 欲了解美国所有这些模式的证明，参见 Robert D. Putnam, *Bowling Alone：Collapse and Revival of American Community*（New York：Simon and Schuster, 2000）.

会资本和非公民型社会资本（我称之为桥联性资本和黏合性资本）之间的重要区别。20 世纪 30 年代西班牙内战中的双方被很强的纽带内在地联结在一起，佩雷斯－迪亚斯说，但在战争爆发之前几十年里，双方的政治活动家毁掉了这个国家用于弥合意识形态分歧的公民型社会资本的原始存量。佩雷斯－迪亚斯描述了团结友爱的强大内在纽带和对敌人做出非人道污名化描述的经典案例，例如蓄意谋杀般的"散步"。这一切的后果是充斥着暴行和苦难的内战。

在佛朗哥政权统治下，公民型社会资本仍然在缓慢地积累着，一部分是由于双方更年轻的领导人清醒地认识到了内战的负面意义，另一部分是由于经济现代化和国际化的软化作用，还有一部分则是无意识行动的结果，即过去对立双方的后代们建立了一系列新的公民组织。佩雷斯－迪亚斯总结道，虽然"奇特怪异且无意识"，"社会资本（两种皆是）的积累使得大家觉得既没有制造赢家也没有制造输家的那种民主转型在 70 年代时有了可能——它就像是内战的反面镜像一样"。

尽管公民型的正式社团在接下来的民主转型中非常关键，佩雷斯－迪亚斯却注意到在随后的 25 年里，西班牙社会资本存量中最具活力的部分已经被那些根植于家庭网络和其他非正式合作网络的"更温和的"类型的社会资本代替。和本书中的其他作者一样，佩雷斯－迪亚斯注意到了大众参与政党、工会和教会的大规模衰退，但他认为这种衰退并不比地中海式的合群性以温和的形式持续下去和增长起来更重要。作为西班牙并未面临社会资本赤字的证据，他给出的理由是年轻的西班牙民主已经成功克服了如此严峻的危机，如大量持续的失业、影响甚广的一系列政治丑闻。

402   佩雷斯－迪亚斯的章节一方面阐明了社会资本模式（公民型/桥联性或非公民型/黏合性）扮演着制度变迁的背景这一重要角色——从无经验的、不稳定的自由民主到毁灭性的内战，再到独裁统治，然后奇迹般地回到成熟的自由民主。另外，他对西班牙案例的解释说明了社会经济变化（在这个案例中，从贫穷的、农村的到较富裕的、现代的那种传统现代化）、代际变迁，以及政治行动（有时是有意为之，但大多数情况下并非如此）都会对社会资本的动态产生重要的影响。从一个更广泛的比较视野来看，——例如考虑一下发生在我们这个时代的同样残忍的巴尔干半岛内战——佩雷斯－迪亚斯对这一转变的解释使读者更加想要了解西班牙的非凡成就。

八　美国

考虑到美国案例在当今社会资本变化趋势争论中的重要性，我们的书收录了两篇互补的论文。一篇由西达·斯考切波所作，提供了一个广角的历史观；另一篇由罗伯特·乌斯诺所作，特别关注了 20 世纪的过去几十年里的变化趋势。[1]

斯考切波问道，美国如何在 20 世纪中叶成为世界上公民参与程度最高的国家，而且，在这些参与中，虽根植本土但跨地区、跨阶级的会员制社团发挥了非比寻常的重要作用。当然，这一别具特色的公民社会的诸多特点在托克维尔 19 世纪 30 年代那次著名的来访之时就已经非常清楚，就像她所强调的，这远远早于大规模的工业化和城市化。宗教虔诚、政治民主、联邦国家体制起了重要作用。社团生活的发展受到了内战（至少在北方以及南方黑人中间）强有力的推动。事实上，从大众会员组织的角度来看，包括内战和第一次世界大战在内的时期似乎是美国（社团）在历史上最活跃的时期。这也是美国工业革命的发展时期，但是斯考切波认为任何单一的现代化理论都会忽略战争和集团竞争在培养社团发展中的重要性。[2] 另外，她还认为这个时期美国公民社团的核心特征是它们对跨越种族和阶级分歧而共享的公民身份的培育。最后，她提供证据称，从历史的角度来讲，政府活动鼓励而不是排斥公民参与。

斯考切波总结道，这个"经典公民的"美国直到 20 世纪 60 年代中叶仍 403 旧保持着活力，但在 20 世纪的最后三分之一这段时期，基于大众的、跨越阶级的会员制社团平稳地被专业领导的、使命更狭窄、成员参与更缺乏活力的政治职业团体所替代。她为这个转折点假设了几个可能的解释：沟通媒介的变化、政治职业有新的资金支持来源、教育程度较高的人们放弃了他们传统的社区领导人角色、传统公民动员制度的削弱。她总结说，公民美国的新结构更具寡头性质，更加由专业人士支配，沟通不同阶级和地区的可能性更小。

乌斯诺仔细回顾了那些互补的证据，它们指出了近来诸多趋势的不同发展方向。他发现了虽不多但却值得注意的社团成员减少的证据，特别是考虑到教育水平提高的话。这种减员似乎对工会和宗教团体（正如我们已经指出

---

〔1〕 欲了解美国社会资本趋势的另外证据（与此书中的这一章大致一致但并非完全一致），参见 Putnam, *Bowling Alone*。

〔2〕 这一争论的后续发展，参见 Theda Skocpol, Ziad Munson, Bayliss Camp, and Andrew Karch, "Patriotic Partnerships: Why Great Wars Nourished American Civic Voluntarism", in Ira Katznelson and Martin Shefter, eds., *Shaped by War and Trade: International Influences on American Political Development* (Princeton: Princeton University Press, 2002)。

的，这两种社会组织形式事实上已经在本书展示的所有国家中逐渐消失）来说最为明显。他陈述道，社会信任很明显下降了，但是更广义的对制度信任仍然比较稳定，不过政治制度却是个重要的例外。一些证据还表明公民参与有所减少，但是乌斯诺发现这些证据含混不清。另一方面，他还陈述了这一时期内志愿活动和参与社会生活的新方式的增长（如《圣经》学习小组、特殊兴趣小组，特别是自助小组）。他补充道，一个更完整的对社会联系发展趋势的解释需要考察无线电通信和其他非地域性形式对社区的影响。在近期其他相关议题的研究中，乌斯诺认为近年来美国社会生活最重要的改变不是社会关系的消失，而是从稳定的、长期的关系向灵活的、"松散的联系"[1]的转变。

乌斯诺最有特色的贡献是他的如下观点：美国近期社会资本的减少大部分集中于边缘化群体，一般来说他们最初拥有的社会资本就比较少。他的中心论点是"现存的社会制度已经系统性地变得更具排斥性，使得部分人感到不受欢迎并停止参与，或未能提供人们参与公民活动所需要的资源"。乌斯诺认为，虽然社会信任的下降在所有社会类型中很普遍，它还是应该被归咎于国家政治领导的失败，而不是基层社会生活的变化。他总结说，核心问题是正在变化的社会资本分配，以及连接特权阶层和社会边缘化群体的相关社会资本的衰落。

第二节　共同的主题

关于发达民主国家在过去几十年里社会资本的变化趋势，我们了解多少？在最近关于发达工业化民主国家——它们组成了"经济合作与发展组织"（OECD）——的研究中，许多重要的共同特征都很明显。

一　下降的选举投票率

众所周知，美国选举投票率从 20 世纪 60 年代开始下降，该趋势在 20 世纪 70 年代开始加速。虽然近几十年，这一趋势在学术研究中被很好地证明，但是曾经有段时间里，研究者们对类似的趋势是否会在经合组织的其他成员国中被观察到仍然存在着分歧。然而，最近一个明确的学术共识已达成：在美国选举投票率下降大约 20 年后，事实上在其他每个发达工业化民主国家，选举参与开

---

[1] *Wuthnow*, *Loose connections*.

始重蹈"降低"的覆辙[1] 正如马丁·瓦滕伯格（Martin Wattenberg）所总结证明的一样，"在 19 个（OECD）国家中，有十七个的最近一次选举投票率比 20 世纪 50 年代早期要低。在比较政治学的范畴里，很少能发现可被如此广泛适用的趋势"[2] 一般来说，投票率从 20 世纪 50 年代的约 80% 减少到 90 年代的约 70%，但是除美国外，这些下降都是从 20 世纪 80 年代开始，并在 90 年代加速。

在欧洲，选民参与投票的水平仍旧较高，但是正如彼得·梅尔（Peter Mair）所言，"欧洲在 20 世纪 90 年代超过 75% 的平均投票率似乎并不符合任何有关大众疏离（政治）真实水平的认识，这些新数据倾向于支持这样一种认识，即对传统政治的普遍信奉和献身正在逐渐被侵蚀。在这个意义上，西欧各国政府和政治观察家们越来越多地表达对正在衰落的参与的关注似乎并不是搞错了地方"[3] 类似的近乎相同数量的投票率下降也在澳大利亚、新西兰和日本发生了，不过此处值得注意的是，在欧洲内部，这一投票率下降在北欧并不明显。图 10 – 1 总结了经合组织中既定民主国家选举参与的大趋势。

在民主政治参与最重要的单一形式中，这种几乎普遍的（投票率）下降更引人注目，因为它发生在教育水平快速提高，且事实上教育在每个地方都是政治参与的一个重要前提的情况下。正如瓦滕伯格所指出的，"仅基于人口统计上自 20 世纪 50 年代以来的变化，选举参与应该预计呈现出普遍的增长"[4] 对于普遍松懈的选举参与，至今仍没有一个普遍公认的解释，虽然马克·格雷（Mark Gray）和米基·考尔（Miki Caul）已经提出证据，将这些下降与工会、大众政党以及可能的其他大众组织的削弱联系起来[5]

---

[1] Mark Gray and Miki Caul, "Declining Voter Turnout in Advanced Industrial Democracies, 1950 to 1997: The Effects of Declining Group Mobilization", *Comparative Political Studies*, 2000 (33): 1091 – 122; Martin P. Wattenberg, "The Decline of Party Mobilization", 转引自 Russell J. Dalton and Martin P. Wattenberg, eds., *Parties Without Partisans: Political Change in Advanced Industrial Democracies* (New York: Oxford University Press, 2000), 64 – 76; Peter Mair, "In the Aggregate: Mass Electoral Behaviour in Western Europe, 1950 – 2000", 转引自 Hans Keman, ed., *Comparative Democracy* (London: Sage, 2001); Hazen Ghobarah, "The Decline in Voter Turnout Across the Advanced (Post –) Industrial Democracies, 1980 – 1998", 在美国政治科学协会年会上提交的论文, Boston, September 1998。

[2] Wattenberg, "The Decline of Party Mobilization", 71.

[3] Mair, "In the Aggregate".

[4] Wattenberg, "The Decline of Party Mobilization", 69.

[5] Gray and Caul, "Declining Voter Turnout".

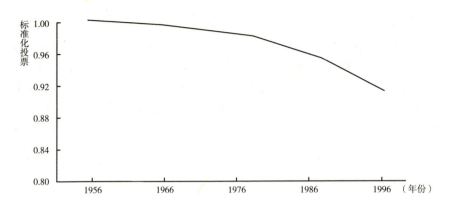

图 10 - 1　经济合作与发展组织国家投票率的下降（斯堪的纳维亚国家除外）

　　说明：条目反映出标准化投票率数据以 3 年为周期的移动平均数，各国皆以 20 世纪 50 年代进行的最早两次选举的平均投票率为基准。

二　党内公共参与的下降

　　和选举参与的情况一样，党派联系的削弱最初在 20 世纪六七十年代的美国出现，然后在 80 年代蔓延到其他发达工业化民主国家，并在 90 年代加速发展。实际上，到 20 世纪 90 年代，党派认同的削弱事实上已经在经合组织国家中普遍存在，包括澳大利亚、新西兰和日本。一般说来，这一衰落似乎集中在年青一代。[1] 一个相伴相随的趋势是（人们）对党派作出选择日渐反复无常，这暗示着选民对于特定政党忠诚度的下降。[2]

　　这一变化最后在新兴民主国家中出现，例如西班牙、葡萄牙和希腊，或许是因为民主化的最初效果增强了政党的活跃性。类似的，正如道尔顿（Russell J. Dalton）指出的，"对德国党派性的研究强调了战后十年党派联系的发展；但是之后解散联盟的过程腐蚀了这一纽带。"到 20 世纪 90 年代，政党联系的衰弱发展得太快以至于一个新术语出现在了德国的政治词语里，它指对政党的疏离：政党幻灭（Parteienverdrossenheit）。

　　除了在普通选民中对政党的信奉和献身下降之外，一些学者最近的研究表明：这种不参与影响了政党组织自身。这些研究证明：在所有经合组织的既有

---

　　〔1〕　Russell J. Dalton，"The Decline of Party Identifications"，转引自 Russell J. Dalton and Martin P. Wattenberg，eds.，*Parties Without Partisans: Political Change in Advanced Industrial Democracies*（New York: Oxford University Press，2000），19 - 36。

　　〔2〕　Mair，"In the Aggregate"；Dalton，"Decline of Party Identifications"．

民主国家中，政党成员戏剧性地减少，在 20 世纪 90 年代加速减少。苏珊·斯嘉洛（Susan Scarrow）记录道：回顾来自欧洲、亚洲、北美洲的发达工业化民主国家的大量证据，"产生了一幅清晰的截至 20 世纪 90 年代政党成员减少的概览图，无论成员数是以绝对项还是标准项统计的……多个政党的报告所表明的注册人数普遍下降得到了有关党员的民意测验的强有力支持"[1] 图 10 – 2 概括了这一证据。

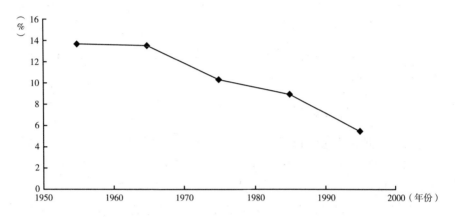

图 10 – 2　经济合作与发展组织国家党员数量的下降（20 世纪 70 ~ 90 年代）

　　研究证据（特别是欧洲的）之后，彼得·梅尔总结道："不但党员的比例（和选民比例一样）持续下降（这一趋势在 20 世纪 80 年代末已经很明显），而且现在还有一个很引人注目的证据证明全欧洲老牌民主国家中党员的绝对数也有较大下降……在所有老牌民主国家里，这些政党的成员流失简直就是大出血。"[2] 马丁·瓦滕伯格补充说："在美国，那种正式的'缴纳会费'才获取成员资格的做法从未成为惯例，而是被草根组织在政治舞台上占据了一个多世纪优势，但到了电视普及的早年间，这类组织也很快开始萎缩。"[3]

　　传统政治活动的参与普遍下降，类似情况也出现在竞选活动的参与之上，

〔1〕　Susan E. Scarrow, "Parties Without Members? Party Organization in a Changing Electoral Environment", 转引自 Russell J. Dalton and Martin P. Wattenberg, eds. , *Parties Without Partisans*: *Political Change in Advanced Industrial Democracies* (New York: Oxford University Press, 2000), 88。

〔2〕　Peter Mair and Ingrid van Biezen, "Party Membership in Twenty European Democracies, 1980 – 2000", *Party Politics*, 2001 (7).

〔3〕　Wattenberg, "The Decline of Party Mobilization", 66.

例如参加一次政治集会，为一个政党或候选人工作，或者单是和熟人讨论一下选举。在美国，传统政治参与的下降到目前为止已经颇具规模。然而，正如道尔顿和他的同事们说明的，"下降的选举参与并不是独特的美国现象……事实上在每个国家，参与政党会议或选举集会的趋势都有所下降。这是一个明确的迹象：选举如何从有广大群众基础的参与转换到间接性地观看电视上的选战"。[1]

道尔顿和瓦滕伯格总结了遍及经合组织国家的政党政治中公民参与的概貌："今天，逐渐增加的证据指明：政党在塑造发达工业化民主国家的政治当中的作用日渐衰落。许多老牌政党意识到它们的成员在不断减少，当代公民似乎对政党政治越来越表示怀疑。"[2]

三 工会成员的减少

近来的证据清楚地解释了另一个领域——即隶属工会的工人——中社会资本下降的一般模式。早在 1990 年，格里芬（Griffin）、麦卡蒙（McCammon）和博茨科（Botsko）就提出"从 20 世纪 70 年代后期到 80 年代中期，在 18 个最大的、政治稳定的资本主义民主国家中，超过四分之三的国家之中的工会经历了组织密度的持续下降甚或萧条"。[3] 正像在政党政治中的情况一样，20世纪 60 年代从美国开始的这些下降趋势，到 20 世纪 90 年代以后在全体经合组织国家中加速蔓延。唯一值得注意的例外包括了四个北欧国家，这些国家里的失业保险通过工会办理，为持续的成员入会提供了强有力的物质动机。亚洲既有工业化民主国家的趋势与欧洲的情况基本一致。图 10-3 总结了这一证据。

408

---

[1] Russell J. Dalton, Ian McAllister, and Martin P. Wattenberg, "The Consequences of Partisan Dealignment"，转引自 Russell J. Dalton and Martin P. Wattenberg, eds., *Parties Without Partisans*: *Political Change in Advanced Industrial Democracies* (New York: Oxford University Press, 2000), 58。see Putnam, Bowling Alone。

[2] Russell J. Dalton and Martin P. Wattenberg, "Unthinkable Democracy: Political Change in Advanced Industrial Democracies," 转引自 Russell J. Dalton and Martin P. Wattenberg, eds., *Parties Without Partisans*: *Political Change in Advanced Industrial Democracies* (New York: Oxford University Press, 2000), 3.

[3] L. Griffin, H. McCammon, and C. Botsko, "The Unmaking of a Movement? The Crisis of U. S. Trade Unions in Comparative Perspective", in Maureen T. Hallinan, David M. Klein, and Jennifer Glass, eds., *Changes in Societal Institutions* (New York: Plenum, 1990), 172。参见 Bernhard Ebbinghaus and Jelle Visser, *Trade Unions in Western Europe Since* 1945 (London: MacMillan Reference, 2000).

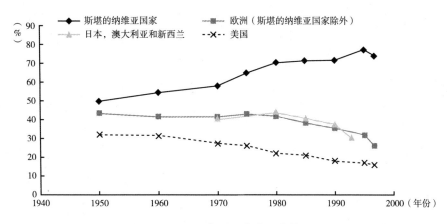

图 10 − 3　1980 年后工会成员率的下降

四　教堂出席率的下降，特别是在 20 世纪 90 年代

组织生活的第四个重要领域是宗教。在这里，我们曾经在政治和工作场所看到的参与下降的模式再一次反映出来。在美国，教堂出席率在 20 世纪五六十年代到达了顶峰，接着开始了一段漫长的、缓慢的下降，到目前为止，已经持续了四十年。类似的，在 20 世纪 70 年代和 90 年代后期之间，事实上在每个欧洲国家中，教堂出席率都在下降。总之，欧洲教堂出席率近期的下降远比美国的要大得多，虽然它也许多少晚些才开始下降（西欧教堂出席的系统调查数据在 1970 年后才能得到）。对宗教参与下降的证据图 10 − 4 做了总结。

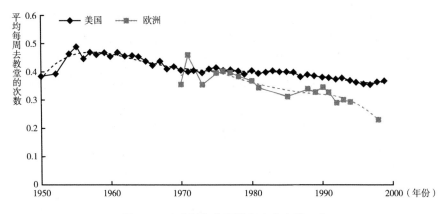

图 10 − 4　欧洲和美国教堂出席率的下降

409 　　到目前为止，我所回顾的在选举、政党、工会、教堂中大众参与的证据展示了社区生活的三个基本范畴中最重要的社会制度——政治、工作和信仰。对于这些既有民主国家中数以百万的公民来说，教堂、工会和政党曾经代表了认同、社会支持、政治分歧、社区参与、友谊的重要来源——简言之，就是社会资本的主要储藏库。这些社团参与的普遍下降是有关发达民主国家中社会资本动态的一个惊人的事实。

　　美国以外的每个国家的趋势都基本和美国相同，虽然美国的趋势通常会早20 年开始。那个 20 年的时间差可能和这一事实有关，即和美国案例中的社会资本削弱相关联的主要潜在致因（商业电视、双职工家庭和城市扩张）到达经合组织的其他国家的时间晚了一些。换句话说，刚才总结的这个证据与这个解释是一致的，即 20 世纪的最后三分之一时间里美国社会资本的削弱并非独一无二。恰恰相反，它的起步只不过是因为其他发达民主国家推迟了而已。

　　另外，本书中的其他案例研究表明，社会资本动态并不遵循一个简单的全球节拍。一位经验丰富的美国政治家曾说过一句名言，"一切政治都是地方政治"，[1] 类似的，比较政治社会学的学生知道，所有好的分析最终都是地方性

410 的，因为从某种意义上说，它们必须基于特殊社会的独有特征。本书中的章节大量地证实了这一道理。

　　然而在我们对当代民主国家的社会资本发展动态的理解中，我们还发现了一些一般的模式。这些比较研究的领域是一个战场，既符合当地情况又符合广义的理论关切的真正洞见往往来之不易。在结论部分，我力图描绘通过我们的研究得到的一些试验性的普遍规律——看似合理的假设，而尚未确证的真理。

　　从最一般的意义上讲，我们的调查在上一代人那里没有发现工业化/后工业化世界中社会资本出现普遍性的和共时性的衰退。并没有单一的全球精确时间表在社会资本动态中做出阶段性标记。事实上在我们所有国家中，1945 年是一个具有重大意义的时刻——因此也是我们各种调查的一个合理开始，但是 1945年在德国、日本或澳大利亚并不与在美国、法国或西班牙意义相同。20 世纪 30年代见证了许多国家社会资本的瓦解，但是在西班牙，20 世纪 30 年代的意义却与同时期的德国或英国截然不同。所以，当各式各样的历史帷幕升起之后，各国的剧目将以完全不同的方式上演。

　　国家的历史显然与（社会的）发展动态有着重要的联系。因此，我们对欧

---

〔1〕　这句话是托马斯·菲利普·奥尼尔（Thomas Phillip O'Neill, Jr.）所说，他是第五十五任美国白宫发言人。——译者注

洲公民社会研究的起点就与对美国社会的研究明显不同。把我们的地理聚焦扩展到包含澳大利亚和日本,只会巩固这一观点。那种简单的、多元的作为大量重叠利益集团的公民社会模型,从历史上看在美国比在欧洲更确切,因为欧洲的政治社会在传统上被组织成更大的、更一致的、更密闭的、更大范围内阶级导向的法团主义类型的单元,而且欧洲国家历来在社会组织中扮演着更明显的角色。某些趋势,例如受过教育的中产阶级、上升的个人主义文化、大众电子娱乐的传播,或许在所有我们研究的国家都是常见的。然而,每个国家先前的制度和社团模式都不可避免地制约了后来变化的可能性。有着民族团结和阶级团结传统的瑞典公民社会就不会和更为多元的美国公民社会,或者有着更多国家干涉传统的法国公民社会变化相同,而且这三种传统也不太可能非常精确地在同一个地方结束。[1]

正如斯考切波描述 19 世纪的美国,以及佩雷斯 – 迪亚斯描述 20 世纪中期 411
的西班牙时所说,社会经济现代化对于触发社会资本模式的变迁起了重要作用。工业化毁掉了社会资本的一些形式(比如村庄),同时为一些新形式创造了机会(比如工会)。随着电信和信息革命横扫我们的国家,一个类似的过程很可能正在进行中,但是我们仍旧离得太近了以至于很难看清这一进程。

然而,至少和这些经济因素一样重要的是大量的政治因素,如国家结构和战争,既包括国际的也包括国内的。德国的纳粹和共产党政权以强力推行团结,因此败坏了志愿社团的名声并导致了无关道德的家族主义。很大程度上受外国影响的日本和德国的民主化,鼓励更多参与的公民群体和社会资本的发展。在西班牙,民主化和(公民型的或桥联的)社会资本似乎在共同发展。因此,大范围的、外生的制度变化对社会资本有强大的影响。我们的研究还解释了战争对社会资本当代模式的影响。西达·斯考切波和我各自强调了大的战争对美国公民社会发展势不可挡的影响。[2] 战争(至少打赢的那些)促进并加强了国家团结,还常常创造了由一代人界定的公民习惯。另外,战时国家经常通过使社会资本产生持久效果的方式来干涉国内的社会安排。简言之,社会资本以政治发展为条件,反之亦然。

更直接地看待我们研究的国家在近几十年中的发展,我们可以认识到某些共同的模式。正如我们已经看到的,在选举、政党、工会、教堂中参与的衰落事实上很普遍。这些共同的模式特别重要,是因为(它反映了)受到削弱的公

---

[1] 对于我们在历史角色上的共同观点的系统阐述,我谨向彼得·霍尔和西达·斯考切波致谢。

[2] *Putnam, Bowling Alone, Ch. 14*; Skocpol, Munson, Camp, and Karch, "Patriotic Partnerships".

共机构的许多特征。这些社会资本的形式在增加受教育程度较低的、较不富裕的部分人口的自主权之时特别重要。它们还体现了更广的社会目标——解放工人阶级，拯救灵魂，或者实现对社会的计划性改变——不仅仅体现在它们的宗旨当中，还体现在个体行为者的生活中。这些组织宣扬与他人的团结。因此，它们的削弱可能与社会信任的弱化有关，就像在许多国家出现的那样，尤其是英国，尽管社团成员似乎并没有减少。

但是这些共同的衰落似乎至少在一定程度也遇到一些抵消因素，即非正式的、流动的、个人的社会联系形式的相对重要性在上升，这种社会联系形式被罗斯坦称为"社会连带的个人主义"，而被乌斯诺称作"松散的联系"。体育活动和其他休闲团体的参与似乎总体上正在增长。我们调查的国家中，在20世纪60、70和80年代，新的社会运动也赢得了不断增长的公共参与，不过关于它们在90年代是继续增长还是陷入停滞的证据只能说还是晦暗不明。有关非正式社会联系的增长的统计数据必然不那么严密，因为这些参与的类型在正式记录（或调查）中留下的痕迹比较少。或许值得注意的是，在一个案例中我们拥有最为充裕的以时间为序的非正式社会资本的证据，即美国的案例，那些证据似乎并不支持我们所假设的增长。[1] 但值得注意的是，大多数作者提出了主观色彩很强的证据来支持这种增长。假设接下来的研究证实了这一模式，它将提供最强有力的证据来反驳这个简单的论点：每个地方的公民都在越来越多地"独自打保龄"。

另外，本书的大多数作者担心公民参与的全新个人主义形式可能会不利于对集体目标的追求。正在消失的旧有形式使得个人乐趣和集体意志结合在一起，而且它们是多头并进的，就像在天主教会联盟或同伴体育社团里那样。新形式的社会参与更加狭隘，更少桥联性，更少关注集体的或公共的目的。从我们最初的调查中得出的一个重要假设是：越新颖的形式可能会越自由却越不团结——代表着一种社会资本的私有化。

逐渐增加的对政治制度的不满是另一个我们研究的诸国共同的特征，尽管不是普遍的特征。[2] 本书的大多数（尽管不是全部）作者相信，公民的角色正在被更多地定义为旁观者而不是参与者。我们研究的国家中的政党和工会倾向于成为受雇于公民和工人的职业代理人，而非团结的社会运动。在大多数我们研究的国家中出现的社会资本私有化可能会对政治参与的传统形式造成特别的

---

〔1〕 参见 *Putnam*, *Bowling Alone*, *Ch. 6*。

〔2〕 Cf. Pharr and Putnam, *Disaffected Democracies*.

破坏，许多欧洲人担心美国式的选票至上主义（即基希海默尔［Kirchheimer］所说的包罗万象的政党）传播到他们的大陆上。描述这一趋势的方式之一是从社会资本密集型政治转向媒体密集型的、专业化的政治。结果之一可能是直接的公民协商和面对面会见反对人群机会的减少。

本书中另外一个已提出但未解决的问题涉及社会资本和公民参与中的代际差异。多年来，后工业化社会共同的叙事将最年轻的一代作为主人公——富裕家庭的孩子追求以参与、解放和理想主义为导向的后物质主义的价值观。"人不能只靠面包生存，尤其是当他拥有很多面包的时候"，罗纳德·英格尔哈特（Ronald Inglehart）用这种方式总结了这一涉及甚广的主题。英格尔哈特凭借其精力和信念推进了这一关于现代社会的概括性解释，还有许多研究也提供了证据的支持。与之相比，在我们的工作中，我们发现了一些关于代沟的迥然不同的证据——年青一代对政治异常地不感兴趣，对政治家和一般的他人都不信任，轻视公共事务，不太倾向于参加长期性的社会组织。这样一个代际转变的证据在美国和英国最为强有力，但在德国、瑞典、日本和其他地方，类似趋势也都有些蛛丝马迹。[1]

各国的趋势当然是不同的，部分是由于各国之前的诸多差异：正如我在别处详细论证过的，出生在20世纪六七十年代的那代美国人显然比他们的前辈更少参与政治；反之，奥费和富克斯却指出同时期的那一代德国人却比他们的前辈更多参与政治。其他证据证明了这一显而易见的事实：美国的"二战一代"特别具有公民意识，德国与他们在时间顺序上相对应的那一代人则特别不具备公民意识，他们在20世纪30~40年代经历了一个不同类型的社会化过程。[2]对美国案例的思考表明，商业化的电视娱乐在这一趋势中起了重要的作用，更近的欧洲电视商业化的影响可能结果会与之类似。然而，欧洲类似趋势的出现增加了对代际变化其他潜在的解释，还包括年轻人大规模失业问题和随之而来延后进入工作场所和成年生活的推迟。正如佩雷斯-迪亚斯指出的，家庭可以给年轻人因失业带来的经济困难提供一个重要的缓冲，但家庭并不是工作全部的替代品。

413

---

〔1〕 在日本，参见 Jun'ichi Kawata, "Socialization for Citizenship: Civic Education and Political Attitudes in Japan", in Ofer Feldman, ed., *Political Psychology in Japan* (Commack, NY: Nova Science Publishers, 1999), 41, 他总结称"特别是在20世纪70年代中期的日本，去政治化和犬儒主义在年轻人中兴起。与大多数现代化国家相比，日本年轻人积极参与政治事务的程度近来也低得惊人"。

〔2〕 Putnam, *Bowling Alone*, *Ch. 14*. 与 Frederick D. Weil, "Cohorts, Regimes, and the Legitimation of Democracy: West Germany Since 1945", *American Sociological Review*, 1987 (52): 308 – 24.

近来关于公民社会发展趋势的争论中经常突出这样一种观点：福利国家的发展减少了社会资本，一如公共政策排斥了我们的私人活动。[1] 本书的作者们承认在一些案例中这个观点有一定意义；例如，在美国，有证据表明公共供给略微减少了私人慈善。[2] 然而，本书中的证据多半是支持相反的观点：福利国家帮助维持了社会资本而不是侵蚀了它。例如，在我们研究的国家中，美国（许多证据支持社会资本受到削弱的观点）几乎是最小的福利国家，反之瑞典（证据强有力地证明了社会资本受到削弱的观点不成立）是最大的福利国家。其他作者所报告的来自日本、法国、英国，以及美国和瑞典的证据显示，由政府提供的社会供给对社会资本有着积极的，而不仅仅是消极的影响。

福利国家和其他政策能从理论和实践上鼓励团结。公共政策（例如英国的社会供给或美国的税收政策）会被专门设计用来鼓励志愿组织。斯考切波认为美国政府既创造了机会结构，又直接鼓励社会资本的形成（例如美国农业局、为农村青年服务的四健会[3]）。二战后为美国陆军老兵提供免费大学教育的退伍军人安置法案，提升高等教育率，以及较低的中产阶级和工人阶级的下一代的社会参与，还有巩固互惠规则，都为那一代人的社会资本提供了有力的支持。最近研究表明，实际上，这一政府计划的受益人通过在他们今后生活中，在公共事务中更加活跃来"回报（政府）"。[4] 鼓励（政府来强化社会资本）和限制（它）一样重要。

目前大多数社会资本的经验研究主要关注社会联系的数量，但是社会资本的社会分配至少是和总体数量的发展趋势一样存在问题。在任何给定的社会参

---

〔1〕 这一观点在美国学界被广泛争论；参见，如 Francis Fukuyama, *Trust*（New York：Free Press，1995）.

〔2〕 关于美国对政府计划是否排斥慈善和志愿事业，并侵蚀社会资本的争论，参见 Paul L. Menchik and Burton A. Weisbrod, "Volunteer Labor Supply", *Journal of Public Economics* 32（1987）：159 – 83；Susan Chambre, "Kindling Points of Light：Volunteering as Public Policy", *Nonprofit and Voluntary Studies Quarterly*, 1989（18）：249 – 68；Richard Steinberg, "The Theory of Crowding Out：Donations, Local Government Spending, and the 'New Federalism'", in Richard Magat, ed., *Philanthropic Giving*（New York：Oxford University Press, 1989）, 143 – 156；Marvin Olasky, *The Tragedy of American Compassion*（Washington, D. C.：Regnery Gateway, 1992）；Peter Dobkin Hall, *Inventing the Nonprofit Sector*（Baltimore：Johns Hopkins University Press, 1992）, 1 – 83；Robert Moffitt, "Incentive Effects of the U. S. Welfare System：A Review", *Journal of Economic Literature*, 1992（30）：1 – 61.

〔3〕 四健会（4 – H club）：又译智心手体社，是美国农业部主办的美国农村青年组织，在农业和家庭经济方面提供现代科学教育，四个 H 即 head, hand, heart 和 health。——译者注

〔4〕 Suzanne Mettler, "Bringing the State Back In to Civic Engagement：Policy Feedback Effects of the G. I. Bill for World War Ⅱ Veterans", manuscript, Syracuse University, 2001.

与水平（如人口的 30% 参加公共会议），参与的社会分配会很不一样。参加会议的那 30% 多多少少会被按比例地根据不同的收入、种族、教育背景来划分，在这个案例中我们将这种分配描述成平等主义。或者说这参加会议的 30% 被完全按照有较多特权的社会阶层、富裕的、受过良好教育的以及白种人来划分，那么在当地不同社会等级的参与率会很不一样。在有些社区，银行行长、银行出纳员和银行看门人都会出席社区活动，但在其他社区只有行长才会参加。

社会资本的分配总体来看是不平等的——在社会较富裕的部分里有着更多的信任、更多的参与和更多的投票。无法获得金融和人力资本的公民同样无法获得社会资本（日本可能是一个例外）。社会资本总是被最不需要它的人最多地积累。可以相信的是，社会资本或许会比金融和人力资本被更不平等地分配。 415

一个最近未发表的关于 40 个美国社区中的社会资本状况的调查发现，获取社会资本时的不平等问题在社会成分鱼龙混杂的社区里严重地恶化了。在种族多元的地方（如洛杉矶），大学生比他们没上过高中的邻居伙伴有高出 5 倍的可能性会参与政治活动。在较小的、种族多元化程度较低的社区（如新罕布什尔），在政治参与中类似的阶级差距则几乎不存在。就公民活动而言，在洛杉矶的高科技主管和新罕布什尔的高科技主管之间并没有多大的区别，但是在洛杉矶的劳动者和新罕布什尔的劳动者之间却存在非常重大的区别。或许并非巧合的是，新罕布什尔的收入分配也比洛杉矶的更平等。因为这一研究尚未完成，社会资本的社会分配当中的这些巨大区别的根源仍旧有些晦暗不明。然而，似乎种族成分的复杂性和高移民率是一部分情况。如果是这样的话，那么近几十年，在大多数经合组织国家中的种族移民的快速增长，可能会对我们所有国家的社会资本的数量和社会分配构成重要的挑战。

从传统来看，工会、政党和教会的组织化努力旨在纠正社会资本的社会分配中的不平衡，但是恰恰是那些组织在近几十年里清一色地严重衰落。本书中的许多作者记录了社会资本形式不成比例的衰落，特别是有利于享有较少特权阶层以及弥合社会和经济之间缝隙的社会资本的衰落。把工人阶级组织起来的各种团体（工会、政党、教会，还有传统女性组织）已经衰落了。新兴的团体（体育组织、环保组织、新社会运动）对年轻人和受过高等教育的中产阶级有着不成比例的吸引力。斯考切波认为旧的社团（如兄弟会和退伍军人团体）比取代它们的、功能明确的游说团体更具填补阶级鸿沟的作用。简言之，有理由担心社会资本分配中的不平等正在因社团领域内部的趋势和更广泛的人口变化趋势而恶化。

在社会资本的分配中不断扩大的不平等目前仍然只是一个假设，而非已证实的一般规律，但还有什么能解释社会资本中日益增大的阶级差距？首先，随着旧有的团结逐渐消失，它所培育的教育、公民技能以及文化资本或许会成为社会资本的相对更重要的决定性因素。本书中的许多作者相信，扩展到工人阶级里的社会资本如果遭到近来发展的损害，那将对平等损害尤甚。社会资本的阶级偏向的明显增长，或许和许多发达国家中明显存在的收入不平等的增长以及不断发展的种族分裂有关。对于社会资本领域中不平等的关切，特别是对不公平日渐扩大的关切，或许是贯穿本书的各国研究最重要的共同思路。不论是研究者还是活动家，对于社会资本的社会分配的理解必须给予更加优先的考虑。在规范研究领域和社会科学研究领域，本书的作者们希望对于演变中的社会资本发展的议程设置有所帮助。

索 引

英文词组对应页码为英文页码，即本书边码。

A

E

G

H

I

M

O

W

译后记

2012 年夏天，我应丛日云教授和卢春龙教授的邀请，翻译帕特南主编的这部名著《流动中的民主政体》。能翻译大名鼎鼎的帕特南教授的作品，是很荣幸的事情，也因此倍感压力。

我读完本书的英文原版之后认为，它非常成功地描绘出了一幅民主的千里江山图。从壮阔的画卷中，读者会得到一个非常直观的感受：民主的实况绝非像印象中那样千人一面、各国雷同，而是多姿多彩、各有千秋。没有一个国家的民主实况会和其他任何一个国家一模一样，就像世间没有两片一模一样的树叶，关键是：各国的民主不同在哪、因何不同！

但凡提到民主，人们会产生不同的联想：民主集中制、多数决、竞选、多党制、三权分立……令人眼花缭乱，但这些都脱不出一种规矩、制度或结构。的确，它们确实是（某种）民主的重要组成部分，但以它们（的各种组合形式）来理解民主是远远不够的：民主如何运转、是什么力量"使民主运转起来"、民主运转的绩效如何，这一系列民主的动力学问题无法从民主的上述静态结构中自然引申出来。所以很多人尽管知道民主制度的知识，却不理解活生生的民主到底是什么样子的。民主的动力学研究没有那么玄妙高深，其实就像本书精彩呈现的那样：民主是一种日常生活方式。我们凭借生活经验就非常清楚地知道，每个人的生活方式不会完全一样，那么，本书中所论各国的民主各有特色，自然就是情理之中的事情。

通过勘察"民情"（人民的日常生活方式）来研究民主的开创者是托克维尔，帕特南正是其当代传人。帕特南在《使民主运转起来》当中用"社会资本"这个概念开始构筑当代"民情"的测量体系（以意大利为实验对象），并发现了一系列意义重大的关联；在《独自打保龄》当中，帕特南将社会资本（"民情"）的测量方法和理论体系用于西方最大的民主国家美国，并得出了警示录一般的结论。而本书则是帕特南在这一理论道路上的重大升级：邀请顶尖同行一起测量西方主要国家的民主实况，并做出分析和解释，从而勾画出西方"民情"的宏观图景。在"民情"得到刻画的基础上，许多故事引人入胜，许多结论合情合理，许多疑惑迎刃而解，比如，"福利国家不利于公民通过结社展开社会和政治生活"这种重要的印象式命题遭到了严肃的挑战，西班牙的成功民主转型得到了深刻的解释，还有瑞典的社会民主主义的成就和危机，日本的东方传统和民主生活达成了什么样的奇特融合，等等，都得到了清晰的阐述。

确实，"民情"（社会资本）的科学测量并不能绝对地、干脆利落地、一劳永逸地解决托克维尔描述"民情"不够清晰的老问题。准确地勘察事实是科学的无尽使命，也是其不竭的动力。对帕特南和本书其他作者们的测量结果确实可以从多方面予以挑战和质疑，但他们毫无疑问的贡献是使大规模勘察和解释"民情"进入了可以客观讨论和辩驳的状态，从而使进一步准确的勘察和解释有了良好的基础和对话平台。作者们所表现出的谨慎和开放的态度充分表明了这一点。

民主的动力学明确地告诉我们，民主是一种生活方式；生活经验告诉我们，各人的日子自己过，因此，简单的制度移植必然无法生根，就像你再羡慕别人也无法通过刻意模仿过上他的幸福日子。而摆脱民主外在于我们的状态的根本之道，就在于自己去"民主地"生活。

正是因为本书讲的是民主的生活之道，阐述各国极具本土特色的社会政治生活及其特点，所以迻译起来特别困难，加之各位作者使用了许多自己独特的概念，又有自己的论述风格和语言风格，翻译本书成了一个似乎永远不会完结的艰难任务，因此，译稿的错误和纰漏恐怕在所难免。幸好，我找到了一种可行同时又愉快的工作方式。

大体上把握了本书之后，我设计了一个集体学习的方式来翻译本书，邀请了陈鲲（博士）、王路遥（博士生）、丁浩原（博士生）一起翻译。后由于几人各奔东西，加上我事务繁忙，学习型翻译几告瓦解。只有路遥拿出了较为成型的初稿，陈鲲和浩原只展开了初步工作。好在江山代有人才出，张会芸成功地成为丛日云教授的博士生，她和路遥一样，不仅认真严谨，而且对社会资本研究较为熟悉，她成为我的新搭档和帮手。再加上何涛、邓善凤、赵强、彭慧东、罗轶轩五位参与到讨论和校订工作中来，译事重回正轨。大致而言，我译出了导论和结论的初稿，张会芸译出了第一、二、三章的初稿，王路遥译出了第七、八、九章的初稿，原由丁浩原译出初稿的第四、五、六章则经过了多人多轮的努力最终完成。赵强译出了所有图表的初稿，邓善凤译出了索引的初稿。我们九个人进行了三轮对书稿的校对，"相互找茬"。最后，由我把关，又对全文统校两遍。在这个团队中，有曲折，比如后来工作的同仁在校对的过程中又把已然正确的内容改错了；有疏漏，比如我曾经丢失了修订过的版本致使同仁们的辛勤劳动付之东流；有争执，比如为了确定某些关键概念的译法经常地、反复地"吵架"；但更多的是解惑之后的成就感和团结合作中的成员感，我们在相互协商与合作中共同学习、共同进步，不仅在智识上努力去理解帕特南所言的民主，更在实践上把它变成我们乐在其中的日常生活方式。丛日云教授对本书的翻译予以极为认真的关键指导，并审校了部分书稿；卢春龙教授对本书的所有相关事务尽心尽力。另外，本书责任编辑桂芳女士忍受并成功地消化了我一遍又一遍密集而凌乱的修订，在此一并致谢。"使民主运转起来"当然需要不断理解民主的相关知识，同时也需要和公民同胞们一道"民主地"生活——民主是一种生活方式，其实离我们并不遥远。在此，郑重地向以上所有同仁、师友表示最诚挚的谢意，还是那句话：是你们，让我在艰苦的学问和人生道路上毫不犹豫地相信，"德不孤，必有邻"！当然，我是策划者和组织者，也是最后的统校者，还是所有争论和疑问的裁断者，所以，书中所有错误一概由我承担，还请读者批评指教。

李筠

2014.05.16 于爱这城

Liyun_ *km*@126.com

图书在版编目（CIP）数据

流动中的民主政体：当代社会中社会资本的演变/（美）帕特南（Putnam, R. D.）主编；李筠，王路遥，张会芸译. —北京：社会科学文献出版社，2014.6
（政治文化研究译丛）
ISBN 978 - 7 - 5097 - 5802 - 1

Ⅰ.①流…　Ⅱ.①帕…　②李…　③王…　④张…　Ⅲ.①政治文化 - 研究　Ⅳ.①D0

中国版本图书馆 CIP 数据核字（2014）第 058705 号

·政治文化研究译丛·

流动中的民主政体
——当代社会中社会资本的演变

主　　编 / 罗伯特·D. 帕特南
译　　者 / 李　筠　王路遥　张会芸

出 版 人 / 谢寿光
出 版 者 / 社会科学文献出版社
地　　址 / 北京市西城区北三环中路甲 29 号院 3 号楼华龙大厦
邮政编码 / 100029

责任部门 / 皮书出版分社（010）59367127　　　　责任编辑 / 桂　芳
电子信箱 / pishubu@ ssap. cn　　　　　　　　　　责任校对 / 师敏革
项目统筹 / 邓泳红　　　　　　　　　　　　　　　责任印制 / 岳　阳
经　　销 / 社会科学文献出版社市场营销中心（010）59367081　59367089
读者服务 / 读者服务中心（010）59367028

印　　装 / 北京季蜂印刷有限公司
开　　本 / 787mm×1092mm　1/16　　　　　　　印　张 / 29
版　　次 / 2014 年 6 月第 1 版　　　　　　　　　字　数 / 532 千字
印　　次 / 2014 年 6 月第 1 次印刷
书　　号 / ISBN 978 - 7 - 5097 - 5802 - 1
著作权合同
登 记 号 / 图字 01 - 2011 - 0304 号
定　　价 / 89. 00 元